中国城市统计年鉴

URBAN STATISTICAL YEARBOOK OF CHINA

1998

国家统计局城市社会经济调查总队　编

中国统计出版社

(京)新登字 041 号

图书在版编目(CIP)数据

中国城市统计年鉴－1998/国家统计局城市社会经济调查总队编.
－北京：中国统计出版社，1999.5
ISBN 7－5037－2942－2

Ⅰ.中… Ⅱ.国… Ⅲ.城市经济－统计资料－中国－1998－年鉴 Ⅳ.F299.2－66

中国版本图书馆 CIP 数据核字(1999)第 15331号

中国城市统计年鉴－1998

作　　者/国家统计局城市社会经济调查总队
责任编辑/陈悟朝
封面设计/张　冰
出版发行/中国统计出版社
通信地址/北京市三里河月坛南街 75 号　邮政编码/100826
办公地址/北京市丰台区西三环南路甲 6 号
电　　话/(010)63459084、63266600－22500(发行部)
印　　刷/科伦克三莱印务(北京)有限公司
经　　销/新华书店
开　　本/787×1092 mm　1/16
字　　数/780 千字
印　　张/32
印　　数/1－1500 册
版　　别/1999 年 6 月第 1 版
版　　次/1999 年 6 月第 1 次印刷
定　　价/150.00 元

《中国城市统计年鉴－1998》编辑人员名单

名誉主编　卢春恒

主　　编　黄朗辉

副 主 编　汪小青　孟庆欣

总 编 辑　陈晓杰

副总编辑　江明清

编辑人员　崔如春　李相春　龚红娥

编 辑 说 明

《中国城市统计年鉴—1998》是全面反映中国城市经济和社会发展情况的资料性年刊。本书收录了全国226个地级及地级以上城市1997年经济和社会各方面的统计数据。

《中国城市统计年鉴—1998》主要内容包括四个部分：第一部分是1997年城市行政区划篇，列有不同区域、不同规模的城市分布情况；第二部分是综合统计资料篇，包括按省、自治区、直辖市和人口规模排列的城市名单、地级及地级以上城市主要指标及其占全国的比重、按城市规模和东、中、西部地区分组的统计汇总资料；第三部分是各分市统计资料篇，列有：1. 城市人口和劳动力统计资料：包括城市人口、土地资源、劳动力资源和就业；2. 城市经济发展主要指标统计资料，包括综合经济、农业、工业、固定资产投资、商业、对外贸易、利用外资、财政、金融、保险等；3.城市社会发展主要统计资料，包括劳动工资、教育、文化、医疗卫生；4. 城市环境与基础设施资料，包括交通运输、邮电、供水、供电、城市道路与交通和环境状况等；第四部分是排序资料篇，为了更为直观地显示各城市在单项主要指标的位次，本书新增对主要指标的排序资料，以期有利于各城市之间的比较研究。另外一部分是主要统计指标解释，对年鉴中主要统计指标的含义、统计范围、统计口径、计算方法等作了简要的说明。附录部分就如何使用城市统计资料作了说明。

《中国城市统计年鉴—1998》所涉及的全国或全部城市统计资料，均未包括香港、澳门地区和台湾省，资料中所列"地区"包括城区、郊区、市辖县，"市区"包括城区、郊区，不包括市辖县。县级市数据乃全市范围统计。

需要说明的是，1997年开始实行地级及地级以上城市、县级市分开统计，县级市只有部分指标和城市统计指标体系相一致，故只有部分指标为全部城市资料，其余为地级及地级以上城市资料。在第三部分"分城市统计资料"中所有分类和分省(区)合计数的统计范围均为地级及地级以上城市。所涉及人均指标均按市区年末总人口计算。

《中国城市统计年鉴—1998》的编辑和出版，得到了各省、自治区、直辖市统计局、各市统计局和中国统计出版社的鼎力支持，在此表示衷心的感谢。由于工作量大、出版时间紧及编者水平有限，不当之处，热忱欢迎广大读者批评指正。

目　录

一、1997年城市行政区划

1. 城市行政区划和区域分布(1997年底)

单位：个

地　区	城　市　合　计	按行政级别分组			
		直辖市	副省级市	地级市	县级市
全　国	**668**	**4**	**15**	**207**	**442**
北　京	1	1			
天　津	1	1			
河　北	34			11	23
山　西	22			6	16
内蒙古	20			4	16
辽　宁	31		2	12	17
吉　林	28		1	7	20
黑龙江	31		1	10	20
上　海	1	1			
江　苏	44		1	12	31
浙　江	35		2	8	25
安　徽	22			11	11
福　建	23		1	7	15
江　西	21			6	15
山　东	48		2	13	33
河　南	38			14	24
湖　北	36		1	9	26
湖　南	29			12	17
广　东	54		2	19	33
广　西	19			9	10
海　南	9			2	7
重　庆	5	1			4
四　川	30		1	11	18
贵　州	13			3	10
云　南	17			4	13
西　藏	2			1	1
陕　西	13		1	6	6
甘　肃	14			5	9
青　海	3			1	2
宁　夏	5			2	3
新　疆	19			2	17

2. 1997年新增城市及其区域变动情况

一、1997年新增县级城市(4个)

省份	城 市	级别	上级城市
安徽	宁国市	县级	
湖北	汉川市	县级	孝感
广西	贺州市	县级	
海南	东方市	县级	

二、县级市升地级市7个

(一)撤聊城地区和县级聊城市,成立地级聊城市(山东)。

(二)撤商丘地区和县级商丘市,成立地级商丘市(河南)。

(三)撤怀化地区和县级怀化市,成立地级怀化市(湖南)。

(四)撤玉林地区和县级玉林市,成立地级玉林市(广西)。

(五)撤遵义地区和县级遵义市,成立地级遵义市(贵州)。

(六)撤曲靖地区和县级曲靖市,成立地级曲靖市(云南)。

(七)撤玉溪地区和县级玉溪市,成立地级玉溪市(云南)。

三、撤消副省级市1个,地级市2个,新设直辖市1个

撤消副省级重庆市和地级万县市、涪陵市,新设重庆直辖市。

四、县级市调整1个

撤消洪江市(县级)与黔阳县合并设立新洪江市(县级)(湖南)。

五、区域变动

(一)北京市撤消通县,设立通州区。

(二)上海市撤消金山县,设立金山区。

(三)江西省撤消萍乡市上栗区、芦溪区,分别设立上栗县、芦溪县。

(四)河南省将平顶山市的襄城县划归许昌市管辖。

(五)四川省设立眉山地区,管辖从乐山市划出的眉山、仁寿、彭山、洪雅、丹棱、青神6个县。

3.全部城市辖市情况一览表

省级单位	地级城市	辖区内的县级城市
北京		
天津		
河北	石家庄	辛集
		藁城
		晋州
		新乐
		鹿全
	唐山	遵化
		丰南
		迁安
	秦皇岛	
	邯郸	武安
	邢台	南宫
		沙河
	保定	定州
		涿州
		安国
		高碑店
	张家口	
	承德	
	沧州	任丘
		泊头
		黄骅
		河间
	廊坊	霸州
		三河
	衡水	冀州
		深州
山西	太原	古交
	大同	
	阳泉	
	长治	潞城
	晋城	高平
	朔州	
		(忻州)
		(榆次)
		(临汾)
		(侯马)
		(运城)
		(霍州)
		(孝义)
		(介休)
		(原平)
		(永济)
		(河津)
		(离石)
		(汾阳)
内蒙古	呼和浩特	
	包头	
	乌海	
	赤峰	
		(集宁)
		(二连浩特)
		(通辽)
		(海拉尔)
		(满洲里)
		(乌兰浩特)
		(牙克石)
		(东胜)
		(扎兰屯)
		(锡林浩特)
		(临河)
		(霍林郭勒)
		(丰镇)

注：加括号的城市为省直辖县级市或由地区所辖。

续表 1

省级单位	地级城市	辖区内的县级城市	省级单位	地级城市	辖区内的县级城市
		(根河)		辽源	
		(额尔古纳)		通化	梅河口
		(阿尔山)			集安
辽宁	沈阳	新民		白山	临江
	大连	瓦房店		白城	洮南
		普兰店			大安
		庄河		松原	
	鞍山	海城			(延吉)
	抚顺				(图们)
	本溪				(敦化)
	丹东	东港			(珲春)
		凤城			(龙井)
	锦州	凌海			(和龙)
		北宁	黑龙江	哈尔滨	阿城
	营口	大石桥			尚志
		盖州			双城
	阜新				五常
	辽阳	灯塔		齐齐哈尔	讷河
	盘锦			鸡西	密山
	铁岭	铁法			虎林
		开原		鹤岗	
	朝阳	北票		双鸭山	
		凌源		大庆	
	葫芦岛	兴城		伊春	铁力
吉林	长春	九台		佳木斯	同江
		榆树			富锦
		德惠		七台河	
	吉林	桦甸		牡丹江	绥芬河
		蛟河			海林
		舒兰			宁安
		磐石			穆棱
	四平	公主岭		黑河	北安
		双辽			五大连池

续表 2

省级单位	地级城市	辖区内的县级城市	省级单位	地级城市	辖区内的县级城市
		(肇东)		镇江	丹阳
		(绥化)			扬中
		(安达)			句容
		(海伦)		泰州	兴化
上海					泰兴
江苏	南京				靖江
	无锡	江阴			姜堰
		宜兴		宿迁	
		锡山	**浙江**	杭州	萧山
	徐州	新沂			建德
		邳州			余杭
	常州	溧阳			临安
		金坛			富阳
		武进		宁波	余姚
	苏州	常熟			慈溪
		张家港			奉化
		昆山		温州	瑞安
		吴江			乐清
		太仓		嘉兴	海宁
		吴县			平湖
	南通	启东			桐乡
		如皋		湖州	
		通州		绍兴	诸暨
		海门			上虞
	连云港				嵊州
	淮阴	淮安		金华	兰溪
	盐城	东台			义乌
		大丰			东阳
	扬州	仪征			永康
		高邮		衢州	江山
		江都		舟山	

续表 3

省级单位	地级城市	辖区内的县级城市	省级单位	地级城市	辖区内的县级城市
	台州	临海		南平	邵武
		温岭			武夷山
		(丽水)			建瓯
		(龙泉)			建阳
安徽	合肥			龙岩	漳平
	芜湖				(宁德)
	蚌埠				(福安)
	淮南				(福鼎)
	马鞍山		江西	南昌	
	淮北			景德镇	乐平
	铜陵			萍乡	
	安庆	桐城		九江	瑞昌
	黄山			新余	
	阜阳	亳州		鹰潭	贵溪
		界首			(上饶)
	滁州	天长			(临川)
		明光			(吉安)
		(六安)			(赣州)
		(宿州)			(宜春)
		(巢湖)			(井岗山)
		(宣州)			(丰城)
		(贵池)			(樟树)
		(宁国)			(德兴)
福建	福州	福清			(高安)
		长乐			(瑞金)
	厦门				(南康)
	莆田		山东	济南	章丘
	三明	永安		青岛	胶州
	泉州	石狮			即墨
		晋江			平度
		南安			胶南
	漳州	龙海			莱西

续表 4

省级单位	地级城市	辖区内的县级城市	省级单位	地级城市	辖区内的县级城市
	淄博		河南	郑州	巩义
	枣庄	滕州			新密
	东营				荥阳
	烟台	龙口			新郑
		莱阳			登封
		莱州		开封	
		蓬莱		洛阳	偃师
		招远		平顶山	汝州
		栖霞			舞钢
		海阳		安阳	林州
	潍坊	青州		鹤壁	
		诸城		新乡	辉县
		寿光			卫辉
		高密		焦作	沁阳
		昌邑			孟州
		安丘		濮阳	
	济宁	曲阜		许昌	禹州
		兖州			长葛
		邹城		漯河	
	泰安	新泰		三门峡	义马
		肥城			灵宝
	德州	乐陵		商丘	永城
		禹城		南阳	邓州
	威海	文登			(周口)
		荣成			(驻马店)
		乳山			(信阳)
	聊城	临清			(济源)
	临沂				(项城)
	莱芜		湖北	武汉	
	日照			黄石	大冶
		(菏泽)		十堰	丹江口
		(滨州)			

续表 5

省级单位	地级城市	辖区内的县级城市	省级单位	地级城市	辖区内的县级城市
	荆州	石首		岳阳	汨罗
		洪湖			临湘
		松滋		益阳	沅江
	宜昌	枝城		常德	津市
		当阳		郴州	资兴
		枝江		永州	
	襄樊	老河口		怀化	洪江
		枣阳		张家界	
		宜城			(娄底)
	鄂州				(冷水江)
	荆门	钟祥			(吉首)
	孝感	应城			(涟源)
		安陆	广东	广州	番禺
		广水			花都
		汉川			增城
	黄冈	麻城			从化
		武穴		韶关	乐昌
		(随州)			南雄
		(恩施)		深圳	
		(咸宁)		珠海	
		(蒲圻)		汕头	潮阳
		(仙桃)			澄海
		(利川)		佛山	顺德
		(天门)			南海
		(潜江)			三水
湖南	长沙	浏阳			高明
	株洲	醴陵		江门	台山
	湘潭	湘乡			新会
		韶山			鹤山
	衡阳	耒阳			开平
		常宁			恩平
	邵阳	武冈			

续表 6

省级单位	地级城市	辖区内的县级城市	省级单位	地级城市	辖区内的县级城市
	湛江	廉江			(河池)
		雷州			(宜州)
		吴川			(贺州)
	茂名	高州	海南	海口	
		化州		三亚	
		信宜			(通什)
	惠州	惠阳			(琼海)
	肇庆	高要			(儋州)
		四会			(琼山)
	潮州				(文昌)
	梅州	兴宁			(万宁)
	中山				(东方)
	东莞		重庆		合川
	汕尾	陆丰			永川
	河源				江津
	阳江	阳春			南川
	清远	连州	四川	成都	都江堰
		英德			彭州
	揭阳	普宁			邛崃
	云浮	罗定			崇州
广西	南宁			自贡	
	柳州			攀枝花	
	桂林			泸州	
	梧州	岑溪		德阳	广汉
	北海				什邡
	防城港	东兴			绵竹
	钦州			绵阳	江油
	玉林	北流		广元	
	贵港	桂平		遂宁	
		(凭祥)		内江	资阳
		(合山)			简阳
		(百色)		乐山	峨嵋山

续表 7

省级单位	地级城市	辖区内的县级城市
	宜宾	
	南充	阆中
		(华蓥)
		(达川)
		(雅安)
		(西昌)
		(万源)
		(巴中)
贵州	贵阳	清镇
	六盘水	
	遵义	赤水
		仁怀
		(安顺)
		(都匀)
		(凯里)
		(铜仁)
		(兴义)
		(毕节)
		(福泉)
云南	昆明	安宁
	东川	
	玉溪	
	曲靖	宣威
		(个旧)
		(大理)
		(开远)
		(昭通)
		(楚雄)
		(保山)
		(畹町)
		(瑞丽)
		(思茅)
		(景洪)
		(潞西)
西藏	拉萨	
		(日喀则)
陕西	西安	
	铜川	
	宝鸡	
	咸阳	兴平
	延安	
	汉中	
	渭南	韩城
		华阴
		(榆林)
		(安康)
		(商州)
甘肃	兰州	
	嘉峪关	
	金昌	
	白银	
	天水	
		(玉门)
		(平凉)
		(临夏)
		(武威)
		(张掖)
		(酒泉)
		(西峰)
		(敦煌)
		(合作)
青海	西宁	
		(格尔木)
		(德令哈)
宁夏	银川	
	石嘴山	
		(吴忠)
		(青铜峡)
		(灵武)
新疆	乌鲁木齐	
	克拉玛依	
		(石河子)
		(吐鲁番)
		(哈密)
		(昌吉)
		(奎屯)
		(伊宁)
		(塔城)
		(阿勒泰)
		(博乐)
		(库尔勒)
		(阿克苏)
		(阿图什)
		(喀什)
		(和田)
		(阜康)
		(乌苏)
		(米泉)

4. 按省、自治区、直辖市及行政级别排列的全部城市名单

单位:万人

城市名称	行政级别	市区非农业人口数	城市名称	行政级别	市区非农业人口数
北京	**直辖市**	**653.27**	深州	县级市	5.41
天津	**直辖市**	**476.92**	迁安	县级市	8.34
河北			**山西**		
石家庄	地级市	129.64	太原	地级市	175.9
唐山	地级市	119.05	大同	地级市	90.88
秦皇岛	地级市	47.1	阳泉	地级市	43.93
邯郸	地级市	98.32	长治	地级市	37.71
邢台	地级市	37.35	晋城	地级市	19.14
保定	地级市	56.26	朔州	地级市	13.05
张家口	地级市	65.28	忻州	县级市	14.09
承德	地级市	29.23	榆次	县级市	23.86
沧州	地级市	30.71	临汾	县级市	24.7
南宫	县级市	4.11	侯马	县级市	10.22
辛集	县级市	7.03	运城	县级市	16.19
定州	县级市	12.79	古交	县级市	9.65
涿州	县级市	10.79	霍州	县级市	9.29
廊坊	地级市	22.49	孝义	县级市	11.29
任丘	县级市	15.57	介休	县级市	8.84
泊头	县级市	10.31	高平	县级市	5.36
衡水	地级市	21.16	原平	县级市	9.85
沙河	县级市	8.11	永济	县级市	7.42
武安	县级市	5.46	河津	县级市	7.2
藁城	县级市	5.69	潞城	县级市	3.46
黄骅	县级市	7.83	离石	县级市	7.05
霸州	县级市	7.88	汾阳	县级市	
河间	县级市	5.01	**内蒙古**		
安国	县级市	5.11	呼和浩特	地级市	72.61
晋州	县级市	3.39	包头	地级市	107.64
新乐	县级市	4.73	乌海	地级市	31.56
遵化	县级市	6.69	赤峰	地级市	43.87
高碑店	县级市	7.62	集宁	县级市	20.19
三河	县级市	10.18	二连浩特	县级市	1.25
冀州	县级市	3.91	通辽	县级市	29.22
鹿泉	县级市	4.13	海拉尔	县级市	20.55
丰南	县级市	11.54	满洲里	县级市	14.21

续表 1　　　　单位:万人

城市名称	行政级别	市区非农业人口数
乌兰浩特	县级市	18.02
牙克石	县级市	39.16
东胜	县级市	10.68
扎兰屯	县级市	14.1
锡林浩特	县级市	9.82
临河	县级市	17.3
霍林郭勒	县级市	4.79
丰镇	县级市	6.47
根河	县级市	17.31
额尔古纳	县级市	4.97
阿尔山	县级市	4.19
辽宁		
沈阳	副省级市	386.3
大连	副省级市	195.19
鞍山	地级市	128.32
抚顺	地级市	126.9
本溪	地级市	82.15
丹东	地级市	57.52
锦州	地级市	65.25
营口	地级市	49.18
阜新	地级市	68.1
辽阳	地级市	56.66
盘锦	地级市	45.86
铁岭	地级市	30.82
朝阳	地级市	28.95
瓦房店	县级市	30.22
海城	县级市	25.64
葫芦岛	地级市	44.01
兴城	县级市	11.98
铁法	县级市	16.32
北票	县级市	20.27
开原	县级市	13.31
普兰店	县级市	16.43
凌源	县级市	13.93
庄河	县级市	16
大石桥	县级市	16.45
盖州	县级市	17.44
新民	县级市	12.28
东港	县级市	10.35
凌海	县级市	9.45
凤城	县级市	17.22
北宁	县级市	10.06
灯塔	县级市	8.32
吉林		
长春	副省级市	203.15
吉林	地级市	116.11
四平	地级市	37.91
辽源	地级市	39.32
通化	地级市	36.31
白山	地级市	25.16
公主岭	县级市	34.86
白城	地级市	26.89
延吉	县级市	32.39
图们	县级市	10.22
敦化	县级市	25.46
梅河口	县级市	27.53
洮南	县级市	15.65
珲春	县级市	13.23
集安	县级市	7.91
大安	县级市	15.28
九台	县级市	19.83
桦甸	县级市	19.71
龙井	县级市	14.58
蛟河	县级市	17.14
榆树	县级市	17
松原	地级市	30.02
舒兰	县级市	20.7
临江	县级市	11.36
和龙	县级市	13.59
德惠	县级市	14.76

续表2

单位:万人

城市名称	行政级别	市区非农业人口数
磐石	县级市	16.46
双辽	县级市	13.71
黑龙江		
哈尔滨	副省级市	256.7
齐齐哈尔	地级市	111.87
鸡西	地级市	74.57
鹤岗	地级市	58.67
双鸭山	地级市	42.97
大庆	地级市	79.85
伊春	地级市	80.29
佳木斯	地级市	57.13
七台河	地级市	28.35
牡丹江	地级市	63.55
绥芬河	县级市	3.25
绥化	县级市	26.16
肇东	县级市	22.71
安达	县级市	18.13
黑河	地级市	11.03
北安	县级市	21.42
五大连池	县级市	11.6
同江	县级市	4.61
阿城	县级市	23.16
富锦	县级市	12.38
铁力	县级市	27.25
尚志	县级市	22.62
双城	县级市	17.05
密山	县级市	15.3
海伦	县级市	15.21
讷河	县级市	12.76
海林	县级市	24.13
宁安	县级市	14.2
五常	县级市	22.64
穆棱	县级市	13.31
虎林	县级市	15.07
上海	**直辖市**	**868.79**
江苏		
南京	副省级市	234.77
无锡	地级市	92.73
徐州	地级市	102.22
常州	地级市	76.14
苏州	地级市	82.8
南通	地级市	45.82
连云港	地级市	43.91
淮阴	地级市	30.93
盐城	地级市	31.05
扬州	地级市	38.89
镇江	地级市	45.46
泰州	地级市	21.08
常熟	县级市	25.65
仪征	县级市	15.69
张家港	县级市	15.6
江阴	县级市	32.78
丹阳	县级市	21.5
东台	县级市	22.82
宿迁	地级市	11.1
兴化	县级市	19.75
淮安	县级市	15.44
宜兴	县级市	32.2
昆山	县级市	16.45
启东	县级市	22.91
新沂	县级市	11.84
溧阳	县级市	28.47
如皋	县级市	27.31
高邮	县级市	13.49
邳州	县级市	15.31
吴江	县级市	17.2
泰兴	县级市	17.91
金坛	县级市	9.37
太仓	县级市	11.34
通州	县级市	36.45

续表 3　　　　单位:万人

城市名称	行政级别	市区非农业人口数	城市名称	行政级别	市区非农业人口数
靖江	县级市	13.18	建德	县级市	9.81
海门	县级市	34.91	上虞	县级市	10.66
江都	县级市	17.85	永康	县级市	6.12
姜堰	县级市	14.94	乐清	县级市	9.82
扬中	县级市	7.89	桐乡	县级市	10.64
句容	县级市	10.57	台州	地级市	21.85
吴县	县级市	17.14	余杭	县级市	14.86
锡山	县级市	15.92	富阳	县级市	9.55
武进	县级市	13.79	温岭	县级市	11.02
大丰	县级市	14.81	嵊州	县级市	7.79
浙江			临安	县级市	6.33
杭州	副省级市	131.76	**安徽**		
宁波	副省级市	67.53	合肥	地级市	97.06
温州	地级市	49.74	芜湖	地级市	48.82
嘉兴	地级市	25.28	蚌埠	地级市	49.65
湖州	地级市	26.82	淮南	地级市	81.23
绍兴	地级市	22.82	马鞍山	地级市	38.73
金华	地级市	19.13	淮北	地级市	56.24
衢州	地级市	14.38	铜陵	地级市	28.63
兰溪	县级市	10.03	安庆	地级市	35
余姚	县级市	13.5	黄山	地级市	12.83
丽水	县级市	9.04	阜阳	地级市	30.77
临海	县级市	11.96	六安	县级市	27.75
海宁	县级市	11.98	宿州	县级市	31.9
舟山	地级市	18.56	滁州	地级市	18.47
瑞安	县级市	16.08	巢湖	县级市	27.65
萧山	县级市	20.75	亳州	县级市	25.03
江山	县级市	6.38	宣州	县级市	13.26
义乌	县级市	9.02	贵池	县级市	10.04
东阳	县级市	7.66	界首	县级市	8.97
慈溪	县级市	11.95	天长	县级市	16.79
奉化	县级市	7.43	明光	县级市	11.04
诸几	县级市	11.09	桐城	县级市	8.73
龙泉	县级市	3.68	宁国	县级市	10.8
平湖	县级市	8.5	**福建**		

续表 4

单位:万人

城市名称	行政级别	市区非农业人口数	城市名称	行政级别	市区非农业人口数
福　州	地级市	103.42	井冈山	县级市	1.88
厦　门	副省级市	57.01	丰　城	县级市	11.05
莆　田	地级市	13.69	樟　树	县级市	21.49
三　明	地级市	19.28	瑞　昌	县级市	8.17
泉　州	地级市	28.24	德　兴	县级市	10.28
漳　州	地级市	22.4	乐　平	县级市	12.73
南　平	地级市	22.89	高　安	县级市	12.63
龙　岩	地级市	23.4	瑞　金	县级市	6.7
邵　武	县级市	9.92	南　康	县级市	9.61
永　安	县级市	12.87	贵　溪	县级市	11.69
石　狮	县级市	8.52	**山　东**		
宁　德	县级市	8.03	济　南	副省级市	170.53
武夷山	县级市	5.15	青　岛	副省级市	171.16
福　安	县级市	9.79	淄　博	地级市	146.02
漳　平	县级市	5.02	枣　庄	地级市	72.39
福　清	县级市	13.15	东　营	地级市	48.31
晋　江	县级市	11.87	烟　台	地级市	80.06
建　瓯	县级市	9.59	潍　坊	地级市	61.87
南　安	县级市	10.62	济　宁	地级市	42.58
龙　海	县级市	9.97	泰　安	地级市	52.24
长　乐	县级市	7.33	德　州	地级市	30.32
建　阳	县级市	8.29	威　海	地级市	27.32
福　鼎	县级市	7.56	新　泰	县级市	36.91
江　西			滨　州	县级市	22.12
南　昌	地级市	124.31	聊　城	地级市	26.09
景德镇	地级市	30.92	临　清	县级市	13.49
萍　乡	地级市	48.34	临　沂	地级市	56.58
九　江	地级市	35.48	菏　泽	县级市	29.89
新　余	地级市	24.65	莱　芜	地级市	37.71
鹰　潭	地级市	10.83	日　照	地级市	31.35
上　饶	县级市	16.61	青　州	县级市	18.9
临　川	县级市	22.93	曲　阜	县级市	15.8
吉　安	县级市	17.28	龙　口	县级市	22.62
赣　州	县级市	26.35	胶　州	县级市	20.82
宜　春	县级市	19.52	莱　阳	县级市	15.39

续表5　　　　　　　　　　　　　　　　　　　　　　　　　　　　单位：万人

城市名称	行政级别	市区非农业人口数	城市名称	行政级别	市区非农业人口数
诸　城	县级市	14.36	漯　河	地级市	30.39
莱　州	县级市	27.12	三门峡	地级市	18.26
滕　州	县级市	45.07	义　马	县级市	10.96
乐　陵	县级市	6.51	商　丘	地级市	30.99
文　登	县级市	19.91	周　口	县级市	18.78
荣　城	县级市	21.93	驻马店	县级市	19.94
即　墨	县级市	17.52	南　阳	地级市	45.92
平　度	县级市	20.95	信　阳	县级市	24.15
胶　南	县级市	17.36	汝　州	县级市	9.95
莱　西	县级市	11.87	济　源	县级市	23.87
蓬　莱	县级市	11.62	禹　州	县级市	12.8
招　远	县级市	16.56	辉　县	县级市	9.29
章　丘	县级市	21.78	卫　辉	县级市	9.65
兖　州	县级市	19.57	邓　州	县级市	11.68
邹　城	县级市	30.19	沁　阳	县级市	7.92
肥　城	县级市	32.54	舞　钢	县级市	9.21
寿　光	县级市	20.96	巩　义	县级市	11.52
禹　城	县级市	7.73	偃　师	县级市	7.17
乳　山	县级市	11.24	长　葛	县级市	11.48
高　密	县级市	19.3	灵　宝	县级市	10.69
昌　邑	县级市	13.35	项　城	县级市	9.85
安　丘	县级市	20.95	新　密	县级市	8.36
栖　霞	县级市	10.51	荥　阳	县级市	9.34
海　阳	县级市	10.96	新　郑	县级市	13.13
河　南			登　封	县级市	6.08
郑　州	地级市	143.18	林　州	县级市	10.85
开　封	地级市	56.07	孟　州	县级市	9.4
洛　阳	地级市	97.84	永　城	县级市	11.37
平顶山	地级市	59.56	**湖　北**		
安　阳	地级市	51.69	武　汉	副省级市	387.69
鹤　壁	地级市	26.25	黄　石	地级市	56.61
新　乡	地级市	57.67	十　堰	地级市	37.01
焦　作	地级市	52.54	荆　州	地级市	65.94
濮　阳	地级市	27.72	宜　昌	地级市	47.01
许　昌	地级市	26.32	襄　樊	地级市	57.97

续表6

单位:万人

城市名称	行政级别	市区非农业人口数	城市名称	行政级别	市区非农业人口数
鄂州	地级市	29.12	邵阳	地级市	30.19
荆门	地级市	37.19	岳阳	地级市	43.47
老河口	县级市	15.97	醴陵	县级市	13.37
随州	县级市	32.71	湘乡	县级市	1.07
恩施	县级市	12.29	耒阳	县级市	15.88
孝感	地级市	20.97	益阳	地级市	29.2
咸宁	县级市	24.66	常德	地级市	37.47
丹江口	县级市	18.28	津市	县级市	9.83
应城	县级市	11.8	娄底	县级市	21.57
蒲圻	县级市	15.48	冷水江	县级市	17.28
仙桃	县级市	40.47	郴州	地级市	26.88
石首	县级市	13.96	资兴	县级市	12.15
麻城	县级市	16.34	永州	地级市	26.94
利川	县级市	7.15	怀化	地级市	22.89
洪湖	县级市	20.16	洪江	县级市	6.12
天门	县级市	35.98	吉首	县级市	11.13
安陆	县级市	10.91	张家界	地级市	11.24
武穴	县级市	13.65	涟源	县级市	13
枝城	县级市	8.95	汨罗	县级市	8.88
枣阳	县级市	20.42	沅江	县级市	13.89
潜江	县级市	31.16	韶山	县级市	1.55
广水	县级市	13.36	临湘	县级市	9.11
当阳	县级市	11.28	浏阳	县级市	12.43
黄冈	地级市	24.2	武冈	县级市	7.68
钟祥	县级市	21.94	常宁	县级市	12.77
大冶	县级市	12.39	**广东**		
宜城	县级市	11.48	广州	副省级市	326.73
松滋	县级市	14.3	韶关	地级市	41.7
枝江	县级市	12.4	深圳	副省级市	84.8
汉川	县级市	17.19	珠海	地级市	35.6
湖南			汕头	地级市	80.87
长沙	地级市	132.43	佛山	地级市	40.5
株洲	地级市	51.67	江门	地级市	32.69
湘潭	地级市	51.07	湛江	地级市	56.74
衡阳	地级市	57.59	茂名	地级市	29.27

续表 7　　单位:万人

城市名称	行政级别	市区非农业人口数	城市名称	行政级别	市区非农业人口数
惠州	地级市	27.37	吴川	县级市	17.83
肇庆	地级市	30.66	化州	县级市	18.78
潮州	地级市	25.28	惠阳	县级市	18.72
梅州	地级市	22.31	兴宁	县级市	19.98
中山	地级市	37.95	阳春	县级市	20.41
东莞	地级市	36.97	连州	县级市	8.93
汕尾	地级市	16.3	英德	县级市	20.2
河源	地级市	16.22	陆丰	县级市	25.86
阳江	地级市	29.11	信宜	县级市	15.73
清远	地级市	18.84	南雄	县级市	7.98
揭阳	地级市	19.87	**广西**		
顺德	县级市	33.11	南宁	地级市	92.12
番禺	县级市	33.55	柳州	地级市	76.6
南海	县级市	38.01	桂林	地级市	45.01
云浮	地级市	16.6	梧州	地级市	25.28
台山	县级市	32.69	北海	地级市	18.99
新会	县级市	26.52	凭祥	县级市	2.73
花都	县级市	19.06	合山	县级市	6.13
增城	县级市	19.04	玉林	地级市	18.83
潮阳	县级市	38.18	百色	县级市	11.55
三水	县级市	22.38	河池	县级市	10.67
鹤山	县级市	11.52	钦州	地级市	16.78
开平	县级市	18.5	贵港	地级市	29.53
廉江	县级市	24.33	防城港	地级市	11.62
高州	县级市	20.19	宜州	县级市	9.45
高要	县级市	14.17	北流	县级市	13.64
罗定	县级市	33.17	桂平	县级市	14.8
四会	县级市	12.19	岑溪	县级市	11.15
普宁	县级市	30.86	东兴	县级市	1.82
从化	县级市	12.49	贺州	县级市	11.04
乐昌	县级市	17.37	**海南**		
澄海	县级市	16.43	海口	地级市	42.28
高明	县级市	12.15	三亚	地级市	15.53
恩平	县级市	16.27	通什	县级市	4.69
雷州	县级市	22.03	琼海	县级市	8.29

续表 8

单位:万人

城市名称	行政级别	市区非农业人口数	城市名称	行政级别	市区非农业人口数
儋州	县级市	20.49	巴中	县级市	12.99
琼山	县级市	13.81	邛崃	县级市	7.43
文昌	县级市	8.46	崇州	县级市	8.61
万宁	县级市	8.04	简阳	县级市	15.79
东方	县级市	7.75	什邡	县级市	8.12
重庆	直辖市	288.88	绵竹	县级市	9.01
合川	县级市	19.55	**贵州**		
永川	县级市	17.95	贵阳	地级市	128.35
江津	县级市	21.59	六盘水	地级市	47.63
南川	县级市	8.08	遵义	地级市	44.24
四川			安顺	县级市	21.83
成都	副省级市	209.49	都匀	县级市	14.94
自贡	地级市	45.89	凯里	县级市	14.58
攀枝花	地级市	47.7	铜仁	县级市	8.04
泸州	地级市	36.36	兴义	县级市	9.46
德阳	地级市	23.97	赤水	县级市	6.14
绵阳	地级市	38.89	清镇	县级市	10.24
广元	地级市	24.8	毕节	县级市	9.94
遂宁	地级市	21.63	仁怀	县级市	4.97
内江	地级市	31.69	福泉	县级市	3.77
乐山	地级市	40.46	**云南**		
宜宾	地级市	28.05	昆明	地级市	131.73
南充	地级市	37.86	东川	地级市	6.77
华蓥	县级市	8.05	个旧	县级市	21.91
达川	县级市	19.59	大理	县级市	17.12
雅安	县级市	11.78	开远	县级市	10.46
西昌	县级市	16.96	昭通	县级市	10.26
江油	县级市	21.73	玉溪	地级市	10.33
广汉	县级市	11.94	楚雄	县级市	10.94
都江堰	县级市	15.14	曲靖	地级市	24.6
峨嵋山	县级市	12.21	保山	县级市	9.78
阆中	县级市	10.8	畹町	县级市	0.54
彭州	县级市	11.46	瑞丽	县级市	2.2
资阳	县级市	14.24	思茅	县级市	6.9
万源	县级市	8.04	景洪	县级市	9.11

续表 9　　　　单位:万人

城市名称	行政级别	市区非农业人口数
宣威	县级市	11.56
安宁	县级市	12.53
潞西	县级市	6.03
西藏		
拉萨	地级市	12.08
日喀则	县级市	2.7
陕西		
西安	副省级市	236.21
铜川	地级市	30.03
宝鸡	地级市	43.29
咸阳	地级市	44.81
延安	地级市	13.08
汉中	地级市	21.19
渭南	地级市	20.21
韩城	县级市	10.71
榆林	县级市	10.39
安康	县级市	16.97
商州	县级市	6.99
华阴	县级市	7.15
兴平	县级市	10.69
甘肃		
兰州	地级市	140.25
嘉峪关	地级市	10.79
金昌	地级市	13.79
白银	地级市	25.41
天水	地级市	29.57
玉门	县级市	11.89
平凉	县级市	12.01
临夏	县级市	9.63
武威	县级市	17.43
张掖	县级市	11.02
酒泉	县级市	9.6
西峰	县级市	7.07
敦煌	县级市	3.16
合作	县级市	
青海		
西宁	地级市	59.52
格尔木	县级市	7.09
德令哈	县级市	3.06
宁夏		
银川	地级市	45.44
石嘴山	地级市	31.09
吴忠	县级市	8.75
青铜峡	县级市	6.81
灵武	县级市	8.49
新疆		
乌鲁木齐	地级市	121.91
克拉玛依	地级市	22.22
石河子	县级市	32.36
吐鲁番	县级市	7.09
哈密	县级市	20.11
昌吉	县级市	18.42
奎屯	县级市	14.34
伊宁	县级市	21.59
塔城	县级市	6.2
阿勒泰	县级市	10.33
博乐	县级市	7.65
库尔勒	县级市	19.41
阿克苏	县级市	21.32
阿图什	县级市	4.57
喀什	县级市	19.61
和田	县级市	8.58
阜康	县级市	7.23
乌苏	县级市	7.15
米泉	县级市	6.09

二、综合统计资料

1. 按市区非农业人口和地区分组的城市数及构成

(1)按非农业人口和地区分组的城市数

单位：个

	全　国	东部地区	中部地区	西部地区
合　计	**668**	**300**	**247**	**121**
超大城市	12	6	3	3
特大城市	28	13	10	5
大城市	47	23	23	1
中等城市	204	94	78	32
小城市	377	164	133	80

(2)按非农业人口和地区分组的城市构成

(以人口规模分类为 100)

	全　国	东部地区	中部地区	西部地区
合　计	**100**	**44.9**	**37.0**	**18.1**
超大城市	100	50.0	25.0	25.0
特大城市	100	46.4	35.7	17.9
大城市	100	48.9	48.9	2.1
中等城市	100	46.1	38.2	15.7
小城市	100	43.5	35.3	21.2

(3)按非农业人口和地区分组的城市构成

(以地区分类为 100)

	全　国	东部地区	中部地区	西部地区
合　计	**100**	**100**	**100**	**100**
超大城市	1.8	2.0	1.2	2.5
特大城市	4.2	4.3	4.0	4.1
大城市	7.0	7.7	9.3	0.8
中等城市	30.5	31.3	31.6	26.4
小城市	56.4	54.7	53.8	66.1

2. 全国城市数(1997年底)

单位:个

地区	城市合计	按市区非农业人口分组				
		200万以上	100－200万	50－100万	20－50万	20万以下
全国	**668**	**12**	**22**	**47**	**205**	**382**
北京	1	1				
天津	1	1				
河北	34		2	3	8	21
山西	22		1	1	5	15
内蒙古	20		1	1	6	12
辽宁	31	1	3	5	8	14
吉林	28	1	1		11	15
黑龙江	31	1	1	6	10	13
上海	1	1				
江苏	44	1	1	3	17	22
浙江	35		1	1	6	27
安徽	22			3	10	9
福建	23		1	1	4	17
江西	21		1		7	13
山东	48		3	5	19	21
河南	38		1	6	8	23
湖北	36	1		3	14	18
湖南	29		1	3	8	17
广东	54	1		3	27	23
广西	19			2	3	14
海南	9				2	7
重庆	5	1			1	3
四川	30	1			12	17
贵州	13		1		3	9
云南	17		1		2	14
西藏	2					2
陕西	13	1			5	7
甘肃	14		1		2	11
青海	3			1		2
宁夏	5				2	3
新疆	19		1		5	13

3. 按市区非农业人口排序的全部城市名单

单位：万人

城市名称	市区非农业人口	城市名称	市区非农业人口	城市名称	市区非农业人口
超大城市		齐齐哈尔	111.87	西　宁	59.52
上　海	868.79	包　头	107.64	鹤　岗	58.67
北　京	653.27	福　州	103.42	襄　樊	57.97
天　津	476.92	徐　州	102.22	新　乡	57.67
武　汉	387.69	**大城市**		衡　阳	57.59
沈　阳	386.30	邯　郸	98.32	丹　东	57.52
广　州	326.73	洛　阳	97.84	佳木斯	57.13
重　庆	288.88	合　肥	97.06	厦　门	57.01
哈尔滨	256.70	无　锡	92.73	湛　江	56.74
西　安	236.21	南　宁	92.12	辽　阳	56.66
南　京	234.77	大　同	90.88	黄　石	56.61
成　都	209.49	深　圳	84.80	临　沂	56.58
长　春	203.15	苏　州	82.80	保　定	56.26
特大城市		本　溪	82.15	淮　北	56.24
大　连	195.19	淮　南	81.23	开　封	56.07
太　原	175.90	汕　头	80.87	焦　作	52.54
青　岛	171.16	伊　春	80.29	泰　安	52.24
济　南	170.53	烟　台	80.06	安　阳	51.69
淄　博	146.02	大　庆	79.85	株　洲	51.67
郑　州	143.18	柳　州	76.60	湘　潭	51.07
兰　州	140.25	常　州	76.14	**中等城市**	
长　沙	132.43	鸡　西	74.57	温　州	49.74
杭　州	131.76	呼和浩特	72.61	蚌　埠	49.65
昆　明	131.73	枣　庄	72.39	营　口	49.18
石家庄	129.64	阜　新	68.10	芜　湖	48.82
贵　阳	128.35	宁　波	67.53	萍　乡	48.34
鞍　山	128.32	荆　州	65.94	东　营	48.31
抚　顺	126.90	张家口	65.28	攀枝花	47.70
南　昌	124.31	锦　州	65.25	六盘水	47.63
乌鲁木齐	121.91	牡丹江	63.55	秦皇岛	47.10
唐　山	119.05	潍　坊	61.87	宜　昌	47.01
吉　林	116.11	平顶山	59.56	南　阳	45.92

续表 1 单位:万人

城市名称	市区非农业人口	城市名称	市区非农业人口	城市名称	市区非农业人口
自贡	45.89	莱芜	37.71	盐城	31.05
盘锦	45.86	常德	37.47	商丘	30.99
南通	45.82	邢台	37.35	淮阴	30.93
镇江	45.46	荆门	37.19	景德镇	30.92
银川	45.44	十堰	37.01	普宁	30.86
滕州	45.07	东莞	36.97	铁岭	30.82
桂林	45.01	新泰	36.91	阜阳	30.77
咸阳	44.81	通州	36.45	沧州	30.71
遵义	44.24	泸州	36.36	肇庆	30.66
葫芦岛	44.01	通化	36.31	漯河	30.39
阳泉	43.93	天门	35.98	德州	30.32
连云港	43.91	珠海	35.60	瓦房店	30.22
赤峰	43.87	九江	35.48	邹城	30.19
岳阳	43.47	安庆	35.00	邵阳	30.19
宝鸡	43.29	海门	34.91	铜川	30.03
双鸭山	42.97	公主岭	34.86	松原	30.02
济宁	42.58	番禺	33.55	菏泽	29.89
海口	42.28	罗定	33.17	天水	29.57
韶关	41.70	顺德	33.11	贵港	29.53
佛山	40.50	江阴	32.78	茂名	29.27
仙桃	40.47	随州	32.71	承德	29.23
乐山	40.46	江门	32.69	通辽	29.22
辽源	39.32	台山	32.69	益阳	29.20
牙克石	39.16	肥城	32.54	鄂州	29.12
绵阳	38.89	延吉	32.39	阳江	29.11
扬州	38.89	石河子	32.36	朝阳	28.95
马鞍山	38.73	宜兴	32.20	铜陵	28.63
潮阳	38.18	宿州	31.90	溧阳	28.47
南海	38.01	内江	31.69	七台河	28.35
中山	37.95	乌海	31.56	泉州	28.24
四平	37.91	日照	31.35	宜宾	28.05
南充	37.86	潜江	31.16	六安	27.75
长治	37.71	石嘴山	31.09	濮阳	27.72

续表 2 单位:万人

城市名称	市区非农业人口	城市名称	市区非农业人口	城市名称	市区非农业人口
巢湖	27.65	廉江	24.33	江油	21.73
梅河口	27.53	黄冈	24.20	遂宁	21.63
惠州	27.37	信阳	24.15	江津	21.59
威海	27.32	海林	24.13	伊宁	21.59
如皋	27.31	德阳	23.97	娄底	21.57
铁力	27.25	济源	23.87	丹阳	21.50
莱州	27.12	榆次	23.86	樟树	21.49
永州	26.94	龙岩	23.40	北安	21.42
白城	26.89	阿城	23.16	阿克苏	21.32
郴州	26.88	临川	22.93	汉中	21.19
湖州	26.82	启东	22.91	衡水	21.16
新会	26.52	南平	22.89	泰州	21.08
赣州	26.35	怀化	22.89	孝感	20.97
许昌	26.32	东台	22.82	寿光	20.96
鹤壁	26.25	绍兴	22.82	平度	20.95
绥化	26.16	肇东	22.71	安丘	20.95
聊城	26.09	五常	22.64	胶州	20.82
陆丰	25.86	尚志	22.62	萧山	20.75
常熟	25.65	龙口	22.62	舒兰	20.70
海城	25.64	廊坊	22.49	海拉尔	20.55
敦化	25.46	漳州	22.40	儋州	20.49
白银	25.41	三水	22.38	枣阳	20.42
梧州	25.28	梅州	22.31	阳春	20.41
嘉兴	25.28	克拉玛依	22.22	北票	20.27
潮州	25.28	滨州	22.12	渭南	20.21
白山	25.16	雷州	22.03	英德	20.20
亳州	25.03	钟祥	21.94	集宁	20.19
广元	24.80	荣城	21.93	高州	20.19
临汾	24.70	个旧	21.91	洪湖	20.16
咸宁	24.66	台州	21.85	哈密	20.11
新余	24.65	安顺	21.83	兴宁	19.98
曲靖	24.60	章丘	21.78	驻马店	19.94

续表 3　　　　单位:万人

城市名称	市区非农业人口	城市名称	市区非农业人口	城市名称	市区非农业人口
文　登	19.91	永　川	17.95	普兰店	16.43
揭　阳	19.87	泰　兴	17.91	麻　城	16.34
九　台	19.83	江　都	17.85	铁　法	16.32
兴　化	19.75	吴　川	17.83	汕　尾	16.30
桦　甸	19.71	即　墨	17.52	恩　平	16.27
喀　什	19.61	盖　州	17.44	河　源	16.22
达　川	19.59	武　威	17.43	运　城	16.19
兖　州	19.57	乐　昌	17.37	瑞　安	16.08
合　川	19.55	胶　南	17.36	庄　河	16.00
宜　春	19.52	根　河	17.31	老河口	15.97
库尔勒	19.41	临　河	17.30	锡　山	15.92
高　密	19.30	吉　安	17.28	耒　阳	15.88
三　明	19.28	冷水江	17.28	曲　阜	15.80
晋　城	19.14	凤　城	17.22	简　阳	15.79
金　华	19.13	吴　江	17.20	信　宜	15.73
花　都	19.06	汉　川	17.19	仪　征	15.69
增　城	19.04	蛟　河	17.14	洮　南	15.65
北　海	18.99	吴　县	17.14	张家港	15.60
青　州	18.90	大　理	17.12	任　丘	15.57
清　远	18.84	双　城	17.05	三　亚	15.53
玉　林	18.83	榆　树	17.00	蒲　圻	15.48
化　州	18.78	安　康	16.97	淮　安	15.44
周　口	18.78	西　昌	16.96	莱　阳	15.39
惠　阳	18.72	天　长	16.79	邳　州	15.31
舟　山	18.56	钦　州	16.78	密　山	15.30
开　平	18.50	上　饶	16.61	大　安	15.28
滁　州	18.47	云　浮	16.60	海　伦	15.21
昌　吉	18.42	招　远	16.56	都江堰	15.14
丹江口	18.28	磐　石	16.46	虎　林	15.07
三门峡	18.26	昆　山	16.45	都　匀	14.94
安　达	18.13	大石桥	16.45	姜　堰	14.94
乌兰浩特	18.02	澄　海	16.43	余　杭	14.86

续表 4

单位:万人

城市名称	市区非农业人口	城市名称	市区非农业人口	城市名称	市区非农业人口
大　丰	14.81	穆　棱	13.31	平　凉	12.01
桂　平	14.80	开　原	13.31	兴　城	11.98
德　惠	14.76	宣　州	13.26	海　宁	11.98
凯　里	14.58	珲　春	13.23	临　海	11.96
龙　井	14.58	靖　江	13.18	慈　溪	11.95
衢　州	14.38	福　清	13.15	广　汉	11.94
诸　城	14.36	新　郑	13.13	玉　门	11.89
奎　屯	14.34	延　安	13.08	晋　江	11.87
松　滋	14.30	朔　州	13.05	莱　西	11.87
资　阳	14.24	涟　源	13.00	新　沂	11.84
满洲里	14.21	巴　中	12.99	应　城	11.80
宁　安	14.20	永　安	12.87	雅　安	11.78
高　要	14.17	黄　山	12.83	贵　溪	11.69
扎兰屯	14.10	禹　州	12.80	邓　州	11.68
忻　州	14.09	定　州	12.79	防城港	11.62
石　首	13.96	常　宁	12.77	蓬　莱	11.62
凌　源	13.93	讷　河	12.76	五大连池	11.60
沅　江	13.89	乐　平	12.73	宣　威	11.56
琼　山	13.81	高　安	12.63	百　色	11.55
金　昌	13.79	安　宁	12.53	丰　南	11.54
武　进	13.79	从　化	12.49	鹤　山	11.52
双　辽	13.71	浏　阳	12.43	巩　义	11.52
莆　田	13.69	枝　江	12.40	长　葛	11.48
武　穴	13.65	大　冶	12.39	宜　城	11.48
北　流	13.64	富　锦	12.38	彭　州	11.46
和　龙	13.59	恩　施	12.29	永　城	11.37
余　姚	13.50	新　民	12.28	临　江	11.36
高　邮	13.49	峨眉山	12.21	太　仓	11.34
临　清	13.49	四　会	12.19	孝　义	11.29
醴　陵	13.37	高　明	12.15	当　阳	11.28
广　水	13.36	资　兴	12.15	张家界	11.24
昌　邑	13.35	拉　萨	12.08	乳　山	11.24

续表 5

单位:万人

城市名称	市区非农业人口	城市名称	市区非农业人口	城市名称	市区非农业人口
岑溪	11.15	东港	10.35	兴义	9.46
吉首	11.13	阿勒泰	10.33	凌海	9.45
宿迁	11.10	玉溪	10.33	宜州	9.45
诸几	11.09	泊头	10.31	孟州	9.40
丰城	11.05	德兴	10.28	金坛	9.37
贺州	11.04	昭通	10.26	荥阳	9.34
明光	11.04	清镇	10.24	辉县	9.29
黑河	11.03	侯马	10.22	霍州	9.29
温岭	11.02	图们	10.22	舞钢	9.21
张掖	11.02	三河	10.18	景洪	9.11
海阳	10.96	北宁	10.06	临湘	9.11
义马	10.96	贵池	10.04	丽水	9.04
楚雄	10.94	兰溪	10.03	义乌	9.02
安陆	10.91	龙海	9.97	绵竹	9.01
林州	10.85	汝州	9.95	界首	8.97
鹰潭	10.83	毕节	9.94	枝城	8.95
宁国	10.80	邵武	9.92	连州	8.93
阆中	10.80	原平	9.85	汨罗	8.88
嘉峪关	10.79	项城	9.85	介休	8.84
涿州	10.79	津市	9.83	吴忠	8.75
韩城	10.71	乐清	9.82	桐城	8.73
灵宝	10.69	锡林浩特	9.82	崇州	8.61
兴平	10.69	建德	9.81	和田	8.58
东胜	10.68	福安	9.79	石狮	8.52
河池	10.67	保山	9.78	平湖	8.50
上虞	10.66	卫辉	9.65	灵武	8.49
桐乡	10.64	古交	9.65	文昌	8.46
南安	10.62	临夏	9.63	新密	8.36
句容	10.57	南康	9.61	迁安	8.34
栖霞	10.51	酒泉	9.60	灯塔	8.32
开远	10.46	建瓯	9.59	琼海	8.29
榆林	10.39	富阳	9.55	建阳	8.29

续表 6　　单位:万人

城市名称	市区非农业人口	城市名称	市区非农业人口	城市名称	市区非农业人口
瑞　昌	8.17	利　川	7.15	安　国	5.11
什　邡	8.12	乌　苏	7.15	漳　平	5.02
沙　河	8.11	吐鲁番	7.09	河　间	5.01
南　川	8.08	格尔木	7.09	仁　怀	4.97
华　蓥	8.05	西　峰	7.07	额尔古纳	4.97
万　源	8.04	离　石	7.05	霍林郭勒	4.79
铜　仁	8.04	辛　集	7.03	新　乐	4.73
万　宁	8.04	商　州	6.99	通　什	4.69
宁　德	8.03	思　茅	6.90	同　江	4.61
南　雄	7.98	青铜峡	6.81	阿图什	4.57
沁　阳	7.92	东　川	6.77	阿尔山	4.19
集　安	7.91	瑞　金	6.70	鹿　泉	4.13
扬　中	7.89	遵　化	6.69	南　宫	4.11
霸　州	7.88	乐　陵	6.51	冀　州	3.91
黄　骅	7.83	丰　镇	6.47	福　泉	3.77
嵊　州	7.79	江　山	6.38	龙　泉	3.68
东　方	7.75	临　安	6.33	潞　城	3.46
禹　城	7.73	塔　城	6.20	晋　州	3.39
武　冈	7.68	赤　水	6.14	绥芬河	3.25
东　阳	7.66	合　山	6.13	敦　煌	3.16
博　乐	7.65	永　康	6.12	德令哈	3.06
高碑店	7.62	洪　江	6.12	凭　祥	2.73
福　鼎	7.56	米　泉	6.09	日喀则	2.70
邛　崃	7.43	登　封	6.08	瑞　丽	2.20
奉　化	7.43	潞　西	6.03	井冈山	1.88
永　济	7.42	汾　阳	5.73	东　兴	1.82
长　乐	7.33	藁　城	5.69	韶　山	1.55
阜　康	7.23	武　安	5.46	二连浩特	1.25
河　津	7.20	深　州	5.41	湘　乡	1.07
偃　师	7.17	高　平	5.36	畹　町	0.54
华　阴	7.15	武夷山	5.15	合　作	

4. 地级及地级以上城市社会经济主要指标占全国比重

指标	单位	全国数	地级及地级以上城市合计		占全国比重 (%)	
			地区	市区	地区	市区
年末总人口	万人	123626	89771.92	23904.96	72.62	19.34
# 非农业人口	万人	29891	24895.53	14954.04	83.29	50.03
年末从业人员数	万人	69600	49882.86	14463.78	71.67	20.78
第一产业	万人	34730	23147.56	2983.6	66.65	8.59
第二产业	万人	16495	13584.57	6079.22	82.36	36.85
第三产业	万人	18375	13150.73	5400.96	71.57	29.39
土地面积	万平方公里	960	283.91	34.97	29.57	3.64
国内生产总值(当年价)	亿元	74712.4	68881.14	32941.66	92.20	44.09
# 第一产业	亿元	13968.8	11857.62	1777.67	84.89	12.73
第二产业	亿元	36770.3	32426.49	16989.18	88.19	46.20
第三产业	亿元	24033.3		14174.81		58.98
农林牧渔业总产值(当年价)	亿元	24587.7	20075.79	3001.81	81.65	12.21
年末实有耕地面积	亿元	9497.1	6511.7	722.4	68.57	7.61
农产品产量:猪肉产量	万吨	3464.3	3060.08	447.51	88.33	12.92
牛羊肉产量	万吨	625.2	465.09	39.66	74.39	6.34
水果产量	万吨	5089.3	4044.12	515.03	79.46	10.12
水产品产量	万吨	3601.8	3244.46	840.44	90.08	23.33
工业企业单位数(乡及乡以上企业单位数)	个	534367	441010	190890	82.53	35.72
# 国有经济	个	98600	74070	36192	75.12	36.71
股份制经济	个	13103	11012	4720	84.04	36.02
全部工业总产值(当年价)	亿元	113732.7	106080.64	50089.05	93.27	44.04
# 乡及乡以上工业总产值	亿元	70747.7	64299.33	38811.14	90.89	54.86
# 国有经济	亿元	29027.4	25721.08	19476.26	88.61	67.10
# 股份制经济	亿元	4975.9	4454.6	2815.19	89.52	56.58
铁路客运量	亿人	9.3	8.53	6.49	91.72	69.78
铁路货运量	亿吨	17	16.42	11.25	96.59	66.18
公路客运量	亿人	120.4	89.35	43.87	74.21	36.44
公路货运量	亿吨	97.7	72.73	36.97	74.44	37.84
水运客运量	亿人	2.25	1.88	0.89	83.56	39.56
水运货运量	亿吨	11.34	10.07	6.28	88.80	55.38
民用航空客运量	万人		6435.29	6289.84		
民用航空货邮运量	万吨		183.13	182.05		
年末邮电局所数	个	79273	59399	18347	74.93	23.14
邮电业务总量(90年不变价)	亿元	1773.3	1601.7	1011.4	90.32	57.03
年末电话机数	万部		7867.26	4931.17		
全年用电量	亿千瓦时	10764.3	9005.63	5427.28	83.66	50.42
# 工业用电	亿千瓦时	8044.7	6377.57	4193.08	79.28	52.12
# 城市居民生活用电	亿千瓦时		1107.46	590.46		

续表

指标	单位	全国数	地级及地级以上城市合计		占全国比重(%)	
			地区	市区	地区	市区
固定资产投资	亿元	24941.1	17985.43	11963.28	72.11	47.97
房地产开发投资额	亿元	3178.4	3124.47	2797.8	98.30	88.03
批发零售贸易业商品销售总额	亿元	55168.7	45488.24	29528.21	82.45	53.52
社会消费品零售总额	亿元	27298.9	24152.48	13925.05	88.47	51.01
外商在华直接投资:						
#新签协议(合同)数	个	21001		13299		63.33
#客商实际投资	亿美元	452.6	433.58	272.1	95.80	60.12
#年末实有企业数	个	235681	198584	122850	84.26	52.13
学校数:高等学校	个	1020	980	938	96.08	91.96
中等专业学校	个	4143	3551	2866	85.71	69.18
普通中学	个	78642	58038	15266	73.80	19.41
小学	个	628840	423937	61207	67.42	9.73
专任教师数:高等学校	万人	40.5	38.44	37.57	94.91	92.77
中等专业学校	万人	27.6	23.24	18.87	84.20	68.37
普通中学	万人	358.7	276.75	86.33	77.15	24.07
小学	万人	579.4	416.75	108.29	71.93	18.69
在校学生数:高等学校	万人	317.4	310.77	302.97	97.91	95.45
中等专业学校	万人	465.4	401.97	333.74	86.37	71.71
普通中学	万人	6017.9	4607.97	1251.03	76.57	20.79
小学	万人	13995.4	10197.3	2340.16	72.86	16.72
医院、卫生机构数	个	67911	58391	20058	85.98	29.54
医院、卫生机构床位数	万张	290.3	237.47	127.75	81.80	44.01
医生	万人	198.5	149.24	82.45	75.18	41.54
地方财政预算内收入	亿元	4424.2	3454.49	2163.43	78.08	48.90
#工商税收	亿元	6627.1	2404.8	1651.6	36.29	24.92
地方财政预算内支出	亿元	6701.1	4509.48	2662.83	67.29	39.74
职工工资总额	亿元	9405.3	8150.46	5728.66	86.66	60.91
年底全国城乡储蓄存款余额	亿元	46279.8	40717.75	22310.61	87.98	48.21

三、分城市统计资料

1. 人　口

城　市	年末总人口(万人)		非农业人口(万人)		自然增长率(‰)	
	地区	市区	地区	市区	地区	市区
城市合计	**89771.92**	**23904.96**	**24895.53**	**14954.04**	**5.58**	**4.70**
超大城市	**12308.84**	**6033.74**	**5582.86**	**4528.90**	**3.15**	**0.69**
特大城市	**10526.51**	**3876.74**	**3969.58**	**2947.54**	**5.50**	**4.35**
大 城 市	**18518.11**	**4715.24**	**5437.25**	**3227.35**	**5.48**	**6.10**
中等城市	**41479.12**	**8081.23**	**8601.06**	**3810.93**	**5.87**	**6.58**
小 城 市	**6939.34**	**1198.01**	**1304.78**	**439.32**	**8.50**	**7.81**
东部城市	**44613.71**	**12270.56**	**13234.62**	**8019.09**	**5.44**	**3.84**
中部城市	**30106.83**	**7451.17**	**8219.66**	**4789.93**	**5.77**	**5.77**
西部城市	**15051.38**	**4183.23**	**3441.25**	**2145.02**	**5.61**	**5.32**
北　京	**1216.70**	**920.12**	**722.69**	**653.27**	**0.74**	**0.14**
天　津	**899.80**	**593.75**	**515.36**	**476.92**	**0.83**	**-1.69**
河　北	**6508.10**	**900.46**	**1189.60**	**656.59**	**4.12**	**6.59**
石 家 庄	860.19	154.63	191.69	129.64	5.50	5.29
唐　山	688.34	162.84	181.55	119.05	3.66	3.16
秦 皇 岛	261.87	66.42	63.31	47.10	3.44	4.45
邯　郸	807.56	126.96	139.22	98.32	4.75	12.17
邢　台	639.67	47.96	82.14	37.35	2.08	9.41
保　定	1035.39	69.24	147.66	56.26	2.75	5.78
张 家 口	440.09	82.75	101.36	65.28	4.73	7.26
承　德	349.36	41.23	61.80	29.23	6.53	6.74
沧　州	648.25	42.15	96.28	30.71	3.55	8.71
廊　坊	367.61	67.37	58.14	22.49	6.24	8.58
衡　水	409.77	38.91	66.45	21.16	4.13	2.21
山　西	**1330.79**	**540.08**	**481.43**	**375.74**	**8.74**	**10.16**
太　原	293.28	221.77	191.78	175.90	10.98	10.53
大　同	269.68	123.44	110.64	90.88	9.20	11.21
阳　泉	122.28	61.30	52.68	43.93	7.41	8.08
长　治	306.02	58.41	64.88	37.71	6.19	8.41
晋　城	206.94	22.90	34.51	14.27	9.90	13.91
朔　州	132.59	52.26	26.94	13.05	8.14	8.90

注:表中所有的分类及分省(区)合计数的统计范围均是地级及地级以上城市。

续表 1

城市	年末总人口(万人)		非农业人口(万人)		自然增长率(‰)	
	地区	市区	地区	市区	地区	市区
内蒙古	**883.68**	**375.91**	**315.68**	**255.68**	**8.99**	**10.14**
呼和浩特	200.37	98.68	85.55	72.61	7.62	6.43
包头	198.92	130.84	119.53	107.64	9.84	10.32
乌海	38.29	38.29	31.56	31.56	17.05	17.05
赤峰	446.10	108.10	79.04	43.87	8.54	10.89
辽宁	**4076.70**	**1706.50**	**1844.34**	**1365.21**	**3.18**	**1.75**
沈阳	673.80	479.10	422.60	386.30	0.94	−0.21
大连	540.36	259.71	260.03	195.19	2.22	0.94
鞍山	339.21	145.46	170.23	128.32	2.59	0.42
抚顺	227.16	140.90	148.47	126.90	0.82	−0.21
本溪	156.26	95.86	100.77	82.15	3.18	2.90
丹东	239.49	69.71	96.75	57.52	2.96	1.40
锦州	303.45	80.88	105.25	65.25	2.98	3.64
营口	221.77	64.06	83.06	49.18	3.40	3.77
阜新	190.97	77.62	84.37	68.10	3.59	2.76
辽阳	177.78	69.37	73.97	56.66	4.27	4.36
盘锦	116.95	52.77	58.33	45.86	7.51	8.93
铁岭	294.13	37.52	86.57	30.82	4.89	5.39
朝阳	330.84	44.36	82.67	28.95	7.06	8.80
葫芦岛	264.53	89.18	71.27	44.01	4.19	3.66
吉林	**2381.78**	**683.72**	**981.98**	**514.87**	**5.94**	**5.29**
长春	683.79	278.81	272.22	203.15	5.32	3.55
吉林	427.63	140.81	204.00	116.11	3.50	2.68
四平	318.69	45.97	115.11	37.91	7.52	8.16
辽源	124.87	45.39	57.28	39.32	5.11	6.99
通化	230.06	43.42	104.32	36.31	2.83	3.95
白山	131.68	32.63	85.39	25.16	3.80	6.21
白城	199.05	47.01	78.39	26.89	5.39	6.03
松原	266.01	49.68	65.27	30.02	14.11	18.13
黑龙江	**3042.51**	**1066.19**	**1450.90**	**864.98**	**6.19**	**3.85**
哈尔滨	914.91	296.52	422.77	256.70	6.39	1.24
齐齐哈尔	551.00	142.98	194.32	111.87	7.61	2.66
鸡西	192.66	91.15	113.55	74.57	4.04	4.18

续表 2

城市	年末总人口(万人)		非农业人口(万人)		自然增长率(‰)	
	地区	市区	地区	市区	地区	市区
鹤岗	110.90	69.38	76.67	58.67	6.42	7.15
双鸭山	148.78	50.70	76.13	42.97	5.84	5.74
大庆	243.63	106.01	108.86	79.85	5.46	6.61
伊春	132.15	85.44	110.35	80.29	5.14	2.75
佳木斯	234.88	79.98	102.20	57.13	5.28	4.91
七台河	83.41	47.24	38.56	28.35	7.58	8.82
牡丹江	264.60	78.92	140.49	63.55	5.38	4.07
黑河	165.59	17.87	67.00	11.03	6.77	6.67
上海	**1305.46**	**1018.59**	**943.03**	**868.79**	**-2.41**	**-2.98**
江苏	**6948.36**	**1145.78**	**1837.95**	**856.90**	**3.90**	**3.46**
南京	529.82	273.26	270.11	234.77	2.16	0.97
无锡	432.29	109.56	173.63	92.73	2.23	2.96
徐州	867.16	149.34	182.43	102.22	6.88	5.92
常州	339.23	84.76	127.77	76.14	8.39	5.89
苏州	574.99	107.07	186.18	82.80	0.07	-0.60
南通	786.30	63.23	244.36	45.82	1.71	3.75
连云港	437.25	59.39	82.83	43.91	7.97	6.19
淮阴	495.00	50.56	86.25	30.93	2.82	2.69
盐城	789.11	58.28	151.30	31.05	3.35	6.51
扬州	446.14	50.82	105.62	38.89	2.57	5.60
镇江	265.41	58.15	90.21	45.46	2.50	6.90
泰州	496.83	58.05	86.90	21.08	1.58	1.99
宿迁	488.83	23.31	50.36	11.10	9.59	5.87
浙江	**4176.47**	**885.07**	**834.03**	**397.87**	**5.00**	**3.61**
杭州	607.96	169.29	204.39	131.76	3.92	2.17
宁波	533.31	117.87	123.50	67.53	4.47	2.62
温州	708.35	115.28	119.76	49.74	7.45	6.10
嘉兴	329.29	77.76	70.35	25.28	3.17	3.03
湖州	254.58	106.24	54.20	26.82	3.08	1.51
绍兴	428.94	31.90	70.11	22.82	5.31	6.04
金华	440.51	33.14	64.97	19.13	4.86	5.34
衢州	238.97	25.70	36.07	14.38	5.12	5.53
舟山	98.58	68.22	24.42	18.56	1.75	1.79

续表 3

城市	年末总人口(万人)		非农业人口(万人)		自然增长率(‰)	
	地区	市区	地区	市区	地区	市区
台州	535.98	139.67	66.26	21.85	6.00	5.63
安徽	**4038.97**	**863.76**	**850.01**	**497.43**	**8.06**	**7.30**
合肥	422.31	122.85	129.57	97.06	7.56	5.34
芜湖	213.95	62.02	67.94	48.82	4.47	2.86
蚌埠	323.27	73.96	74.96	49.65	8.87	5.31
淮南	198.63	133.53	88.88	81.23	7.34	7.65
马鞍山	116.12	50.02	47.96	38.73	5.95	7.88
淮北	184.59	75.29	68.79	56.24	10.65	10.70
铜陵	67.05	32.42	33.28	28.63	6.42	7.67
安庆	594.46	55.93	82.96	35.00	5.44	6.35
黄山	146.44	40.09	26.78	12.83	2.36	2.56
阜阳	1360.04	171.25	138.42	30.77	10.14	9.91
滁州	412.11	46.40	90.47	18.47	8.82	9.85
福建	**2920.64**	**531.49**	**584.88**	**290.33**	**7.81**	**5.14**
福州	574.85	141.68	150.40	103.42	8.37	3.76
厦门	124.67	124.67	57.01	57.01	4.71	4.71
莆田	289.10	34.45	27.42	13.69	13.40	6.18
三明	263.62	26.43	62.01	19.28	8.30	6.97
泉州	650.13	62.71	85.21	28.24	6.40	4.97
漳州	438.76	48.35	71.28	22.40	7.75	8.61
南平	298.12	48.29	76.96	22.89	6.79	6.51
龙岩	281.39	44.91	54.59	23.40	6.29	3.88
江西	**1363.12**	**482.52**	**409.27**	**274.53**	**7.87**	**6.08**
南昌	407.89	157.01	161.58	124.31	10.06	6.12
景德镇	140.47	39.60	49.04	30.92	6.76	7.17
萍乡	171.15	147.02	51.44	48.34	5.07	5.07
九江	437.69	48.90	88.40	35.48	7.67	6.15
新余	103.34	73.66	31.28	24.65	7.49	7.03
鹰潭	102.58	16.33	27.53	10.83	6.55	7.83
山东	**7080.86**	**2050.38**	**2024.42**	**1028.44**	**5.07**	**5.62**
济南	549.20	254.82	229.37	170.53	4.82	3.94
青岛	695.44	227.23	259.68	171.16	4.31	2.41
淄博	401.03	263.03	173.86	146.02	6.76	6.47

续表 4

城　市	年末总人口(万人)		非农业人口(万人)		自然增长率(‰)	
	地区	市区	地区	市区	地区	市区
枣　庄	351.33	197.65	117.46	72.39	5.90	6.89
东　营	167.01	70.62	68.13	48.31	6.68	5.92
烟　台	641.49	154.41	196.81	80.06	2.49	3.18
潍　坊	829.09	125.89	203.60	61.87	6.47	7.27
济　宁	774.03	98.79	175.44	42.58	5.40	4.91
泰　安	532.81	149.15	150.95	52.24	3.81	5.37
德　州	523.20	50.48	96.06	30.32	3.37	6.80
威　海	245.09	48.49	80.39	27.32	2.10	6.11
临　沂	978.57	176.50	173.58	56.58	6.39	8.25
莱　芜	121.01	121.01	37.71	37.71	8.08	8.08
日　照	271.56	112.31	61.38	31.35	6.16	6.37
河　南	**6674.44**	**1189.19**	**1295.74**	**724.40**	**4.70**	**5.34**
郑　州	597.33	200.00	197.94	143.18	4.41	5.37
开　封	457.33	75.16	84.26	56.07	5.55	3.93
洛　阳	607.02	138.52	143.14	97.84	3.96	4.48
平顶山	471.80	82.65	106.13	59.56	4.07	5.52
安　阳	507.66	70.95	87.58	51.69	3.28	6.46
鹤　壁	132.42	41.57	37.52	26.25	6.49	7.05
新　乡	524.67	71.44	103.60	57.67	5.94	7.39
焦　作	316.68	70.32	97.16	52.54	4.74	7.35
濮　阳	343.40	45.18	55.69	27.72	5.17	5.79
许　昌	430.27	34.24	64.23	26.32	3.24	4.04
漯　河	247.65	32.49	51.74	30.39	4.81	4.58
三门峡	212.62	24.78	55.05	18.26	3.93	7.16
商　丘	787.71	142.26	76.80	30.99	7.86	5.83
南　阳	1037.88	159.63	134.90	45.92	3.21	3.46
湖　北	**4598.58**	**1245.76**	**1334.15**	**763.71**	**4.67**	**4.92**
武　汉	723.90	524.13	422.61	387.69	3.00	2.69
黄　石	242.83	63.80	84.94	56.61	10.07	10.79
十　堰	341.73	45.96	85.58	37.01	0.76	7.08
荆　州	630.39	143.04	156.01	65.94	4.98	5.20
宜　昌	399.67	59.43	112.27	47.01	1.29	5.11
襄　樊	564.69	68.66	149.61	57.97	7.09	7.70

续表 5

城市	年末总人口(万人)		非农业人口(万人)		自然增长率(‰)	
	地区	市区	地区	市区	地区	市区
鄂州	101.37	101.37	29.12	29.12	9.46	9.46
荆门	292.77	119.39	76.88	37.19	3.53	3.72
孝感	587.33	84.78	93.72	20.97	4.52	6.77
黄冈	713.90	35.20	123.41	24.20	6.01	4.36
湖南	**5792.96**	**1004.04**	**1100.50**	**518.59**	**4.34**	**4.22**
长沙	571.91	163.44	170.98	132.43	2.57	1.92
株洲	365.65	71.19	87.63	51.67	3.84	5.43
湘潭	276.18	64.62	71.40	50.58	3.35	3.94
衡阳	692.42	77.50	131.73	57.59	6.52	8.49
邵阳	711.04	58.11	90.95	30.19	5.40	4.94
岳阳	510.35	82.95	94.71	43.47	5.10	7.16
益阳	446.87	124.25	75.80	29.20	2.80	3.07
常德	593.32	131.45	111.09	37.47	3.05	3.48
郴州	444.76	61.24	80.41	26.88	3.46	2.77
永州	550.07	103.28	75.05	26.94	5.00	3.51
怀化	476.62	21.41	87.84	20.93	5.14	6.45
张家界	153.77	44.60	22.91	11.24	3.92	5.27
广东	**7013.73**	**1658.53**	**2173.51**	**1032.20**	**10.78**	**8.63**
广州	666.49	395.65	410.87	326.73	5.92	2.84
韶关	299.43	47.97	105.03	41.70	8.87	6.39
深圳	109.46	109.46	84.80	84.80	10.21	10.21
珠海	67.34	38.22	46.22	35.60	9.60	9.53
汕头	413.09	109.23	138.05	80.87	12.33	11.18
佛山	320.96	46.18	146.15	40.50	9.99	7.52
江门	377.07	41.97	138.19	32.69	7.57	5.70
湛江	627.32	128.38	148.91	56.74	13.70	11.46
茂名	590.19	64.61	114.13	29.27	13.01	13.61
惠州	266.53	34.54	89.80	27.37	11.28	10.97
肇庆	368.34	45.31	91.96	30.66	12.22	10.30
潮州	236.24	33.05	60.01	25.28	12.40	8.51
梅州	469.44	32.27	91.08	28.13	9.78	5.18
中山	128.36	128.36	37.95	37.95	9.25	9.25
东莞	147.12	147.12	36.97	36.97	11.27	11.27

城市	年末总人口(万人)		非农业人口(万人)		自然增长率(‰)	
	地区	市区	地区	市区	地区	市区
汕尾	255.69	42.24	61.71	16.30	12.47	10.94
河源	305.62	22.97	61.49	16.22	9.63	8.35
阳江	244.35	51.57	65.01	29.11	10.62	13.97
清远	368.58	50.92	71.63	18.84	9.85	12.83
揭阳	508.46	61.35	97.34	19.87	13.12	12.97
云浮	243.65	27.16	76.21	16.60	12.02	10.31
广西	**2371.42**	**764.42**	**507.00**	**334.76**	**8.77**	**6.82**
南宁	281.20	128.03	110.38	92.12	4.63	4.07
柳州	175.29	87.54	88.48	76.60	9.76	4.18
桂林	134.20	60.35	53.59	45.01	5.82	4.17
梧州	275.85	32.78	53.98	25.28	8.56	3.94
北海	136.49	49.24	35.29	18.99	5.15	2.93
玉林	547.17	85.59	63.07	18.83	9.88	7.59
钦州	308.37	112.86	31.47	16.78	9.56	8.24
贵港	437.31	161.94	53.63	29.53	11.30	11.35
防城港	75.54	46.09	17.11	11.62	8.36	8.36
海南	**95.47**	**95.47**	**57.81**	**57.81**	**11.98**	**11.98**
海口	51.41	51.41	42.28	42.28	10.63	10.63
三亚	44.06	44.06	15.53	15.53	13.55	13.55
重庆	**3042.92**	**558.40**	**594.58**	**288.88**	**5.27**	**1.83**
四川	**5861.16**	**1504.56**	**1121.29**	**586.49**	**3.92**	**4.06**
成都	989.19	321.92	318.50	209.49	3.12	3.01
自贡	312.96	104.26	68.34	45.89	4.35	2.76
攀枝花	98.93	62.31	52.18	47.70	8.62	8.04
泸州	457.38	134.43	65.83	36.36	5.45	4.06
德阳	372.07	58.78	66.90	23.97	2.54	3.72
绵阳	511.99	100.62	94.47	38.89	2.90	3.91
广元	297.79	85.93	49.46	24.80	5.19	7.71
遂宁	368.40	137.95	48.74	21.63	2.96	3.95
内江	902.48	136.21	117.54	31.69	3.93	4.82
乐山	343.35	111.53	77.31	40.16	3.89	2.04
宜宾	498.14	73.31	77.68	28.05	5.67	5.31
南充	708.48	177.31	84.34	37.86	3.36	4.05

续表 7

城市	年末总人口(万人)		非农业人口(万人)		自然增长率(‰)	
	地区	市区	地区	市区	地区	市区
贵州	**1247.05**	**418.27**	**280.52**	**198.76**	**9.41**	**8.97**
贵阳	311.43	172.69	138.48	118.00	7.36	4.88
六盘水	266.26	199.43	48.73	47.63	12.82	12.52
遵义	669.36	46.15	93.31	33.13	9.01	8.93
云南	**982.92**	**293.61**	**233.29**	**163.10**	**8.36**	**6.80**
昆明	383.82	169.71	164.10	131.73	6.47	4.22
东川	29.29	29.29	6.77	6.77	10.58	10.58
曲靖	569.81	94.61	62.42	24.60	9.52	10.25
陕西	**2640.69**	**724.00**	**653.66**	**407.80**	**5.23**	**5.85**
西安	662.06	373.49	267.52	236.21	5.61	5.40
铜川	81.71	43.64	36.93	30.03	9.69	10.75
宝鸡	351.63	53.90	77.07	43.29	4.64	5.40
咸阳	473.05	86.01	87.02	44.81	5.61	6.44
延安	191.64	32.93	37.35	13.08	5.88	4.63
汉中	363.80	48.73	63.65	21.19	3.07	4.45
渭南	516.80	85.30	84.12	19.19	5.38	6.25
甘肃	**827.77**	**363.27**	**254.74**	**219.81**	**9.95**	**8.21**
兰州	280.46	172.44	150.65	140.25	7.05	6.28
嘉峪关	13.09	13.09	10.79	10.79	8.06	8.06
金昌	42.64	18.44	18.46	13.79	9.02	9.99
白银	166.20	43.92	33.68	25.41	11.03	7.77
天水	325.38	115.38	41.16	29.57	12.09	11.00
青海	**111.26**	**70.16**	**68.05**	**59.52**	**8.06**	**7.17**
西宁	111.26	70.16	68.05	59.52	8.06	7.17
宁夏	**160.31**	**89.48**	**88.78**	**76.53**	**7.90**	**7.40**
银川	92.83	57.34	50.72	45.44	7.56	7.24
石嘴山	67.48	32.14	38.06	31.09	8.36	7.70
新疆	**177.30**	**161.48**	**146.34**	**144.13**	**6.85**	**6.10**
乌鲁木齐	151.94	136.12	124.12	121.91	6.72	5.81
克拉玛依	25.36	25.36	22.22	22.22	7.65	7.65

2. 劳动力与就业

城市	全部从业人员（万人）		城镇个体劳动者（万人）		就业率（%）	
	地区	市区	地区	市区	地区	市区
城市合计	**49882.86**	**14463.78**	**2264.83**	**1087.75**	**99.02**	**98.04**
超大城市	**6916.89**	**3554.09**	**424.84**	**292.67**	**98.82**	**98.20**
特大城市	**6046.55**	**2397.35**	**314.26**	**200.32**	**98.99**	**98.13**
大城市	**10443.29**	**3094.40**	**426.60**	**216.63**	**98.91**	**97.77**
中等城市	**22868.53**	**4735.03**	**939.50**	**333.06**	**99.11**	**97.97**
小城市	**3607.60**	**682.91**	**159.63**	**45.07**	**99.21**	**98.70**
东部城市	**24851.08**	**7530.51**	**1019.49**	**503.17**	**99.07**	**98.13**
中部城市	**16299.98**	**4387.06**	**942.49**	**402.77**	**98.90**	**97.82**
西部城市	**8731.80**	**2546.21**	**302.85**	**181.81**	**99.10**	**98.16**
北京	**655.50**	**457.90**	**21.00**	**21.00**	**99.50**	**99.28**
天津	**513.33**	**361.25**	**33.79**	**20.74**	**98.23**	**97.71**
河北	**3549.36**	**575.09**	**112.53**	**42.47**	**99.62**	**98.76**
石家庄	553.97	105.22	32.35	9.86	99.75	99.84
唐山	374.03	100.16	10.15	7.25	99.16	97.56
秦皇岛	140.89	41.45	3.72	3.45	99.59	99.69
邯郸	400.41	78.56	10.46	3.08	99.39	98.31
邢台	352.17	36.62	6.19	2.37	99.68	98.19
保定	566.54	41.02	12.60	2.56	99.72	97.87
张家口	253.96	68.02	9.97	2.67	99.41	98.91
承德	176.74	24.79	6.79	2.01	99.56	98.65
沧州	319.27	20.02	8.29	4.43	99.78	99.42
廊坊	176.36	35.33	3.07	2.18	99.93	99.77
衡水	235.02	23.90	8.94	2.61	99.87	99.17
山西	**673.44**	**325.40**	**30.86**	**13.73**	**99.35**	**99.14**
太原	179.90	141.06	8.67	6.74	98.78	98.94
大同	143.49	74.78	9.82	1.45	99.61	99.44
阳泉	60.60	34.75	0.78	0.74	98.86	98.16
长治	130.72	30.47	6.03	2.13	99.79	99.77
晋城	99.82	17.14	3.27	1.19	99.60	99.88
朔州	58.91	27.20	2.29	1.48	99.59	99.46

注：表中所有的分类及分省(区)合计数的统计范围均是地级及地级以上城市。

续表 1

城市	全部从业人员（万人）		城镇个体劳动者（万人）		就业率（%）	
	地区	市区	地区	市区	地区	市区
内蒙古	**450.02**	**236.08**	**21.03**	**12.76**	**98.43**	**97.71**
呼和浩特	112.10	80.26	3.40	2.89	98.65	98.42
包头	113.34	81.29	6.35	4.96	98.19	97.62
乌海	18.43	18.43	1.39	1.39	94.84	94.84
赤峰	206.15	56.10	9.89	3.52	98.77	97.80
辽宁	**2117.02**	**1017.59**	**213.62**	**130.63**	**97.78**	**96.94**
沈阳	385.90	325.80	67.00	43.50	98.49	98.40
大连	274.70	129.30	29.89	18.50	98.19	97.56
鞍山	164.40	85.28	8.72	3.86	98.18	97.37
抚顺	136.25	88.90	9.04	6.34	98.34	97.90
本溪	82.31	57.29	4.26	3.15	97.40	97.43
丹东	125.69	33.76	5.28	3.05	91.46	82.14
锦州	181.17	55.53	10.03	6.73	98.65	97.60
营口	96.83	35.07	4.27	3.19	97.28	94.72
阜新	95.63	43.77	7.99	5.22	97.28	94.25
辽阳	97.07	43.78	8.43	7.07	98.86	98.74
盘锦	60.05	33.62	3.82	2.48	98.33	97.33
铁岭	123.82	17.29	6.97	3.31	98.78	98.14
朝阳	169.32	22.66	2.99	0.81	97.65	94.24
葫芦岛	123.88	45.54	44.93	23.42	98.32	97.09
吉林	**1109.90**	**370.74**	**96.05**	**45.46**	**99.34**	**98.97**
长春	351.17	160.18	36.69	22.87	99.67	99.50
吉林	205.82	82.36	16.40	11.00	99.31	98.91
四平	129.90	22.65	6.01	1.50	99.44	98.94
辽源	60.63	24.46	4.27	2.70	99.00	98.53
通化	103.07	20.91	9.52	1.58	99.07	98.45
白山	53.96	16.55	4.85	1.62	98.30	96.42
白城	85.01	21.18	7.84	2.59	99.55	99.55
松原	120.34	22.45	10.47	1.60	99.03	97.80
黑龙江	**1461.65**	**598.75**	**144.47**	**68.95**	**97.88**	**96.91**
哈尔滨	421.57	204.31	30.94	17.21	98.28	97.56
齐齐哈尔	271.84	82.50	21.36	12.91	98.92	97.31
鸡西	92.67	37.31	6.76	3.32	96.69	95.63

城　市	全部从业人员（万人）		城镇个体劳动者（万人）		就业率（%）	
	地区	市区	地区	市区	地区	市区
鹤　岗	55.17	33.77	4.67	3.80	95.78	94.52
双鸭山	65.75	24.69	3.92	1.75	94.95	90.43
大　庆	140.30	70.06	28.47	12.37	98.77	99.20
伊　春	63.91	41.53	6.79	4.39	96.39	96.79
佳木斯	98.89	35.69	7.61	2.60	97.89	97.08
七台河	36.66	19.51	4.42	2.50	95.56	96.03
牡丹江	142.09	41.69	11.58	3.91	98.07	96.66
黑　河	72.80	7.69	17.95	4.19	98.06	97.96
上　海	**788.25**	**591.69**	**7.51**	**6.73**	**98.14**	**97.68**
江　苏	**3691.44**	**650.00**	**62.05**	**27.79**	**99.42**	**98.31**
南　京	300.81	158.72	9.71	7.43	98.79	98.06
无　锡	232.59	60.28	2.99	1.98	99.31	98.36
徐　州	432.88	82.85	9.73	4.90	99.65	98.86
常　州	204.23	51.81	4.54	2.15	99.46	98.97
苏　州	320.47	59.74	3.10	1.27	99.46	98.12
南　通	481.20	41.90	5.80	1.80	99.58	97.29
连云港	218.94	35.22	5.68	1.90	99.51	98.60
淮　阴	261.86	28.45	5.04	1.40	99.43	98.47
盐　城	346.10	28.80	7.58	2.43	99.52	98.76
扬　州	244.83	30.05	1.64	0.50	99.25	97.09
镇　江	157.82	30.95	2.21	1.09	99.31	99.13
泰　州	266.94	32.42	1.81	0.38	99.51	98.55
宿　迁	222.77	8.81	2.22	0.56	99.40	97.37
浙　江	**2706.14**	**651.51**	**81.18**	**25.63**	**99.09**	**98.07**
杭　州	419.82	114.25	15.62	3.84	98.07	95.79
宁　波	412.00	146.11	6.26	2.89	99.15	98.77
温　州	415.34	82.03	19.93	7.07	99.25	97.15
嘉　兴	199.64	46.60	2.24	0.44	98.97	97.72
湖　州	146.21	57.07	2.28	1.42	99.24	99.20
绍　兴	281.80	21.75	3.79	0.92	99.52	98.04
金　华	283.51	22.31	13.67	2.27	99.37	98.08
衢　州	141.59	21.29	3.76	1.91	98.90	97.89
舟　山	65.48	47.94	2.22	1.66	99.26	99.31

续表3

城市	全部从业人员（万人）		城镇个体劳动者（万人）		就业率（%）	
	地区	市区	地区	市区	地区	市区
台州	340.75	92.16	11.41	3.21	99.58	99.61
安徽	**2342.52**	**545.22**	**93.00**	**30.73**	**99.05**	**97.84**
合肥	260.80	90.47	7.89	5.23	99.37	98.78
芜湖	135.63	40.33	6.29	3.05	98.27	97.03
蚌埠	167.81	39.93	6.30	3.01	99.37	98.17
淮南	114.17	79.13	6.74	5.05	98.67	98.25
马鞍山	70.02	36.21	3.67	2.10	98.22	97.48
淮北	95.43	45.06	3.89	3.41	96.93	95.52
铜陵	42.77	22.74	1.07	0.74	97.25	95.26
安庆	334.27	41.62	17.89	2.57	97.97	94.17
黄山	97.30	26.05	2.70	1.47	99.60	99.42
阜阳	782.30	95.78	29.28	2.15	99.67	99.51
滁州	242.02	27.90	7.28	1.95	99.79	99.42
福建	**1497.39**	**338.83**	**77.30**	**26.35**	**99.52**	**99.26**
福州	306.63	95.05	16.52	9.82	99.79	99.63
厦门	96.15	96.15	6.89	6.89	99.45	99.45
莆田	137.46	19.17	2.50	1.32	99.28	98.11
三明	114.97	16.30	5.99	1.43	99.20	98.91
泉州	335.31	35.31	12.19	1.58	99.77	99.63
漳州	226.88	24.02	18.26	1.95	99.49	98.10
南平	141.40	26.43	11.35	2.76	99.16	98.92
龙岩	138.59	26.40	3.60	0.60	99.26	99.25
江西	**710.66**	**272.46**	**37.04**	**20.95**	**98.48**	**97.58**
南昌	215.44	96.79	14.50	11.87	98.62	98.32
景德镇	75.23	24.11	4.50	2.48	99.18	98.49
萍乡	85.72	73.52	2.12	2.02	99.54	99.55
九江	231.34	31.95	10.78	2.10	98.08	93.56
新余	53.78	39.19	2.40	1.96	97.81	97.04
鹰潭	49.15	6.90	2.74	0.52	97.62	87.28
山东	**4067.68**	**1198.20**	**144.22**	**69.43**	**99.38**	**98.80**
济南	337.43	179.48	10.37	6.60	98.86	98.30
青岛	388.66	135.12	17.74	15.85	99.37	98.54
淄博	209.00	132.60	7.50	6.47	99.10	98.84

续表 4

城　市	全部从业人员（万人）		城镇个体劳动者（万人）		就业率（%）	
	地区	市区	地区	市区	地区	市区
枣　　庄	185.13	94.03	24.38	14.59	99.46	99.22
东　　营	103.76	46.58	1.59	0.63	98.59	97.37
烟　　台	371.76	98.46	11.90	8.39	99.69	99.07
潍　　坊	428.09	72.12	16.24	3.19	99.65	99.26
济　　宁	418.03	54.33	21.75	5.56	99.01	96.46
泰　　安	294.90	74.68	2.40	0.54	99.56	99.87
德　　州	338.19	23.31	10.78	2.09	99.25	96.53
威　　海	138.99	33.00	1.30	0.39	99.70	99.33
临　　沂	610.10	96.47	16.25	4.15	99.64	99.66
莱　　芜	67.38	67.38	0.39	0.39	99.18	99.18
日　　照	176.26	90.64	1.63	0.59	99.63	99.48
河　　南	**3716.67**	**701.39**	**102.94**	**38.88**	**99.07**	**97.46**
郑　　州	341.10	117.70	10.40	6.60	99.34	98.64
开　　封	275.81	56.03	6.49	4.30	99.09	97.19
洛　　阳	345.80	86.25	9.87	6.18	98.08	95.43
平 顶 山	258.90	52.84	6.92	2.01	99.45	98.84
安　　阳	270.85	42.01	4.59	1.86	99.15	96.88
鹤　　壁	71.11	23.57	1.30	0.54	98.31	95.96
新　　乡	251.70	40.52	6.02	1.61	98.45	94.34
焦　　作	169.53	42.55	3.22	1.81	99.31	98.05
濮　　阳	178.78	29.54	9.71	4.01	98.98	96.42
许　　昌	254.00	21.93	7.21	1.65	98.95	95.89
漯　　河	132.90	14.16	8.63	2.43	99.65	98.00
三 门 峡	119.29	14.38	3.41	0.78	99.23	97.28
商　　丘	451.57	78.58	10.66	2.62	99.31	99.15
南　　阳	595.33	81.33	14.51	2.48	99.28	98.51
湖　　北	**2378.08**	**736.38**	**189.00**	**85.53**	**98.85**	**97.86**
武　　汉	411.83	320.40	73.98	61.59	98.40	98.12
黄　　石	120.48	43.88	5.26	2.78	98.75	97.91
十　　堰	174.25	27.79	6.30	2.48	99.32	97.34
荆　　州	353.10	93.06	24.00	2.47	98.70	97.23
宜　　昌	226.09	36.13	20.05	5.03	98.34	96.12
襄　　樊	270.80	38.20	9.98	1.74	99.25	98.00

续表 5

城市	全部从业人员（万人）		城镇个体劳动者（万人）		就业率（%）	
	地区	市区	地区	市区	地区	市区
鄂州	54.18	54.18	1.25	1.25	97.69	97.69
荆门	138.21	62.24	5.27	2.30	99.27	98.64
孝感	298.74	39.61	18.46	2.98	98.77	97.58
黄冈	330.40	20.89	24.45	2.91	99.48	98.82
湖南	**3457.04**	**600.64**	**228.10**	**85.78**	**99.01**	**97.82**
长沙	379.02	91.32	21.55	14.94	99.25	97.51
株洲	207.50	43.83	4.75	2.37	99.27	98.26
湘潭	165.90	45.82	12.80	11.80	99.32	98.02
衡阳	368.95	46.93	16.50	5.71	98.52	96.52
邵阳	421.50	37.12	8.70	3.89	99.29	98.55
岳阳	352.50	55.56	24.22	11.40	98.35	94.93
益阳	269.62	74.44	10.32	4.53	99.25	98.94
常德	323.51	72.28	49.25	9.61	98.96	98.09
郴州	243.62	33.59	13.24	2.13	99.39	99.50
永州	318.08	59.00	8.30	3.50	99.62	99.06
怀化	311.50	19.82	55.30	13.73	98.33	95.98
张家界	95.34	20.93	3.17	2.17	98.94	98.12
广东	**3952.51**	**1196.50**	**207.19**	**101.97**	**98.83**	**98.09**
广州	428.21	249.53	37.89	29.34	98.50	97.94
韶关	140.16	22.62	5.88	1.32	96.73	94.49
深圳	272.00	272.00	24.40	24.40	97.68	97.68
珠海	28.64	22.47	3.02	2.57	93.67	100.00
汕头	208.80	61.06	4.21	3.26	99.43	98.83
佛山	232.27	33.21	14.15	3.07	98.77	98.40
江门	223.00	26.90	16.04	2.51	97.91	95.54
湛江	311.26	67.81	10.17	4.39	98.59	95.60
茂名	269.63	32.55	8.11	4.35	98.96	96.36
惠州	180.95	32.45	6.92	1.77	99.65	99.62
肇庆	197.46	23.37	8.94	1.81	99.53	99.24
潮州	120.72	17.02	1.81	0.80	99.57	97.56
梅州	208.20	11.75	4.40	2.02	99.33	96.84
中山	102.77	102.77	8.03	8.03	99.46	99.46
东莞	87.61	87.61	3.73	3.73	99.29	99.29

续表 6

城市	全部从业人员（万人）		城镇个体劳动者（万人）		就业率（%）	
	地区	市区	地区	市区	地区	市区
汕尾	112.15	21.32	22.53	0.93	99.49	99.76
河源	144.12	12.72	5.43	1.36	99.27	98.35
阳江	132.21	27.54	5.44	3.32	99.35	99.33
清远	175.39	25.14	5.06	1.46	99.55	99.45
揭阳	245.70	31.50	3.50		99.67	99.47
云浮	131.26	15.16	7.53	1.53	98.20	97.48
广西	**1251.38**	**430.87**	**53.79**	**25.12**	**99.16**	**98.66**
南宁	153.63	68.74	4.14	3.15	98.92	98.14
柳州	98.77	51.00	7.26	5.07	98.69	98.02
桂林	73.16	29.68	3.81	2.20	99.13	98.19
梧州	146.20	18.55	3.73	1.19	98.85	96.00
北海	81.78	29.60	3.73	2.93	99.30	98.47
玉林	243.97	42.98	15.10	3.72	99.25	99.06
钦州	172.18	68.72	9.71	2.91	99.16	99.02
贵港	236.77	92.45	4.60	2.82	99.54	99.50
防城港	44.92	29.15	1.71	1.13	99.33	99.37
海南	**61.08**	**61.08**	**5.31**	**5.31**	**88.76**	**88.76**
海口	39.35	39.35	3.56	3.56	84.53	84.53
三亚	21.73	21.73	1.75	1.75	97.60	97.60
重庆	**1689.89**	**346.19**	**54.88**	**27.13**	**99.30**	**98.98**
四川	**3471.25**	**873.20**	**67.75**	**29.70**	**99.18**	**98.25**
成都	585.29	168.43	22.42	10.47	98.80	96.41
自贡	181.60	60.88	2.00	0.95	99.23	99.35
攀枝花	60.23	40.67	1.80	1.52	96.79	95.74
泸州	283.82	81.78	4.71	2.07	99.66	99.72
德阳	244.60	37.25	5.30	0.63	99.11	99.20
绵阳	327.84	54.10	3.22	1.40	99.35	98.99
广元	161.71	47.81	2.99	2.03	99.42	99.49
遂宁	225.34	84.73	5.04	2.11	99.13	99.08
内江	503.20	80.76	5.39	1.50	99.03	96.98
乐山	196.50	64.03	5.06	1.86	99.42	99.16
宜宾	295.00	48.40	6.28	3.30	99.45	98.64
南充	406.12	104.36	3.54	1.86	99.47	98.84

续表 7

城市	全部从业人员（万人）		城镇个体劳动者（万人）		就业率（%）	
	地区	市区	地区	市区	地区	市区
贵　州	**825.01**	**315.26**	**59.93**	**50.04**	**98.97**	**97.89**
贵　阳	225.00	146.30	18.78	18.03	98.06	97.34
六盘水	169.98	136.69	29.60	29.44	98.66	98.35
遵　义	430.03	32.27	11.55	2.57	99.57	98.46
云　南	**591.70**	**179.06**	**17.91**	**7.15**	**99.75**	**99.52**
昆　明	249.59	108.03	13.45	4.81	99.92	99.88
东　川	16.92	16.92	0.37	0.37	98.26	98.26
曲　靖	325.19	54.11	4.09	1.97	99.69	99.20
陕　西	**1444.62**	**419.20**	**69.79**	**40.07**	**99.05**	**98.07**
西　安	385.14	209.69	29.03	24.66	98.85	98.18
铜　川	44.74	25.67	2.63	1.78	96.15	94.13
宝　鸡	185.56	36.46	3.75	3.42	99.58	98.47
咸　阳	266.94	56.57	17.31	5.35	99.38	97.93
延　安	85.01	16.76	2.01	1.23	96.69	99.64
汉　中	178.14	28.08	8.39	1.73	99.33	97.20
渭　南	299.09	45.97	6.67	1.90	99.67	99.67
甘　肃	**445.91**	**230.48**	**18.52**	**15.39**	**98.76**	**98.21**
兰　州	184.12	129.45	10.94	10.94	99.10	99.00
嘉峪关	7.62	7.62	0.60	0.60	94.32	94.32
金　昌	25.35	13.61	0.76	0.35	98.35	97.74
白　银	79.52	26.40	2.92	1.10	98.69	97.67
天　水	149.30	53.40	3.30	2.40	98.70	97.29
青　海	**62.29**	**40.54**	**4.43**	**3.73**	**98.71**	**98.37**
西　宁	62.29	40.54	4.43	3.73	98.71	98.37
宁　夏	**100.80**	**53.22**	**4.13**	**3.09**	**97.10**	**95.83**
银　川	59.35	37.01	1.97	1.42	98.70	98.25
石嘴山	41.45	16.21	2.16	1.67	94.90	90.70
新　疆	**100.33**	**89.06**	**5.51**	**5.51**	**94.75**	**94.12**
乌鲁木齐	83.61	72.34	4.23	4.23	94.36	93.54
克拉玛依	16.72	16.72	1.28	1.28	96.76	96.76

3. 就业结构

单位：%

城市	第一产业从业人员比重		第二产业从业人员比重		第三产业从业人员比重	
	地区	市区	地区	市区	地区	市区
城市合计	**46.4**	**20.6**	**27.2**	**42.0**	**26.4**	**37.3**
超大城市	**32.9**	**10.4**	**32.5**	**43.8**	**34.6**	**45.8**
特大城市	**36.3**	**11.1**	**33.4**	**47.3**	**30.3**	**41.6**
大 城 市	**43.8**	**16.7**	**31.3**	**47.5**	**24.9**	**35.8**
中等城市	**53.0**	**32.8**	**23.2**	**36.7**	**23.8**	**30.6**
小 城 市	**55.1**	**41.3**	**20.5**	**26.6**	**24.4**	**32.1**
东部城市	**40.5**	**16.3**	**31.8**	**44.2**	**27.7**	**39.5**
中部城市	**50.3**	**21.3**	**23.9**	**42.4**	**25.8**	**36.4**
西部城市	**56.1**	**32.3**	**20.5**	**35.1**	**23.4**	**32.6**
北 京	**10.8**	**1.1**	**39.3**	**41.2**	**49.9**	**57.7**
天 津	**15.8**	**4.9**	**45.9**	**52.6**	**38.3**	**42.5**
河 北	**46.3**	**10.3**	**29.0**	**50.8**	**24.6**	**38.9**
石家庄	31.0	3.1	33.4	47.9	35.7	49.0
唐 山	40.4	12.1	37.4	61.0	22.2	26.9
秦皇岛	48.7	13.2	24.7	42.0	26.6	44.8
邯 郸	50.2	7.5	28.0	61.0	21.8	31.4
邢 台	44.0	5.7	30.8	52.4	25.1	41.9
保 定	55.8	6.5	24.5	51.5	19.7	42.0
张家口	46.2	2.0	31.4	54.4	22.4	43.7
承 德	57.5	12.3	19.8	45.9	22.6	41.8
沧 州	53.2	11.3	25.7	44.2	21.1	44.6
廊 坊	49.1	43.2	26.7	27.7	24.2	29.1
衡 水	45.0	23.6	28.4	32.9	26.6	43.5
山 西	**30.8**	**11.8**	**37.5**	**51.1**	**31.7**	**37.1**
太 原	14.8	5.5	47.6	53.6	37.5	40.9
大 同	29.4	9.1	32.9	48.5	37.7	42.4
阳 泉	18.7	5.5	53.7	70.5	27.6	24.0
长 治	44.9	10.6	31.1	54.0	24.1	35.4
晋 城	37.4	29.1	34.6	39.8	28.0	31.1
朔 州	52.5	50.6	20.4	23.9	27.1	25.6

注：表中所有的分类及分省（区）合计数的统计范围均是地级及地级以上城市。

续表 1　　　　单位：%

城　市	第一产业从业人员比重		第二产业从业人员比重		第三产业从业人员比重	
	地区	市区	地区	市区	地区	市区
内蒙古	**43.5**	**21.0**	**26.8**	**41.0**	**29.8**	**38.0**
呼和浩特	39.0	25.2	25.1	32.9	36.0	41.8
包　　头	28.2	10.0	41.1	54.2	30.7	35.8
乌　　海	9.9	9.9	57.8	57.8	32.3	32.3
赤　　峰	57.3	34.7	17.0	27.8	25.6	37.5
辽　　宁	**31.0**	**8.3**	**37.0**	**51.0**	**32.1**	**40.7**
沈　　阳	20.3	10.3	39.4	45.2	40.3	44.5
大　　连	27.6	6.9	35.5	39.6	37.0	53.4
鞍　　山	21.7	3.8	49.8	68.6	28.6	27.6
抚　　顺	22.4	5.6	48.3	64.0	29.3	30.4
本　　溪	20.2	9.7	50.8	60.4	29.0	29.9
丹　　东	31.1	0.7	42.7	64.8	26.2	34.4
锦　　州	33.1	10.9	34.8	47.4	32.1	41.7
营　　口	36.2	8.2	31.7	48.2	32.2	43.6
阜　　新	43.6	1.3	29.2	54.0	27.2	44.8
辽　　阳	23.6	1.6	44.8	59.4	31.6	38.9
盘　　锦	23.3	3.3	41.9	58.5	34.8	38.2
铁　　岭	44.8	10.6	24.4	23.8	30.8	65.6
朝　　阳	55.3	18.4	21.6	45.8	23.1	35.8
葫 芦 岛	45.8	23.2	26.5	48.0	27.7	28.8
吉　　林	**46.5**	**15.2**	**24.6**	**45.3**	**28.9**	**39.5**
长　　春	44.9	16.8	23.1	39.0	32.0	44.2
吉　　林	39.0	9.0	30.9	50.1	30.1	40.9
四　　平	53.0	11.9	19.6	49.9	27.4	38.1
辽　　源	40.7	5.4	33.0	64.2	26.3	30.4
通　　化	44.0	8.2	26.9	57.8	29.1	34.0
白　　山	25.1	9.9	45.0	55.8	29.9	34.3
白　　城	54.4	35.2	17.2	28.4	28.4	36.4
松　　原	66.2	31.7	13.9	44.6	19.9	23.7
黑 龙 江	**38.6**	**11.3**	**31.6**	**52.0**	**29.9**	**36.7**
哈 尔 滨	35.3	8.5	31.4	48.5	33.3	43.0
齐齐哈尔	54.1	17.5	20.7	44.0	25.2	38.5
鸡　　西	35.8	10.3	41.3	64.4	23.0	25.3

续表 2

单位：%

城市	第一产业从业人员比重		第二产业从业人员比重		第三产业从业人员比重	
	地区	市区	地区	市区	地区	市区
鹤岗	27.4	8.2	47.8	65.4	24.9	26.4
双鸭山	40.0	11.5	31.9	60.4	28.1	28.1
大庆	36.5	12.9	31.4	49.5	32.0	37.6
伊春	12.9	4.4	64.0	72.2	23.1	23.4
佳木斯	44.8	18.7	24.4	44.8	30.8	36.5
七台河	30.5	9.4	39.5	60.1	30.0	30.5
牡丹江	36.7	14.0	34.5	49.8	28.8	36.3
黑河	36.3	16.9	19.5	20.5	44.2	62.5
上海	**10.5**	**4.8**	**48.8**	**48.3**	**40.7**	**46.9**
江苏	**42.3**	**10.4**	**33.3**	**50.8**	**24.4**	**38.8**
南京	25.6	5.7	40.9	48.6	33.5	45.6
无锡	20.9	3.9	52.9	59.1	26.1	36.9
徐州	55.6	13.2	24.5	53.4	19.8	33.4
常州	26.8	5.8	42.0	56.1	31.2	38.2
苏州	20.9	8.6	52.3	54.3	26.8	37.1
南通	43.3	9.5	34.2	51.6	22.5	38.9
连云港	56.0	15.9	22.3	47.0	21.7	37.1
淮阴	57.7	23.2	17.7	36.3	24.6	40.5
盐城	52.8	20.8	25.3	39.4	21.9	39.8
扬州	37.5	7.2	36.1	59.0	26.4	33.8
镇江	29.8	7.3	43.1	47.5	27.1	45.2
泰州	42.7	25.4	31.1	48.7	26.2	25.9
宿迁	69.4	27.8	16.6	40.3	14.0	31.9
浙江	**39.0**	**24.6**	**35.4**	**40.8**	**25.6**	**34.5**
杭州	31.7	8.8	37.3	44.2	31.0	47.0
宁波	32.5	21.5	44.1	41.5	23.4	37.0
温州	35.7	14.1	29.9	47.8	34.3	38.1
嘉兴	38.5	37.5	40.6	38.1	20.9	24.4
湖州	45.7	41.1	32.5	36.1	21.7	22.8
绍兴	37.1	10.8	42.0	53.7	21.0	35.5
金华	49.4	29.1	31.3	32.9	19.3	38.1
衢州	55.0	40.3	22.3	35.1	22.7	24.6
舟山	32.7	29.2	24.2	26.2	43.0	44.6

续表3 单位: %

城市	第一产业从业人员比重		第二产业从业人员比重		第三产业从业人员比重	
	地区	市区	地区	市区	地区	市区
台州	45.0	38.2	32.7	41.5	22.3	20.4
安徽	**54.8**	**26.0**	**22.2**	**40.8**	**23.0**	**33.2**
合肥	43.4	7.2	29.7	46.6	26.9	46.2
芜湖	45.3	6.6	28.3	48.2	26.4	45.2
蚌埠	63.2	22.8	17.0	38.8	19.8	38.3
淮南	38.4	25.7	36.7	46.2	24.9	28.1
马鞍山	32.9	8.1	42.5	63.5	24.6	28.3
淮北	44.5	14.5	32.7	58.7	22.9	26.8
铜陵	28.2	8.8	42.0	54.6	29.8	36.7
安庆	60.0	43.4	16.9	29.3	23.1	27.3
黄山	61.7	49.0	18.7	23.8	19.6	27.2
阜阳	62.4	52.5	18.9	23.8	18.6	23.7
滁州	55.2	38.6	13.2	19.9	31.6	41.6
福建	**46.5**	**23.1**	**26.4**	**40.9**	**27.1**	**36.1**
福州	37.1	8.4	30.3	44.6	32.7	47.0
厦门	27.1	27.1	39.7	39.7	33.2	33.2
莆田	56.1	25.8	20.2	35.6	23.7	38.6
三明	52.8	17.2	23.4	52.6	23.8	30.2
泉州	40.6	23.1	34.2	48.6	25.2	28.3
漳州	56.2	30.7	18.5	35.3	25.3	33.9
南平	51.6	42.9	20.7	33.9	27.7	23.2
龙岩	58.9	36.0	17.1	29.9	24.0	34.1
江西	**47.4**	**26.3**	**26.4**	**41.6**	**26.2**	**32.1**
南昌	41.4	10.6	29.5	49.5	29.2	39.9
景德镇	41.6	20.3	33.1	52.9	25.4	26.8
萍乡	44.1	41.7	36.0	39.0	19.9	19.3
九江	53.7	17.2	19.6	30.6	26.7	52.2
新余	49.0	44.9	28.4	32.2	22.6	22.9
鹰潭	56.7	42.0	16.2	22.9	27.2	35.1
山东	**48.0**	**31.3**	**29.0**	**38.3**	**23.0**	**30.5**
济南	32.1	18.3	33.8	39.5	34.2	42.2
青岛	39.9	11.9	35.5	44.8	24.5	43.3
淄博	38.5	25.5	41.5	51.2	20.0	23.4

续表 4

单位: %

城市	第一产业从业人员比重		第二产业从业人员比重		第三产业从业人员比重	
	地区	市区	地区	市区	地区	市区
枣庄	51.1	52.6	30.3	31.5	18.6	15.9
东营	43.1	25.1	35.5	52.3	21.4	22.6
烟台	41.8	26.8	33.3	38.4	24.9	34.9
潍坊	39.5	24.9	33.7	42.1	26.8	33.0
济宁	56.7	40.3	23.5	32.6	19.9	27.1
泰安	55.4	44.4	27.0	27.9	17.7	27.7
德州	56.5	40.3	17.2	30.2	26.3	29.5
威海	39.6	12.8	38.0	49.7	22.4	37.5
临沂	59.7	42.8	21.7	35.1	18.6	22.1
莱芜	46.7	46.7	36.1	36.1	17.2	17.2
日照	58.3	49.7	20.2	18.9	21.5	31.4
河南	**55.4**	**24.9**	**24.1**	**41.9**	**20.5**	**33.2**
郑州	38.6	15.8	31.2	41.2	30.2	43.0
开封	54.4	13.7	24.9	49.8	20.7	36.5
洛阳	50.3	15.2	27.0	40.8	22.7	44.0
平顶山	61.0	13.9	22.2	54.2	16.8	31.9
安阳	57.8	13.8	26.6	53.7	15.6	32.5
鹤壁	50.9	18.1	32.7	58.1	16.4	23.8
新乡	58.7	15.3	22.1	48.5	19.1	36.3
焦作	41.9	15.1	31.6	60.5	26.5	24.4
濮阳	55.1	10.4	22.3	60.1	22.6	29.6
许昌	57.8	14.2	20.4	45.1	21.8	40.7
漯河	55.3	11.0	25.7	54.1	19.0	34.9
三门峡	57.8	15.7	22.2	45.3	20.0	39.0
商丘	67.0	60.3	17.2	17.0	15.8	22.6
南阳	57.7	58.8	23.0	20.6	19.3	20.6
湖北	**45.1**	**20.4**	**24.7**	**41.3**	**30.1**	**38.4**
武汉	22.6	11.0	37.4	42.5	40.0	46.5
黄石	26.5	3.1	37.7	59.4	35.8	37.4
十堰	50.1	9.0	21.6	63.8	28.3	27.2
荆州	51.3	36.6	18.4	32.3	30.3	31.1
宜昌	52.6	16.6	21.9	50.0	25.6	33.4
襄樊	48.9	8.0	22.7	54.3	28.4	37.8

续表 5 单位：%

城市	第一产业从业人员比重		第二产业从业人员比重		第三产业从业人员比重	
	地区	市区	地区	市区	地区	市区
鄂州	40.1	40.1	33.1	33.1	26.8	26.8
荆门	50.6	39.9	22.3	27.9	27.2	32.2
孝感	56.6	43.4	20.0	29.3	23.4	27.3
黄冈	51.0	20.8	20.1	38.2	28.9	41.0
湖南	**56.5**	**30.4**	**17.2**	**30.4**	**26.3**	**39.2**
长沙	39.8	2.4	25.3	39.8	34.9	57.8
株洲	48.1	15.9	26.5	52.5	25.4	31.6
湘潭	51.4	11.5	25.5	48.7	23.1	39.8
衡阳	55.8	11.9	21.0	31.0	23.3	57.0
邵阳	56.2	30.2	15.0	33.4	28.8	36.4
岳阳	58.8	28.4	17.7	35.7	23.4	35.9
益阳	58.6	50.4	15.1	21.4	26.3	28.2
常德	64.3	53.3	14.0	19.4	21.7	27.3
郴州	63.0	48.2	11.1	22.7	25.9	29.1
永州	62.0	53.6	12.5	19.9	25.5	26.5
怀化	62.8	0.6	11.7	13.1	25.5	86.3
张家界	59.1	55.7	9.0	11.2	31.9	33.1
广东	**38.1**	**14.3**	**30.9**	**44.5**	**31.0**	**41.2**
广州	21.9	9.5	38.0	36.7	40.1	53.8
韶关	47.9	7.3	20.8	56.5	31.2	36.2
深圳	1.7	1.7	61.6	61.6	36.7	36.7
珠海	5.8	1.0	53.2	56.5	41.0	42.5
汕头	34.2	10.4	36.4	44.5	29.4	45.1
佛山	18.6	1.5	47.0	62.0	34.4	36.4
江门	38.6	10.9	30.3	44.4	31.1	44.7
湛江	59.0	37.8	19.1	22.1	22.0	40.1
茂名	51.2	30.6	23.9	37.5	24.9	31.9
惠州	37.3	5.3	28.1	44.3	34.6	50.4
肇庆	44.0	18.5	22.6	37.3	33.4	44.2
潮州	38.6	9.8	36.1	55.7	25.3	34.5
梅州	55.8	16.3	19.8	30.1	24.4	53.5
中山	20.6	20.6	40.2	40.2	39.2	39.2
东莞	23.8	23.8	45.1	45.1	31.0	31.0

续表 6　　　　　　　　　　　　　　　　　　　　　　　　　　　　　　　　　单位：%

城市	第一产业从业人员比重		第二产业从业人员比重		第三产业从业人员比重	
	地区	市区	地区	市区	地区	市区
汕尾	50.7	38.1	23.0	34.9	26.3	27.0
河源	48.2	19.7	9.5	21.8	42.2	58.6
阳江	55.5	39.9	23.2	31.7	21.2	28.3
清远	55.6	41.5	14.0	22.0	30.3	36.5
揭阳	42.1	19.9	30.1	46.1	27.8	33.9
云浮	42.7	34.9	31.8	36.3	25.5	28.8
广西	**59.0**	**39.3**	**16.9**	**26.2**	**24.1**	**34.6**
南宁	51.9	27.1	16.8	26.0	31.3	46.9
柳州	39.5	9.4	30.5	49.7	30.0	40.9
桂林	47.7	13.5	22.5	35.8	29.8	50.7
梧州	60.6	14.9	13.2	38.3	26.2	46.8
北海	58.0	39.6	14.7	16.9	27.2	43.5
玉林	67.2	49.1	18.7	28.2	14.1	22.7
钦州	63.7	56.0	17.4	20.5	18.9	23.5
贵港	63.1	57.2	11.1	17.0	25.8	25.9
防城港	56.6	50.8	14.4	16.8	29.0	32.4
海南	**21.2**	**21.2**	**20.1**	**20.1**	**58.7**	**58.7**
海口	6.9	6.9	26.0	26.0	67.0	67.0
三亚	47.0	47.0	9.4	9.4	43.6	43.6
重庆	**57.2**	**30.2**	**17.2**	**37.3**	**25.6**	**32.6**
四川	**59.2**	**44.9**	**19.8**	**29.3**	**21.0**	**25.8**
成都	46.0	21.1	28.3	42.4	25.7	36.5
自贡	58.7	37.2	22.0	36.9	19.4	25.9
攀枝花	39.2	17.9	43.5	59.8	17.3	22.3
泸州	63.9	52.4	13.6	23.1	22.5	24.5
德阳	50.7	32.4	23.4	41.3	25.9	26.3
绵阳	65.8	47.1	17.5	23.6	16.7	29.3
广元	63.4	63.1	14.4	12.1	22.3	24.8
遂宁	58.0	55.4	20.8	18.8	21.2	25.7
内江	66.0	56.8	16.2	20.5	17.8	22.7
乐山	61.9	51.7	17.8	28.4	20.3	19.9
宜宾	62.1	47.3	12.0	26.2	25.9	26.4
南充	65.3	64.5	19.7	20.7	15.0	14.8

续表 7 单位：%

城市	第一产业从业人员比重		第二产业从业人员比重		第三产业从业人员比重	
	地区	市区	地区	市区	地区	市区
贵州	**56.3**	**31.6**	**21.4**	**37.5**	**22.3**	**30.9**
贵阳	35.6	15.5	31.8	42.0	32.7	42.5
六盘水	59.8	52.8	23.1	27.7	17.1	19.5
遵义	65.9	14.8	15.2	59.1	19.0	26.2
云南	**62.7**	**33.8**	**16.9**	**29.9**	**20.5**	**36.3**
昆明	44.3	14.8	25.3	37.7	30.4	47.4
东川	67.4	67.4	17.2	17.2	15.4	15.4
曲靖	76.5	61.1	10.3	18.4	13.1	20.5
陕西	**54.2**	**25.6**	**21.3**	**36.1**	**24.4**	**38.3**
西安	39.8	15.3	28.4	37.3	31.8	47.4
铜川	40.5	20.2	37.0	52.7	22.5	27.1
宝鸡	53.4	8.9	26.2	52.6	20.5	38.5
咸阳	57.8	29.1	18.8	41.2	23.4	29.8
延安	63.5	48.0	11.6	17.4	24.8	34.5
汉中	59.9	39.6	10.4	26.8	29.7	33.6
渭南	66.3	67.8	18.3	14.2	15.5	17.9
甘肃	**44.3**	**19.9**	**28.0**	**42.8**	**27.8**	**37.3**
兰州	24.1	8.6	37.6	45.5	38.3	45.9
嘉峪关	11.8	11.8	65.2	65.2	23.0	23.0
金昌	42.4	14.5	32.3	53.0	25.4	32.5
白银	58.8	19.3	22.0	56.1	19.2	24.6
天水	63.5	50.2	16.6	23.8	19.9	26.0
青海	**29.6**	**8.8**	**35.2**	**43.3**	**35.3**	**47.9**
西宁	29.6	8.8	35.2	43.3	35.3	47.9
宁夏	**33.5**	**10.6**	**35.2**	**49.9**	**31.3**	**39.5**
银川	35.8	14.5	31.1	42.0	33.2	43.4
石嘴山	30.2	1.6	41.1	67.7	28.7	30.7
新疆	**7.7**	**2.9**	**45.5**	**48.5**	**46.7**	**48.7**
乌鲁木齐	9.2	3.4	38.1	40.6	52.7	56.0
克拉玛依	0.6	0.6	82.5	82.5	16.9	16.9

4. 从业人员数按行业分组(一)

单位:万人

城市	农林牧渔业		采掘业		制造业	
	地区	市区	地区	市区	地区	市区
城市合计	**23147.56**	**2983.60**	**1060.64**	**508.04**	**9244.34**	**4356.59**
超大城市	**2272.31**	**369.07**	**48.13**	**28.25**	**1707.90**	**1217.63**
特大城市	**2196.41**	**265.27**	**132.49**	**72.32**	**1421.47**	**828.94**
大城市	**4571.45**	**515.88**	**351.65**	**177.89**	**2158.27**	**1031.94**
中等城市	**12118.73**	**1551.28**	**454.55**	**215.44**	**3499.16**	**1161.13**
小城市	**1988.66**	**282.10**	**73.82**	**14.14**	**457.54**	**116.95**
东部城市	**10056.76**	**1228.65**	**391.65**	**172.48**	**5688.50**	**2550.14**
中部城市	**8191.75**	**933.14**	**515.93**	**252.49**	**2460.35**	**1236.65**
西部城市	**4899.05**	**821.81**	**153.06**	**83.07**	**1095.49**	**569.80**
北京	**71.00**	**5.00**	**4.70**	**3.80**	**174.70**	**121.70**
天津	**81.26**	**17.76**	**9.78**	**9.65**	**192.77**	**156.27**
河北	**1644.93**	**59.06**	**91.84**	**36.98**	**665.97**	**200.36**
石家庄	171.49	3.23	6.94	1.51	136.12	39.33
唐山	151.03	12.15	22.45	13.41	85.79	36.44
秦皇岛	68.60	5.48	2.50	0.58	20.59	12.18
邯郸	201.11	5.91	20.60	12.88	60.47	27.22
邢台	155.11	2.07	8.91	2.68	80.46	14.42
保定	316.31	2.66	4.99		76.53	17.22
张家口	117.32	1.35	16.41	3.72	42.94	27.76
承德	101.70	3.05	7.45	2.09	15.47	6.94
沧州	169.96	2.26	0.91		59.87	6.29
廊坊	86.57	15.26	0.51	0.01	33.12	6.22
衡水	105.73	5.64	0.17	0.10	54.61	6.34
山西	**207.14**	**38.42**	**83.19**	**44.44**	**122.12**	**91.75**
太原	26.70	7.76	11.20	5.57	55.60	52.32
大同	42.21	6.77	19.25	16.69	21.13	15.01
阳泉	11.32	1.92	16.87	12.36	11.90	9.58
长治	58.64	3.23	13.71	2.68	17.86	11.55
晋城	37.36	4.99	17.58	4.01	11.47	1.78
朔州	30.91	13.75	4.58	3.13	4.16	1.51

注:表中所有的分类及分省(区)合计数的统计范围均是地级及地级以上城市。

续表 1　　　　单位: 万人

城市	农林牧渔业		采掘业		制造业	
	地区	市区	地区	市区	地区	市区
内蒙古	**195.65**	**49.66**	**14.82**	**11.94**	**73.20**	**62.54**
呼和浩特	43.70	20.25	0.30	0.30	18.20	16.93
包　头	31.98	8.12	2.24	1.78	34.53	33.54
乌　海	1.83	1.83	5.04	5.04	3.61	3.61
赤　峰	118.14	19.46	7.24	4.82	16.86	8.46
辽　宁	**655.23**	**84.31**	**72.93**	**41.36**	**562.82**	**380.31**
沈　阳	78.20	33.40	3.60	3.20	125.90	122.20
大　连	75.73	8.98	2.00	0.59	76.19	38.41
鞍　山	35.62	3.28	2.24	0.92	62.44	44.88
抚　顺	30.55	4.97	11.73	10.23	39.11	34.08
本　溪	16.61	5.55	4.03	2.84	29.61	24.91
丹　东	39.03	0.25	3.22	0.44	44.18	18.12
锦　州	60.04	6.04	5.93	0.07	44.33	20.38
营　口	35.04	2.87	0.83	0.72	24.29	14.64
阜　新	41.69	0.56	9.95	9.18	12.90	10.50
辽　阳	22.87	0.72	0.59	0.48	34.58	20.24
盘　锦	14.01	1.10	8.12	8.12	11.87	7.59
铁　岭	55.45	1.84	9.83		15.65	3.21
朝　阳	93.61	4.17	5.24	0.13	21.21	7.32
葫芦岛	56.78	10.58	5.62	4.44	20.56	13.83
吉　林	**516.14**	**56.28**	**42.77**	**18.52**	**180.89**	**120.69**
长　春	157.55	26.93	1.20	0.96	61.68	49.77
吉　林	80.29	7.41	8.52	0.01	42.92	33.03
四　平	68.87	2.70	1.64	0.21	19.20	9.31
辽　源	24.67	1.32	4.56	4.52	12.59	9.44
通　化	45.31	1.71	4.13	0.61	19.39	9.56
白　山	13.54	1.64	15.32	4.93	6.86	3.18
白　城	46.25	7.46	0.60	0.58	11.16	4.02
松　原	79.66	7.11	6.80	6.70	7.09	2.38
黑龙江	**563.81**	**67.63**	**123.86**	**85.54**	**265.35**	**170.79**
哈尔滨	148.72	17.30	9.20	0.55	96.72	74.39
齐齐哈尔	147.01	14.40	0.33	0.17	46.74	29.15
鸡　西	33.13	3.85	21.41	16.24	12.64	4.91

续表 2

单位: 万人

城市	农林牧渔业		采掘业		制造业	
	地区	市区	地区	市区	地区	市区
鹤岗	15.10	2.76	17.85	15.62	5.48	4.35
双鸭山	26.33	2.83	10.20	9.99	7.39	3.19
大庆	51.27	9.05	18.31	18.31	18.18	10.74
伊春	8.25	1.81	20.42	14.94	17.23	12.42
佳木斯	44.27	6.67	1.98	0.04	16.35	11.97
七台河	11.18	1.84	10.16	9.33	3.25	1.59
牡丹江	52.13	5.82	10.74		32.59	17.38
黑河	26.42	1.30	3.26	0.35	8.78	0.70
上海	**82.55**	**28.63**	**0.08**	**0.06**	**334.68**	**249.06**
江苏	**1560.75**	**67.85**	**26.19**	**23.82**	**906.61**	**260.12**
南京	77.14	9.10	0.96	0.86	96.83	63.71
无锡	48.66	2.38	0.19	0.16	111.06	32.98
徐州	240.85	10.96	15.23	15.08	59.58	23.26
常州	54.70	2.99	0.07	0.04	69.47	26.94
苏州	66.96	5.16	0.48	0.27	148.44	28.76
南通	208.30	4.00	0.20	0.10	105.50	18.50
连云港	122.62	5.59	4.51	3.93	27.78	9.96
淮阴	151.17	6.60	0.11	0.01	31.14	8.76
盐城	182.87	5.99	0.63	0.41	59.82	7.59
扬州	91.85	2.15	2.37	2.29	60.35	13.30
镇江	47.07	2.26	0.98	0.67	55.71	11.43
泰州	113.90	8.22			58.04	12.22
宿迁	154.66	2.45	0.46		22.89	2.71
浙江	**1056.23**	**160.52**	**16.97**	**1.33**	**775.65**	**221.24**
杭州	133.14	10.04	3.88		132.91	43.42
宁波	133.90	31.41	0.50	0.15	150.02	49.39
温州	148.45	11.60	0.65	0.13	103.38	31.26
嘉兴	76.85	17.46	0.09		72.53	15.97
湖州	66.87	23.44	2.97	0.56	38.43	17.99
绍兴	104.48	2.34	0.63	0.42	89.68	9.10
金华	139.99	6.49	5.97		64.30	5.50
衢州	77.90	8.58	1.66	0.02	23.98	6.03
舟山	21.43	13.99	0.16	0.01	11.81	9.55

续表3 单位：万人

城市	农林牧渔业		采掘业		制造业	
	地区	市区	地区	市区	地区	市区
台州	153.22	35.17	0.46	0.04	88.61	33.03
安徽	**1284.86**	**141.96**	**42.29**	**34.80**	**349.84**	**139.54**
合肥	113.21	6.47	0.02		55.28	32.35
芜湖	61.41	2.68	2.52	0.04	27.65	17.00
蚌埠	106.13	9.11	0.01		21.69	13.09
淮南	43.87	20.35	18.67	16.97	14.50	11.51
马鞍山	23.07	2.94	3.09	3.09	19.66	14.25
淮北	42.42	6.55	13.27	12.99	12.82	10.15
铜陵	12.06	1.99	3.20	1.28	11.64	9.03
安庆	200.55	18.06	0.42	0.24	44.33	10.43
黄山	60.05	12.76	0.20	0.07	12.60	4.59
阜阳	488.52	50.29	0.11		107.74	13.68
滁州	133.57	10.76	0.78	0.12	21.93	3.46
福建	**695.88**	**78.12**	**19.22**	**3.42**	**270.67**	**105.30**
福州	113.66	7.96	0.24	0.03	63.20	33.46
厦门	26.05	26.05	0.01	0.01	29.83	29.83
莆田	77.07	4.94	0.36	0.03	17.60	5.11
三明	60.75	2.80	2.33		19.76	7.20
泉州	136.25	8.14	8.93	1.59	76.13	11.31
漳州	127.59	7.38	0.58	0.09	30.16	6.08
南平	72.93	11.35	2.98	0.37	22.11	7.31
龙岩	81.58	9.50	3.79	1.30	11.88	5.00
江西	**336.64**	**71.75**	**16.02**	**11.24**	**136.25**	**86.77**
南昌	89.12	10.22	0.09	0.09	51.97	41.10
景德镇	31.27	4.90	1.56	0.05	19.98	11.62
萍乡	37.81	30.64	8.21	7.65	18.48	17.33
九江	124.21	5.51	2.03		33.11	8.65
新余	26.37	17.58	3.36	3.19	8.67	7.03
鹰潭	27.86	2.90	0.77	0.26	4.04	1.04
山东	**1952.56**	**374.65**	**110.79**	**43.09**	**753.53**	**325.74**
济南	108.17	32.84	3.31	0.85	84.35	60.79
青岛	155.24	16.05	0.97	0.01	108.15	53.79
淄博	80.56	33.79	8.58	8.31	58.92	49.82

续表 4　　　　单位: 万人

城　市	农林牧渔业		采掘业		制造业	
	地区	市区	地区	市区	地区	市区
枣　庄	94.62	49.46	15.19	6.08	24.30	14.89
东　营	44.74	11.67	19.31	19.26	10.17	2.99
烟　台	155.45	26.35	16.07	1.56	81.41	27.67
潍　坊	169.00	17.99	6.05	0.96	102.04	24.62
济　宁	237.00	21.92	10.83	0.02	47.11	12.76
泰　安	163.30	33.13	16.40	0.38	34.90	11.88
德　州	191.16	9.40	0.02		43.63	4.92
威　海	55.06	4.24	0.79	0.05	42.73	14.40
临　沂	364.02	41.29	7.09	1.97	81.55	23.04
莱　芜	31.45	31.45	1.20	1.20	16.23	16.23
日　照	102.79	45.07	4.98	2.44	18.04	7.94
河　南	**2059.15**	**174.64**	**121.65**	**34.76**	**514.03**	**193.69**
郑　州	131.80	18.60	17.10	3.60	60.90	30.20
开　封	150.05	7.70			48.02	21.62
洛　阳	174.02	13.08	27.80	1.57	40.10	25.36
平顶山	157.90	7.35	18.50	8.01	23.10	16.05
安　阳	156.56	5.80	3.64	1.36	38.13	17.08
鹤　壁	36.18	4.27	4.76	4.43	16.70	8.35
新　乡	147.80	6.19	0.70	0.01	36.20	16.17
焦　作	71.08	6.43	9.56	7.84	34.59	14.84
濮　阳	98.52	3.06	8.77	7.76	14.14	4.62
许　昌	146.80	3.12	1.70		36.40	8.69
漯　河	73.44	1.56	0.10		25.86	6.27
三门峡	68.98	2.26	7.46		13.12	4.38
商　丘	302.47	47.40	1.59		44.20	7.76
南　阳	343.55	47.82	19.97	0.18	82.57	12.30
湖　北	**1073.67**	**150.16**	**25.36**	**5.77**	**407.99**	**231.36**
武　汉	92.97	35.10	0.13	0.05	121.93	108.63
黄　石	31.95	1.38	4.91	2.11	32.29	20.68
十　堰	87.34	2.51	4.25	0.03	26.95	16.98
荆　州	181.00	34.06	1.06		48.00	24.62
宜　昌	118.88	6.00	1.94	0.13	32.89	9.87
襄　樊	132.40	3.04	1.30		42.60	15.50

续表 5　　　　单位: 万人

城市	农林牧渔业		采掘业		制造业	
	地区	市区	地区	市区	地区	市区
鄂州	21.72	21.72	2.55	2.55	10.91	10.91
荆门	69.88	24.81	3.02	0.48	22.90	13.34
孝感	169.04	17.19	5.60	0.39	28.61	5.14
黄冈	168.49	4.35	0.60	0.03	40.91	5.69
湖南	**1954.69**	**182.64**	**45.97**	**5.48**	**410.68**	**139.52**
长沙	150.88	2.20	1.51	0.03	68.33	27.62
株洲	99.80	6.96	1.50	0.18	41.70	18.24
湘潭	85.30	5.25	1.30	0.82	27.20	18.34
衡阳	205.70	5.60	5.36	0.36	51.50	12.39
邵阳	237.00	11.21	5.80	0.26	44.30	9.51
岳阳	207.40	15.78	3.60		40.40	16.38
益阳	158.06	37.50	0.80	0.80	29.20	11.29
常德	208.07	38.56	1.74	0.12	37.73	10.57
郴州	153.48	16.18	9.46	1.54	15.42	5.04
永州	197.10	31.62	3.50	1.27	28.40	7.39
怀化	195.60	0.12	10.60		21.50	1.64
张家界	56.30	11.66	0.80	0.10	5.00	1.11
广东	**1505.41**	**170.67**	**30.08**	**5.31**	**907.05**	**442.43**
广州	93.72	23.65	0.51	0.27	130.88	71.43
韶关	67.20	1.65	4.84	2.03	18.07	8.62
深圳	4.50	4.50	0.10	0.10	156.00	156.00
珠海	1.66	0.23	0.03	0.02	14.12	11.94
汕头	71.47	6.33	0.06	0.06	49.83	18.69
佛山	43.27	0.51	0.17		97.45	19.01
江门	85.97	2.93	0.31		47.70	10.44
湛江	183.60	25.65	3.33	1.20	27.88	6.62
茂名	138.11	9.96	0.59	0.04	32.69	7.83
惠州	67.45	1.72	0.63	0.04	44.57	12.80
肇庆	86.84	4.33	0.31	0.02	31.30	6.96
潮州	46.57	1.66	0.31	0.12	35.71	7.99
梅州	116.20	1.92	15.00	0.03	11.30	2.34
中山	21.13	21.13	0.07	0.07	37.71	37.71
东莞	20.87	20.87	0.02	0.02	35.46	35.46

续表 6　　　　单位: 万人

城市	农林牧渔业		采掘业		制造业	
	地区	市区	地区	市区	地区	市区
汕尾	56.87	8.13	0.35	0.26	19.49	5.44
河源	69.50	2.50	0.40	0.38	6.93	1.42
阳江	73.42	11.00	0.37	0.04	15.75	4.77
清远	97.59	10.43	0.47	0.02	14.00	3.35
揭阳	103.40	6.28	0.08		55.10	10.54
云浮	56.07	5.29	2.13	0.59	25.11	3.07
广西	**738.02**	**169.14**	**8.89**	**3.48**	**136.92**	**80.48**
南宁	79.69	18.60	1.46	0.92	19.15	13.42
柳州	39.00	4.81	0.27	0.04	24.93	21.23
桂林	34.90	4.01	1.09	0.12	11.96	8.13
梧州	88.54	2.76	2.82	0.04	10.01	6.15
北海	47.47	11.72	0.31	0.23	8.69	3.90
玉林	163.90	21.11	0.20	0.15	29.42	9.20
钦州	109.72	38.49	2.11	1.79	13.83	5.83
贵港	149.36	52.84	0.33	0.04	15.59	10.03
防城港	25.44	14.80	0.30	0.15	3.34	2.59
海南	**12.94**	**12.94**	**0.18**	**0.18**	**7.13**	**7.13**
海口	2.72	2.72	0.01	0.01	5.97	5.97
三亚	10.22	10.22	0.17	0.17	1.16	1.16
重庆	**966.79**	**104.48**	**15.86**	**7.79**	**182.19**	**93.05**
四川	**2055.57**	**392.22**	**45.06**	**14.60**	**413.44**	**158.15**
成都	269.18	35.60	1.63	1.06	109.91	47.56
自贡	106.58	22.64	3.23	0.78	26.64	16.80
攀枝花	23.60	7.28	5.87	5.47	14.89	14.40
泸州	181.34	42.83	2.31	0.57	21.26	10.51
德阳	123.90	12.06	1.30		43.30	10.88
绵阳	215.63	25.49	10.72	1.59	29.54	7.57
广元	102.48	30.17	6.34	1.72	10.65	2.72
遂宁	130.59	46.97	0.12	0.12	21.80	7.37
内江	332.00	45.90	6.20	0.01	50.40	7.29
乐山	121.70	33.08	4.20	3.08	21.60	10.41
宜宾	183.30	22.90	2.99	0.10	24.15	10.00
南充	265.27	67.30	0.15	0.10	39.30	12.64

续表 7 单位: 万人

城市	农林牧渔业		采掘业		制造业	
	地区	市区	地区	市区	地区	市区
贵州	**464.77**	**99.64**	**31.50**	**27.69**	**104.09**	**63.42**
贵阳	80.00	22.72	8.10	5.80	42.60	37.78
六盘水	101.58	72.16	22.56	21.71	10.72	10.26
遵义	283.19	4.76	0.84	0.18	50.77	15.38
云南	**370.89**	**60.48**	**5.24**	**2.29**	**62.34**	**32.46**
昆明	110.58	16.01	1.46	0.23	40.50	25.71
东川	11.40	11.40	1.79	1.79	0.58	0.58
曲靖	248.91	33.07	1.99	0.27	21.26	6.17
陕西	**783.57**	**107.36**	**29.73**	**7.46**	**189.87**	**107.93**
西安	153.23	32.12	0.48		79.71	59.86
铜川	18.12	5.18	7.81	7.14	6.23	4.42
宝鸡	99.04	3.25	0.95	0.04	31.40	15.48
咸阳	154.37	16.45	0.77	0.02	33.08	17.24
延安	54.02	8.05	4.35	0.24	2.94	1.69
汉中	106.62	11.13	0.92	0.02	11.34	5.88
渭南	198.17	31.18	14.45		25.17	3.36
甘肃	**197.51**	**45.90**	**5.95**	**5.65**	**87.23**	**69.63**
兰州	44.35	11.14	2.43	2.43	50.86	42.87
嘉峪关	0.90	0.90	0.15	0.15	4.48	4.48
金昌	10.74	1.97	0.19	0.12	5.86	5.67
白银	46.72	5.09	2.98	2.85	10.53	8.21
天水	94.80	26.80	0.20	0.10	15.50	8.40
青海	**18.43**	**3.55**	**0.81**	**0.02**	**14.09**	**11.02**
西宁	18.43	3.55	0.81	0.02	14.09	11.02
宁夏	**33.76**	**5.64**	**6.01**	**4.94**	**20.87**	**14.59**
银川	21.23	5.38	0.21	0.01	11.96	9.96
石嘴山	12.53	0.26	5.80	4.93	8.91	4.63
新疆	**7.76**	**2.54**	**12.90**	**12.63**	**21.37**	**19.55**
乌鲁木齐	7.66	2.44	1.94	1.67	19.76	17.94
克拉玛依	0.10	0.10	10.96	10.96	1.61	1.61

5. 从业人员数按行业分组(二)

单位:万人

城市	电力煤气及水生产供应业		建筑业		地质勘察水利管理业	
	地区	市区	地区	市区	地区	市区
城市合计	**250.08**	**147.98**	**3029.51**	**1066.61**	**103.35**	**60.93**
超大城市	**41.96**	**33.67**	**451.80**	**277.00**	**17.54**	**13.34**
特大城市	**39.66**	**28.46**	**424.01**	**205.30**	**15.75**	**11.46**
大城市	**58.73**	**35.47**	**701.42**	**224.06**	**26.80**	**14.15**
中等城市	**93.39**	**44.56**	**1261.68**	**315.28**	**38.21**	**19.96**
小城市	**16.34**	**5.82**	**190.60**	**44.97**	**5.05**	**2.02**
东部城市	**129.60**	**74.42**	**1690.17**	**530.04**	**48.18**	**25.49**
中部城市	**84.57**	**52.63**	**834.62**	**316.33**	**37.89**	**23.10**
西部城市	**35.91**	**20.93**	**504.72**	**220.24**	**17.28**	**12.34**
北京	**4.30**	**4.00**	**73.90**	**59.30**	**1.60**	**1.10**
天津	**3.21**	**2.77**	**29.93**	**21.20**	**2.99**	**2.59**
河北	**23.12**	**10.34**	**248.84**	**44.41**	**8.25**	**3.27**
石家庄	4.21	1.89	37.69	7.71	1.11	0.62
唐山	3.20	2.23	28.39	8.99	0.59	0.29
秦皇岛	1.17	0.90	10.56	3.76	0.26	0.17
邯郸	3.74	1.29	27.29	6.56	0.99	0.68
邢台	1.65	0.71	17.47	1.39	0.38	0.27
保定	3.40	0.81	53.87	3.11	3.25	0.35
张家口	1.50	1.04	18.91	4.45	0.43	0.34
承德	0.82	0.50	11.33	1.86	0.29	0.14
沧州	1.70	0.39	19.60	2.16	0.30	0.13
廊坊	0.74	0.28	12.77	3.29	0.53	0.21
衡水	0.99	0.30	10.96	1.13	0.12	0.07
山西	**7.89**	**6.66**	**39.48**	**23.36**	**1.96**	**1.45**
太原	1.60	1.60	17.30	16.17	1.00	0.95
大同	1.68	1.64	5.18	2.95	0.37	0.25
阳泉	1.43	1.37	2.36	1.18	0.07	0.02
长治	1.25	0.90	7.82	1.33	0.30	0.17
晋城	0.93	0.23	4.55	0.80	0.12	0.01
朔州	1.00	0.92	2.27	0.93	0.10	0.05

注:表中所有的分类及分省(区)合计数的统计范围均是地级及地级以上城市。

续表 1　　　　单位: 万人

城市	电力煤气及水生产供应业		建筑业		地质勘察水利管理业	
	地区	市区	地区	市区	地区	市区
内蒙古	**3.73**	**3.29**	**28.72**	**18.96**	**1.88**	**1.53**
呼和浩特	1.20	1.14	8.40	8.06	0.90	0.80
包头	1.09	1.08	8.72	7.67	0.43	0.32
乌海	0.33	0.33	1.67	1.67	0.04	0.04
赤峰	1.11	0.74	9.93	1.56	0.51	0.37
辽宁	**20.34**	**15.54**	**126.38**	**82.24**	**8.09**	**5.89**
沈阳	3.40	3.30	19.20	18.70	0.90	0.70
大连	2.53	2.08	16.67	10.18	0.43	0.09
鞍山	1.85	1.52	15.28	11.17	0.27	0.17
抚顺	1.92	1.74	12.99	10.89	0.23	0.19
本溪	1.04	0.73	7.15	6.11	0.24	0.09
丹东	1.18	0.70	5.12	2.63	0.32	0.14
锦州	1.94	1.54	10.86	4.35	0.31	0.18
营口	0.74	0.41	4.79	1.14	0.36	0.10
阜新	1.11	1.06	3.97	2.88	0.21	0.19
辽阳	0.71	0.71	7.65	4.58	0.28	0.28
盘锦	0.51	0.41	4.65	3.56	3.65	3.46
铁岭	1.92	0.52	2.82	0.38	0.40	0.06
朝阳	0.96	0.67	9.14	2.25	0.23	0.15
葫芦岛	0.53	0.15	6.09	3.42	0.26	0.09
吉林	**8.02**	**5.47**	**41.86**	**23.36**	**3.23**	**1.28**
长春	2.37	1.96	15.86	9.72	1.25	0.69
吉林	1.82	1.42	10.32	6.80	0.46	0.11
四平	0.85	0.56	3.75	1.23	0.63	0.24
辽源	0.42	0.34	2.44	1.40	0.08	0.01
通化	0.89	0.43	3.35	1.49	0.36	0.11
白山	0.67	0.38	1.44	0.75	0.09	0.06
白城	0.55	0.33	2.32	1.08	0.20	0.05
松原	0.45	0.05	2.38	0.89	0.16	0.01
黑龙江	**13.91**	**9.58**	**58.12**	**45.21**	**6.02**	**4.83**
哈尔滨	3.68	2.91	22.89	21.21	0.96	0.61
齐齐哈尔	1.89	1.49	7.37	5.49	0.49	0.33
鸡西	0.92	0.74	3.27	2.14	0.19	0.10

续表 2

单位: 万人

城市	电力煤气及水生产供应业		建筑业		地质勘察水利管理业	
	地区	市区	地区	市区	地区	市区
鹤岗	0.60	0.21	2.43	1.92	0.05	0.01
双鸭山	0.76	0.34	2.61	1.40	0.16	0.12
大庆	0.55	0.40	7.03	5.22	3.31	3.23
伊春	0.61	0.52	2.63	2.11	0.02	0.01
佳木斯	1.75	1.39	4.06	2.60	0.37	0.12
七台河	0.25	0.21	0.82	0.59	0.15	0.12
牡丹江	1.86	1.18	3.89	2.19	0.21	0.11
黑河	1.04	0.19	1.12	0.34	0.11	0.07
上海	**7.20**	**6.54**	**42.92**	**29.87**	**1.17**	**0.87**
江苏	**13.38**	**9.48**	**283.17**	**36.74**	**6.25**	**2.18**
南京	2.07	1.85	23.14	10.77	0.94	0.76
无锡	0.94	0.67	10.92	1.83	0.66	0.09
徐州	1.89	1.65	29.41	4.25	0.59	0.27
常州	0.85	0.60	15.39	1.47	0.42	0.19
苏州	1.52	0.66	17.25	2.74	0.57	0.07
南通	1.20	0.70	57.60	2.30	0.20	
连云港	0.63	0.53	15.98	2.15	0.31	0.04
淮阴	0.78	0.35	14.33	1.20	0.43	0.04
盐城	1.03	0.87	26.00	2.49	0.55	0.09
扬州	0.63	0.49	24.98	1.65	0.36	0.02
镇江	0.90	0.77	10.41	1.82	0.49	0.35
泰州	0.59	0.24	24.47	3.33	0.28	0.17
宿迁	0.35	0.10	13.29	0.74	0.45	0.09
浙江	**9.15**	**4.19**	**155.31**	**39.19**	**2.31**	**0.84**
杭州	1.78	1.14	17.84	5.91	0.74	0.18
宁波	1.20	0.67	30.10	10.43	0.40	0.29
温州	1.29	0.23	18.96	7.57	0.08	0.04
嘉兴	0.84	0.30	7.63	1.50	0.08	0.01
湖州	0.83	0.35	5.35	1.70	0.22	0.09
绍兴	0.67	0.26	27.28	1.91	0.20	0.05
金华	0.71	0.30	17.86	1.53	0.34	0.11
衢州	0.39	0.19	5.52	1.24	0.10	0.03
舟山	0.45	0.31	3.45	2.68		

续表 3 单位: 万人

城市	电力煤气及水生产供应业		建筑业		地质勘察水利管理业	
	地区	市区	地区	市区	地区	市区
台州	0.99	0.44	21.32	4.72	0.15	0.04
安徽	**6.00**	**4.69**	**121.77**	**43.27**	**3.71**	**2.41**
合肥	0.82	0.70	21.33	9.12	0.91	0.72
芜湖	0.53	0.50	7.65	1.90	0.27	0.25
蚌埠	0.33	0.30	6.49	2.12	0.43	0.30
淮南	1.07	1.07	7.65	7.01	0.16	0.10
马鞍山	0.40	0.40	6.60	5.27	0.31	0.29
淮北	0.52	0.47	4.59	2.84	0.31	0.28
铜陵	0.32	0.31	2.82	1.79	0.16	0.15
安庆	0.65	0.35	10.94	1.18	0.31	0.04
黄山	0.22	0.18	5.19	1.37	0.06	0.05
阜阳	0.77	0.30	39.60	8.82	0.31	0.09
滁州	0.37	0.11	8.91	1.85	0.48	0.14
福建	**7.34**	**2.58**	**97.89**	**27.20**	**1.95**	**1.06**
福州	1.25	0.57	28.09	8.33	0.63	0.53
厦门	0.67	0.67	7.67	7.67	0.07	0.07
莆田	0.34	0.11	9.49	1.58	0.12	0.02
三明	0.96	0.17	3.81	1.21	0.22	0.08
泉州	1.09	0.38	28.37	3.89	0.21	0.09
漳州	0.76	0.11	10.49	2.21	0.27	0.06
南平	0.89	0.27	3.30	1.01	0.20	0.01
龙岩	1.38	0.30	6.67	1.30	0.23	0.20
江西	**4.87**	**2.84**	**30.71**	**12.49**	**2.16**	**1.68**
南昌	1.02	0.91	10.41	5.83	1.08	1.08
景德镇	1.25	0.42	2.09	0.66	0.26	0.04
萍乡	0.43	0.40	3.75	3.31	0.16	0.12
九江	1.02	0.41	9.23	0.71	0.28	0.21
新余	0.82	0.62	2.43	1.78	0.11	0.04
鹰潭	0.33	0.08	2.80	0.20	0.27	0.19
山东	**17.62**	**7.88**	**298.51**	**81.92**	**5.66**	**1.75**
济南	1.84	0.83	24.43	8.41	1.09	0.90
青岛	1.79	1.17	27.22	5.56	0.29	0.08
淄博	1.56	1.38	17.63	8.33	0.23	0.14

续表 4

单位：万人

城市	电力煤气及水生产供应业		建筑业		地质勘察水利管理业	
	地区	市区	地区	市区	地区	市区
枣庄	0.95	0.71	15.62	7.90	0.66	0.03
东营	0.15	0.06	7.22	2.07	0.16	0.07
烟台	2.73	1.28	23.52	7.28	0.53	0.12
潍坊	1.54	0.35	34.57	4.40	0.70	0.06
济宁	1.53	0.49	38.57	4.44	0.74	0.01
泰安	1.60	0.35	26.60	8.26	0.30	0.13
德州	1.32		13.05	2.11	0.27	
威海	0.80	0.26	8.50	1.68	0.08	0.05
临沂	1.07	0.54	42.82	8.33	0.45	0.05
莱芜	0.29	0.29	6.61	6.61	0.06	0.06
日照	0.45	0.17	12.15	6.54	0.10	0.05
河南	**16.49**	**8.16**	**244.90**	**57.22**	**4.41**	**3.03**
郑州	2.40	1.00	26.00	13.70	1.00	1.00
开封	0.85	0.53	19.80	5.75	0.19	0.05
洛阳	1.60	1.31	23.70	6.99	0.44	0.37
平顶山	1.40	0.99	14.40	3.59	0.30	0.26
安阳	1.36	0.72	29.04	3.41	0.24	0.13
鹤壁	0.41	0.25	1.38	0.67	0.05	0.02
新乡	1.20	0.44	17.60	3.02	0.70	0.64
焦作	1.79	0.86	7.64	2.20	0.26	0.13
濮阳	0.61	0.32	16.40	5.04	0.17	
许昌	0.90	0.34	12.80	0.85	0.20	0.14
漯河	0.40	0.23	7.85	1.16	0.02	0.01
三门峡	0.83	0.47	5.09	1.66	0.20	0.17
商丘	0.86	0.32	30.88	5.31	0.16	0.09
南阳	1.88	0.38	32.32	3.87	0.48	0.02
湖北	**13.25**	**7.69**	**141.55**	**58.96**	**7.62**	**3.98**
武汉	3.72	3.40	28.44	24.14	2.63	2.42
黄石	0.77	0.62	7.45	2.66	0.96	0.37
十堰	1.66	0.15	4.72	0.56	0.10	0.02
荆州	1.00	0.60	15.00	4.83	1.00	0.20
宜昌	1.42	0.96	13.19	7.12	0.51	0.18
襄樊	2.00	0.73	15.50	4.50	0.70	0.17

续表 5　　　　　　　　　　　　　　　　　　　　单位: 万人

城市	电力煤气及水生产供应业		建筑业		地质勘察水利管理业	
	地区	市区	地区	市区	地区	市区
鄂州	0.28	0.28	4.22	4.22	0.05	0.05
荆门	0.57	0.49	4.30	3.05	0.40	0.18
孝感	0.67	0.17	24.85	5.92	0.54	0.15
黄冈	1.16	0.29	23.88	1.96	0.73	0.24
湖南	**10.41**	**4.25**	**127.51**	**33.50**	**6.90**	**2.91**
长沙	0.71	0.50	25.41	8.19	1.08	0.80
株洲	0.80	0.52	11.00	4.06	0.40	0.28
湘潭	0.40	0.33	13.40	2.84	0.30	0.22
衡阳	1.01	0.48	19.59	1.34	0.71	0.26
邵阳	1.80	0.53	11.37	2.10	0.46	0.10
岳阳	0.50	0.33	18.00	3.15	0.40	
益阳	0.50	0.22	10.24	3.65	0.56	0.17
常德	0.74	0.34	5.02	2.96	0.89	0.20
郴州	0.95	0.39	1.28	0.65	0.52	0.43
永州	0.80	0.20	7.20	2.88	0.38	0.18
怀化	1.70	0.30	2.70	0.66	1.00	0.07
张家界	0.50	0.11	2.30	1.02	0.20	0.20
广东	**19.26**	**8.13**	**266.80**	**77.16**	**5.59**	**2.50**
广州	2.66	2.08	28.82	17.73	0.80	0.55
韶关	1.72	0.54	4.53	1.60	0.38	0.27
深圳	1.20	1.20	10.30	10.30	0.20	0.20
珠海	0.39	0.28	0.70	0.46	0.09	0.04
汕头	0.97	0.61	25.15	7.81	0.21	0.09
佛山	0.89	0.23	10.68	1.36	0.36	0.05
江门	0.81	0.23	18.83	1.27	0.27	0.05
湛江	1.46	0.42	26.64	6.74	1.16	0.54
茂名	0.86	0.31	30.19	4.03	0.20	0.04
惠州	0.71	0.20	4.95	1.34	0.37	0.11
肇庆	0.68	0.15	12.40	1.59	0.24	0.12
潮州	0.71	0.21	6.91	1.16	0.09	0.02
梅州	1.40	0.08	13.60	1.09	0.30	0.07
中山	0.17	0.17	3.38	3.38	0.08	0.08
东莞	0.59	0.59	3.48	3.48	0.09	0.09

续表 6 单位: 万人

城市	电力煤气及水生产供应业		建筑业		地质勘察水利管理业	
	地区	市区	地区	市区	地区	市区
汕尾	0.38	0.15	5.59	1.59	0.14	
河源	0.98	0.16	5.43	0.81	0.11	0.06
阳江	0.40	0.13	14.20	3.80	0.14	0.01
清远	0.82	0.12	9.31	2.05	0.15	0.07
揭阳	0.90	0.15	17.80	3.84	0.10	0.01
云浮	0.56	0.12	13.91	1.73	0.11	0.03
广西	**3.97**	**2.26**	**62.25**	**26.54**	**4.07**	**3.19**
南宁	0.54	0.44	4.63	3.12	0.52	0.38
柳州	0.55	0.47	4.40	3.59	0.36	0.24
桂林	0.40	0.35	3.04	2.02	2.18	2.15
梧州	0.56	0.16	5.94	0.75	0.11	0.06
北海	0.20	0.11	2.84	0.76	0.11	0.04
玉林	0.90	0.39	15.14	2.36	0.25	0.03
钦州	0.29	0.12	13.65	6.37	0.17	0.13
贵港	0.26	0.07	10.05	5.56	0.35	0.15
防城港	0.27	0.15	2.56	2.01	0.02	0.01
海南	**0.71**	**0.71**	**4.27**	**4.27**	**0.25**	**0.25**
海口	0.60	0.60	3.67	3.67	0.16	0.16
三亚	0.11	0.11	0.60	0.60	0.09	0.09
重庆	**5.26**	**2.60**	**87.66**	**25.55**	**1.22**	**0.71**
四川	**11.58**	**4.56**	**216.65**	**78.78**	**4.61**	**3.03**
成都	2.07	0.48	51.79	22.27	1.84	1.32
自贡	0.60	0.40	9.40	4.50	0.20	0.10
攀枝花	0.72	0.66	4.72	3.79	0.06	0.04
泸州	0.59	0.36	14.33	7.49	0.62	0.23
德阳	0.30	0.17	12.40	4.33	0.20	0.16
绵阳	1.45	0.38	15.71	3.22	0.30	0.30
广元	1.15	0.02	5.10	1.33	0.11	0.04
遂宁	0.93	0.40	24.05	8.08	0.07	0.05
内江	0.93	0.54	24.00	8.69	0.26	0.01
乐山	1.10	0.78	8.00	3.94	0.10	0.05
宜宾	0.92	0.10	7.36	2.50	0.10	0.10
南充	0.82	0.27	39.79	8.64	0.75	0.63

续表 7　　　　单位: 万人

城市	电力煤气及水生产供应业		建筑业		地质勘察水利管理业	
	地区	市区	地区	市区	地区	市区
贵州	**4.20**	**3.06**	**36.39**	**24.17**	**1.49**	**1.31**
贵阳	1.30	0.62	19.50	17.20	0.60	0.58
六盘水	2.08	2.07	3.99	3.83	0.55	0.54
遵义	0.82	0.37	12.90	3.14	0.34	0.19
云南	**2.49**	**1.41**	**29.68**	**17.45**	**1.44**	**0.98**
昆明	1.45	1.12	19.82	13.71	0.98	0.60
东川	0.04	0.04	0.50	0.50	0.02	0.02
曲靖	1.00	0.25	9.36	3.24	0.44	0.36
陕西	**6.79**	**4.33**	**81.48**	**31.44**	**4.09**	**2.35**
西安	2.02	1.78	27.25	16.54	1.24	1.02
铜川	0.19	0.15	2.32	1.82	0.16	0.07
宝鸡	0.66	0.56	15.52	3.10	0.39	0.16
咸阳	1.36	1.03	15.01	5.00	0.82	0.55
延安	0.42	0.24	2.16	0.75	0.21	0.07
汉中	0.54	0.19	5.78	1.43	0.52	0.27
渭南	1.60	0.38	13.44	2.80	0.75	0.21
甘肃	**3.07**	**2.69**	**28.40**	**20.58**	**2.40**	**2.03**
兰州	1.58	1.56	14.32	11.99	1.37	1.18
嘉峪关	0.10	0.10	0.24	0.24		
金昌	0.35	0.01	1.78	1.41	0.05	0.04
白银	0.74	0.72	3.26	3.04	0.48	0.41
天水	0.30	0.30	8.80	3.90	0.50	0.40
青海	**0.56**	**0.36**	**6.44**	**6.17**	**0.56**	**0.54**
西宁	0.56	0.36	6.44	6.17	0.56	0.54
宁夏	**0.98**	**0.96**	**7.59**	**6.05**	**0.41**	**0.34**
银川	0.39	0.39	5.87	5.20	0.40	0.33
石嘴山	0.59	0.57	1.72	0.85	0.01	0.01
新疆	**0.98**	**0.96**	**10.43**	**10.05**	**1.06**	**1.05**
乌鲁木齐	0.98	0.96	9.20	8.82	1.06	1.05
克拉玛依			1.23	1.23		

6. 从业人员数按行业分组(三)

单位:万人

城市	交通仓储邮电业		批发零售贸易业		金融保险业	
	地区	市区	地区	市区	地区	市区
城市合计	**1828.50**	**766.12**	**4859.81**	**2073.74**	**279.61**	**149.42**
超大城市	**297.70**	**205.61**	**833.13**	**596.16**	**49.41**	**40.57**
特大城市	**283.85**	**152.78**	**707.22**	**395.78**	**43.90**	**28.33**
大城市	**396.91**	**161.24**	**1039.55**	**454.11**	**61.41**	**32.98**
中等城市	**736.81**	**213.59**	**1996.57**	**556.91**	**107.51**	**41.46**
小城市	**113.23**	**32.90**	**283.34**	**70.78**	**17.38**	**6.08**
东部城市	**993.45**	**415.10**	**2525.90**	**1126.86**	**154.99**	**84.54**
中部城市	**589.01**	**232.68**	**1665.67**	**633.69**	**89.13**	**44.92**
西部城市	**246.04**	**118.34**	**668.24**	**313.19**	**35.49**	**19.96**
北京	**32.90**	**21.50**	**92.90**	**69.10**	**7.80**	**7.50**
天津	**31.82**	**23.59**	**74.23**	**57.35**	**4.03**	**3.32**
河北	**143.70**	**38.40**	**346.04**	**87.22**	**21.19**	**7.34**
石家庄	30.83	6.67	89.46	22.24	4.32	1.67
唐山	16.01	4.76	33.40	12.93	2.31	0.87
秦皇岛	9.31	5.36	10.40	5.30	1.14	0.55
邯郸	16.74	4.29	30.40	10.74	2.26	0.58
邢台	15.19	2.60	43.42	6.34	2.01	0.48
保定	15.81	2.52	38.25	6.92	2.51	0.73
张家口	11.44	4.35	21.45	9.84	1.36	1.12
承德	6.33	1.48	13.21	3.77	1.09	0.33
沧州	8.44	2.01	23.98	2.70	1.70	0.33
廊坊	6.52	2.39	13.38	2.28	1.24	0.34
衡水	7.08	1.97	28.69	4.16	1.25	0.34
山西	**44.64**	**25.50**	**71.10**	**43.93**	**5.38**	**3.48**
太原	10.30	8.76	25.90	24.15	1.80	1.70
大同	12.54	8.37	18.14	11.10	0.99	0.70
阳泉	3.71	1.79	6.14	3.22	0.51	0.34
长治	6.75	2.66	8.32	2.78	0.84	0.29
晋城	8.27	1.92	7.00	1.26	0.89	0.22
朔州	3.07	2.00	5.60	1.42	0.35	0.23

注:表中所有的分类及分省(区)合计数的统计范围均是地级及地级以上城市。

续表 1

单位: 万人

城市	交通仓储邮电业		批发零售贸易业		金融保险业	
	地区	市区	地区	市区	地区	市区
内蒙古	**22.59**	**16.35**	**45.67**	**33.68**	**3.20**	**2.52**
呼和浩特	6.50	6.00	12.00	11.04	1.20	1.08
包头	5.94	5.86	14.85	13.56	0.88	0.88
乌海	1.28	1.28	2.19	2.19	0.22	0.22
赤峰	8.87	3.21	16.63	6.89	0.90	0.34
辽宁	**106.70**	**60.05**	**296.17**	**184.12**	**16.66**	**12.23**
沈阳	18.50	17.20	77.10	73.50	3.30	3.30
大连	19.28	14.86	42.50	26.66	3.31	2.29
鞍山	7.06	1.84	19.54	9.92	1.42	0.77
抚顺	4.38	2.47	16.87	11.93	0.97	0.74
本溪	4.40	3.34	9.20	6.76	0.65	0.64
丹东	4.73	0.93	15.87	5.06	1.02	0.51
锦州	13.52	5.22	25.74	9.29	0.96	0.72
营口	6.32	3.18	13.11	6.57	0.87	0.54
阜新	4.12	2.54	9.98	8.01	0.65	0.51
辽阳	5.25	2.65	11.69	6.96	0.65	0.65
盘锦	3.31	1.59	6.18	3.58	0.47	0.47
铁岭	4.93	0.67	21.21	7.03	0.80	0.22
朝阳	4.76	1.11	13.62	3.00	0.81	0.31
葫芦岛	6.14	2.45	13.56	5.85	0.78	0.56
吉林	**38.27**	**13.98**	**130.13**	**62.50**	**8.60**	**4.37**
长春	12.12	5.64	46.48	30.33	2.36	1.66
吉林	8.59	4.36	24.67	14.57	1.69	0.97
四平	5.72	0.73	12.57	2.73	1.03	0.36
辽源	2.02	0.84	6.22	3.39	0.48	0.27
通化	3.45	0.59	12.02	3.01	0.97	0.32
白山	1.88	0.50	6.76	2.73	0.72	0.28
白城	2.58	0.91	10.60	3.41	0.74	0.29
松原	1.91	0.41	10.81	2.33	0.61	0.22
黑龙江	**52.17**	**28.28**	**190.55**	**90.74**	**11.00**	**6.09**
哈尔滨	19.93	12.92	53.33	32.64	3.62	2.53
齐齐哈尔	7.65	5.07	34.63	16.18	1.29	0.63
鸡西	1.88	0.65	9.62	4.75	0.62	0.31

续表 2

单位: 万人

城市	交通仓储邮电业		批发零售贸易业		金融保险业	
	地区	市区	地区	市区	地区	市区
鹤岗	1.17	0.66	6.49	4.96	0.47	0.31
双鸭山	2.45	1.26	7.26	2.84	0.49	0.22
大庆	4.56	2.22	19.02	9.13	0.78	0.55
伊春	2.12	1.71	6.72	4.07	0.46	0.31
佳木斯	2.76	1.23	11.97	5.49	1.28	0.35
七台河	1.53	0.49	5.78	3.11	0.35	0.25
牡丹江	4.00	1.27	19.58	5.65	1.06	0.45
黑河	4.12	0.80	16.15	1.92	0.58	0.18
上海	**37.63**	**31.87**	**112.67**	**97.49**	**6.36**	**6.26**
江苏	**151.64**	**43.29**	**286.13**	**86.19**	**18.66**	**7.04**
南京	17.99	12.33	34.51	24.76	2.45	1.99
无锡	7.79	2.43	19.51	7.75	1.87	0.82
徐州	17.34	7.27	29.82	10.62	1.69	0.78
常州	8.52	1.80	24.65	7.74	1.28	0.55
苏州	12.32	2.79	26.66	6.85	2.02	0.57
南通	15.30	3.30	29.70	3.60	2.00	0.50
连云港	8.86	3.40	14.48	4.50	0.84	0.36
淮阴	8.91	1.87	17.25	3.59	0.94	0.32
盐城	16.23	1.71	24.75	4.68	1.95	0.23
扬州	9.23	1.63	17.45	3.14	1.07	0.30
镇江	7.50	2.64	16.59	5.23	0.99	0.34
泰州	16.09	1.51	18.47	2.73	1.08	0.19
宿迁	5.56	0.61	12.29	1.00	0.48	0.09
浙江	**104.90**	**34.47**	**283.50**	**97.56**	**13.56**	**5.88**
杭州	17.29	7.32	43.80	17.32	3.05	1.75
宁波	18.30	10.43	53.50	33.95	2.20	1.10
温州	13.15	3.81	48.44	12.59	1.35	0.49
嘉兴	7.18	1.64	14.12	4.15	1.15	0.38
湖州	7.09	2.09	10.64	5.05	0.91	0.45
绍兴	13.83	1.14	30.74	4.04	1.22	0.35
金华	8.14	1.09	21.95	3.19	1.32	0.23
衢州	3.70	0.62	14.65	2.76	0.53	0.16
舟山	3.76	2.76	7.85	6.12	0.52	0.38

续表 3　　　　单位: 万人

城市	交通仓储邮电业		批发零售贸易业		金融保险业	
	地区	市区	地区	市区	地区	市区
台　州	12.46	3.57	37.81	8.39	1.31	0.59
安　徽	**75.54**	**29.11**	**211.07**	**67.99**	**7.02**	**3.55**
合　肥	9.12	4.23	32.70	17.74	1.09	0.82
芜　湖	6.58	3.86	14.32	7.16	0.60	0.37
蚌　埠	6.46	4.11	14.28	5.62	0.58	0.34
淮　南	4.72	3.85	11.61	8.74	0.60	0.50
马鞍山	2.75	1.08	7.49	4.66	0.35	0.27
淮　北	3.71	2.03	7.26	3.20	0.34	0.23
铜　陵	1.87	1.21	5.44	4.24	0.25	0.18
安　庆	9.02	2.80	23.84	4.16	0.81	0.21
黄　山	2.92	1.19	8.38	2.04	0.49	0.24
阜　阳	23.51	4.10	71.28	9.89	1.32	0.27
滁　州	4.88	0.65	14.47	0.54	0.59	0.12
福　建	**57.42**	**16.76**	**124.69**	**44.56**	**8.31**	**3.34**
福　州	14.11	6.10	31.15	17.34	1.66	0.83
厦　门	3.88	3.88	11.04	11.04	1.13	1.13
莆　田	4.23	1.32	9.32	2.72	0.55	0.22
三　明	3.49	0.26	9.16	2.20	0.87	0.20
泉　州	12.73	2.15	26.01	2.37	1.61	0.35
漳　州	7.17	0.96	19.62	2.94	1.09	0.26
南　平	7.62	0.89	10.61	2.35	0.75	0.15
龙　岩	4.19	1.20	7.78	3.60	0.65	0.20
江　西	**21.13**	**10.82**	**64.41**	**32.87**	**3.96**	**2.80**
南　昌	8.38	5.15	21.82	13.01	1.56	1.52
景德镇	1.61	0.54	6.51	3.14	0.38	0.21
萍　乡	2.55	2.38	6.13	5.71	0.43	0.32
九　江	6.63	1.77	21.56	7.45	0.99	0.38
新　余	0.97	0.71	3.85	3.06	0.29	0.23
鹰　潭	0.99	0.27	4.54	0.50	0.31	0.14
山　东	**144.10**	**55.45**	**382.31**	**147.07**	**20.27**	**10.56**
济　南	18.16	8.98	48.93	30.59	3.09	2.36
青　岛	16.32	10.05	36.77	22.54	2.27	1.55
淄　博	6.64	4.97	13.80	10.38	1.23	1.02

续表 4　　　　单位: 万人

城　市	交通仓储邮电业		批发零售贸易业		金融保险业	
	地区	市区	地区	市区	地区	市区
枣　庄	6.63	2.37	9.28	4.83	0.95	0.52
东　营	4.24	1.90	7.81	3.85	0.66	0.46
烟　台	12.88	5.63	31.21	11.38	2.46	1.27
潍　坊	17.00	3.49	47.90	11.09	2.62	0.69
济　宁	16.39	2.34	29.06	5.25	1.34	0.42
泰　安	8.10	2.99	23.10	9.30	1.50	0.84
德　州	6.97	0.82	53.72	3.30	1.12	0.17
威　海	3.80	1.48	12.00	4.89	0.88	0.34
临　沂	17.94	3.38	42.81	7.64	1.36	0.43
莱　芜	2.25	2.25	5.19	5.19	0.29	0.29
日　照	6.78	4.80	20.73	16.84	0.50	0.20
河　南	**123.22**	**35.91**	**286.39**	**82.00**	**16.55**	**7.94**
郑　州	18.10	8.00	32.50	14.00	2.90	2.10
开　封	8.14	2.41	25.76	10.78	0.97	0.49
洛　阳	14.40	6.00	27.70	12.08	1.56	0.96
平顶山	8.00	3.20	17.30	5.11	1.20	0.82
安　阳	6.37	1.53	16.68	5.84	1.20	0.47
鹤　壁	1.47	0.80	5.22	2.19	0.49	0.40
新　乡	6.90	2.08	13.90	5.96	1.20	0.39
焦　作	8.41	2.00	18.48	3.84	0.96	0.34
濮　阳	5.13	1.20	14.05	2.00	0.95	0.56
许　昌	10.10	1.73	25.20	3.45	0.90	0.22
漯　河	5.70	0.77	9.77	1.90	0.74	0.32
三门峡	4.11	0.75	8.87	2.16	0.71	0.25
商　丘	12.07	3.39	33.58	7.36	0.99	0.35
南　阳	14.32	2.05	37.38	5.33	1.78	0.27
湖　北	**106.15**	**42.62**	**298.58**	**117.61**	**15.91**	**7.49**
武　汉	23.64	21.22	72.21	63.98	3.43	3.20
黄　石	6.13	2.77	18.15	7.83	0.93	0.31
十　堰	4.55	0.45	17.82	3.44	1.02	0.47
荆　州	18.00	7.00	54.00	12.19	1.00	0.50
宜　昌	9.50	1.84	18.38	4.85	1.37	0.51
襄　樊	11.70	1.80	29.10	4.36	2.20	0.52

续表 5　　　　单位: 万人

城市	交通仓储邮电业		批发零售贸易业		金融保险业	
	地区	市区	地区	市区	地区	市区
鄂　州	2.95	2.95	3.44	3.44	0.73	0.73
荆　门	3.10	1.63	18.76	9.95	0.84	0.55
孝　感	15.33	1.96	28.85	4.26	1.05	0.28
黄　冈	11.25	1.00	37.87	3.31	3.34	0.42
湖　南	**105.30**	**30.11**	**367.77**	**102.37**	**17.51**	**6.68**
长　沙	12.30	4.80	50.22	23.01	3.26	1.46
株　洲	8.30	2.63	25.20	5.20	1.40	0.67
湘　潭	4.30	2.03	13.60	8.40	1.00	0.56
衡　阳	13.38	3.16	39.13	13.61	2.19	0.95
邵　阳	12.02	2.13	45.59	5.56	1.78	0.65
岳　阳	12.70	3.93	46.64	10.18	1.27	0.31
益　阳	9.18	3.08	18.98	6.27	1.70	0.48
常　德	9.67	3.42	36.61	9.58	1.12	0.41
郴　州	6.65	1.58	25.20	3.43	1.29	0.48
永　州	6.70	2.03	24.20	5.50	0.90	0.30
怀　化	7.80	0.50	36.10	9.43	1.30	0.30
张家界	2.30	0.82	6.30	2.20	0.30	0.11
广　东	**137.94**	**61.39**	**416.06**	**196.62**	**30.93**	**16.11**
广　州	27.32	22.52	63.90	49.34	4.92	3.73
韶　关	5.27	2.03	11.70	2.23	0.89	0.32
深　圳	6.20	6.20	53.30	53.30	3.10	3.10
珠　海	1.29	1.16	2.75	2.12	0.84	0.73
汕　头	7.82	2.77	23.21	13.89	1.50	0.97
佛　山	7.45	1.20	37.05	5.01	3.16	0.62
江　门	5.77	0.78	26.41	5.28	1.84	0.54
湛　江	10.35	5.37	23.03	6.45	1.86	0.53
茂　名	7.87	1.25	17.95	4.77	1.43	0.35
惠　州	4.80	0.82	15.63	4.17	1.25	0.43
肇　庆	6.16	1.06	14.42	3.29	1.16	0.41
潮　州	2.98	0.71	12.33	2.66	0.67	0.23
梅　州	7.20	0.61	14.20	1.90	1.40	0.24
中　山	4.24	4.24	17.75	17.75	1.16	1.16
东　莞	4.81	4.81	8.61	8.61	1.38	1.38

续表 6

单位: 万人

城 市	交通仓储邮电业		批发零售贸易业		金融保险业	
	地区	市区	地区	市区	地区	市区
汕 尾	4.43	1.10	11.95	2.71	0.51	0.25
河 源	3.13	0.30	13.15	2.62	0.62	0.20
阳 江	2.98	0.77	8.72	3.27	0.70	0.27
清 远	5.84	1.52	8.46	1.97	0.86	0.28
揭 阳	6.20	1.37	19.50	3.98	1.00	0.25
云 浮	5.83	0.80	12.04	1.30	0.68	0.12
广 西	**40.69**	**24.32**	**96.53**	**44.91**	**6.05**	**3.79**
南 宁	4.33	2.94	15.45	11.23	1.30	1.10
柳 州	7.66	6.60	10.68	6.47	0.73	0.60
桂 林	2.62	1.66	5.92	2.97	0.49	0.39
梧 州	4.01	1.38	8.55	2.88	0.51	0.28
北 海	2.46	0.91	7.47	4.13	0.52	0.37
玉 林	7.83	3.32	15.81	1.80	1.18	0.45
钦 州	3.75	2.23	14.14	6.15	0.44	0.20
贵 港	5.58	3.21	12.13	4.85	0.64	0.25
防城港	2.45	2.07	6.38	4.43	0.24	0.15
海 南	**4.01**	**4.01**	**14.67**	**14.67**	**1.17**	**1.17**
海 口	2.82	2.82	11.04	11.04	0.94	0.94
三 亚	1.19	1.19	3.63	3.63	0.23	0.23
重 庆	**38.47**	**13.39**	**110.37**	**40.06**	**4.88**	**2.39**
四 川	**73.48**	**26.23**	**264.50**	**87.36**	**11.79**	**5.47**
成 都	18.32	7.76	54.51	22.07	3.19	1.92
自 贡	3.00	1.08	13.00	8.20	0.50	0.20
攀枝花	1.60	1.40	3.90	3.51	0.48	0.46
泸 州	3.55	1.20	17.44	5.19	0.55	0.27
德 阳	4.20	1.25	15.80	2.74	1.00	0.35
绵 阳	7.02	1.64	23.18	6.16	0.89	0.30
广 元	3.34	0.75	12.10	4.82	0.57	0.12
遂 宁	5.05	2.78	25.10	11.08	0.49	0.33
内 江	7.90	3.45	37.20	5.69	1.70	0.70
乐 山	5.10	1.67	10.90	5.51	0.70	0.30
宜 宾	5.58	2.10	20.36	4.70	0.71	0.20
南 充	8.82	1.15	31.01	7.69	1.01	0.32

续表 7 单位: 万人

城市	交通仓储邮电业		批发零售贸易业		金融保险业	
	地区	市区	地区	市区	地区	市区
贵州	**28.64**	**19.11**	**60.08**	**37.21**	**2.09**	**1.65**
贵阳	12.30	10.99	30.00	28.39	1.20	1.02
六盘水	7.18	6.97	5.73	5.42	0.32	0.31
遵义	9.16	1.15	24.35	3.40	0.57	0.32
云南	**21.64**	**13.26**	**31.88**	**17.57**	**2.42**	**1.56**
昆明	15.58	11.37	20.61	13.71	1.62	1.24
东川	0.25	0.25	0.34	0.34	0.08	0.08
曲靖	5.81	1.64	10.93	3.52	0.72	0.24
陕西	**51.46**	**23.92**	**118.06**	**62.64**	**8.68**	**4.17**
西安	19.06	15.67	40.92	35.54	3.07	2.77
铜川	1.37	1.11	3.96	3.22	0.25	0.18
宝鸡	8.50	1.87	11.67	7.70	1.16	0.34
咸阳	9.77	2.12	21.35	6.50	1.43	0.19
延安	2.49	0.74	5.00	2.11	0.63	0.14
汉中	3.62	1.13	19.47	4.62	0.55	0.21
渭南	6.65	1.28	15.69	2.95	1.59	0.34
甘肃	**16.85**	**10.39**	**44.56**	**36.07**	**2.58**	**2.00**
兰州	11.38	7.62	27.98	26.39	1.31	1.17
嘉峪关	0.17	0.17	0.91	0.91	0.09	0.09
金昌	1.02	0.59	2.34	1.72	0.22	0.16
白银	1.28	0.71	5.03	2.35	0.36	0.18
天水	3.00	1.30	8.30	4.70	0.60	0.40
青海	**4.07**	**3.50**	**7.53**	**6.55**	**0.77**	**0.71**
西宁	4.07	3.50	7.53	6.55	0.77	0.71
宁夏	**5.16**	**2.67**	**11.98**	**8.11**	**1.07**	**0.86**
银川	2.50	2.21	6.81	5.48	0.78	0.68
石嘴山	2.66	0.46	5.17	2.63	0.29	0.18
新疆	**6.27**	**5.87**	**19.28**	**17.62**	**1.21**	**1.15**
乌鲁木齐	5.91	5.51	18.00	16.34	1.07	1.01
克拉玛依	0.36	0.36	1.28	1.28	0.14	0.14

7. 从业人员数按行业分组(四)

单位:万人

城　市	房地产业		社会服务业		卫生体育福利业	
	地区	市区	地区	市区	地区	市区
城市合计	**101.33**	**68.80**	**1208.48**	**596.48**	**446.71**	**217.64**
超大城市	**31.94**	**29.36**	**439.65**	**229.25**	**92.22**	**70.51**
特大城市	**14.91**	**11.50**	**157.51**	**110.95**	**66.97**	**41.14**
大 城 市	**18.61**	**13.64**	**198.61**	**111.95**	**90.62**	**44.60**
中等城市	**31.55**	**12.74**	**364.78**	**125.91**	**169.45**	**54.21**
小 城 市	**4.32**	**1.56**	**47.93**	**18.42**	**27.45**	**7.18**
东部城市	**68.77**	**48.71**	**562.66**	**349.12**	**256.60**	**123.32**
中部城市	**22.38**	**14.52**	**334.17**	**171.20**	**133.01**	**62.91**
西部城市	**10.18**	**5.57**	**311.65**	**76.16**	**57.10**	**31.41**
北　　京	**7.50**	**7.10**	**56.40**	**52.30**	**13.80**	**12.00**
天　　津	**2.27**	**2.22**	**19.00**	**17.34**	**7.60**	**6.46**
河　　北	**3.14**	**1.85**	**53.82**	**18.21**	**29.93**	**10.02**
石 家 庄	0.56	0.42	13.04	4.01	5.12	2.01
唐　　山	0.39	0.22	6.15	2.67	3.50	1.10
秦 皇 岛	0.22	0.18	2.95	1.92	1.80	0.92
邯　　郸	0.30	0.16	4.86	2.36	3.40	0.95
邢　　台	0.34	0.12	5.00	1.98	2.47	0.49
保　　定	0.37	0.17	5.33	1.29	4.00	1.07
张 家 口	0.34	0.32	3.31	1.07	2.05	1.54
承　　德	0.13	0.06	2.84	0.92	1.72	0.67
沧　　州	0.27	0.06	3.34	0.52	2.67	0.46
廊　　坊	0.12	0.05	1.93	0.43	1.64	0.47
衡　　水	0.10	0.09	5.07	1.04	1.56	0.34
山　　西	**1.09**	**0.64**	**17.30**	**12.72**	**8.01**	**4.85**
太　　原	0.30	0.28	7.50	7.20	2.60	2.32
大　　同	0.10	0.09	3.63	2.98	1.16	0.76
阳　　泉	0.09	0.05	1.38	0.50	0.82	0.37
长　　治	0.35	0.15	1.80	0.66	0.99	0.71
晋　　城	0.21	0.04	1.40	0.21	1.60	0.39
朔　　州	0.04	0.03	1.59	1.17	0.84	0.30

注:表中所有的分类及分省(区)合计数的统计范围均是地级及地级以上城市。

续表 1 单位: 万人

城市	房地产业		社会服务业		卫生体育福利业	
	地区	市区	地区	市区	地区	市区
内蒙古	**0.72**	**0.56**	**9.27**	**7.97**	**4.26**	**2.99**
呼和浩特	0.20	0.20	3.00	2.94	1.60	1.49
包头	0.30	0.29	3.03	2.95	0.95	0.78
乌海	0.03	0.03	0.90	0.90	0.18	0.18
赤峰	0.19	0.04	2.34	1.18	1.53	0.54
辽宁	**8.17**	**6.50**	**61.20**	**45.44**	**25.71**	**16.39**
沈阳	2.40	2.30	13.50	13.10	6.30	5.60
大连	1.84	1.59	11.85	8.97	4.09	2.77
鞍山	0.60	0.42	6.39	4.27	1.89	1.10
抚顺	0.45	0.38	5.61	4.60	1.25	0.94
本溪	0.49	0.38	2.52	1.99	1.05	0.69
丹东	0.36	0.25	2.97	1.24	1.32	0.70
锦州	0.38	0.18	3.59	2.21	1.85	0.99
营口	0.37	0.21	2.25	1.52	1.13	0.46
阜新	0.13	0.08	3.06	2.48	0.88	0.71
辽阳	0.29	0.29	2.35	2.05	0.82	0.82
盘锦	0.16	0.14	1.07	0.83	0.56	0.28
铁岭	0.28	0.06	1.95	0.60	1.68	0.53
朝阳	0.20	0.12	2.27	0.56	1.70	0.49
葫芦岛	0.22	0.10	1.82	1.02	1.19	0.31
吉林	**2.89**	**2.22**	**23.97**	**15.97**	**13.09**	**6.45**
长春	1.50	1.35	9.50	7.69	4.12	2.88
吉林	0.57	0.49	4.62	3.61	2.63	1.62
四平	0.32	0.13	2.25	1.31	1.73	0.58
辽源	0.09	0.07	1.42	0.96	0.54	0.27
通化	0.19	0.08	1.93	0.74	1.20	0.31
白山	0.08	0.05	1.04	0.51	0.70	0.24
白城	0.07	0.03	1.99	0.73	1.12	0.35
松原	0.07	0.02	1.22	0.42	1.05	0.20
黑龙江	**3.89**	**3.23**	**48.32**	**28.48**	**16.42**	**8.53**
哈尔滨	2.32	2.16	14.67	12.35	5.77	3.86
齐齐哈尔	0.34	0.25	8.56	3.84	2.44	0.97
鸡西	0.14	0.09	2.63	1.26	0.81	0.25

续表 2

单位：万人

城市	房地产业		社会服务业		卫生体育福利业	
	地区	市区	地区	市区	地区	市区
鹤岗	0.15	0.14	1.27	0.97	0.74	0.26
双鸭山	0.10	0.04	2.02	0.66	0.81	0.20
大庆	0.15	0.13	5.56	4.42	1.49	1.06
伊春	0.04	0.02	1.18	0.91	0.48	0.29
佳木斯	0.22	0.17	2.89	1.62	1.67	0.72
七台河	0.20	0.07	0.81	0.64	0.23	0.12
牡丹江	0.15	0.11	3.40	1.41	1.24	0.65
黑河	0.08	0.05	5.33	0.40	0.74	0.15
上海	**7.95**	**7.47**	**46.96**	**43.30**	**17.98**	**14.49**
江苏	**8.42**	**4.02**	**54.48**	**26.26**	**39.31**	**11.09**
南京	1.32	1.23	10.46	9.06	3.87	2.75
无锡	1.28	0.66	3.69	2.83	2.98	1.17
徐州	1.02	0.28	3.53	2.30	4.35	1.18
常州	0.35	0.25	4.55	2.03	2.20	0.94
苏州	0.85	0.50	6.59	3.09	3.94	1.18
南通	1.20	0.20	4.90	1.40	3.90	0.70
连云港	0.18	0.10	2.26	1.07	2.18	0.52
淮阴	0.66	0.16	1.85	0.71	2.34	0.52
盐城	0.24	0.11	2.13	0.69	2.24	0.30
扬州	0.29	0.16	5.20	1.14	4.71	0.63
镇江	0.30	0.18	3.02	1.29	1.78	0.65
泰州	0.22	0.07	5.69	0.59	2.86	0.42
宿迁	0.51	0.12	0.61	0.06	1.96	0.13
浙江	**5.20**	**2.88**	**63.16**	**23.52**	**21.17**	**6.83**
杭州	0.96	0.73	11.74	7.92	4.62	2.27
宁波	0.80	0.64	7.20	3.89	2.50	0.59
温州	0.49	0.23	6.69	2.73	2.38	0.73
嘉兴	0.23	0.12	11.52	2.79	1.50	0.50
湖州	1.07	0.43	2.51	1.03	2.20	0.90
绍兴	0.49	0.11	4.04	0.64	1.60	0.29
金华	0.25	0.03	4.28	0.74	2.81	0.30
衢州	0.13	0.05	2.21	0.74	0.86	0.16
舟山	0.12	0.04	1.70	1.24	0.57	0.40

续表 3 单位: 万人

城市	房地产业		社会服务业		卫生体育福利业	
	地区	市区	地区	市区	地区	市区
台州	0.66	0.50	11.27	1.80	2.13	0.69
安徽	**1.60**	**1.10**	**46.24**	**23.77**	**11.60**	**5.09**
合肥	0.35	0.28	8.72	6.37	1.96	1.49
芜湖	0.23	0.19	2.53	1.44	1.31	0.62
蚌埠	0.13	0.09	1.93	1.38	1.24	0.69
淮南	0.10	0.10	6.97	5.72	0.62	0.42
马鞍山	0.08	0.07	1.62	1.22	0.39	0.24
淮北	0.03	0.02	4.66	3.74	0.41	0.19
铜陵	0.06	0.05	0.70	0.57	0.29	0.20
安庆	0.19	0.12	4.40	0.61	1.36	0.27
黄山	0.09	0.05	1.92	1.00	0.65	0.32
阜阳	0.24	0.10	11.20	1.48	2.28	0.44
滁州	0.10	0.03	1.59	0.24	1.09	0.21
福建	**4.24**	**1.92**	**22.54**	**11.82**	**14.43**	**5.07**
福州	1.67	0.67	5.94	4.97	3.92	2.04
厦门	0.76	0.76	3.66	3.66	1.01	1.01
莆田	0.38	0.14	0.81	0.41	1.07	0.24
三明	0.22	0.04	1.45	0.47	1.26	0.16
泉州	0.76	0.17	4.07	0.68	2.54	0.56
漳州	0.19	0.07	3.22	0.60	1.70	0.32
南平	0.15	0.02	2.10	0.63	1.57	0.24
龙岩	0.11	0.05	1.29	0.40	1.36	0.50
江西	**0.82**	**0.74**	**15.50**	**9.21**	**7.19**	**3.74**
南昌	0.51	0.51	4.95	3.76	2.76	1.81
景德镇	0.06	0.05	1.37	0.40	0.70	0.41
萍乡	0.06	0.05	1.76	1.28	0.95	0.69
九江	0.15	0.10	5.54	2.73	1.97	0.39
新余	0.01	0.01	1.06	0.85	0.44	0.31
鹰潭	0.03	0.02	0.82	0.19	0.37	0.13
山东	**5.85**	**3.65**	**69.51**	**36.97**	**33.59**	**14.53**
济南	0.93	0.87	10.33	8.25	5.44	3.89
青岛	1.24	1.11	7.55	5.80	3.72	2.45
淄博	0.25	0.19	8.16	6.48	1.59	1.22

续表 4 单位: 万人

城市	房地产业		社会服务业		卫生体育福利业	
	地区	市区	地区	市区	地区	市区
枣庄	0.23	0.12	0.84	0.42	1.25	0.48
东营	0.06	0.05	0.95	0.49	0.61	0.19
烟台	0.93	0.53	7.44	3.48	3.43	1.27
潍坊	0.53	0.19	9.79	1.79	3.90	0.98
济宁	0.60	0.09	4.10	0.63	3.61	0.72
泰安	0.10	0.06	1.80	1.11	2.40	1.12
德州	0.03		4.27	0.65	1.54	0.20
威海	0.52	0.25	4.96	2.87	1.69	0.66
临沂	0.31	0.09	5.10	1.06	3.28	0.66
莱芜	0.02	0.02	0.96	0.96	0.44	0.44
日照	0.10	0.08	3.26	2.98	0.69	0.25
河南	**3.36**	**2.27**	**41.58**	**18.52**	**22.77**	**9.39**
郑州	0.90	0.80	7.60	5.30	3.50	2.50
开封	0.31	0.25	2.09	1.25	1.64	0.88
洛阳	0.40	0.36	4.40	3.20	1.90	1.74
平顶山	0.20	0.14	2.80	1.67	1.30	0.61
安阳	0.21	0.17	2.86	1.32	1.83	0.59
鹤壁	0.05	0.04	0.78	0.32	0.46	0.24
新乡	0.20	0.08	1.80	0.85	2.10	0.73
焦作	0.18	0.10	1.67	0.40	1.41	0.05
濮阳	0.15	0.06	4.73	1.23	0.80	0.34
许昌	0.10	0.04	2.30	0.48	1.20	0.36
漯河	0.06	0.05	0.80	0.31	0.68	0.23
三门峡	0.10	0.08	1.64	0.52	1.00	0.14
商丘	0.18	0.09	2.91	0.95	2.27	0.67
南阳	0.32	0.01	5.20	0.72	2.68	0.31
湖北	**6.05**	**2.53**	**59.11**	**30.30**	**28.05**	**12.89**
武汉	1.77	1.67	19.06	18.86	6.67	5.96
黄石	0.44	0.18	6.03	1.64	1.99	0.79
十堰	0.16	0.06	3.44	1.01	1.28	0.39
荆州	0.14	0.10	2.00	0.48	4.00	2.04
宜昌	2.26	0.15	4.20	1.66	3.42	0.51
襄樊	0.60	0.15	4.60	1.75	2.50	0.72

续表 5 单位: 万人

城市	房地产业		社会服务业		卫生体育福利业	
	地区	市区	地区	市区	地区	市区
鄂州	0.07	0.07	1.80	1.80	0.88	0.88
荆门	0.10	0.05	2.34	1.45	1.35	0.70
孝感	0.28	0.07	8.34	0.86	2.13	0.47
黄冈	0.23	0.03	7.30	0.79	3.83	0.43
湖南	**1.96**	**1.23**	**72.88**	**24.26**	**21.62**	**8.98**
长沙	0.39	0.35	10.94	6.91	3.31	2.28
株洲	0.10	0.09	3.20	1.28	1.30	0.49
湘潭	0.10	0.09	2.20	1.53	1.10	0.61
衡阳	0.34	0.23	7.68	1.84	2.53	1.34
邵阳	0.13	0.05	8.10	0.71	2.20	0.46
岳阳	0.14	0.09	7.93	1.29	1.62	0.89
益阳	0.20	0.07	3.80	2.22	1.40	0.80
常德	0.17	0.08	7.97	2.25	1.86	0.60
郴州	0.15	0.10	5.26	0.86	1.40	0.46
永州	0.10	0.03	3.80	2.25	1.60	0.59
怀化	0.10	0.05	10.40	2.47	2.90	0.35
张家界	0.04		1.60	0.65	0.40	0.11
广东	**13.03**	**8.46**	**88.80**	**54.17**	**42.33**	**19.73**
广州	2.15	1.93	22.22	19.92	7.71	5.86
韶关	0.18	0.08	3.26	0.40	1.39	0.51
深圳	3.10	3.10	12.60	12.60	2.50	2.50
珠海	0.34	0.32	2.47	2.34	0.59	0.41
汕头	0.51	0.47	5.35	1.78	1.60	1.01
佛山	1.01	0.21	6.89	1.28	2.99	0.71
江门	0.55	0.14	3.01	0.90	2.22	0.52
湛江	0.51	0.36	8.36	2.96	4.14	2.51
茂名	0.56	0.20	1.61	1.09	1.87	0.28
惠州	0.81	0.15	2.42	0.98	1.68	0.41
肇庆	0.41	0.16	2.08	1.05	2.02	0.50
潮州	0.15	0.06	0.85	0.50	1.26	0.33
梅州	0.60	0.07	3.20	0.40	2.90	0.26
中山	0.22	0.22	3.95	3.95	0.96	0.96
东莞	0.40	0.40	1.28	1.28	1.52	1.52

续表 6　　　　　　　　　　　　　　　　　　　　　　　　　　单位: 万人

城 市	房地产业		社会服务业		卫生体育福利业	
	地区	市区	地区	市区	地区	市区
汕　尾	0.16	0.06	0.81	0.21	0.62	0.22
河　源	0.30	0.13	0.43	0.21	0.92	0.19
阳　江	0.29	0.16	1.17	0.46	0.94	0.30
清　远	0.24	0.14	1.30	0.39	1.48	0.27
揭　阳	0.20	0.08	1.02	0.39	1.80	0.35
云　浮	0.34	0.02	4.52	1.08	1.22	0.11
广　西	**1.91**	**1.55**	**19.59**	**12.59**	**9.56**	**5.52**
南　宁	0.58	0.56	3.22	2.93	2.26	1.82
柳　州	0.20	0.17	2.85	1.83	1.07	0.82
桂　林	0.43	0.42	2.54	1.86	1.00	0.81
梧　州	0.14	0.12	1.72	0.95	1.13	0.44
北　海	0.15	0.13	2.11	1.70	0.59	0.33
玉　林	0.21	0.09	2.67	0.55	1.72	0.49
钦　州	0.04	0.02	1.53	1.03	0.61	0.29
贵　港	0.13	0.02	2.00	0.85	0.83	0.28
防城港	0.03	0.02	0.95	0.89	0.35	0.24
海　南	**1.09**	**1.09**	**7.20**	**7.20**	**1.19**	**1.19**
海　口	1.03	1.03	4.55	4.55	0.78	0.78
三　亚	0.06	0.06	2.65	2.65	0.41	0.41
重　庆	**1.43**	**1.05**	**210.47**	**27.60**	**8.76**	**4.55**
四　川	**4.81**	**1.14**	**50.22**	**13.13**	**21.38**	**9.27**
成　都	0.74	0.34	9.49	1.08	5.95	3.33
自　贡	0.20	0.07	1.90	1.30	1.10	0.80
攀枝花	0.04	0.04	0.64	0.62	0.42	0.40
泸　州	0.16	0.11	1.92	1.17	1.06	0.72
德　阳	0.10	0.06	5.00	0.46	1.10	0.28
绵　阳	2.55	0.12	6.43	1.83	1.37	0.51
广　元	0.03		1.42	0.51	1.55	0.16
遂　宁	0.06	0.04	5.84	1.85	1.07	0.78
内　江	0.40	0.08	9.50	1.80	2.60	0.68
乐　山	0.20	0.08	0.80	0.46	1.10	0.44
宜　宾	0.11	0.10	3.61	0.90	1.20	0.40
南　充	0.22	0.10	3.67	1.15	2.86	0.77

续表 7　　　　单位：万人

城市	房地产业		社会服务业		卫生体育福利业	
	地区	市区	地区	市区	地区	市区
贵州	**0.78**	**0.76**	**7.91**	**5.49**	**4.37**	**2.86**
贵阳	0.70	0.70	5.20	4.81	2.30	1.80
六盘水	0.02	0.02	0.33	0.32	0.80	0.69
遵义	0.06	0.04	2.38	0.36	1.27	0.37
云南	**0.74**	**0.61**	**6.59**	**4.85**	**4.13**	**3.10**
昆明	0.56	0.54	5.69	4.41	3.05	2.48
东川	0.01	0.01	0.03	0.03	0.13	0.13
曲靖	0.17	0.06	0.87	0.41	0.95	0.49
陕西	**1.18**	**0.83**	**19.51**	**10.88**	**10.07**	**5.12**
西安	0.59	0.54	7.92	6.65	3.69	2.77
铜川	0.11	0.10	0.76	0.56	0.25	0.14
宝鸡	0.09	0.06	1.21	0.79	1.34	0.55
咸阳	0.08	0.04	2.89	0.98	1.53	0.49
延安	0.15	0.03	0.98	0.50	0.83	0.21
汉中	0.07	0.04	4.44	1.14	1.13	0.41
渭南	0.09	0.02	1.31	0.26	1.30	0.55
甘肃	**0.40**	**0.38**	**7.98**	**6.45**	**4.24**	**2.78**
兰州	0.24	0.23	5.24	4.81	1.99	1.73
嘉峪关	0.01	0.01	0.23	0.23	0.05	0.05
金昌	0.03	0.02	0.44	0.26	0.20	0.20
白银	0.02	0.02	0.37	0.15	0.50	0.20
天水	0.10	0.10	1.70	1.00	1.50	0.60
青海	**0.06**	**0.06**	**2.34**	**2.25**	**1.01**	**0.90**
西宁	0.06	0.06	2.34	2.25	1.01	0.90
宁夏	**0.59**	**0.56**	**2.24**	**1.90**	**1.16**	**0.92**
银川	0.53	0.52	1.40	1.25	0.90	0.79
石嘴山	0.06	0.04	0.84	0.65	0.26	0.13
新疆	**0.19**	**0.18**	**4.39**	**3.61**	**1.98**	**1.91**
乌鲁木齐	0.19	0.18	3.89	3.11	1.95	1.88
克拉玛依			0.50	0.50	0.03	0.03

8. 从业人员数按行业分组(五)

单位:万人

城市	教育文化广播影视业		科研综合技术服务业		机关和社会团体	
	地区	市区	地区	市区	地区	市区
城市合计	**1294.99**	**529.47**	**192.92**	**157.38**	**858.78**	**368.27**
超大城市	**259.34**	**186.93**	**90.64**	**86.17**	**150.80**	**95.97**
特大城市	**183.88**	**93.87**	**37.58**	**34.85**	**121.02**	**68.82**
大 城 市	**253.32**	**102.89**	**24.63**	**17.92**	**176.39**	**75.85**
中等城市	**503.72**	**127.69**	**33.45**	**17.03**	**348.89**	**110.79**
小 城 市	**94.73**	**18.09**	**6.62**	**1.41**	**61.68**	**16.84**
东部城市	**706.15**	**285.65**	**109.79**	**90.20**	**455.69**	**197.54**
中部城市	**404.21**	**160.64**	**44.31**	**35.08**	**276.63**	**113.19**
西部城市	**184.63**	**83.18**	**38.82**	**32.10**	**126.46**	**57.54**
北　　京	**43.20**	**37.00**	**30.30**	**30.10**	**33.10**	**20.60**
天　　津	**19.71**	**16.25**	**6.32**	**6.19**	**12.44**	**8.49**
河　　北	**96.00**	**22.93**	**6.32**	**3.75**	**68.53**	**21.38**
石 家 庄	16.54	5.05	2.57	1.98	10.84	4.62
唐　　山	9.68	1.23	0.43	0.27	7.37	2.40
秦 皇 岛	4.23	1.56	0.44	0.34	3.17	1.36
邯　　郸	11.06	1.91	0.55	0.25	7.00	1.66
邢　　台	8.83	0.95	0.28	0.13	6.01	1.10
保　　定	12.89	2.15	0.62	0.15	9.98	1.11
张 家 口	6.74	5.80	0.24	0.21	5.26	4.94
承　　德	5.42	1.02	0.22	0.08	3.98	1.12
沧　　州	9.51	0.87	0.34	0.04	6.27	1.08
廊　　坊	6.58	1.54	0.40	0.22	4.68	1.05
衡　　水	4.52	0.85	0.23	0.08	3.97	0.94
山　　西	**24.03**	**11.58**	**3.61**	**3.31**	**18.45**	**8.68**
太　　原	7.70	6.67	2.80	2.80	4.50	3.77
大　　同	3.52	1.75	0.31	0.27	3.95	1.69
阳　　泉	1.65	0.84	0.15	0.07	1.50	0.94
长　　治	4.37	1.02	0.15	0.10	3.48	0.87
晋　　城	4.42	0.45	0.12	0.03	3.16	0.60
朔　　州	2.37	0.85	0.08	0.04	1.86	0.81

注:表中所有的分类及分省(区)合计数的统计范围均是地级及地级以上城市。

续表 1

单位: 万人

城市	教育文化广播影视业		科研综合技术服务业		机关和社会团体	
	地区	市区	地区	市区	地区	市区
内蒙古	**15.78**	**9.56**	**1.82**	**1.52**	**10.88**	**6.85**
呼和浩特	6.00	5.40	1.10	0.89	3.70	3.18
包头	2.77	1.91	0.45	0.44	2.19	1.72
乌海	0.42	0.42	0.05	0.05	0.60	0.60
赤峰	6.59	1.83	0.22	0.14	4.39	1.35
辽宁	**65.86**	**36.87**	**10.90**	**9.80**	**40.31**	**24.60**
沈阳	15.80	13.10	5.20	5.20	7.70	6.30
大连	10.36	6.51	1.79	1.57	5.58	3.50
鞍山	5.48	2.53	0.83	0.70	3.05	1.52
抚顺	3.36	2.21	0.47	0.44	2.89	2.01
本溪	2.56	1.52	0.23	0.18	1.81	1.19
丹东	3.39	1.32	0.34	0.27	2.42	1.17
锦州	3.88	1.82	0.44	0.33	2.36	1.10
营口	2.95	1.05	0.32	0.22	2.09	1.19
阜新	2.94	2.06	0.16	0.12	1.86	1.43
辽阳	2.32	1.22	0.18	0.18	1.74	1.74
盘锦	1.36	0.44	0.20	0.13	1.20	0.68
铁岭	3.96	1.23	0.26	0.18	2.61	0.76
朝阳	4.29	0.90	0.17	0.11	2.92	1.06
葫芦岛	3.21	0.96	0.31	0.17	2.08	0.95
吉林	**39.08**	**16.39**	**5.12**	**4.25**	**21.70**	**10.18**
长春	14.67	9.01	3.28	3.17	6.18	4.18
吉林	6.90	3.08	0.64	0.52	3.67	1.96
四平	4.70	1.08	0.50	0.14	2.46	0.91
辽源	1.69	0.58	0.09	0.06	1.10	0.53
通化	3.30	0.73	0.25	0.12	2.49	0.77
白山	1.75	0.49	0.07	0.04	1.85	0.58
白城	3.28	0.95	0.15	0.11	1.93	0.64
松原	2.79	0.47	0.14	0.09	2.02	0.61
黑龙江	**45.42**	**19.73**	**5.67**	**4.57**	**34.11**	**15.93**
哈尔滨	16.72	8.90	3.19	2.91	10.38	5.63
齐齐哈尔	7.18	2.11	0.43	0.29	4.87	1.80
鸡西	2.71	0.87	0.12	0.06	2.24	1.00

续表 2

单位：万人

城市	教育文化广播影视业		科研综合技术服务业		机关和社会团体	
	地区	市区	地区	市区	地区	市区
鹤岗	1.56	0.70	0.25	0.04	1.35	0.79
双鸭山	2.23	0.58	0.04	0.02	2.20	0.76
大庆	4.24	2.63	0.62	0.58	2.71	1.59
伊春	1.03	0.51	0.10	0.09	1.42	0.85
佳木斯	3.40	1.38	0.44	0.25	3.02	1.10
七台河	0.81	0.39	0.05	0.04	0.91	0.62
牡丹江	3.59	1.24	0.28	0.20	2.90	1.09
黑河	1.95	0.42	0.15	0.09	2.11	0.70
上海	**38.85**	**30.57**	**11.59**	**10.71**	**18.57**	**14.20**
江苏	**97.99**	**27.18**	**11.59**	**7.53**	**58.35**	**15.84**
南京	12.29	9.24	4.12	4.00	6.16	4.02
无锡	7.27	2.62	1.02	0.79	4.70	1.57
徐州	12.40	2.43	0.53	0.30	6.86	1.61
常州	4.64	1.70	0.57	0.34	2.63	0.97
苏州	8.62	2.60	0.94	0.55	6.46	1.43
南通	8.90	1.30	0.50	0.20	4.90	1.00
连云港	5.88	1.15	0.50	0.32	3.34	1.10
淮阴	6.63	1.01	0.48	0.24	3.44	0.97
盐城	8.37	1.13	0.24	0.12	3.70	0.62
扬州	7.09	1.50	1.74	0.36	7.21	0.78
镇江	4.07	1.38	0.30	0.16	2.22	0.87
泰州	5.63	0.70	0.43	0.13	3.91	0.64
宿迁	6.20	0.42	0.22	0.02	2.82	0.26
浙江	**48.98**	**15.38**	**4.93**	**3.63**	**32.51**	**10.31**
杭州	11.77	6.31	2.63	2.38	6.49	3.24
宁波	6.00	1.31	0.50	0.42	4.00	1.30
温州	7.23	1.52	0.33	0.19	4.97	0.86
嘉兴	3.39	0.93	0.26	0.18	2.01	0.58
湖州	3.42	1.47	0.21	0.11	3.14	1.29
绍兴	3.87	0.57	0.18	0.09	2.46	0.41
金华	4.86	0.71	0.43	0.06	3.10	0.34
衢州	2.14	0.31	0.10	0.03	1.70	0.32
舟山	1.34	0.93	0.08	0.07	1.31	0.85

续表 3　　　　单位: 万人

城市	教育文化广播影视业		科研综合技术服务业		机关和社会团体	
	地区	市区	地区	市区	地区	市区
台州	4.96	1.32	0.21	0.10	3.33	1.12
安徽	**44.91**	**15.85**	**3.82**	**3.23**	**26.09**	**10.52**
合肥	8.22	5.12	2.07	2.05	3.86	2.47
芜湖	3.26	1.40	0.31	0.13	1.72	0.82
蚌埠	3.47	1.23	0.50	0.44	1.85	0.65
淮南	1.98	1.44	0.10	0.10	1.45	1.15
马鞍山	1.30	0.67	0.13	0.12	0.91	0.63
淮北	1.67	0.72	0.05	0.04	0.92	0.61
铜陵	0.82	0.38	0.03	0.02	0.71	0.47
安庆	6.88	1.99	0.18	0.11	3.94	0.99
黄山	1.82	0.60	0.10	0.06	1.92	0.84
阜阳	11.67	1.84	0.25	0.13	5.90	1.25
滁州	3.82	0.46	0.10	0.03	2.91	0.64
福建	**48.39**	**11.86**	**3.33**	**2.29**	**26.51**	**9.42**
福州	9.89	3.87	1.49	1.38	6.95	3.64
厦门	2.90	2.90	0.42	0.42	1.67	1.67
莆田	3.75	0.68	0.18	0.08	1.79	0.56
三明	4.60	0.63	0.19	0.07	3.44	0.57
泉州	10.14	1.31	0.36	0.12	3.56	0.98
漳州	6.06	0.77	0.27	0.08	3.06	0.61
南平	6.01	0.80	0.21	0.04	3.36	0.69
龙岩	5.04	0.90	0.21	0.10	2.68	0.70
江西	**21.83**	**9.75**	**3.12**	**2.14**	**14.10**	**7.13**
南昌	8.24	4.80	1.59	1.41	4.65	2.97
景德镇	2.14	0.75	0.42	0.36	1.38	0.52
萍乡	2.51	1.83	0.25	0.18	1.85	1.35
九江	6.59	1.25	0.57	0.07	4.13	1.07
新余	1.22	0.87	0.18	0.07	1.12	0.82
鹰潭	1.13	0.25	0.11	0.05	0.97	0.40
山东	**97.60**	**34.42**	**9.12**	**6.58**	**67.20**	**27.85**
济南	10.95	6.86	3.32	3.25	9.39	6.60
青岛	9.32	4.10	1.49	1.28	6.67	2.85
淄博	5.12	3.46	0.35	0.31	3.69	2.59

续表 4 单位: 万人

城市	教育文化广播影视业		科研综合技术服务业		机关和社会团体	
	地区	市区	地区	市区	地区	市区
枣庄	4.37	2.34	0.16	0.04	3.25	1.96
东营	1.63	0.43	0.05	0.04	2.55	1.52
烟台	10.04	3.13	0.94	0.38	6.01	2.15
潍坊	12.15	2.61	0.36	0.20	6.41	1.98
济宁	9.66	1.63	0.54	0.18	5.95	1.36
泰安	6.50	2.13	0.40	0.18	4.90	1.62
德州	5.60	0.53	0.26	0.06	5.33	0.44
威海	4.40	0.78	0.22	0.12	2.06	0.73
临沂	13.33	3.69	0.90	0.45	8.16	2.22
莱芜	1.29	1.29	0.02	0.02	0.75	0.75
日照	3.24	1.44	0.11	0.07	2.08	1.08
河南	**75.30**	**23.98**	**6.74**	**5.31**	**58.85**	**18.18**
郑州	10.50	6.00	2.60	2.50	7.30	4.10
开封	5.51	1.82	0.18	0.13	4.40	1.40
洛阳	6.80	4.01	1.80	1.52	4.90	1.60
平顶山	4.50	1.23	0.20	0.19	4.10	1.61
安阳	5.34	1.20	0.23	0.20	3.78	1.23
鹤壁	1.29	0.51	0.08	0.06	1.60	0.96
新乡	6.00	1.29	0.40	0.29	5.10	1.18
焦作	3.98	0.69	0.13	0.06	3.18	0.93
濮阳	3.59	1.17	0.11	0.08	3.23	0.84
许昌	4.40	0.68	0.20	0.06	2.90	0.57
漯河	2.65	0.56	0.05	0.04	1.96	0.53
三门峡	2.62	0.41	0.09	0.05	3.28	0.56
商丘	7.17	1.65	0.18	0.12	6.21	1.43
南阳	10.95	2.76	0.49	0.01	6.91	1.24
湖北	**67.44**	**32.99**	**9.00**	**6.36**	**45.96**	**17.53**
武汉	20.73	18.64	4.46	4.42	9.26	8.12
黄石	3.65	1.38	0.29	0.08	2.41	0.81
十堰	4.50	0.80	0.19	0.09	4.13	0.81
荆州	7.00	1.90	1.00	0.20	5.00	1.34
宜昌	5.02	1.16	0.43	0.28	3.73	0.86
襄樊	6.80	2.01	0.90	0.73	5.40	1.54

续表 5　　单位: 万人

城　市	教育文化广播影视业		科研综合技术服务业		机关和社会团体	
	地区	市区	地区	市区	地区	市区
鄂　州	3.39	3.39	0.08	0.08	0.98	0.98
荆　门	2.76	1.35	0.34	0.24	2.36	1.07
孝　感	6.56	1.17	0.46	0.09	4.91	1.05
黄　冈	7.03	1.19	0.85	0.15	7.78	0.95
湖　南	**70.42**	**20.81**	**5.41**	**4.39**	**46.49**	**18.19**
长　沙	11.91	5.85	2.71	2.61	6.16	3.90
株　洲	3.90	1.12	0.50	0.44	3.00	1.17
湘　潭	3.40	1.58	0.20	0.17	2.30	1.23
衡　阳	6.78	1.81	0.37	0.21	4.63	1.19
邵　阳	8.65	0.95	0.20	0.12	4.40	0.92
岳　阳	4.80	0.84	0.30	0.29	3.90	1.56
益　阳	4.50	2.80	0.20	0.11	3.10	1.70
常　德	5.94	1.43	0.25	0.11	4.12	1.30
郴　州	5.64	1.13	0.18	0.09	4.38	1.11
永　州	5.30	1.43	0.20	0.06	4.40	1.42
怀　化	7.90	1.26	0.20	0.08	4.80	2.09
张家界	1.70	0.61	0.10	0.10	1.30	0.60
广　东	**114.83**	**37.79**	**11.58**	**6.39**	**76.50**	**31.36**
广　州	16.23	12.04	3.87	3.70	11.11	8.75
韶　关	3.91	0.74	0.21	0.11	3.26	0.67
深　圳	3.40	3.40	0.70	0.70	4.10	4.10
珠　海	1.18	0.67	0.20	0.18	1.95	1.55
汕　头	5.10	2.10	0.30	0.23	3.17	1.80
佛　山	6.01	0.90	0.41	0.17	3.66	0.89
江　门	5.46	0.81	0.25	0.09	3.95	0.87
湛　江	10.02	5.22	0.53	0.33	5.12	1.89
茂　名	6.49	0.96	0.20	0.06	4.01	0.87
惠　州	4.61	0.68	0.30	0.14	4.28	0.97
肇　庆	5.38	0.90	0.26	0.11	4.30	0.93
潮　州	2.81	0.52	0.09	0.03	1.49	0.50
梅　州	8.60	0.64	0.50	0.15	6.50	0.72
中　山	2.29	2.29	0.07	0.07	1.39	1.39
东　莞	2.42	2.42	0.06	0.06	1.67	1.67

续表 6　　单位：万人

城　市	教育文化广播影视业		科研综合技术服务业		机关和社会团体	
	地区	市区	地区	市区	地区	市区
汕　尾	2.77	0.63	2.70	0.02	2.25	0.49
河　源	8.82	0.30	0.08	0.02	2.95	0.51
阳　江	3.41	0.68	0.11	0.06	2.83	0.90
清　远	4.78	0.65	0.20	0.03	3.48	0.78
揭　阳	7.20	0.83	0.20	0.08	2.70	0.69
云　浮	3.94	0.41	0.34	0.05	2.33	0.42
广　西	**32.84**	**13.50**	**3.37**	**2.79**	**19.06**	**10.88**
南　宁	6.57	4.13	1.70	1.63	3.64	2.95
柳　州	2.83	1.60	0.21	0.20	1.99	1.32
桂　林	2.73	1.62	0.64	0.62	1.25	0.98
梧　州	3.55	0.63	0.11	0.09	2.16	0.75
北　海	2.03	0.74	0.08	0.07	1.20	0.71
玉　林	6.12	1.13	0.35	0.07	3.12	0.99
钦　州	3.32	1.53	0.10	0.06	1.68	0.93
贵　港	4.52	1.37	0.16	0.04	2.91	1.54
防城港	1.17	0.75	0.02	0.01	1.11	0.71
海　南	**1.90**	**1.90**	**0.44**	**0.44**	**2.61**	**2.61**
海　口	1.26	1.26	0.40	0.40	2.08	2.08
三　亚	0.64	0.64	0.04	0.04	0.53	0.53
重　庆	**31.97**	**12.94**	**4.68**	**4.10**	**19.56**	**5.72**
四　川	**61.60**	**22.59**	**12.40**	**8.31**	**40.64**	**16.34**
成　都	15.56	9.02	5.62	4.93	9.95	5.52
自　贡	2.90	0.80	1.00	0.30	1.90	1.10
攀枝花	1.05	0.78	0.11	0.11	1.20	0.80
泸　州	3.72	1.81	0.35	0.25	2.38	1.48
德　阳	3.70	0.74	0.10	0.05	2.50	0.67
绵　阳	5.39	1.42	3.70	2.19	3.56	0.98
广　元	3.93	0.78	0.26	0.01	2.83	0.68
遂　宁	3.25	1.52	0.04	0.02	1.60	0.89
内　江	7.71	1.42	0.30	0.19	4.40	1.03
乐　山	3.70	1.39	0.50	0.06	2.60	1.12
宜　宾	3.77	1.00	0.12	0.10	3.12	0.70
南　充	6.92	1.91	0.30	0.10	4.60	1.37

续表 7　　　　单位: 万人

城市	教育文化广播影视业		科研综合技术服务业		机关和社会团体	
	地区	市区	地区	市区	地区	市区
贵　州	**14.69**	**8.35**	**1.58**	**1.49**	**13.54**	**8.02**
贵　阳	5.70	4.24	1.40	1.40	4.32	3.05
六盘水	3.81	3.39	0.08	0.04	4.68	4.26
遵　义	5.18	0.72	0.10	0.05	4.54	0.71
云　南	**14.04**	**6.78**	**4.97**	**4.93**	**9.90**	**4.67**
昆　明	7.46	5.10	4.85	4.82	5.73	3.65
东　川	0.31	0.31	0.03	0.03	0.25	0.25
曲　靖	6.27	1.37	0.09	0.08	3.92	0.77
陕　西	**39.79**	**16.02**	**9.40**	**7.56**	**25.77**	**9.10**
西　安	13.61	10.22	8.01	6.74	6.39	4.44
铜　川	0.90	0.40	0.05	0.03	1.06	0.66
宝　鸡	3.93	0.76	0.30	0.20	2.84	0.87
咸　阳	6.86	1.89	0.52	0.41	4.20	1.21
延　安	4.78	0.91	0.15	0.07	3.65	0.71
汉　中	4.15	0.82	0.14	0.07	3.49	0.53
渭　南	5.56	1.02	0.23	0.04	4.14	0.68
甘　肃	**12.32**	**8.11**	**2.84**	**2.79**	**7.71**	**5.62**
兰　州	5.75	4.97	2.63	2.62	3.93	3.63
嘉峪关	0.09	0.09			0.16	0.16
金　昌	0.48	0.42	0.05	0.04	0.46	0.23
白　银	2.20	1.13	0.06	0.03	1.36	0.70
天　水	3.80	1.50	0.10	0.10	1.80	0.90
青　海	**2.22**	**1.81**	**0.58**	**0.58**	**2.03**	**1.83**
西　宁	2.22	1.81	0.58	0.58	2.03	1.83
宁　夏	**2.95**	**1.85**	**0.75**	**0.72**	**3.09**	**2.25**
银　川	2.19	1.59	0.65	0.63	2.10	1.77
石嘴山	0.76	0.26	0.10	0.09	0.99	0.48
新　疆	**5.05**	**4.73**	**1.62**	**1.62**	**4.22**	**3.99**
乌鲁木齐	4.90	4.58	1.58	1.58	3.92	3.69
克拉玛依	0.15	0.15	0.04	0.04	0.30	0.30

9. 土地资源(一)

城市	土地面积(平方公里)			年末实有耕地面积(千公顷)		园林绿地面积(公顷)
	地区	市区	建成区	地区	市区	市区
城市合计	**2839077**	**349679**	**13613**	**65117**	**7224**	**505585**
超大城市	**247190**	**36429**	**2989**	**7172**	**1226**	**119192**
特大城市	**305966**	**33317**	**2570**	**7603**	**712**	**89393**
大城市	**562955**	**73738**	**3231**	**15098**	**1340**	**129742**
中等城市	**1378055**	**151634**	**4158**	**30069**	**3277**	**147158**
小城市	**344911**	**54561**	**665**	**5175**	**669**	**20100**
东部城市	**1051805**	**119744**	**7115**	**27545**	**2901**	**308635**
中部城市	**1256540**	**146385**	**4532**	**28280**	**2877**	**149544**
西部城市	**530732**	**83550**	**1966**	**9292**	**1446**	**47406**
北京	**16808**	**5475**	**488**	**342**	**123**	**20181**
天津	**11920**	**4335**	**380**	**425**	**93**	**3307**
河北	**189222**	**5800**	**653**	**6482**	**212**	**16349**
石家庄	15848	307	103	593	11	3201
唐山	13472	1090	119	581	42	2384
秦皇岛	7523	363	81	197	14	2808
邯郸	12062	434	77	672	14	1646
邢台	12486	132	34	676	4	1871
保定	22113	126	55	789	5	701
张家口	36873	845	70	899	18	1564
承德	39548	705	34	340	6	913
沧州	14053	202	33	782	8	373
廊坊	6429	1006	24	370	53	484
衡水	8815	590	23	583	37	404
山西	**59576**	**8777**	**352**	**1520**	**262**	**6571**
太原	6988	1460	168	158	30	3912
大同	14127	2080	64	446	78	1619
阳泉	4452	662	36	76	11	355
长治	13896	334	38	300	13	366
晋城	9490	147	30	198	5	201
朔州	10623	4094	16	342	125	118

注：表中所有的分类及分省(区)合计数的统计范围均是地级及地级以上城市。

续表 1

城市	土地面积(平方公里)			年末实有耕地面积(千公顷)		园林绿地面积(公顷)
	地区	市区	建成区	地区	市区	市区
内蒙古	**136621**	**13341**	**321**	**1758**	**261**	**8265**
呼和浩特	17224	2054	78	346	46	2187
包头	27691	2590	147	301	32	4458
乌海	1685	1685	56	7	7	540
赤峰	90021	7012	40	1104	176	1080
辽宁	**146892**	**14655**	**1152**	**4003**	**427**	**51419**
沈阳	12980	3495	202	683	182	18464
大连	12574	2415	227	279	50	9745
鞍山	9252	624	107	244	14	3047
抚顺	10816	675	113	80	12	3283
本溪	8420	1308	69	70	13	4015
丹东	14910	563	46	208	13	1869
锦州	10301	440	55	399	13	2123
营口	5401	648	62	112	14	1190
阜新	10355	490	49	376	16	1354
辽阳	4731	560	74	180	14	2051
盘锦	4071	266	44	133	7	952
铁岭	12968	313	31	540	11	1243
朝阳	19698	557	24	474	16	1213
葫芦岛	10415	2301	49	225	52	870
吉林	**145970**	**10606**	**477**	**3765**	**325**	**13202**
长春	18881	3116	145	1099	146	5006
吉林	27120	1755	107	387	29	4699
四平	14080	407	33	605	13	760
辽源	5123	206	30	145	5	659
通化	15195	761	78	196	5	399
白山	17852	1373	25	55	8	411
白城	25685	1818	28	539	78	619
松原	22034	1170	31	739	41	649
黑龙江	**350132**	**58740**	**994**	**7600**	**554**	**24934**
哈尔滨	53067	1658	220	1339	59	3933
齐齐哈尔	42289	4365	102	1716	90	4221
鸡西	22456	2300	64	556	24	1621

续表 2

城市	土地面积(平方公里)			年末实有耕地面积(千公顷)		园林绿地面积(公顷)
	地区	市区	建成区	地区	市区	市区
鹤岗	14648	4551	58	374	46	1200
双鸭山	22483	1767	59	685	31	1525
大庆	21219	5107	136	474	85	4664
伊春	32759	19567	158	125	27	2794
佳木斯	32704	1874	51	947	65	1780
七台河	6212	1757	67	124	18	562
牡丹江	33569	1351	58	314	16	2492
黑河	68726	14443	21	946	93	142
上海	**6341**	**2643**	**412**	**298**	**132**	**6695**
江苏	**101186**	**5987**	**782**	**5008**	**213**	**26621**
南京	6516	976	177	274	25	9684
无锡	4650	517	90	177	9	2992
徐州	11258	963	62	615	41	2947
常州	4375	280	67	205	11	1188
苏州	8488	392	77	306	15	1925
南通	8001	224	59	484	10	783
连云港	7444	880	50	381	18	1187
淮阴	10645	347	33	493	18	908
盐城	14983	423	25	789	23	541
扬州	6638	148	45	323	6	1507
镇江	3843	273	55	181	8	2259
泰州	5790	428	29	326	23	498
宿迁	8555	136	13	454	6	202
浙江	**86276**	**8491**	**491**	**1517**	**241**	**14957**
杭州	16596	683	105	190	17	5579
宁波	9365	1033	64	216	34	1542
温州	11784	1082	74	170	17	1506
嘉兴	3915	968	37	208	53	587
湖州	5817	1567	46	130	50	830
绍兴	8256	101	26	167	3	949
金华	10918	301	24	168	7	483
衢州	8836	240	20	98	7	520
舟山	1378	980	45	19	16	2274

续表 3

城市	土地面积(平方公里)			年末实有耕地面积(千公顷)		园林绿地面积(公顷)
	地区	市区	建成区	地区	市区	市区
台州	9411	1536	50	151	37	687
安徽	**80634**	**7458**	**484**	**2783**	**256**	**25297**
合肥	7266	458	120	267	10	3028
芜湖	3317	230	36	94	6	926
蚌埠	5832	445	44	292	17	3714
淮南	2121	1091	75	99	42	2796
马鞍山	1686	301	36	48	5	3994
淮北	2725	326	37	136	10	942
铜陵	1113	227	31	25	6	1427
安庆	15398	466	27	271	11	3920
黄山	9679	2345	18	53	15	827
阜阳	18169	170	41	1090	104	1667
滁州	13328	1399	19	408	30	2056
福建	**109396**	**10177**	**262**	**1045**	**95**	**9474**
福州	11968	1043	75	144	9	2411
厦门	1565	1565	66	28	28	2599
莆田	4079	139	24	62	4	1036
三明	22959	1178	18	164	6	504
泉州	10866	530	18	140	6	1084
漳州	12608	392	12	163	8	482
南平	26301	2653	25	211	18	525
龙岩	19050	2677	24	133	16	833
江西	**42018**	**5718**	**230**	**711**	**110**	**11710**
南昌	7402	533	85	225	11	3163
景德镇	5248	408	35	64	5	1346
萍乡	3827	2765	30	53	38	596
九江	18823	699	48	245	6	5720
新余	3164	1176	20	64	45	749
鹰潭	3554	137	12	60	5	136
山东	**126406**	**27408**	**904**	**5019**	**839**	**30726**
济南	8154	2087	115	336	60	3157
青岛	10654	1214	112	485	19	4717
淄博	5938	2996	128	202	95	9087

续表 4

城市	土地面积(平方公里)			年末实有耕地面积(千公顷)		园林绿地面积(公顷)
	地区	市区	建成区	地区	市区	市区
枣　庄	4550	3128	63	187	111	1419
东　营	7923	3428	62	173	48	1098
烟　台	13746	2619	111	451	64	3006
潍　坊	15859	1523	65	700	71	1810
济　宁	11305	933	26	536	50	1095
泰　安	7761	2087	60	330	76	986
德　州	10356	580	31	563	24	933
威　海	5436	916	43	171	17	1580
临　沂	17184	1752	35	650	82	554
莱　芜	2230	2230	19	59	59	593
日　照	5310	1915	34	176	63	691
河　南	**118248**	**8049**	**623**	**4677**	**354**	**13042**
郑　州	7446	1010	116	297	38	2110
开　封	6444	362	50	362	13	344
洛　阳	15209	544	91	365	18	1942
平顶山	7882	459	36	268	11	803
安　阳	7413	247	42	362	8	1077
鹤　壁	2137	609	31	99	11	470
新　乡	8169	187	51	376	7	1111
焦　作	4071	380	45	170	10	1026
濮　阳	4266	255	24	244	14	740
许　昌	4994	97	22	306	5	771
漯　河	2617	77	24	166	2	588
三门峡	10496	185	20	164	5	387
商　丘	10704	1656	36	626	102	835
南　阳	26400	1981	35	872	110	838
湖　北	**134714**	**17533**	**550**	**2525**	**427**	**27678**
武　汉	8467	4727	202	224	118	5270
黄　石	4630	234	43	81	2	1041
十　堰	23680	1193	49	193	3	11444
荆　州	14205	2632	67	442	84	1697
宜　昌	21084	448	40	264	8	2010
襄　樊	19737	338	53	415	6	3672

续表5

城市	土地面积(平方公里)			年末实有耕地面积(千公顷)		园林绿地面积(公顷)
	地区	市区	建成区	地区	市区	市区
鄂州	1504	1504	23	41	41	702
荆门	12404	4412	28	258	122	1203
孝感	11557	946	27	289	34	435
黄冈	17446	1099	18	318	9	204
湖南	**188627**	**16163**	**501**	**2941**	**328**	**18845**
长沙	11819	556	110	244	12	4299
株洲	11420	428	57	160	10	1887
湘潭	5015	334	44	122	5	3900
衡阳	15310	559	55	306	10	1457
邵阳	20831	409	26	322	12	554
岳阳	15019	1044	54	287	33	2199
益阳	12144	1935	28	246	57	897
常德	18190	2749	34	433	83	980
郴州	19388	2178	24	207	24	666
永州	22304	3183	33	283	57	679
怀化	27624	52	22	243		681
张家界	9563	2736	14	88	25	646
广东	**179313**	**15926**	**1112**	**2296**	**243**	**89821**
广州	7434	1444	267	126	22	32184
韶关	18596	345	47	134	2	1561
深圳	2020	2020	124	4	4	18411
珠海	1630	705	58	25	3	15562
汕头	2064	298	90	48	4	2713
佛山	3814	77	34	87	1	1034
江门	9541	180	27	164	4	6731
湛江	12471	1460	60	351	36	1845
茂名	11458	487	28	170	13	959
惠州	11158	419	23	132	3	748
肇庆	14856	658	24	138	9	1589
潮州	3081	172	38	42	1	1461
梅州	15836	323	45	135	3	781
中山	1800	1800	26	41	41	866
东莞	2465	2465	111	44	44	940

续表 6

城市	土地面积(平方公里)			年末实有耕地面积(千公顷)		园林绿地面积(公顷)
	地区	市区	建成区	地区	市区	市区
汕尾	**5271**	**401**	**10**	**71**	**6**	**310**
河源	**15826**	**365**	**6**	**110**	**3**	**345**
阳江	7813	437	18	110	12	0
清远	19160	927	33	182	19	341
揭阳	5240	181	25	99	6	820
云浮	7779	762	18	83	7	620
广西	**75890**	**16692**	**419**	**1095**	**268**	**36592**
南宁	10029	1834	87	168	36	2910
柳州	5284	651	84	102	10	24680
桂林	4195	565	54	63	8	1787
梧州	12588	307	23	95	1	1673
北海	3337	957	30	80	24	3437
玉林	12838	1251	32	195	29	676
钦州	10843	4772	55	149	63	635
贵港	10595	3533	37	196	79	678
防城港	6181	2822	17	47	18	116
海南	**2155**	**2155**	**60**	**15**	**15**	**2493**
海口	236	236	34	3	3	1521
三亚	1919	1919	26	12	12	972
重庆	**82403**	**6076**	**190**	**1613**	**167**	**7431**
四川	**136196**	**23284**	**502**	**3060**	**548**	**11173**
成都	12390	1418	144	445	53	3328
自贡	4373	813	40	143	28	837
攀枝花	7434	2004	42	32	9	1497
泸州	12247	2132	22	232	55	768
德阳	5954	1093	34	212	28	468
绵阳	20249	1570	42	331	49	1181
广元	16306	4553	42	182	45	700
遂宁	5300	1851	16	181	71	243
内江	13340	1567	23	510	57	367
乐山	12826	2514	53	192	47	951
宜宾	13283	1123	17	259	24	496
南充	12494	2646	27	341	82	337

续表 7

城市	土地面积(平方公里)			年末实有耕地面积(千公顷)		园林绿地面积(公顷)
	地区	市区	建成区	地区	市区	市区
贵州	48710	8994	183	612	104	4023
贵阳	8034	2403	98	108	28	2822
六盘水	9914	6272	38	105	71	362
遵义	30762	319	47	399	5	839
云南	50079	8364	151	490	82	3568
昆明	15561	2081	125	145	21	2939
东川	1952	1952	4	14	14	80
曲靖	32566	4331	22	331	47	549
陕西	119339	8354	334	2270	294	7483
西安	9983	1066	162	304	106	3709
铜川	3882	781	20	74	17	1193
宝鸡	18172	555	33	346	7	495
咸阳	10213	619	41	435	38	396
延安	36712	3556	19	309	32	1057
汉中	27243	556	28	251	18	283
渭南	13134	1221	31	551	76	350
甘肃	61096	15987	311	960	177	2920
兰州	13086	1632	163	218	23	1328
嘉峪关	2935	2935	30	3	3	329
金昌	9600	2080	35	46	8	480
白银	21158	3478	51	302	28	502
天水	14317	5862	32	391	115	281
青海	3456	350	60	69	10	759
西宁	3456	350	60	69	10	759
宁夏	7953	1806	89	160	33	3413
银川	3499	1277	46	103	31	1563
石嘴山	4454	529	43	57	2	1850
新疆	21500	10335	146	58	31	6636
乌鲁木齐	12000	835	83	55	28	5884
克拉玛依	9500	9500	63	3	3	752

10. 土地资源(二)

城市	人口密度(人/平方公里)		人均耕地面积(亩/人)		建成区绿化覆盖率(%)
	地区	市区	地区	市区	市区
城市合计	**316**	**684**	**1.09**	**0.45**	**29.3**
超大城市	**498**	**1656**	**0.87**	**0.30**	**28.7**
特大城市	**344**	**1164**	**1.08**	**0.28**	**29.2**
大 城 市	**329**	**639**	**1.22**	**0.43**	**30.4**
中等城市	**301**	**533**	**1.09**	**0.61**	**29.7**
小 城 市	**201**	**220**	**1.12**	**0.84**	**24.3**
东部城市	**424**	**1025**	**0.93**	**0.35**	**30.4**
中部城市	**240**	**509**	**1.41**	**0.58**	**30.7**
西部城市	**284**	**501**	**0.93**	**0.52**	**22.1**
北 京	**724**	**1681**	**0.42**	**0.20**	**40.8**
天 津	**755**	**1370**	**0.71**	**0.23**	**21.0**
河 北	**344**	**1553**	**1.49**	**0.35**	**27.5**
石家庄	543	5037	1.03	0.11	31.2
唐 山	511	1494	1.27	0.39	32.1
秦皇岛	348	1830	1.13	0.32	32.0
邯 郸	670	2925	1.25	0.17	29.9
邢 台	512	3633	1.59	0.13	30.3
保 定	468	5495	1.14	0.11	23.1
张家口	119	979	3.06	0.33	16.3
承 德	88	585	1.46	0.22	28.0
沧 州	461	2087	1.81	0.28	15.9
廊 坊	572	670	1.51	1.18	26.6
衡 水	465	659	2.13	1.43	20.5
山 西	**223**	**615**	**1.71**	**0.73**	**21.8**
太 原	420	1519	0.81	0.20	25.1
大 同	191	593	2.48	0.95	24.0
阳 泉	275	926	0.93	0.27	17.5
长 治	220	1749	1.47	0.33	12.8
晋 城	218	1558	1.44	0.33	18.8
朔 州	125	128	3.87	3.59	14.2

注:表中所有的分类及分省(区)合计数的统计范围均是地级及地级以上城市。

续表 1

城市	人口密度(人/平方公里)		人均耕地面积(亩/人)		建成区绿化覆盖率(%)
	地区	市区	地区	市区	市区
内蒙古	**65**	**282**	**2.98**	**1.04**	**26.8**
呼和浩特	116	480	2.59	0.70	28.5
包头	72	505	2.27	0.37	30.5
乌海	227	227	0.27	0.27	12.7
赤峰	50	154	3.71	2.44	29.8
辽宁	**278**	**1164**	**1.47**	**0.38**	**35.0**
沈阳	519	1371	1.52	0.57	30.1
大连	430	1075	0.77	0.29	39.2
鞍山	367	2331	1.08	0.14	32.0
抚顺	210	2087	0.53	0.13	40.5
本溪	186	733	0.67	0.20	60.5
丹东	161	1238	1.30	0.28	32.5
锦州	295	1838	1.97	0.24	38.9
营口	411	989	0.76	0.33	21.0
阜新	184	1584	2.95	0.31	31.2
辽阳	376	1239	1.52	0.30	31.1
盘锦	287	1984	1.71	0.20	22.4
铁岭	227	1199	2.75	0.44	39.7
朝阳	168	796	2.15	0.54	25.9
葫芦岛	254	388	1.28	0.87	31.8
吉林	**163**	**645**	**2.37**	**0.71**	**29.4**
长春	362	895	2.41	0.79	37.4
吉林	158	802	1.36	0.31	32.1
四平	226	1129	2.85	0.42	20.8
辽源	244	2203	1.74	0.17	22.7
通化	151	571	1.28	0.17	26.7
白山	74	238	0.63	0.37	16.9
白城	77	259	4.06	2.49	22.7
松原	121	425	4.17	1.24	20.7
黑龙江	**87**	**182**	**3.75**	**0.78**	**22.8**
哈尔滨	172	1788	2.20	0.30	20.5
齐齐哈尔	130	328	4.67	0.94	24.6
鸡西	86	396	4.33	0.39	24.6

续表 2

城市	人口密度(人/平方公里)		人均耕地面积(亩/人)		建成区绿化覆盖率(%)
	地区	市区	地区	市区	市区
鹤岗	76	152	5.06	0.99	8.2
双鸭山	66	287	6.91	0.92	28.4
大庆	115	208	2.92	1.20	28.2
伊春	40	44	1.42	0.47	17.6
佳木斯	72	427	6.05	1.22	37.4
七台河	134	269	2.23	0.57	9.2
牡丹江	79	584	1.78	0.30	44.4
黑河	24	12	8.57	7.81	8.5
上海	2059	3854	0.34	0.19	18.6
江苏	687	1914	1.08	0.28	32.6
南京	813	2800	0.78	0.14	40.0
无锡	930	2119	0.61	0.12	33.9
徐州	770	1551	1.06	0.41	33.3
常州	775	3027	0.91	0.19	29.7
苏州	677	2731	0.80	0.21	25.5
南通	983	2823	0.92	0.24	26.6
连云港	587	675	1.31	0.45	30.0
淮阴	465	1457	1.49	0.53	32.9
盐城	527	1378	1.50	0.59	25.2
扬州	672	3434	1.09	0.18	36.0
镇江	691	2130	1.02	0.21	32.3
泰州	858	1356	0.98	0.59	28.8
宿迁	571	1714	1.39	0.39	25.5
浙江	484	1042	0.54	0.41	23.3
杭州	366	2479	0.47	0.15	20.5
宁波	569	1141	0.61	0.43	25.9
温州	601	1065	0.36	0.22	22.7
嘉兴	841	803	0.95	1.02	17.0
湖州	438	678	0.77	0.71	20.4
绍兴	520	3158	0.58	0.14	42.4
金华	403	1101	0.57	0.32	22.8
衢州	270	1071	0.62	0.41	29.4
舟山	715	696	0.29	0.35	34.7

续表 3

城市	人口密度（人/平方公里）		人均耕地面积（亩/人）		建成区绿化覆盖率（%）
	地区	市区	地区	市区	市区
台州	570	909	0.42	0.40	11.4
安徽	**501**	**1158**	**1.03**	**0.44**	**34.7**
合肥	581	2682	0.95	0.12	31.0
芜湖	645	2697	0.66	0.15	33.2
蚌埠	554	1662	1.35	0.34	29.7
淮南	936	1224	0.75	0.47	36.2
马鞍山	689	1662	0.62	0.15	38.9
淮北	677	2310	1.11	0.20	29.9
铜陵	602	1428	0.56	0.28	38.0
安庆	386	1200	0.68	0.30	31.8
黄山	151	171	0.54	0.56	42.7
阜阳	749	10074	1.20	0.91	43.1
滁州	309	332	1.49	0.97	40.2
福建	**267**	**522**	**0.54**	**0.27**	**34.0**
福州	480	1358	0.38	0.10	26.5
厦门	797	797	0.34	0.34	47.5
莆田	709	2478	0.32	0.17	31.9
三明	115	224	0.93	0.34	34.7
泉州	598	1183	0.32	0.14	30.9
漳州	348	1233	0.56	0.25	41.4
南平	113	182	1.06	0.56	23.4
龙岩	148	168	0.71	0.53	31.6
江西	**324**	**844**	**0.78**	**0.34**	**33.2**
南昌	551	2946	0.83	0.11	37.9
景德镇	268	971	0.68	0.19	41.1
萍乡	447	532	0.46	0.39	24.2
九江	233	700	0.84	0.18	29.0
新余	327	626	0.93	0.92	31.1
鹰潭	289	1192	0.88	0.46	19.9
山东	**560**	**748**	**1.06**	**0.61**	**29.7**
济南	674	1221	0.92	0.35	30.9
青岛	653	1872	1.05	0.13	31.4
淄博	675	878	0.76	0.54	33.3

续表 4

城　市	人口密度（人/平方公里）		人均耕地面积（亩/人）		建成区绿化覆盖率（%）
	地区	市区	地区	市区	市区
枣　庄	772	632	0.80	0.84	28.8
东　营	211	206	1.55	1.02	14.0
烟　台	467	590	1.05	0.62	30.5
潍　坊	523	827	1.27	0.85	30.8
济　宁	685	1059	1.04	0.76	35.2
泰　安	687	715	0.93	0.76	28.6
德　州	505	870	1.61	0.71	30.3
威　海	451	529	1.05	0.53	37.3
临　沂	569	1007	1.00	0.70	14.9
莱　芜	543	543	0.73	0.73	34.7
日　照	511	586	0.97	0.84	32.4
河　南	**564**	**1477**	**1.05**	**0.45**	**29.2**
郑　州	802	1980	0.75	0.28	29.0
开　封	710	2076	1.19	0.26	17.3
洛　阳	399	2546	0.90	0.19	28.4
平顶山	599	1801	0.85	0.20	27.5
安　阳	685	2872	1.07	0.17	34.7
鹤　壁	620	683	1.12	0.40	27.2
新　乡	642	3820	1.07	0.15	30.7
焦　作	778	1851	0.81	0.21	32.6
濮　阳	805	1772	1.07	0.46	38.9
许　昌	862	3530	1.07	0.22	36.3
漯　河	946	4219	1.01	0.09	34.6
三门峡	203	1339	1.16	0.30	22.6
商　丘	736	859	1.19	1.08	27.5
南　阳	393	806	1.26	1.03	29.9
湖　北	**341**	**711**	**0.82**	**0.51**	**49.2**
武　汉	855	1109	0.46	0.34	31.2
黄　石	524	2726	0.50	0.05	27.6
十　堰	144	385	0.85	0.10	
荆　州	444	543	1.05	0.88	17.5
宜　昌	190	1327	0.99	0.20	37.4
襄　樊	286	2031	1.10	0.13	39.0

续表 5

城市	人口密度（人/平方公里）		人均耕地面积（亩/人）		建成区绿化覆盖率（%）
	地区	市区	地区	市区	市区
鄂州	674	674	0.61	0.61	43.3
荆门	236	271	1.32	1.53	45.4
孝感	508	896	0.74	0.60	13.4
黄冈	409	320	0.67	0.38	11.1
湖南	**307**	**621**	**0.76**	**0.49**	**32.6**
长沙	484	2940	0.64	0.11	28.4
株洲	320	1663	0.66	0.21	38.2
湘潭	551	1935	0.66	0.12	39.7
衡阳	452	1386	0.66	0.19	30.3
邵阳	341	1421	0.68	0.31	22.9
岳阳	340	795	0.84	0.60	36.9
益阳	368	642	0.83	0.69	32.8
常德	326	478	1.09	0.95	33.9
郴州	229	281	0.70	0.59	38.5
永州	247	324	0.77	0.83	25.7
怀化	173	4117	0.76		50.0
张家界	161	163	0.86	0.84	7.9
广东	**391**	**1041**	**0.49**	**0.22**	**31.3**
广州	897	2740	0.28	0.08	25.3
韶关	161	1390	0.67	0.06	33.3
深圳	542	542	0.05	0.05	44.1
珠海	413	542	0.56	0.12	39.9
汕头	2001	3665	0.17	0.05	31.8
佛山	842	5997	0.41	0.03	35.5
江门	395	2332	0.65	0.14	32.5
湛江	503	879	0.84	0.42	35.1
茂名	515	1327	0.43	0.30	35.8
惠州	239	824	0.74	0.13	38.7
肇庆	248	689	0.56	0.30	73.1
潮州	767	1922	0.27	0.05	32.9
梅州	296	999	0.43	0.14	18.6
中山	713	713	0.48	0.48	36.0
东莞	597	597	0.45	0.45	22.5

续表 6

城市	人口密度（人/平方公里）		人均耕地面积（亩/人）		建成区绿化覆盖率（%）
	地区	市区	地区	市区	市区
汕　尾	485	1053	0.42	0.21	31.2
河　源	193	629	0.54	0.20	35.7
阳　江	313	1180	0.68	0.35	26.1
清　远	192	549	0.74	0.56	0.3
揭　阳	970	3390	0.29	0.15	32.0
云　浮	313	356	0.51	0.39	37.3
广　西	**312**	**458**	**0.69**	**0.53**	**30.2**
南　宁	280	698	0.90	0.42	36.4
柳　州	332	1345	0.87	0.17	32.6
桂　林	320	1068	0.70	0.20	35.7
梧　州	219	1068	0.52	0.05	41.8
北　海	409	515	0.88	0.73	54.8
玉　林	426	684	0.53	0.51	21.6
钦　州	284	237	0.72	0.84	11.6
贵　港	413	458	0.67	0.73	21.0
防城港	122	163	0.93	0.59	7.5
海　南	**443**	**443**	**0.24**	**0.24**	**38.9**
海　口	2178	2178	0.09	0.09	39.6
三　亚	230	230	0.41	0.41	37.9
重　庆	**369**	**919**	**0.80**	**0.45**	**23.1**
四　川	**430**	**646**	**0.78**	**0.55**	**23.4**
成　都	798	2270	0.67	0.25	26.9
自　贡	716	1282	0.69	0.40	22.8
攀枝花	133	311	0.49	0.22	38.8
泸　州	373	631	0.76	0.61	27.7
德　阳	625	538	0.85	0.71	16.4
绵　阳	253	641	0.97	0.73	26.2
广　元	183	189	0.92	0.79	17.8
遂　宁	695	745	0.74	0.77	16.5
内　江	677	869	0.85	0.63	14.0
乐　山	268	444	0.84	0.63	16.1
宜　宾	375	653	0.78	0.49	27.7
南　充	567	670	0.72	0.69	15.5

续表 7

城市	人口密度(人/平方公里)		人均耕地面积(亩/人)		建成区绿化覆盖率(%)
	地区	市区	地区	市区	市区
贵州	**256**	**465**	**0.74**	**0.37**	**28.4**
贵阳	388	719	0.52	0.24	27.0
六盘水	269	318	0.59	0.53	9.5
遵义	218	1447	0.89	0.16	46.7
云南	**196**	**351**	**0.75**	**0.42**	**22.5**
昆明	247	816	0.57	0.19	24.1
东川	150	150	0.72	0.72	17.5
曲靖	175	218	0.87	0.75	13.9
陕西	**221**	**867**	**1.29**	**0.61**	**28.0**
西安	663	3504	0.69	0.43	36.1
铜川	210	559	1.36	0.58	19.4
宝鸡	194	971	1.48	0.19	23.2
咸阳	463	1389	1.38	0.66	11.3
延安	52	93	2.42	1.46	68.5
汉中	134	876	1.03	0.55	15.8
渭南	393	699	1.60	1.34	4.5
甘肃	**135**	**227**	**1.74**	**0.73**	**11.0**
兰州	214	1057	1.17	0.20	11.0
嘉峪关	45	45	0.34	0.34	11.9
金昌	44	89	1.62	0.65	14.2
白银	79	126	2.73	0.96	12.1
天水	227	197	1.80	1.50	4.3
青海	**322**	**2005**	**0.93**	**0.21**	**13.2**
西宁	322	2005	0.93	0.21	13.2
宁夏	**202**	**495**	**1.50**	**0.55**	**29.1**
银川	265	449	1.66	0.81	20.8
石嘴山	152	608	1.27	0.09	38.0
新疆	**82**	**156**	**0.49**	**0.29**	**17.9**
乌鲁木齐	127	1630	0.54	0.31	22.4
克拉玛依	27	27	0.18	0.18	12.0

11. 综合经济(一)

城　市	国内生产总值(万元)				1997年比1996年增长(%)(按1990年不变价计算)	
	1997		1996年			
	地区	市区	地区	市区	地区	市区
北　京	**18100900**	**12888400**	**16157300**	**8855400**	**9.57**	**27.64**
天　津	**12404000**	**9507000**	**11024000**	**8581900**	**12.05**	**9.30**
河　北						
石家庄	7813998	2997157	6564068	2521454	15.81	13.88
唐　山	7108752	2409012	6072800	2057021	17.35	10.96
秦皇岛	2307143	1229724	2010365	1107274	15.01	12.94
邯　郸	4411249	1233339	3807283	1236915	13.21	−4.11
邢　台	2908907	388847	2561207	290060	15.63	24.07
保　定	5450860	1022268	4604259	853647	16.02	18.70
张家口	2172573	973541	1937140	821100	11.58	12.28
承　德	1418522	306450	1223426	271449	14.10	7.78
沧　州	3694603	507783	3161855	435657	16.95	19.54
南　宫		231572		201264		
辛　集		628233		553666		
定　州		480026		422684		
涿　州		423953		395349		
廊　坊	2820730	526309	2456182	460904	16.20	13.67
任　丘		518840		418753		
泊　头		235496		276466		
衡　水	2424187	439683	2072248	359309	16.21	16.73
沙　河		293122		266735		
武　安		614037		520298		
藁　城		720068		588578		
黄　骅		490443		388888		
霸　州		465598		386096		
河　间		538616		445001		
安　国		219420		188196		
晋　州		430040		371702		
新　乐		420881		360935		
遵　化		654209		547233		
高碑店		334593		273287		

续表 1

城市	国内生产总值(万元)				1997年比1996年增长(%)(按1990年不变价计算)	
	1997		1996年			
	地区	市区	地区	市区	地区	市区
三河		503514		429367		
冀州		268233		250527		
鹿泉		510285		410526		
丰南		669089		580085		
深州		313193		267091		
迁安		650103		536713		
山西						
太原	3103600	2533413	2917832	2442479	11.19	11.09
大同	1556877	1162600	1454879	1086433	5.75	5.75
阳泉	880765	630592	786766	541166	9.67	11.85
长治	1384000	637519	1237000	560465	11.29	5.33
晋城	1271344	350890	1155478	284428	7.79	7.76
朔州	750216	393165	646423	331445	9.89	13.09
忻州	165748	165748	159814	159814		
榆次	326903	326903	330051	330051		
临汾	321499	321499	280665	280665		
侯马	115503	115503	97544	97544		
运城	263158	263158	230114	230114		
古交		215245		179756		
霍州	131053	131053	107063	107063		
孝义	188187	188187	167200	167200		
介休	235576	235576	211096	211096		
高平		209164		185400		
原平	160914	160914	155431	155431		
永济	172588	172588	151600	151600		
河津	164877	164877	158708	158708		
潞城		168401		140100		
离石	68362	68362	63200	63200		
汾阳	141371	141371	152952	152952		
内蒙古						
呼和浩特	1280130	909501	1137346	820803	7.65	3.20
包头	1948881	1660742	1750012	1278270	13.88	14.60

续表 2

城市	国内生产总值(万元)				1997年比1996年增长(%)(按1990年不变价计算)	
	1997		1996年			
	地区	市区	地区	市区	地区	市区
乌　　海	261888	261888	216259	216259	11.41	11.41
赤　　峰	1411459	571988	1250453	545039	10.23	3.71
集　　宁	123374	123374	105000	105000		
二　　连	13028	13028	10021	10021		
通　　辽	414200	414200	342368	342368		
海 拉 尔	137037	137037	120785	120785		
满 洲 里	119753	119753	100927	100927		
乌兰浩特	134533	134533	117840	117840		
牙 克 石	193115	193115	180958	180958		
东　　胜	193721	193721	155538	155538		
扎 兰 屯	103959	103959	131741	131741		
锡林浩特	176810	176810	156656	156656		
临　　河	324970	324970	267500	267500		
霍林郭勒	53673	53673	37784	37784		
丰　　镇	100472	100472	95521	95521		
根　　河	134265	134265	122222	122222		
额尔古纳	78856	78856	69087	69087		
阿 尔 山			19866	19866		
辽　　宁						
沈　　阳	8511268	7256568	7718047	6612041	9.07	8.06
大　　连	8290000	5861238	7330704	5144681	12.10	14.05
鞍　　山	4360287	2433387	3950424	2204560	9.50	8.29
抚　　顺	1928821	1518062	1684186	1336060	11.94	13.94
本　　溪	1149000	956500	1116920	916294	9.29	9.86
丹　　东	1518644	728501	1402102	694410	10.81	5.31
锦　　州	1796389	771426	1659074	746583	8.20	3.66
营　　口	1254525	815428	1144586	480467	8.97	67.39
阜　　新	627310	407309	635813	412560	−0.53	5.27
辽　　阳	1451000	739932	1323833	672943	9.30	−9.50
盘　　锦	2259670	1748193	2001673	1569626	10.09	5.83
铁　　岭	1041787	290155	988505	275315	3.96	0.73
朝　　阳	930988	328046	1049758	340552	−9.66	−2.76

续表 3

城市	国内生产总值(万元)				1997年比1996年增长(%)(按1990年不变价计算)	
	1997		1996年			
	地区	市区	地区	市区	地区	市区
瓦房店		831908		816541		
海城		1463738		1354514		
葫芦岛	1407944	920494	1262460	793166	10.11	22.45
兴城		198887		202873		
铁法		144895		134337		
北票		125684		175399		
开原		175771		163659		
普兰店		852862		789098		
凌源		169675		195646		
庄河		528412		462135		
大石桥		482581		405542		
盖州		290626		258577		
新民		646644		512900		
东港		530005		372005		
凌海		255717		245138		
凤城		307933		245594		
北宁				254861		
灯塔		324190		288928		
吉林						
长春	5412214	3410559	4882217	3133697	10.30	11.02
吉林	2868190	1541682	2695549	1567118	2.15	−4.23
四平	1480047	402569	1328230	332897	10.68	0.03
辽源	491164	222307	448348	164967	11.58	28.68
通化	1146012	359765	1026880	273543	6.42	12.18
白山	672838	185546	611699	168497	10.37	10.49
公主岭		466418		349842		
白城	606433	225060	598064	198766	2.27	8.89
延吉	311587	311587	285607	285607		
图们	87187	87187	80235	80235		
敦化	250474	250474	234924	234924		
梅河口		320302		331194		
洮南		115871		120545		

续表 4

城市	国内生产总值(万元)				1997年比1996年增长(%)(按1990年不变价计算)	
	1997		1996年			
	地区	市区	地区	市区	地区	市区
珲春	93439	93439	84617	84617		
集安		100085		86691		
大安		114372		112724		
九台		274825		276241		
桦甸		293369		229324		
龙井	95246	95246	100449	100449		
蛟河		188403		168900		
榆树		547798		517549		
松原	1177356	358200	1192582	326551	−0.98	9.30
舒兰		288325		231554		
临江		128318		112355		
和龙	79689	79689	78304	78304		
德惠		474809		410772		
磐石		265172		242447		
双辽		176124		143799		
黑龙江						
哈尔滨	7462006	3928005	6373925	3388905	11.60	10.29
齐齐哈尔	2563559	949683	2198581	877254	12.04	11.67
鸡西	1008181	347770	895424	336065	11.51	3.25
鹤岗	556378	293953	453685	236873	5.91	−0.38
双鸭山	752130	347510	679044	314422	9.00	8.90
大庆	5839460	5395539	4919572	4530362	8.24	7.97
伊春	587172	414254	524807	366639	11.23	9.04
佳木斯	1192162	497229	1093056	473623	8.30	3.48
七台河	443583	272752	395170	243261	9.91	11.54
牡丹江	1568407	605240	1414726	555819	10.97	9.75
绥芬河		56472		49597		
绥化	620745	620745	551790	551790		
肇东	575947	575947	487047	487047		
安达	280681	280681	248780	248780		
黑河	766801	121175	695933	117948	8.30	6.26
北安		112621		140617		

续表 5

城市	国内生产总值(万元)				1997 年比 1996 年增长(%)(按 1990 年不变价计算)	
	1997		1996 年			
	地区	市区	地区	市区	地区	市区
五大连池		130197		124312		
同　江		50734		87267		
阿　城		481859		431192		
富　锦		181643		220410		
铁　力		137329		117023		
尚　志		516277		419110		
双　城		525553		451660		
密　山		193590		216850		
海　伦	315690	315690	283077	283077		
讷　河		385119		339165		
海　林		214490		201616		
宁　安		233198		204975		
五　常		450291		400344		
穆　棱		198323		167576		
虎　林		177189		183535		
上　海	**33602100**	**26994700**	**29022000**	**23335200**	**12.65**	**12.37**
江　苏						
南　京	7550549	5708307	6748997	5110386	12.60	12.24
无　锡	9600128	3150032	8700081	2656159	22.15	22.72
徐　州	5150180	2264762	5000445	2102379	8.18	11.16
常　州	4701069	1415811	4311541	1278283	10.59	12.55
苏　州	11325941	1979486	10021368	1702766	20.24	20.31
南　通	5774733	1184739	5304243	1085952	12.85	14.68
连云港	2385282	811527	2102004	670630	15.29	22.64
淮　阴	1965801	490303	1732288	409446	13.74	19.17
盐　城	4214760	491165	3812003	477984	20.01	10.18
扬　州	3766734	1080156	3511492	1001054	10.75	10.94
镇　江	3605427	1099984	3351073	966222	7.96	14.43
泰　州	3177639	848274	2936454	529892	12.66	59.29
常　熟		1950954		1802533		
仪　征		405158		459919		
张家港		2302007		2300711		

续表 6

城市	国内生产总值(万元)				1997年比1996年增长(%)(按1990年不变价计算)	
	1997		1996年			
	地区	市区	地区	市区	地区	市区
江阴		2450329		2220249		
丹阳		1105671		1000029		
东台		681103		615000		
宿迁	1446946	111455	1248807	95406	15.09	11.91
兴化		601542		564199		
淮安		405890		364438		
宜兴		1500210		1452390		
昆山		1309227		1143808		
启东		934187		851191		
新沂		395061		365004		
溧阳		632536		720341		
如皋		621163		593511		
高邮		475287		428834		
邳州		480477		551857		
吴江		1615030		1425384		
泰兴		701241		771996		
金坛		455916		513287		
太仓		1061318		951201		
通州		1015307		905174		
靖江		553597		531423		
海门		893920		800092		
江都		780912		703614		
姜堰		472985		526229		
扬中		463291		452658		
句容		510123		501397		
吴县		1491421		1400295		
锡山		2499557		2317580		
武进		1905874		1843389		
大丰		590439		560982		
浙江						
杭州	10363299	5238807	9066133	4565711	15.41	19.45

续表 7

城市	国内生产总值(万元)				1997年比1996年增长(%)(按1990年不变价计算)	
	1997		1996年			
	地区	市区	地区	市区	地区	市区
宁波	8974306	3291683	7958607	2946081	13.68	16.71
温州	6058218	2320398	5100892	1686504	16.30	39.43
嘉兴	4197460	925651	3816972	845567	10.46	10.21
湖州	2961650	1374293	2679177	1262942	11.08	9.47
绍兴	5945503	699361	5137087	632144	19.34	10.68
金华	4619568	451578	4249552	403467	9.20	10.52
衢州	1334083	318462	1302175	290315	5.72	9.62
兰溪		575150		553971		
余姚		1138163		1027336		
丽水	227707	227707	202757	202757		
临海		572364		678854		
海宁		876611		830475		
舟山	891533	612108	825827	570758	7.90	7.84
瑞安		1228087		1055941		
萧山		1554814		1332034		
江山		281511		281359		
义乌		1102825		1080440		
东阳		833952		783195		
慈溪		1204940		1100818		
奉化		434322		413374		
诸几		1216016		1183562		
龙泉	136277	136277	134798	134798		
平湖		561919		481135		
建德		540543		457493		
上虞		1199943		1101372		
永康		553812		501559		
乐清		1100018		860120		
桐乡		849075		816603		
台州	5090663	1814802	4865936	1589975	4.95	14.62
余杭		1005991		899418		
富阳		743276		659881		

续表 8

城市	国内生产总值(万元)				1997年比1996年增长(%)(按1990年不变价计算)	
	1997		1996年			
	地区	市区	地区	市区	地区	市区
温岭		1304993		1214072		
嵊州		680228		615603		
临安		643402		584470		
安徽						
合肥	2489887	1706758	2115886	1433518	16.30	18.56
芜湖	1649423	812427	1320637	671296	20.58	20.49
蚌埠	1625911	670203	1374934	581848	16.90	15.74
淮南	1230000	882575	1063871	748574	15.85	14.70
马鞍山	1235224	878169	1093304	796978	14.11	12.80
淮北	938827	625000	855020	571890	9.88	9.07
铜陵	580129	416023	519461	384955	18.27	13.21
安庆	2522000	605000	2051207	522638	18.84	15.99
黄山	675571	279519	573125	234550	18.10	22.05
阜阳	4593911	710842	3894328	597410	18.54	15.07
六安	512146	512146	483184	483184		
宿州	651893	651893	558012	558012		
滁州	2410482	498900	2004029	386475	18.85	26.25
巢湖	548036	548036	480436	480436		
亳州		564172		476570		
宣州	551490	551490	450263	450263		
贵池	274892	274892	237550	237550		
界首		356546		298329		
天长		356429		310209		
明光		319384		251116		
桐城		405360		350120		
宁国		504032				
福建						
福州	7525341	3631050	6298067	3007349	19.24	18.30
厦门	3718162	3718162	3084808	2581311	20.09	41.99
莆田	1400882	409387	1525679	411621	−13.09	−13.74
三明	2091770	458330	1958191	418137	11.06	14.11

续表 9

城市	国内生产总值(万元)				1997年比1996年增长(%)(按1990年不变价计算)	
	1997		1996年			
	地区	市区	地区	市区	地区	市区
泉州	7462783	1220906	6290105	1061721	18.20	16.92
漳州	3685213	689028	2995873	467158	23.71	40.78
南平	2061769	487136	1880653	452703	9.10	9.27
龙岩	1700568	536498	1508756	478305	13.34	10.58
邵武		279010		265131		
永安		393058		368523		
石狮		725011		612206		
宁德	280623	280623	232181	232181		
武夷山		140028		106987		
福安	346939	346939	277441	277441		
漳平		240129		218028		
福清		1430025		1179210		
晋江		2194722		1858073		
建瓯		344544		311014		
南安		1366958		1180092		
龙海		720300		647395		
长乐		636066		567209		
建阳		228842		215464		
福鼎	282561	282561	235404	235404		
江西						
南昌	3600000	2651290	3010215	2137737	13.10	10.10
景德镇	734987	418355	647544	375709	13.14	14.95
萍乡	745070	694403	651836	610038	13.14	12.87
九江	1928000	853600	1700533	752919	11.89	11.89
新余	522111	421835	500953	415766	0.00	−5.57
鹰潭	395000	75203	357655	66991	16.59	19.92
上饶	151521	151521	127914	127914		
临川	346040	346040	291000	291000		
吉安	175567	175567	170596	170596		
赣州	353479	353479	302281	302281		
宜春	272011	272011	232488	232488		

续表 10

城市	国内生产总值(万元)				1997年比1996年增长(%)(按1990年不变价计算)	
	1997		1996年			
	地区	市区	地区	市区	地区	市区
井冈山	29600	29600	24100	24100		
丰城	358765	358765	324487	324487		
樟树	156854	156854	148023	148023		
瑞昌		104712		96204		
德兴	171946	171946	151716	151716		
乐平		271900		185277		
高安	225991	225991	221061	221061		
瑞金	135425	135425	117688	117688		
南康	171013	171013	149599	149599		
贵溪		244475				
山东						
济南	7317000	4791556	6118800	3913255	19.12	21.40
青岛	7977025	4504174	7102000	3919373	11.95	15.12
淄博	4988000	4021722	4690000	3623200	4.15	8.38
枣庄	2141160	1182596	2040000	1185641	1.91	−1.96
东营	3001800	2252744	2590700	1956616	11.20	7.17
烟台	7250000	2344314	6503100	2057505	10.36	13.76
潍坊	7180000	1972742	6300000	1692100	10.50	12.92
济宁	4805700	926280	4321900	871710	11.18	2.87
泰安	3135200	1189734	2603800	962600	14.50	18.90
德州	2678664	654715	2233489	506427	16.49	27.46
威海	4775900	1180700	4071200	1046900	16.44	13.04
新泰		660401		621200		
滨州	435310	435310	408039	408039		
聊城			500600	500600		
临清	253427	253427	241500	241500		
临沂	4268200	901535	3725500	851992	12.89	5.61
菏泽	406112	406112	425208	425208		
莱芜	945175	945175	843000	843000	6.91	6.91
日照	1571300	790000	1383200	705639	11.30	11.00
青州		705310		616469		

续表 11

城市	国内生产总值(万元)				1997年比1996年增长(%)(按1990年不变价计算)	
	1997		1996年			
	地区	市区	地区	市区	地区	市区
曲阜		495661		506746		
龙口		930590		833273		
胶州		775348		707815		
莱阳		549172		533892		
诸城		816598		721695		
莱州		1011266		926118		
滕州		958564		854359		
乐陵		245169		210025		
文登		1403233		1140100		
荣城		1439028		1249000		
即墨		688915		641642		
平度		816517		767089		
胶南		680186		600598		
莱西		511885		465483		
蓬莱		565815		555013		
招远		696675		653861		
章丘		997847		835728		
兖州		676818		602965		
邹城		906439		844000		
肥城		612510		543600		
寿光		881569		739478		
禹城		214477		186750		
乳山		753017		635200		
高密		600021		540100		
昌邑		546736		485786		
安丘		810300		714800		
栖霞		464519		451838		
海阳		394061		390048		
河南						
郑州	5744045	2519190	5044902	2394583	11.85	4.97
开封	1757100	520360	1550150	506771	8.76	−2.62

续表 12

城市	国内生产总值(万元)				1997年比1996年增长(%)(按1990年不变价计算)	
	1997		1996年			
	地区	市区	地区	市区	地区	市区
洛阳	3350102	1673478	2927564	1484427	12.95	9.63
平顶山	2257818	885538	2371639	850048	−3.92	6.71
安阳	2175825	780185	2134862	770289	1.55	1.10
鹤壁	699629	339347	666755	305702	4.00	8.54
新乡	2469749	643512	2646752	658368	−4.28	0.87
焦作	2463681	545236	2362853	575030	5.13	−2.24
濮阳	1650250	814211	1485335	774769	14.00	4.68
许昌	2220949	353440	1707094	295432	26.67	18.76
漯河	1260487	293244	1100015	250157	12.95	13.64
三门峡	1309258	208855	1137323	187236	13.03	9.54
义马		143692		132289		
商丘	2248588	584664	224626	224626	790.50	143.51
周口	234161	234161	195647	195647		
驻马店	296936	296936	253003	253003		
南阳	4390280	1126238	3753541	869357	12.83	15.59
信阳	258442	258442	223122	223122		
汝州		495363		465130		
济源	448963	448963	448496	448496		
禹州		568252		495329		
辉县		418368		442297		
卫辉		234619		296211		
邓州		547634		445836		
沁阳		486876		452280		
舞钢		110268		93731		
巩义		720565		637872		
偃师		676658		577534		
长葛		515083		439472		
灵宝		525984		470192		
项城	454170	454170	414544	414544		
新密		562276		443555		
荥阳		521963		426035		

续表 13

城　市	国内生产总值(万元)				1997年比1996年增长(%)(按1990年不变价计算)	
	1997		1996年			
	地区	市区	地区	市区	地区	市区
新　郑		658231		489119		
登　封		434573		383214		
林　州		391970		392744		
孟　州		268010		264610		
永　城		395692	369829	369829		
湖　北						
武　汉	9123256	7892501	7821325	6818505	14.63	13.66
黄　石	1383989	680742	1153179	615844	17.60	13.50
十　堰	1653804	636843	1571601	626860	2.87	−1.93
沙　市	3164749	984320	2848237	742823	14.00	12.03
宜　昌	3396355	789638	2813983	700299	18.63	16.96
襄　樊	4620747	884368	3992212	772817	14.12	9.21
鄂　州	1008426	1008426	1002957	1002957	15.11	15.11
荆　门	2887921	1372541	2467807	1114923	19.81	22.25
老河口		943619		803867		
随　州	1216161	1216161	1030262	1030262		
恩　施	225221	225221	189875	189875		
孝　感	2988623	410353	2606778	408538	17.02	7.07
咸　宁	180122	180122	147629	147629		
丹江口		723889		513797		
应　城		633426		478087		
蒲　圻	365854	365854	313430	313430		
仙　桃	1599970	1599970	1330964	1330964		
石　首		571595		498174		
麻　城		474968		388418		
利　川	161531	161531	150348	150348		
洪　湖		630964		515895		
天　门	1442568	1442568	1182888	1182888		
安　陆		284557		233235		
武　穴		459680		360529		
枝　城		258858		215883		

续表 14

城市	国内生产总值(万元)				1997年比1996年增长(%)(按1990年不变价计算)	
	1997		1996年			
	地区	市区	地区	市区	地区	市区
枣阳		1003600		778500		
潜江	1185405	1185405	1000974	1000974		
广水		368799		292327		
当阳		553300		424708		
黄冈	3159103	235531	2684944	197179	19.31	14.01
钟祥		1065228		944616		
大冶		400466		305075		
宜城		501772		420263		
松滋				440180		
枝江		406818		349428		
汉川		784396				
湖南						
长沙	4828691	3021813	4000701	2495699	15.94	16.50
株洲	2397033	1181518	2146651	1049610	11.49	11.51
湘潭	1875000	918472	1699100	843896	10.03	4.78
衡阳	2643541	676669	2392318	669712	10.50	7.55
邵阳	2046973	293120	1827262	324616	12.10	−7.33
岳阳	2795623	1112182	2457283	967115	13.22	11.13
醴陵		414092		347966		
湘乡		444436		388972		
耒阳		424273		402021		
益阳	1730754	428769	1507776	449601	11.95	−7.46
常德	2831623	772229	2691415	789204	9.32	0.66
津市		99544		83163		
娄底	347994	347994	324510	324510		
冷水江	261178	261178	248264	248264		
郴州	1895096	451371	1513806	385744	18.88	15.13
资兴		234398		187325		
永州	2138027	579070	1870954	517648	12.66	11.61
怀化	1900695	281531	354443	354443	455.51	−22.67
洪江		45624	43931	43931		

续表 15

城　市	国内生产总值(万元)				1997年比1996年增长(%)(按1990年不变价计算)	
	1997		1996年			
	地区	市区	地区	市区	地区	市区
吉　首	142752	142752	126619	126619		
张家界	475513	110111	419772	92718	12.24	14.57
涟　源	307759	307759	284555	284555		
汨　罗		284653		230701		
沅　江		276312		218693		
韶　山		59595		54722		
临　湘		190126		157012		
浏　阳		527278		435167		
武　冈		189405		166242		
常　宁		325698		320628		
广　东						
广　州	16462567	11616089	14449358	10291457	13.39	10.95
韶　关	1733320	691121	1604117	640414	9.04	8.03
深　圳	11300057	11300057	9500446	9500446	15.95	15.95
珠　海	2351974	2009974	2073203	1754175	11.14	11.31
汕　头	3735241	1977754	3136629	1703082	15.95	11.70
佛　山	7245687	1435305	6374395	1309446	15.28	10.38
江　门	4578679	1198329	4291370	1113600	7.24	9.10
湛　江	3485591	1443598	3212148	1329292	7.09	6.39
茂　名	3959962	861420	3506907	790538	15.66	11.58
惠　州	3228699	931113	2718412	780160	20.47	26.91
肇　庆	3310964	774233	2886120	663445	14.42	15.08
潮　州	1514713	387428	1302027	335898	−2.98	12.28
梅　州	1443303	255798	1384445	245367	4.72	5.00
中　山	2209508	2209508	1811476	1811476	20.74	20.74
东　莞	2947037	2947037	2451106	2451106	17.78	17.78
汕　尾	1032576	193097	927795	177899	7.05	−5.94
河　源	754919	113848	686107	97603	12.19	13.38
阳　江	1264759	485176	1174964	415035	10.20	15.57
清　远	1395869	339222	1348576	332638	4.84	6.94
揭　阳	3098550	512165	2542740	420954	20.58	22.09

续表 16

城市	国内生产总值(万元)				1997年比1996年增长(%)(按1990年不变价计算)	
	1997		1996年			
	地区	市区	地区	市区	地区	市区
顺德		2242461		2001175		
番禺		2032504		1934925		
南海		2513900		2148659		
云浮	1557306	271435	1461823	272140	6.34	2.63
台山		849520		749610		
新会		855016		818022		
花都		1106095		925486		
增城		1138898		930262		
潮阳		1185000		981479		
三水		629772		567496		
鹤山		498547		470650		
开平		786258		719615		
廉江		500522		451273		
高州		894471		772845		
高要		860983		745822		
罗定		615265		593141		
四会		430747		379311		
普宁		1060168		860723		
从化		428225		367228		
乐昌		170611		160926		
澄海		501965		411422		
高明		423112		347619		
恩平		391010		419873		
雷州		516141		484608		
吴川		313285		291260		
化州		695279		622024		
惠阳		809033		649758		
兴宁		285587		268710		
阳春		347912		378972		
连州		167494		164064		
英德		326154		304785		

续表 17

城市	国内生产总值(万元) 1997		1996年		1997年比1996年增长(%)(按1990年不变价计算)	
	地区	市区	地区	市区	地区	市区
陆丰		308629		280810		
信宜		597571		474689		
南雄		188124		179579		
广西						
南宁	2315969	1617459	2021974	1395753	13.28	12.93
柳州	1635299	1261109	1430693	1102776	16.28	15.88
桂林	1046972	748807	882220	627012	18.64	19.14
梧州	1476096	404086	576786	345624	132.69	12.04
北海	1120003	638818	970487	548475	14.04	12.62
凭祥	81535	81535	72200	72200		
合山	79628	79628	72971	72971		
玉林	2411548	561639	721759	721759	261.15	−18.73
百色	226997	226997	194676	194676		
河池	221057	221057	191653	191653		
钦州	1273312	507355	1123179	462799	12.17	13.43
贵港	1036492	434738	1004878	398286	3.19	14.19
防城港	482275	303878	396995	222362	15.12	24.14
宜州	346263	346263	278794	278794		
北流		475673	444981	444981		
桂平		324968		314029		
岑溪		340255	416487	416487		
东兴				72403		
贺州	535918	535918				
海南						
海口	1045806	1045806	988686	988686	7.08	7.08
三亚	221084	221084	213166	213166	4.15	4.15
通什	51308	51308	46987	46987		
琼海	295925	295925	278098	278098		
儋州	425695	425695	401159	401159		
琼山	337552	337552	312571	312571		
文昌	245938	245938	220190	220190		

续表 18

城市	国内生产总值(万元)				1997年比1996年增长(%)(按1990年不变价计算)	
	1997		1996年			
	地区	市区	地区	市区	地区	市区
万宁	235878	235878	222002	222002		
东方	148519	148519				
重庆	**13501000**	**5720556**	**8571184**	**4998503**		
合川		694082		581562		
永川		389042		322608		
江津		797524		665010		
南川		285274		242732		
四川						
成都	10070260	5365443	8693356	4353435	11.54	20.03
自贡	1260065	706170	1119737	625303	9.57	10.57
攀枝花	985476	851171	894596	777678	9.40	8.64
泸州	1433873	569648	1223857	415586	11.61	30.70
德阳	2151754	436461	1896002	478663	10.82	−10.42
绵阳	2751501	1278527	2384820	1070151	16.71	25.23
广元	854992	210971	813868	180073	3.95	11.64
遂宁	1045339	427284	949590	399369	9.29	1.65
内江	2495789	515403	2151484	467796	11.14	3.04
乐山	1218879	549415	1946273	487232	−40.51	16.43
宜宾	1510914	505758	496765	496765	217.02	11.23
南充	1346856	501912	1158076	426442	10.73	12.57
华蓥	134400	134400	121190	121190		
达川	210740	210740	190608	190608		
雅安	209109	209109	182580	182580		
西昌	313764	313764	277019	277019		
江油		550036		493749		
广汉		391502		359766		
都江堰		347974		470784		
峨嵋山		177666		163607		
阆中		149864		131044		
彭州		552602		505895		
资阳		344726		256585		

续表 19

城市	国内生产总值(万元)				1997年比1996年增长(%)(按1990年不变价计算)	
	1997		1996年			
	地区	市区	地区	市区	地区	市区
万　源	119922	119922	126605	126605		
巴　中	277622	277622	248578	248578		
邛　崃		442822		383683		
崇　州		437520		409990		
简　阳		486224		404647		
什　邡		370566		324169		
绵　竹		381617		328958		
贵　州						
贵　阳	1975101	1555849	1701512	1396162	16.40	15.21
六盘水	633885	568631	567681	507736	10.75	11.07
遵　义	1939730	427090	394458	394458	316.03	7.60
安　顺	201558	201558	186891	186891		
都　匀	123629	123629	115076	115076		
凯　里	134190	134190	115613	115613		
铜　仁	68049	68049	60023	60023		
兴　义	204519	204519	181560	181560		
赤　水		96709	83375	83375		
清　镇		173636		151620		
毕　节	256999	256999	197284	197284		
仁　怀		140838	109836	109836		
福　泉	122342	122342	108172	108172		
云　南						
昆　明	4873321	3749795	4302723	3318142	13.76	13.02
东　川	56844	56844	61648	61648	−2.13	−2.13
个　旧	226444	226444	213191	213191		
大　理	415272	415272	328778	328778		
开　远	168088	168088	158957	158957		
昭　通	286001	286001	289692	289692		
玉　溪			2362274	2362274		
楚　雄	316604	316604	289750	289750		
曲　靖	1837703	760092	651884	651884	186.71	12.80

续表 20

城　市	国内生产总值(万元)				1997年比1996年增长(%)(按1990年不变价计算)	
	1997		1996年			
	地区	市区	地区	市区	地区	市区
保　山	239862	239862	206705	206705		
畹　町	6181	6181	5575	5575		
瑞　丽	66118	66118	60231	60231		
思　茅	64617	64617	52860	52860		
景　洪	194270	194270	183725	183725		
宣　威		246631	226477	226477		
安　宁		347934				
潞　西	121234	121234	107054	107054		
西　藏						
拉　萨						
日喀则						
陕　西						
西　安	5005543	4186746	4104259	3225929	14.37	23.47
铜　川	340309	267639	305467	235699	10.10	5.12
宝　鸡	1501453	600581	1265307	514292	16.85	18.12
咸　阳	1838545	910760	1727802	838142	9.60	10.75
延　安	679634	133056	127682	127682	328.88	2.70
汉　中	1225011	206180	1145271	199412	7.06	5.63
渭　南	1409854	286326	1300873	250044	8.90	8.79
韩　城		165021		153526		
榆　林	126570	126570	120772	120772		
安　康	200188	200188	191489	191489		
商　州	65404	65404	61484	61484		
华　阴		79697		72414		
兴　平		161426		151977		
甘　肃						
兰　州	2436800	2071280	2302500	1957125	8.55	8.55
嘉峪关	161659	161659	139685	139685	4.49	4.49
金　昌	312500	227890	323096	240610	0.85	−3.27
白　银	590030	364590	550873	365740	10.59	19.94
天　水	611920	358568	671198	446684	−4.18	−11.53
玉　门	155144	155144	159207	159207		

续表 21

城市	国内生产总值(万元)				1997年比1996年增长(%)(按1990年不变价计算)	
	1997		1996年			
	地区	市区	地区	市区	地区	市区
平凉	159592	159592	142000	142000		
临夏	48588	48588	43664	43664		
武威	279408	279408	244028	244028		
张掖	197446	197446	171770	171770		
酒泉	141841	141841	130177	130177		
西峰	73412	73412	64634	64634		
敦煌	68257	68257	57235	57235		
合作						
青海						
西宁	604771	465007	541336	461174	7.89	3.87
格尔木	102103	102103	91167	91167		
德令哈	24673	24673	23737	23737		
宁夏						
银川	754963	594151	672066	528582	9.86	10.29
石嘴山	393892	271706	359179	246399	8.15	7.64
吴忠	146808	146808	125607	125607		
青铜峡	159431	159431	151959	151959		
灵武	101090	101090				
新疆						
乌鲁木齐	2169045	2019334	2007266	1874081	8.35	8.35
克拉玛依	943710	943710	785298	785298	15.89	15.89
石河子			313783	161937		
吐鲁番	110161	110161	110381	110381		
哈密	194728	194728	198618	198618		
昌吉	225958	225958	201294	201294		
奎屯	92366	92366	86677	86677		
伊宁	132774	132774	122032	122032		
塔城	65812	65812	77307	77307		
阿勒泰	88640	88640	77107	77107		
博乐	54426	54426	97982	97982		
库尔勒	716568	716568	553453	553453		

12. 综合经济(二)

单位:%

城市	第一产业占GDP的比重		第二产业占GDP的比重		第三产业占GDP的比重	
	地区	市区	地区	市区	地区	市区
北　　京	**4.69**	**1.99**	**40.80**	**38.45**	**54.51**	**59.56**
天　　津	**6.01**	**1.84**	**51.91**	**52.60**	**42.08**	**45.56**
河　　北						
石家庄	17.99	1.47	46.78	49.66	35.23	48.88
唐　山	22.26	3.93	48.74	66.40	29.00	29.68
秦皇岛	18.04	3.09	37.05	40.42	44.90	56.49
邯　郸	21.86	1.58	47.95	73.84	30.19	24.58
邢　台	27.10	2.43	48.75	76.80	24.15	20.76
保　定	26.87	1.97	41.55	49.94	31.58	48.08
张家口	15.87	1.92	46.65	54.63	37.48	43.45
承　德	29.27	5.72	38.93	73.63	31.81	20.65
沧　州	21.67	2.43	49.73	57.73	28.60	39.84
南　宫		27.10		51.36		21.54
辛　集		30.96		36.32		32.58
定　州		46.75		26.18		28.62
涿　州		16.20		44.16		40.89
廊　坊	21.27	18.67	47.58	35.31	31.16	46.01
任　丘		13.95		58.93		27.12
泊　头		24.31		43.21		32.60
衡　水	22.02	7.32	52.01	53.93	25.96	38.75
沙　河		17.49		56.84		25.67
武　安		8.67		65.83		25.51
藁　城		26.00		40.80		33.10
黄　骅		13.53		56.94		29.53
霸　州		12.29		60.74		26.96
河　间		16.14		56.55		27.31
安　国		33.53		30.62		35.85
晋　州		25.36		41.67		32.76
新　乐		25.20		44.33		30.24
遵　化		23.61		39.23		37.16
高碑店		23.51		46.21		30.27

续表 1

单位: %

城市	第一产业占 GDP 的比重		第二产业占 GDP 的比重		第三产业占 GDP 的比重	
	地区	市区	地区	市区	地区	市区
三河		21.70		47.68		30.49
冀州		20.68		51.89		27.43
鹿泉		15.36		56.17		28.13
丰南		31.16		40.00		28.84
深州		23.72		46.65		29.63
迁安		18.89		50.00		31.11
山西						
太原	5.49	2.83	47.75	45.91	46.76	51.26
大同	8.83	3.42	57.50	65.34	33.67	31.24
阳泉	3.33	1.30	65.41	66.96	31.26	31.74
长治	13.95	2.55	58.16	65.70	27.89	31.75
晋城	6.61	1.17	59.26	59.24	34.13	39.59
朔州	18.05	10.13	50.05	57.99	31.90	31.88
忻州	20.68	20.68	46.27	46.27	33.05	33.05
榆次	12.68	12.68	51.62	51.62	35.70	35.70
临汾	10.30	10.30	46.70	46.70	43.00	43.00
侯马	12.43	12.43	45.59	45.59	41.98	41.98
运城	10.90	10.90	49.55	49.55	39.70	39.70
古交		3.46		73.09		23.45
霍州	9.48	9.48	71.58	71.58	18.94	18.94
孝义	10.04	10.04	68.57	68.57	21.38	21.38
介休	7.87	7.87	71.94	71.94	20.20	20.20
高平		9.16		65.26		25.58
原平	22.45	22.45	42.56	42.56	34.98	34.98
永济	20.29	20.29	53.04	53.04	21.41	21.41
河津	5.80	5.80	78.39	78.39	15.81	15.81
潞城		7.55		65.29		27.16
离石	4.77	4.77	47.75	47.75	47.48	47.48
汾阳	22.75	22.75	41.25	41.25	36.00	36.00
内蒙古						
呼和浩特	16.77	4.82	42.04	45.37	41.19	49.81
包头	8.84	2.99	62.58	67.31	28.58	29.70

续表 2

单位: %

城市	第一产业占 GDP 的比重		第二产业占 GDP 的比重		第三产业占 GDP 的比重	
	地区	市区	地区	市区	地区	市区
乌海	3.51	3.51	67.12	67.12	29.37	29.37
赤峰	35.77	13.98	33.23	45.11	31.01	40.91
集宁	4.68	4.68	26.42	26.42	68.90	68.90
二连浩特	1.30	1.30	10.39	10.39	88.32	88.32
通辽	28.68	28.68	35.95	35.95	35.37	35.37
海拉尔	12.41	12.41	30.82	30.82	56.77	56.77
满州里	7.47	7.47	32.91	32.91	59.62	59.62
乌兰浩特	11.96	11.96	42.76	42.76	45.28	45.28
牙克石	18.68	18.68	38.47	38.47	42.85	42.85
东胜	6.00	6.00	65.97	65.97	28.03	28.03
扎兰屯	53.60	53.60	19.26	19.26	27.14	27.14
锡林浩特	10.58	10.58	71.60	71.60	17.82	17.82
临河	36.32	36.32	26.06	26.06	37.62	37.62
霍林郭勒	12.14	12.14	48.99	48.99	38.88	38.88
丰镇	28.89	28.89	51.10	51.10	20.02	20.02
根河	2.54	2.54	64.01	64.01	33.45	33.45
额尔古纳	58.36	58.36	26.97	26.97	14.67	14.67
辽宁						
沈阳	6.89	2.15	44.06	45.78	49.05	52.07
大连	11.46	7.29	45.96	42.03	42.58	50.68
鞍山	8.08	1.62	57.54	59.84	34.38	38.54
抚顺	7.30	2.51	64.11	68.84	28.58	28.65
本溪	8.53	3.05	55.79	60.40	35.68	36.55
丹东	18.76	2.27	41.56	44.05	39.68	53.67
锦州	32.29	6.21	33.51	46.47	34.21	47.32
营口	18.45	4.66	46.49	60.28	35.06	35.06
阜新	21.60	4.57	37.42	49.70	40.98	45.73
辽阳	13.78	2.94	50.86	58.48	35.35	38.58
盘锦	13.75	1.18	69.21	82.84	17.03	15.98
铁岭	32.69	4.62	33.23	50.13	34.08	45.25
朝阳	31.31	7.28	34.60	54.99	34.09	37.73
瓦房店		20.29		59.29		20.42

续表 3 单位：%

城市	第一产业占 GDP 的比重		第二产业占 GDP 的比重		第三产业占 GDP 的比重	
	地区	市区	地区	市区	地区	市区
海城		10.98		56.89		32.13
葫芦岛	20.02	9.13	46.30	55.63	33.68	35.24
兴城		26.44		42.03		31.53
铁法		8.82		68.80		22.39
北票		32.51		35.49		32.00
开原		50.91		21.59		27.50
普兰店		20.09		61.94		17.97
凌源		33.47		35.04		31.49
庄河		27.55		44.12		28.34
大石桥		17.23		50.95		31.82
盖州		39.53		40.34		20.13
新民		36.64		28.79		34.56
东港		30.00		41.70		28.30
凌海		48.45		26.96		24.58
凤城		22.39		46.76		30.85
灯塔		28.22		39.85		31.94
吉林						
长春	21.11	4.79	41.50	50.65	37.39	44.56
吉林	18.07	5.03	39.71	47.37	42.22	47.60
四平	41.12	3.64	25.35	37.93	33.53	58.43
辽源	23.09	2.52	32.81	45.20	44.10	52.28
通化	23.79	4.76	39.90	48.82	36.31	46.42
白山	21.48	12.41	47.70	52.08	30.82	35.51
公主岭		55.00		22.60		22.40
白城	45.69	24.22	23.35	30.92	30.96	44.85
延吉	2.80	2.80	42.81	42.81	54.39	54.39
图们	6.11	6.11	46.89	46.89	47.00	47.00
敦化	24.91	24.91	43.64	43.64	31.45	31.45
梅河口		33.33		28.28		38.39
洮南		59.02		14.75		26.23
珲春	21.77	21.77	44.71	44.71	33.52	33.52
集安		28.73		37.68		33.59

续表 4 单位：%

城市	第一产业占GDP的比重		第二产业占GDP的比重		第三产业占GDP的比重	
	地区	市区	地区	市区	地区	市区
大安		38.95		35.13		25.92
九台		36.64		25.43		37.94
桦甸		26.19		40.68		33.13
龙井	24.81	24.81	37.11	37.11	38.08	38.08
蛟河		37.25		23.53		39.23
榆树		55.25		18.39		26.36
松原	38.91	7.70	41.89	72.38	19.20	19.92
舒兰		40.34		24.13		35.53
临江		21.34		44.01		34.65
和龙	25.42	25.42	36.68	36.68	37.89	37.89
德惠		43.88		33.93		22.19
磐石		32.57		29.47		37.95
双辽		36.86		36.55		26.59
黑龙江						
哈尔滨	21.50	5.98	31.34	35.10	47.15	58.92
齐齐哈尔	38.80	9.36	30.10	45.59	31.10	45.05
鸡西	33.84	7.87	35.05	50.19	31.10	41.94
鹤岗	32.55	11.39	36.25	54.16	31.20	34.45
双鸭山	31.52	5.74	37.10	56.55	31.38	37.71
大庆	5.58	1.63	82.99	87.99	11.44	10.38
伊春	16.82	9.22	49.56	50.02	33.62	40.76
佳木斯	38.99	11.56	22.17	33.56	38.84	54.88
七台河	16.82	5.22	50.18	62.20	33.00	32.58
牡丹江	20.79	5.07	39.25	49.53	39.97	45.40
绥芬河		4.28		6.26		89.46
绥化	31.46	31.46	23.75	23.75	44.78	44.78
肇东	50.53	50.53	26.33	26.33	23.14	23.14
安达	32.09	32.09	30.36	30.36	37.55	37.55
黑河	46.07	21.22	20.86	26.64	33.07	52.14
北安		37.10		20.87		42.03
五大连池		57.10		19.29		23.61
同江		51.76		15.61		32.63

续表 5　　　　单位：%

城　市	第一产业占 GDP 的比重		第二产业占 GDP 的比重		第三产业占 GDP 的比重	
	地区	市区	地区	市区	地区	市区
阿　城		22.01		47.23		30.76
富　锦		58.54		14.74		26.72
铁　力		28.50		49.85		21.66
尚　志		17.29		49.17		33.54
双　城		48.87		20.60		30.53
密　山		42.64		25.14		32.21
海　伦	61.74	61.74	17.83	17.83	20.43	20.43
讷　河		58.25		14.71		27.03
海　林		24.68		45.49		29.83
宁　安		38.54		29.77		31.68
五　常		48.73		18.94		32.32
穆　棱		25.79		39.94		34.27
虎　林		31.59		28.87		39.54
上　海	**2.26**	**0.97**	**52.21**	**50.62**	**45.53**	**48.41**
江　苏						
南　京	6.35	1.14	50.80	50.68	42.85	48.18
无　锡	4.75	1.12	58.72	55.25	36.53	43.64
徐　州	20.96	2.92	46.24	54.53	32.80	42.54
常　州	9.44	2.47	56.54	60.90	34.02	36.62
苏　州	7.78	2.77	56.19	58.06	36.02	39.17
南　通	21.15	2.01	46.66	61.04	32.19	36.95
连云港	32.48	7.51	37.78	55.68	29.74	36.81
淮　阴	37.23	5.83	34.94	56.63	27.83	37.54
盐　城	35.24	8.82	36.95	50.13	27.80	41.04
扬　州	15.33	1.39	50.16	56.16	34.51	42.45
镇　江	8.77	1.38	56.41	56.31	34.82	42.31
泰　州	20.21	4.86	44.84	65.52	34.95	29.62
常　熟		7.70		51.68		40.62
仪　征		15.83		55.64		28.53
张家港		4.75		59.76		35.50
江　阴		5.72		60.07		34.20
丹　阳		11.94		55.05		33.01

续表 6　　　　单位：%

城市	第一产业占 GDP 的比重		第二产业占 GDP 的比重		第三产业占 GDP 的比重	
	地区	市区	地区	市区	地区	市区
东台		41.23		31.43		27.34
宿迁	45.86	8.48	29.86	44.85	24.28	46.67
兴化		41.28		26.13		32.59
淮安		44.82		31.60		23.59
宜兴		10.67		54.33		35.00
昆山		9.09		58.32		32.59
启东		26.42		41.41		32.17
新沂		37.65		33.36		28.99
溧阳		18.33		46.89		34.78
如皋		26.64		40.69		32.67
高邮		30.94		40.98		28.08
邳州		45.30		30.21		24.49
吴江		9.24		55.11		35.65
泰兴		21.03		39.18		39.79
金坛		19.49		45.34		35.17
太仓		11.64		54.93		33.43
通州		19.98		46.94		33.08
靖江		11.24		43.24		45.53
海门		17.48		45.91		36.61
江都		14.22		46.59		39.19
姜堰		21.83		41.81		36.37
扬中		7.15		63.05		29.80
句容		16.52		53.19		30.29
吴县		11.77		53.52		34.71
锡山		4.81		64.41		30.78
武进		10.29		57.82		31.89
大丰		37.65		35.26		27.09
浙江						
杭州	8.82	2.48	52.25	48.45	38.93	49.07
宁波	9.51	3.70	56.97	47.91	33.52	48.39
温州	8.65	2.48	58.47	61.06	32.88	36.46

续表 7　　单位：%

城市	第一产业占 GDP 的比重		第二产业占 GDP 的比重		第三产业占 GDP 的比重	
	地区	市区	地区	市区	地区	市区
嘉兴	15.12	14.48	59.12	57.79	25.76	27.73
湖州	16.65	14.45	56.18	57.31	27.17	28.24
绍兴	11.59	3.88	60.75	51.63	27.66	44.50
金华	11.06	6.86	57.24	48.96	31.70	44.18
衢州	27.13	7.38	42.58	53.44	30.29	39.18
兰溪		11.75		55.28		32.97
余姚		14.68		58.34		26.98
丽水	27.91	27.91	40.95	40.95	31.14	31.14
临海		21.36		47.92		30.72
海宁		13.64		60.18		26.18
舟山	33.28	26.94	30.68	35.69	36.05	37.37
瑞安		7.24		64.20		28.56
萧山		10.91		56.71		32.38
江山		29.62		41.08		29.30
义乌		5.82		49.88		44.30
东阳		10.16		68.70		21.14
慈溪		10.84		63.02		26.14
奉化		17.93		54.33		27.74
诸暨		13.26		58.98		27.75
龙泉	36.48	36.48	30.22	30.22	33.30	33.30
平湖		17.15		58.37		24.48
建德		17.83		57.08		25.09
上虞		13.61		64.33		22.05
永康		7.35		70.10		22.55
乐清		10.72		59.10		30.18
桐乡		13.62		59.44		26.94
台州	17.10	10.34	55.46	62.24	27.44	27.41
余杭		15.44		56.61		27.95
富阳		14.48		59.16		26.36
温岭		20.06		49.38		30.56
嵊州		19.94		59.51		20.55

续表 8　　　　单位：%

城　市	第一产业占GDP的比重		第二产业占GDP的比重		第三产业占GDP的比重	
	地区	市区	地区	市区	地区	市区
临　安		17.65		56.92		25.43
安　徽						
合　肥	16.56	2.76	46.76	55.58	36.68	41.67
芜　湖	13.49	2.46	52.47	56.84	34.04	40.70
蚌　埠	24.43	3.95	46.16	57.47	29.41	38.58
淮　南	13.82	7.11	55.28	62.25	30.89	30.64
马鞍山	10.01	1.65	65.70	72.28	24.29	26.07
淮　北	15.02	2.87	56.78	68.77	28.20	28.37
铜　陵	9.18	2.34	55.15	57.28	35.67	40.39
安　庆	23.43	3.14	45.72	58.02	30.85	38.84
黄　山	26.49	20.34	33.02	29.35	40.49	50.30
阜　阳	37.58	25.75	36.08	41.55	26.34	32.70
六　安	30.53	30.53	34.25	34.25	35.22	35.22
宿　州	32.90	32.90	34.90	34.90	32.20	32.20
滁　州	27.90	13.18	45.55	52.92	26.56	33.90
巢　湖	15.58	15.58	49.20	49.20	35.22	35.22
亳　州		30.59		41.13		28.29
宣　州	21.62	21.62	43.00	43.00	35.38	35.38
贵　池	30.27	30.27	40.24	40.24	29.49	29.49
界　首		19.56		50.35		30.08
天　长		29.13		48.31		22.56
明　光		30.15		43.75		26.10
桐　城		21.54		49.27		29.19
宁　国	15.41	15.41	58.94	58.94	25.65	25.65
福　建						
福　州	16.08	2.37	42.39	41.87	41.54	55.77
厦　门	6.03	6.03	51.48	51.48	42.49	42.49
莆　田	24.03	10.06	44.88	51.38	31.10	38.56
三　明	30.23	7.57	39.40	58.55	30.37	33.89
泉　州	9.94	2.74	51.67	50.34	38.39	46.92
漳　州	23.79	6.63	46.37	49.43	29.85	43.94

续表 9　　　　　　　　　　　　　　　　　　　　　　　　　　　　单位：%

城市	第一产业占 GDP 的比重		第二产业占 GDP 的比重		第三产业占 GDP 的比重	
	地区	市区	地区	市区	地区	市区
南平	30.70	17.07	37.76	54.19	31.54	28.75
龙岩	29.46	13.84	39.00	50.66	31.54	35.49
邵武		29.08		35.53		35.39
永安		16.42		46.79		36.80
石狮		5.04		55.26		39.70
宁德	30.35	30.35	23.58	23.58	46.08	46.08
武夷山		30.07		29.05		40.88
福安	29.84	29.84	41.50	41.50	28.66	28.66
漳平		23.03		42.74		34.23
福清		19.83		54.22		25.96
晋江		5.44		51.26		43.31
建瓯		30.46		35.45		34.09
南安		10.87		53.96		35.17
龙海		22.75		48.67		28.59
长乐		22.08		49.36		28.56
建阳		39.95		29.92		30.14
福鼎	32.15	32.15	34.36	34.36	33.49	33.49
江西						
南昌	14.03	1.94	46.25	53.87	39.72	44.18
景德镇	14.12	3.01	48.82	57.64	37.06	39.35
萍乡	17.50	15.90	52.49	54.12	30.00	29.98
九江	27.26	1.98	40.80	54.65	31.93	43.37
新余	23.89	20.08	40.92	41.47	35.19	38.45
鹰潭	24.05	3.68	37.47	27.50	38.48	68.82
上饶	20.65	20.65	40.55	40.55	38.80	38.80
临川	30.05	30.05	37.57	37.57	32.38	32.38
吉安	17.63	17.63	33.45	33.45	48.92	48.92
赣州	6.51	6.51	52.70	52.70	40.79	40.79
宜春	32.07	32.07	33.41	33.41	34.52	34.52
井冈山	28.89	28.89	31.25	31.25	39.86	39.86
丰城	42.64	42.64	25.59	25.59	31.77	31.77

续表 10

单位：%

城市	第一产业占 GDP 的比重		第二产业占 GDP 的比重		第三产业占 GDP 的比重	
	地区	市区	地区	市区	地区	市区
樟树	46.90	46.90	25.54	25.54	27.56	27.56
瑞昌		35.91		38.69		25.40
德兴	17.25	17.25	68.42	68.42	14.33	14.33
乐平		23.14		47.96		28.90
高安	36.82	36.82	29.27	29.27	33.91	33.91
瑞金	43.34	43.34	19.24	19.24	37.43	37.43
南康	43.33	43.33	24.83	24.83	31.84	31.84
贵溪		22.78		44.64		32.58
山东						
济南	12.59	3.79	46.49	48.84	40.92	47.37
青岛	14.66	4.12	47.89	51.98	37.45	43.90
淄博	10.49	7.37	60.02	62.38	29.49	30.25
枣庄	17.39	16.44	52.92	54.52	29.69	29.04
东营	10.59	3.61	77.51	87.83	11.90	8.56
烟台	17.95	7.19	51.61	55.60	30.44	37.21
潍坊	20.89	6.87	46.24	59.05	32.87	34.08
济宁	24.47	9.31	42.84	50.05	32.69	40.64
泰安	27.93	18.88	42.36	45.65	29.71	35.47
德州	34.73	8.10	38.58	55.45	26.69	36.45
威海	22.64	14.22	48.22	51.09	29.14	34.69
新泰		19.14		53.32		27.54
滨州	15.13	15.13	45.02	45.02	39.85	39.85
临清	38.17	38.17	44.15	44.15	17.68	17.68
临沂	29.00	18.78	40.72	51.93	30.28	29.28
菏泽	19.69	19.69	43.22	43.22	37.09	37.09
莱芜	18.53	18.53	49.20	49.20	32.27	32.27
日照	29.99	30.38	35.86	36.08	34.14	33.54
青州		24.68		41.26		34.07
曲阜		15.36		51.61		33.03
龙口		16.48		52.58		30.95
胶州		19.61		50.46		29.93

续表 11 单位: %

城市	第一产业占GDP的比重		第二产业占GDP的比重		第三产业占GDP的比重	
	地区	市区	地区	市区	地区	市区
莱阳		19.48		48.26		32.26
诸城		26.30		43.47		30.23
莱州		20.25		49.97		29.78
滕州		18.57		50.94		30.50
乐陵		50.14		26.20		23.66
文登		19.63		54.22		26.15
荣成		29.95		44.34		25.71
即墨		23.94		44.96		31.10
平度		37.38		35.17		27.46
胶南		29.70		41.20		29.10
莱西		31.28		41.12		27.60
蓬莱		22.79		45.95		31.26
招远		11.85		61.05		27.10
章丘		22.68		46.10		31.22
兖州		20.89		48.08		31.03
邹城		13.87		57.27		28.85
肥城		22.61		47.77		29.62
寿光		31.25		38.64		30.11
禹城		40.15		35.08		24.77
乳山		27.48		39.97		32.55
高密		26.09		41.13		32.78
昌邑		24.79		42.36		32.85
安丘		27.19		39.41		33.40
栖霞		31.57		37.85		30.58
海阳		35.99		42.81		21.20
河南						
郑州	6.24	1.83	55.12	41.97	38.64	56.19
开封	34.54	6.31	36.14	49.78	29.32	43.92
洛阳	9.27	1.89	56.57	55.94	34.16	42.17
平顶山	16.01	2.70	54.10	68.03	29.89	29.27
安阳	21.80	2.30	49.34	64.91	28.86	32.79

续表 12 单位：%

城市	第一产业占GDP的比重		第二产业占GDP的比重		第三产业占GDP的比重	
	地区	市区	地区	市区	地区	市区
鹤壁	23.37	6.57	50.22	62.97	26.41	30.46
新乡	25.70	3.08	41.29	52.48	33.01	44.45
焦作	15.50	3.90	61.96	72.04	22.54	24.06
濮阳	23.67	3.92	53.00	73.05	23.33	23.03
许昌	23.16	2.88	51.30	65.49	25.55	31.63
漯河	27.51	2.00	48.94	60.93	23.55	37.07
三门峡	15.58	2.79	50.73	40.49	33.69	56.73
义马		1.55		78.32		20.14
商丘	45.30	37.36	28.03	25.86	26.67	36.78
周口	6.23	6.23	42.61	42.61	51.16	51.16
驻马店	4.22	4.22	52.92	52.92	42.87	42.87
南阳	31.71	22.38	44.58	51.07	23.71	26.56
信阳	3.45	3.45	42.96	42.96	53.59	53.59
汝州		19.13		47.65		33.22
济源	14.71	14.71	53.68	53.68	31.61	31.61
禹州		17.14		55.04		27.82
辉县		22.09		53.00		24.92
卫辉		33.60		31.40		35.00
邓州		38.56		33.96		27.48
沁阳		11.97		66.03		22.00
舞钢		23.03		43.97		33.00
巩义		4.23		73.29		22.48
偃师		9.86		66.45		23.69
长葛		19.15		57.15		23.70
灵宝		19.45		50.77		29.78
项城	24.84	24.84	53.52	53.52	21.64	21.64
新密		6.32		66.54		27.14
荥阳		10.18		61.23		28.60
新郑		7.97		69.59		22.44
登封		8.61		71.10		20.29
林州		12.03		57.76		30.21

续表 13

单位：%

城市	第一产业占 GDP 的比重		第二产业占 GDP 的比重		第三产业占 GDP 的比重	
	地区	市区	地区	市区	地区	市区
孟州		18.01		60.24		21.75
永城		45.18		34.04		20.77
湖北						
武汉	8.64	5.63	46.26	46.72	45.10	47.65
黄石	15.48	2.21	48.01	53.87	36.51	43.91
十堰	21.21	2.39	48.00	65.94	30.78	31.68
荆州	41.27	29.69	32.49	36.46	26.24	33.85
宜昌	20.06	4.05	54.92	65.74	25.02	30.21
襄樊	29.54	4.94	49.06	58.29	21.40	36.77
鄂州	17.22	17.22	51.69	51.69	31.10	31.10
荆门	32.34	27.74	39.73	48.80	27.93	23.46
老河口		18.68		47.71		33.61
随州	24.30	24.30	40.67	40.67	35.03	35.03
恩施	36.46	36.46	29.14	29.14	34.40	34.40
孝感	32.99	28.48	37.15	34.99	29.86	36.53
咸宁	35.74	35.74	38.73	38.73	25.53	25.53
丹江口		12.07		50.33		37.60
应城		22.16		44.31		33.53
蒲圻	24.99	24.99	42.63	42.63	32.38	32.38
仙桃	20.80	20.80	41.17	41.17	38.03	38.03
石首		27.35		43.06		29.59
麻城		30.21		46.59		23.20
利川	59.11	59.11	22.35	22.35	18.54	18.54
洪湖		33.71		42.58		23.71
天门	20.66	20.66	40.38	40.38	38.95	38.95
安陆		45.53		32.20		22.27
武穴		25.96		46.69		27.35
枝城		21.33		48.98		29.69
枣阳		38.71		41.78		19.51
潜江	19.32	19.32	44.03	44.03	36.65	36.65
广水		38.51		42.04		19.44

续表 14 单位：%

城市	第一产业占GDP的比重		第二产业占GDP的比重		第三产业占GDP的比重	
	地区	市区	地区	市区	地区	市区
当阳		26.67		52.71		20.62
黄冈	32.51	15.80	43.55	44.62	23.94	39.58
钟祥		33.74		33.54		32.72
大冶		23.77		47.20		29.03
宜城		39.96		35.65		24.39
枝江		30.51		37.19		32.30
汉川		25.01		51.22		23.77
湖南						
长沙	14.23	2.13	42.97	43.98	42.79	53.89
株洲	20.51	3.37	48.22	59.43	31.27	37.20
湘潭	19.81	2.87	43.95	55.68	36.24	41.45
衡阳	34.12	5.50	34.02	45.04	31.85	49.46
邵阳	42.44	7.70	29.23	41.26	28.33	51.04
岳阳	30.99	5.44	36.43	51.45	32.58	43.11
醴陵		29.08		51.29		19.63
湘乡		32.41		37.76		29.83
耒阳		29.81		43.09		27.10
益阳	32.36	32.02	33.18	36.59	34.46	31.40
常德	37.90	29.83	36.00	39.54	26.10	30.62
津市		41.88		35.81		22.31
娄底	8.91	8.91	55.74	55.74	35.35	35.35
冷水江	7.45	7.45	58.58	58.58	33.97	33.97
郴州	29.03	11.98	36.62	48.10	34.35	39.93
资兴		24.63		48.66		26.70
永州	37.52	25.94	33.68	44.55	28.81	29.52
怀化	32.29	0.71	32.19	27.33	35.52	71.96
洪江		13.25		56.72		30.03
吉首	16.69	16.69	45.42	45.42	37.89	37.89
张家界	29.47	47.58	28.61	14.04	41.93	38.38
涟源	30.36	30.36	46.87	46.87	22.77	22.77
汨罗		48.86		35.87		15.27

续表 15 单位：%

城市	第一产业占 GDP 的比重		第二产业占 GDP 的比重		第三产业占 GDP 的比重	
	地区	市区	地区	市区	地区	市区
沅江		42.65		27.46		29.89
韶山		23.14		41.00		35.86
临湘		36.65		38.87		24.48
浏阳		29.98		46.32		23.70
武冈		52.21		23.19		24.60
常宁		32.45		41.64		25.90
广东						
广州	5.21	2.24	46.54	42.62	48.25	55.13
韶关	28.06	3.11	43.53	65.71	28.41	31.19
深圳	1.40	1.40	49.31	49.31	49.30	49.30
珠海	5.21	2.18	52.02	53.78	42.77	44.04
汕头	11.23	2.84	47.00	45.48	41.77	51.68
佛山	8.67	0.46	54.68	67.79	36.66	31.75
江门	14.09	1.98	47.14	46.53	38.77	51.48
湛江	29.78	11.28	35.46	47.98	34.76	40.74
茂名	28.38	8.99	40.91	56.06	30.72	34.96
惠州	17.30	2.00	55.94	74.39	26.75	23.61
肇庆	28.66	8.31	41.34	52.25	30.00	39.44
潮州	22.96	3.03	43.89	55.68	33.16	41.29
梅州	35.29	6.26	35.00	64.17	29.71	29.57
中山	10.43	10.43	51.04	51.04	38.53	38.53
东莞	10.18	10.18	52.89	52.89	36.93	36.93
汕尾	34.34	37.11	29.74	22.72	35.92	40.17
河源	48.56	14.30	23.14	42.10	28.30	43.60
阳江	44.55	26.31	27.12	38.46	28.33	35.23
清远	45.41	25.20	33.16	52.96	21.43	21.84
揭阳	20.82	9.00	52.02	61.85	27.17	29.15
顺德		7.69		56.29		36.02
番禺		10.15		50.96		38.89
南海		9.59		49.35		41.06
云浮	35.52	22.83	39.30	48.19	25.18	28.98

续表 16 单位：%

城市	第一产业占GDP的比重		第二产业占GDP的比重		第三产业占GDP的比重	
	地区	市区	地区	市区	地区	市区
台山		21.30		44.21		34.49
新会		17.87		45.79		36.35
花都		10.92		59.18		29.89
增城		16.84		53.35		29.81
潮阳		18.46		45.47		36.07
三水		16.79		43.07		40.14
鹤山		12.19		56.79		31.02
开平		17.87		50.05		32.07
廉江		39.45		25.88		34.68
高州		37.10		35.45		27.45
高要		30.34		35.04		34.62
罗定		33.78		40.25		25.96
四会		30.20		44.79		25.01
普宁		12.72		52.27		35.01
从化		18.12		58.81		23.06
乐昌		34.71		32.38		32.91
澄海		23.91		45.03		31.07
高明		21.13		51.30		27.57
恩平		22.06		40.15		37.78
雷州		52.05		18.75		29.20
吴川		21.85		47.25		30.90
化州		37.56		28.89		33.55
惠阳		16.21		54.34		29.45
兴宁		35.43		31.42		33.15
阳春		59.23		21.15		19.62
连州		50.03		27.96		22.01
英德		50.64		26.74		22.62
陆丰		38.96		34.79		26.25
信宜		35.43		40.09		24.47
南雄		45.02		27.96		27.02

续表 17 单位: %

城市	第一产业占 GDP 的比重		第二产业占 GDP 的比重		第三产业占 GDP 的比重	
	地区	市区	地区	市区	地区	市区
广西						
南宁	17.19	5.99	33.15	32.78	49.66	61.24
柳州	10.93	2.67	50.83	56.69	38.23	40.63
桂林	17.55	4.72	43.25	51.56	39.20	43.72
梧州	36.44	2.72	30.20	41.06	33.36	56.23
北海	30.49	22.86	29.37	29.56	40.14	47.57
凭祥	10.50	10.50	15.72	15.72	73.78	73.78
合山	16.17	16.17	65.48	65.48	18.35	18.35
玉林	39.10	20.19	33.50	46.00	27.40	33.81
百色	20.88	20.88	33.46	33.46	45.66	45.66
河池	13.96	13.96	30.45	30.45	55.59	55.59
钦州	46.40	53.13	26.50	20.11	27.10	26.76
贵港	45.18	30.07	23.19	27.08	31.64	42.85
防城港	39.15	39.60	26.84	26.60	34.01	33.80
宜州	28.85	28.85	29.28	29.28	41.86	41.86
北流		49.87		28.53		21.59
桂平		62.30		16.67		21.03
岑溪		49.74		29.40		20.86
东兴						
贺州	53.86	53.86	28.25	28.25	17.89	17.89
海南						
海口	2.61	2.61	25.37	25.37	72.02	72.02
三亚	37.70	37.70	27.99	27.99	34.32	34.32
通什	34.59	34.59	16.45	16.45	48.97	48.97
琼海	49.92	49.92	20.06	20.06	30.03	30.03
儋州	54.33	54.33	17.20	17.20	28.47	28.47
琼山	35.86	35.86	35.80	35.80	28.35	28.35
文昌	48.17	48.17	25.83	25.83	25.99	25.99
万宁	43.31	43.31	28.74	28.74	27.95	27.95
东方	39.03	39.03	27.89	27.89	33.08	33.08
重庆	22.55	8.64	41.73	55.16	35.72	36.20
合川		26.28		31.92		41.80

续表 18　　　　单位：%

城　市	第一产业占 GDP 的比重		第二产业占 GDP 的比重		第三产业占 GDP 的比重	
	地区	市区	地区	市区	地区	市区
永　川		31.91		32.83		35.26
江　津		31.28		38.94		29.78
南　川		31.38		43.75		24.86
四　川						
成　都	11.98	5.19	45.32	43.73	42.70	51.08
自　贡	24.39	9.52	44.58	51.74	31.03	38.74
攀枝花	7.71	2.60	66.94	72.77	25.35	24.63
泸　州	31.69	22.03	42.36	46.18	25.95	31.80
德　阳	27.92	18.67	41.66	46.43	30.42	34.89
绵　阳	24.85	9.70	44.64	58.20	30.51	32.10
广　元	36.25	32.03	27.68	35.27	36.07	32.70
遂　宁	40.99	42.11	30.46	26.19	28.54	31.70
内　江	36.77	23.70	34.41	35.62	28.81	40.68
乐　山	27.96	16.98	40.24	49.55	31.79	33.47
宜　宾	28.70	10.68	40.35	58.70	30.96	30.62
南　充	41.72	21.70	23.73	30.48	34.56	47.82
华　蓥	21.17	21.17	58.05	58.05	20.79	20.79
达　川	14.93	14.93	41.93	41.93	43.14	43.14
雅　安	12.57	12.57	52.93	52.93	34.50	34.50
西　昌	25.09	25.09	28.66	28.66	46.25	46.25
江　油		19.86		45.93		34.21
广　汉		22.03		45.70		32.27
都江堰		24.26		35.12		40.63
峨眉山		22.51		42.60		34.88
阆　中		40.75		29.64		29.62
彭　州		21.36		41.72		36.92
资　阳		36.26		41.11		22.63
万　源	52.06	52.06	31.55	31.55	16.39	16.39
巴　中	57.09	57.09	16.69	16.69	26.22	26.22
邛　崃		20.07		41.96		37.97
崇　州		20.16		43.87		35.98

续表 19　　　　　　　　　　　　　　　　　　　　　　　　　　单位: %

城　市	第一产业占 GDP 的比重		第二产业占 GDP 的比重		第三产业占 GDP 的比重	
	地区	市区	地区	市区	地区	市区
简　阳		32.53		41.39		26.08
什　邡		19.56		47.40		33.04
绵　竹		24.18		48.54		27.27
贵　州						
贵　阳	11.28	5.85	51.18	52.13	37.54	42.02
六盘水	17.76	13.61	52.81	55.69	29.43	30.70
遵　义	39.75	4.33	34.31	45.00	25.94	50.67
安　顺	26.04	26.04	30.13	30.13	43.84	43.84
都　匀	23.93	23.93	37.72	37.72	38.36	38.36
凯　里	20.70	20.70	37.93	37.93	41.37	41.37
铜　仁	33.56	33.56	31.88	31.88	34.55	34.55
兴　义	21.77	21.77	52.32	52.32	25.91	25.91
赤　水		34.10		52.72		13.19
清　镇		22.53		57.86		19.60
毕　节	37.69	37.69	48.73	48.73	13.59	13.59
仁　怀		40.82		45.71		13.48
福　泉	35.71	35.71	42.05	42.05	22.24	22.24
云　南						
昆　明	8.44	2.95	49.37	51.39	42.20	45.66
东　川	22.47	22.47	45.91	45.91	31.62	31.62
个　旧	10.76	10.76	55.45	55.45	33.79	33.79
大　理	14.79	14.79	56.99	56.99	28.23	28.23
开　远	19.94	19.94	42.59	42.59	37.47	37.47
昭　通	19.18	19.18	50.75	50.75	30.07	30.07
楚　雄	18.55	18.55	55.30	55.30	26.15	26.15
曲　靖	30.48	14.70	39.65	51.14	29.87	34.16
保　山	42.62	42.62	25.18	25.18	32.20	32.20
畹　町	24.41	24.41	23.81	23.81	51.77	51.77
瑞　丽	26.21	26.21	20.67	20.67	53.12	53.12
思　茅	25.35	25.35	34.02	34.02	40.63	40.63
景　洪	40.48	40.48	15.44	15.44	44.09	44.09

续表 20　　　　单位：%

城　市	第一产业占 GDP 的比重		第二产业占 GDP 的比重		第三产业占 GDP 的比重	
	地区	市区	地区	市区	地区	市区
宣　威		39.94		33.11		26.95
安　宁		8.01		62.93		29.06
潞　西	37.96	37.96	24.96	24.96	37.08	37.08
西　藏						
拉　萨						
日喀则						
陕　西						
西　安	10.25	4.71	41.89	42.66	47.85	52.63
铜　川	10.65	4.36	55.50	58.90	33.85	36.73
宝　鸡	15.27	1.60	50.03	62.54	34.69	35.85
咸　阳	26.20	7.87	44.79	64.69	29.01	27.43
延　安	28.27	11.82	39.43	63.28	32.30	24.90
汉　中	27.13	15.06	44.04	50.28	28.83	34.66
渭　南	28.05	20.61	41.62	40.86	30.33	38.54
韩　城		16.90		54.33		28.77
榆　林	18.25	18.25	39.89	39.89	41.85	41.85
安　康	31.74	31.74	25.70	25.70	42.56	42.56
商　州	22.63	22.63	27.13	27.13	50.24	50.24
华　阴		16.62		57.26		26.12
兴　平		27.10		52.12		20.78
甘　肃						
兰　州	5.98	2.90	52.78	61.46	41.24	35.64
嘉峪关	4.51	4.51	76.54	76.54	18.95	18.95
金　昌	16.86	6.97	68.19	78.06	14.94	14.97
白　银	19.17	5.60	54.73	76.03	26.10	18.37
天　水	15.18	8.42	45.60	55.26	39.22	36.32
玉　门	11.23	11.23	69.67	69.67	19.10	19.10
平　凉	19.04	19.04	24.31	24.31	56.65	56.65
临　夏	36.66	36.66	26.26	26.26	37.07	37.07
武　威	38.27	38.27	21.74	21.74	39.98	39.98
张　掖	39.82	39.82	25.77	25.77	34.41	34.41
酒　泉	36.84	36.84	28.84	28.84	34.32	34.32
西　峰	41.94	41.94	31.13	31.13	26.93	26.93

续表 21　　　　单位：%

城　市	第一产业占 GDP 的比重		第二产业占 GDP 的比重		第三产业占 GDP 的比重	
	地区	市区	地区	市区	地区	市区
敦　煌	41.74	41.74	31.87	31.87	26.39	26.39
青　海						
西　宁	7.30	2.68	43.54	38.42	49.16	58.91
格尔木	4.54	4.54	56.13	56.13	39.34	39.34
德令哈	23.02	23.02	29.86	29.86	47.12	47.12
宁　夏						
银　川	14.95	6.30	44.01	48.29	41.04	45.41
石嘴山	15.67	0.78	56.45	69.80	27.88	29.42
吴　忠	25.35	25.35	48.22	48.22	26.43	26.43
青铜峡	23.81	23.81	53.48	53.48	22.71	22.71
灵　武	35.78	35.78	42.34	42.34	21.87	21.87
新　疆						
乌鲁木齐	1.70	0.85	38.31	38.61	59.98	60.54
克拉玛依	0.89	0.89	79.85	79.85	19.26	19.26
吐鲁番	36.66	36.66	20.96	20.96	42.38	42.38
哈　密	14.07	14.07	37.81	37.81	48.12	48.12
昌　吉	29.95	29.95	37.78	37.78	32.26	32.26
奎　屯	6.92	6.92	45.98	45.98	47.10	47.10
伊　宁	14.11	14.11	42.02	42.02	43.87	43.87
塔　城	36.35	36.35	21.34	21.34	42.32	42.32
阿勒泰	30.18	30.18	28.18	28.18	41.63	41.63
博　乐	46.33	46.33	18.17	18.17	35.50	35.50
库尔勒	5.38	5.38	75.72	75.72	18.90	18.90
阿克苏	25.89	25.89	16.70	16.70	57.40	57.40
阿图什	41.66	41.66	11.86	11.86	46.48	46.48
喀　什	7.44	7.44	25.88	25.88	66.68	66.68
和　田	19.02	19.02	37.31	37.31	43.68	43.68
阜　康	21.73	21.73	57.87	57.87	20.40	20.40
乌　苏	50.95	50.95	22.93	22.93	26.12	26.12
米　泉	23.33	23.33	45.73	45.73	30.93	30.93

13. 农业生产(包括市辖县)

城　市	农林牧渔业产值(万元)	主要农产品产量				
		蔬菜(万吨)	水果(吨)	水产品(吨)	猪肉(吨)	牛羊肉(吨)
城市合计	**200757867**	**27480**	**40441214**	**32444577**	**30600767**	**4650863**
超大城市	**22006556**	**3575**	**2780776**	**1571215**	**3810357**	**425888**
特大城市	**24790235**	**4503**	**5291265**	**5005515**	**3318936**	**744299**
大 城 市	**42313482**	**6378**	**8860866**	**6216021**	**5902781**	**973231**
中等城市	**95275270**	**11603**	**18279107**	**15312404**	**15608009**	**2358441**
小 城 市	**16372324**	**1420**	**5229200**	**4339422**	**1960684**	**149004**
东部城市	**114009466**	**16537**	**28758163**	**27195222**	**13236524**	**2242915**
中部城市	**63814154**	**8035**	**6260143**	**4701412**	**11599242**	**2052171**
西部城市	**22934247**	**2907**	**5422908**	**547943**	**5765001**	**355777**
北　　京	**1708569**	**427**	**506785**	**76626**	**247184**	**31635**
天　　津	**1488271**	**486**	**239444**	**189757**	**151961**	**49942**
河　　北	**17146059**	**3150**	**5570636**	**606110**	**2225356**	**862438**
石 家 庄	2751988	657	1060965	15633	461768	186034
唐　　山	2826574	748	791413	322504	316075	77183
秦 皇 岛	725522	142	387373	73835	105939	27554
邯　　郸	1885250	222	370327	18897	241073	76699
邢　　台	1465177	130	456300	3616	137153	67732
保　　定	2589156	396	688697	38413	355011	61175
张 家 口	605694	139	248500	6033	103405	52036
承　　德	700891	99	329014	2526	155833	76012
沧　　州	1414121	164	505603	97356	100792	81969
廊　　坊	1112683	261	358177	22614	121743	113203
衡　　水	1069003	194	374267	4683	126564	42841
山　　西	**1235407**	**357**	**120297**	**4878**	**183854**	**43990**
太　　原	246580	115	22617	1839	30591	6198
大　　同	243372	88	11720	592	51072	12259
阳　　泉	47724	13	9320	810	8499	735
长　　治	294532	83	41455	1163	45621	9056
晋　　城	141180	13	32967	300	25580	5570
朔　　州	262019	45	2218	174	22491	10172

注：表中所有的分类及分省(区)合计数的统计范围均是地级及地级以上城市。

续表 1

城市	农林牧渔业产值(万元)	主要农产品产量				
		蔬菜(万吨)	水果(吨)	水产品(吨)	猪肉(吨)	牛羊肉(吨)
内蒙古	**1479579**	**160**	**36433**	**14924**	**212506**	**84417**
呼和浩特	378844	47	4561	5582	50354	16677
包头	271164	41	14843	3460	27322	13742
乌海	16333	13	2917	284	5362	719
赤峰	813238	59	14112	5598	129468	53279
辽宁	**8980694**	**1499**	**2641058**	**2810404**	**1372387**	**313474**
沈阳	1087029	217	68762	83643	156522	16618
大连	1699744	180	902319	1866191	159423	16593
鞍山	703823	86	69677	16003	138588	44693
抚顺	311809	36	48254	2558	43074	24983
本溪	194697	31	15442	4759	28484	6920
丹东	486482	97	82647	151979	57821	7669
锦州	1147874	321	249663	161142	249024	21025
营口	401122	32	382371	173555	35707	6007
阜新	265311	36	11524	2307	92466	18104
辽阳	356975	67	35041	38873	38798	4478
盘锦	514511	54	11427	123011	16788	965
铁岭	751160	114	67887	9852	161332	91298
朝阳	518229	130	85890	1038	72002	15920
葫芦岛	541928	98	610154	175493	122358	38201
吉林	**5558829**	**616**	**313085**	**128482**	**1201352**	**358974**
长春	1768181	223	32936	19375	360376	78834
吉林	793504	118	123044	21390	139317	65652
四平	981354	107	67200	6526	333401	87760
辽源	197233	15	12613	2807	41759	28968
通化	455845	45	23041	9542	95632	32387
白山	223179	25	14161	3642	27991	14405
白城	478457	42	1804	39170	79125	19853
松原	661076	39	38286	26030	123751	31115
黑龙江	**8888652**	**703**	**179378**	**254773**	**812738**	**310667**
哈尔滨	2739944	143	38914	64166	253882	120930
齐齐哈尔	1699928	202	7044	43952	185978	67642
鸡西	657618	51	75350	29243	45293	19611

续表 2

城　市	农林牧渔业产值(万元)	主要农产品产量				
		蔬菜(万吨)	水果(吨)	水产品(吨)	猪肉(吨)	牛羊肉(吨)
鹤　岗	312458	14	625	3735	20940	5370
双鸭山	588530	33	10587	9526	44679	10329
大　庆	569984	86	9588	54650	72095	20110
伊　春	174854	34	2304	2797	25162	3305
佳木斯	837456	31	4052	27900	67444	23409
七台河	138471	18	4504	1574	12375	3885
牡丹江	505681	55	26225	10933	48718	24883
黑　河	663728	36	185	6297	36172	11193
上　海	**2044136**	**301**	**239188**	**301996**	**236700**	**5300**
江　苏	**18780181**	**2171**	**1403961**	**2720190**	**1650940**	**227451**
南　京	942439	129	18530	92034	80626	9636
无　锡	832794	56	21888	81634	68014	3910
徐　州	2101258	379	581519	106575	202063	47185
常　州	821637	67	22148	100523	59253	6505
苏　州	1650919	104	110791	263218	116098	6828
南　通	2312676	151	110210	549376	130134	15507
连云港	1443301	236	98682	284948	116583	26461
淮　阴	1434242	235	49758	190135	182976	22806
盐　城	3150461	327	269891	552683	287193	43126
扬　州	1116546	107	20575	165093	109501	6880
镇　江	599669	61	11565	65375	40968	7546
泰　州	1142577	133	17953	143063	115164	10115
宿　迁	1231662	186	70451	125533	142367	20946
浙　江	**9587385**	**955**	**2443370**	**3657935**	**870860**	**27845**
杭　州	1287650	178	125469	72255	153223	3477
宁　波	1294420	186	402596	615072	77285	2328
温　州	900479	100	124461	469988	78009	2347
嘉　兴	944124	124	31336	79342	116393	7773
湖　州	779765	52	22301	117707	53247	3373
绍　兴	1012204	105	90528	51546	102312	2239
金　华	788931	71	379725	37104	100591	3792
衢　州	512393	47	608176	15953	93400	1427
舟　山	631836	14	29927	1084090	8040	236

续表 3

城市	农林牧渔业产值(万元)	主要农产品产量				
		蔬菜(万吨)	水果(吨)	水产品(吨)	猪肉(吨)	牛羊肉(吨)
台　州	1435583	79	628851	1114878	88360	853
安　徽	**8239027**	**812**	**185484**	**903302**	**1265727**	**331397**
合　肥	701631	48	11740	81820	125163	4603
芜　湖	385334	41	7045	67639	36352	897
蚌　埠	692834	86	22917	75915	81501	34202
淮　南	263132	32	5252	33801	38000	15628
马鞍山	188363	12	2038	50130	17323	897
淮　北	235742	17	21306	17975	27282	11201
铜　陵	82837	8	1591	22932	5417	104
安　庆	983694	163	6267	197756	165004	5666
黄　山	271782	28	14645	11800	58934	859
阜　阳	3284120	302	75276	175590	503872	239165
滁　州	1149558	75	17407	167944	206879	18175
福　建	**8249752**	**801**	**3188265**	**3730114**	**934516**	**29350**
福　州	1943061	194	258360	1176771	169021	4868
厦　门	340379	43	42963	212457	33940	622
莆　田	523934	50	79267	511987	57886	1460
三　明	917119	118	401269	57791	65650	2327
泉　州	1231751	82	377423	707029	169542	8871
漳　州	1571835	133	1353088	962346	169351	3913
南　平	935945	104	481988	69105	93281	2180
龙　岩	785728	77	193907	32628	175845	5109
江　西	**2313338**	**325**	**52811**	**494191**	**569952**	**15755**
南　昌	759889	98	6354	196096	160842	3317
景德镇	159517	54	4750	13318	42602	621
萍　乡	222854	26	10939	15951	71082	2146
九　江	796727	90	14326	230392	178471	3341
新　余	203236	29	7902	20184	53949	4983
鹰　潭	171115	28	8540	18250	63006	1347
山　东	**21020237**	**4214**	**6806092**	**6154079**	**2081399**	**581050**
济　南	1472435	435	278048	28550	134967	52657
青　岛	2047712	333	438398	981284	148290	43379
淄　博	846867	218	182243	14506	106975	29385

续表 4

城市	农林牧渔业产值(万元)	主要农产品产量				
		蔬菜(万吨)	水果(吨)	水产品(吨)	猪肉(吨)	牛羊肉(吨)
枣　庄	660441	274	161571	32800	46070	8557
东　营	552437	102	42937	127681	61287	30014
烟　台	2285932	177	1822654	1638307	69216	11487
潍　坊	2904145	718	792448	445983	274845	74735
济　宁	2100706	466	154549	190442	293807	75302
泰　安	1151350	444	387206	57134	134986	31723
德　州	1834014	406	620821	50202	181225	95894
威　海	1737914	76	741358	2102140	57544	3230
临　沂	2279531	387	862121	61005	431284	95627
莱　芜	362471	104	100912	7500	77240	15281
日　照	784282	73	220826	416545	63663	13779
河　南	**12205241**	**1967**	**2393321**	**119407**	**1684226**	**618211**
郑　州	630953	98	165283	23725	105368	21948
开　封	1049734	198	142121	8900	136371	41514
洛　阳	527623	58	135325	10059	92370	34818
平顶山	601315	97	24035	5478	144071	47790
安　阳	805940	153	237087	1718	77717	14153
鹤　壁	270829	28	38927	1640	40163	7167
新　乡	1063908	143	63703	14756	146390	40295
焦　作	679248	113	129281	3180	97638	14853
濮　阳	676715	113	107551	4105	63698	20957
许　昌	890776	97	40669	3846	164393	29019
漯　河	581627	134	67467	3330	120100	14254
三门峡	314043	25	648701	1550	26475	11281
商　丘	1708865	275	461435	9403	179984	125672
南　阳	2403665	436	131736	27717	289488	194490
湖　北	**11628332**	**1887**	**1544413**	**1724746**	**2115869**	**143772**
武　汉	1213162	352	62625	258837	195426	8735
黄　石	318924	37	11795	68447	65421	388
十　堰	521331	74	95271	33089	140451	10125
荆　州	2023062	263	180596	404093	329799	7228
宜　昌	998659	149	519989	72279	218975	8530
襄　樊	2029649	354	287517	113259	392980	69679

续表 5

城市	农林牧渔业产值(万元)	主要农产品产量				
		蔬菜(万吨)	水果(吨)	水产品(吨)	猪肉(吨)	牛羊肉(吨)
鄂州	248257	41	5859	71863	34366	701
荆门	1369667	207	248787	205420	232116	10752
孝感	1441027	229	85687	223224	252026	16344
黄冈	1464594	182	46287	274235	254309	11290
湖南	**12265749**	**1207**	**1434921**	**1056709**	**3553018**	**144988**
长沙	1114485	173	39559	75529	383970	9232
株洲	749052	85	36465	39177	213572	5407
湘潭	584913	58	8403	53000	224363	988
衡阳	1468954	129	88021	151349	483954	7665
邵阳	1345207	137	235814	53342	430749	27877
岳阳	1357948	105	55938	225481	409000	4254
益阳	860760	65	114181	113779	178293	8814
常德	1627799	120	218675	198042	293041	34395
郴州	864476	70	94837	43271	279152	7052
永州	1252235	158	250281	74949	365134	13396
怀化	812981	82	220494	23481	228342	20274
张家界	226939	26	72253	5309	63448	5634
广东	**18536534**	**1986**	**4144776**	**5218405**	**2386748**	**76636**
广州	1508110	240	293917	275869	128937	1529
韶关	744840	114	110696	63674	135518	4480
深圳	270889	17	39775	55569	46364	265
珠海	192891	13	17939	95048	17371	190
汕头	733762	133	108329	289887	54626	463
佛山	1134805	145	60866	377138	111756	387
江门	1241080	115	83394	602507	104519	2771
湛江	1765509	131	430885	728902	195410	24700
茂名	1667249	161	805452	517956	450887	4724
惠州	906714	92	183165	112575	93644	2208
肇庆	1375313	140	281312	177554	186601	6430
潮州	521016	52	96818	152837	49669	667
梅州	781331	87	506974	57055	152900	4417
中山	327622	45	161352	176431	31285	54
东莞	514373	64	165016	91901	99300	596

城市	农林牧渔业产值(万元)	主要农产品产量				
		蔬菜(万吨)	水果(吨)	水产品(吨)	猪肉(吨)	牛羊肉(吨)
汕尾	614747	38	67695	504016	48320	2654
河源	560483	46	103208	23549	76705	2626
阳江	839760	56	61632	680216	72056	4418
清远	935260	98	101181	45764	139283	6763
揭阳	1003821	137	300618	130088	88199	3198
云浮	896959	63	164552	59869	103398	3096
广西	**6321249**	**519**	**1542775**	**1682018**	**1060050**	**36733**
南宁	620077	86	377862	53290	90933	4506
柳州	313000	42	57302	15184	50318	5306
桂林	300624	33	87009	20006	82954	3348
梧州	874507	97	116745	39927	185561	4021
北海	600083	32	31325	693189	54855	2896
玉林	1486919	101	288767	71769	282958	5407
钦州	955308	54	454204	439443	111277	4852
贵港	876793	66	90550	70005	174602	5404
防城港	293938	9	39011	279205	26592	993
海南	**146399**	**28**	**31813**	**47588**	**18423**	**1061**
海口	41953	11	39	11621	12604	247
三亚	104446	17	31774	35967	5819	814
重庆	**4812131**	**608**	**607242**	**158300**	**1452155**	**70214**
四川	**9931164**	**1383**	**1176567**	**270039**	**3004575**	**126327**
成都	1815633	307	385907	40558	441866	11114
自贡	484616	72	39096	17333	151746	8248
攀枝花	121926	32	25058	3733	34475	2681
泸州	688468	84	51081	17138	225715	11224
德阳	950450	112	63956	16550	289957	6235
绵阳	1099335	107	83475	25325	279030	11567
广元	522296	75	74461	7200	192944	15932
遂宁	646991	95	23870	14050	178416	5055
内江	1513387	188	151775	67931	428664	16958
乐山	525237	93	83720	13854	177499	12781
宜宾	663823	66	84000	18778	232071	9559
南充	899002	152	110168	27589	372192	14973

续表 7

城市	农林牧渔业产值(万元)	主要农产品产量				
		蔬菜(万吨)	水果(吨)	水产品(吨)	猪肉(吨)	牛羊肉(吨)
贵州	**1698952**	**126**	**71598**	**16025**	**389859**	**28571**
贵阳	340619	48	16966	7471	76943	5146
六盘水	176723	22	7665	322	45586	2950
遵义	1181610	56	46967	8232	267330	20475
云南	**1592557**	**158**	**127112**	**39856**	**452971**	**25240**
昆明	633390	67	62547	25440	138137	9173
东川	26185	4	1992	358	6397	250
曲靖	932982	87	62573	14058	308437	15817
陕西	**3741338**	**395**	**3147965**	**39972**	**314537**	**54917**
西安	878951	142	286526	10054	104722	21401
铜川	64709	4	105820	915	3483	3727
宝鸡	423987	39	298003	4220	26303	4537
咸阳	817233	99	1148710	2963	40386	6511
延安	291375	8	289769	1303	15223	5683
汉中	563178	66	37200	10156	103737	2448
渭南	701905	37	981937	10361	20683	10610
甘肃	**725245**	**140**	**243421**	**3774**	**114194**	**20033**
兰州	234094	71	94035	1320	33530	3829
嘉峪关	10570	4	2142	76	1218	350
金昌	84086	9	5294	383	8838	4393
白银	202314	32	48059	1389	29938	6859
天水	194181	23	93891	606	40670	4602
青海	**74164**	**16**	**1414**	**209**	**11888**	**5729**
西宁	74164	16	1414	209	11888	5729
宁夏	**273808**	**52**	**45240**	**17040**	**20174**	**16360**
银川	176139	32	35215	14389	11872	7886
石嘴山	97669	20	10025	2651	8302	8474
新疆	**84888**	**29**	**2349**	**2728**	**4648**	**8386**
乌鲁木齐	72708	28	2308	2463	3471	7983
克拉玛依	12180	1	41	265	1177	403

14. 人均农产品占有量(包括市辖县)

城　市	人均蔬菜产量(千克)	人均猪牛羊肉产量(千克)	人均禽肉产量(千克)	人均禽蛋产量(千克)	人均牛羊奶产量(千克)	人均水产品产量(千克)
城市合计	**306**	**39**	**10**	**20**	**6**	**36**
超大城市	**290**	**34**	**13**	**18**	**12**	**13**
特大城市	**428**	**39**	**10**	**33**	**13**	**48**
大 城 市	**344**	**37**	**10**	**23**	**6**	**34**
中等城市	**280**	**43**	**9**	**17**	**2**	**37**
小 城 市	**205**	**30**	**9**	**9**	**5**	**63**
东部城市	**371**	**35**	**13**	**25**	**5**	**61**
中部城市	**267**	**45**	**8**	**18**	**7**	**16**
西部城市	**193**	**41**	**5**	**8**	**5**	**4**
北　　京	**351**	**23**	**10**	**20**	**18**	**6**
天　　津	**540**	**22**	**6**	**29**	**14**	**21**
河　　北	**484**	**47**	**9**	**46**	**8**	**9**
石 家 庄	764	75	12	79	21	2
唐　　山	1086	57	19	37	26	47
秦 皇 岛	542	51	12	20	11	28
邯　　郸	275	39	7	75	3	2
邢　　台	203	32	10	63	4	1
保　　定	382	40	6	32	3	4
张 家 口	315	35	3	16	9	1
承　　德	283	66	2	17	5	1
沧　　州	253	28	9	40	1	15
廊　　坊	710	64	16	46	3	6
衡　　水	473	41	6	31	1	1
山　　西	**268**	**17**	**1**	**8**	**15**	**0**
太　　原	391	13	1	14	15	1
大　　同	327	23	1	6	8	0
阳　　泉	102	8	1	5	1	1
长　　治	272	18	1	7	1	0
晋　　城	63	15		9		0
朔　　州	338	25	1	8	100	0

注：表中所有的分类及分省(区)合计数的统计范围均是地级及地级以上城市。

续表 1

城市	人均蔬菜产量(千克)	人均猪牛羊肉产量(千克)	人均禽肉产量(千克)	人均禽蛋产量(千克)	人均牛羊奶产量(千克)	人均水产品产量(千克)
内蒙古	**182**	**34**	**3**	**13**	**20**	**2**
呼和浩特	235	33	2	14	55	3
包头	209	21	2	9	11	2
乌海	330	16	1	3	2	1
赤峰	133	41	5	15	10	1
辽宁	**368**	**41**	**14**	**32**	**5**	**69**
沈阳	322	26	15	32	8	12
大连	333	33	11	23	9	345
鞍山	254	54	29	65	1	5
抚顺	157	30	8	31	9	1
本溪	199	23	2	14	1	3
丹东	407	27	2	12	2	63
锦州	1056	89	32	79	6	53
营口	146	19	8	26	1	78
阜新	190	58	3	12	4	1
辽阳	378	24	19	29	1	22
盘锦	461	15	16	18	4	105
铁岭	387	86	25	29	3	3
朝阳	393	27	2	9	2	0
葫芦岛	369	61	7	37	2	66
吉林	**258**	**66**	**26**	**27**	**6**	**5**
长春	327	64	43	32	6	3
吉林	276	48	13	20	5	5
四平	337	132	33	49	10	2
辽源	121	57	15	20	3	2
通化	198	56	37	17		4
白山	188	32	4	18	1	3
白城	212	50	13	16	9	20
松原	147	58	13	27	4	10
黑龙江	**231**	**37**	**10**	**27**	**43**	**8**
哈尔滨	156	41	13	40	47	7
齐齐哈尔	366	46	12	28	63	8
鸡西	265	34	6	18	51	15

续表2

城市	人均蔬菜产量(千克)	人均猪牛羊肉产量(千克)	人均禽肉产量(千克)	人均禽蛋产量(千克)	人均牛羊奶产量(千克)	人均水产品产量(千克)
鹤岗	125	24	8	17	48	3
双鸭山	223	37	8	24	13	6
大庆	352	38	11	19	96	22
伊春	261	22	8	17	10	2
佳木斯	133	39	6	24	11	12
七台河	213	19	10	15	4	2
牡丹江	206	28	4	17	5	4
黑河	220	29	5	13	49	4
上海	**230**	**19**	**27**	**12**	**18**	**23**
江苏	**312**	**27**	**9**	**33**	**2**	**39**
南京	244	17	11	5	6	17
无锡	130	17	6	5	4	19
徐州	437	29	6	53	4	12
常州	197	19	7	6	1	30
苏州	180	21	3	5	3	46
南通	192	19	14	37		70
连云港	541	33	7	27	2	65
淮阴	474	42	5	20		38
盐城	414	42	19	96		70
扬州	240	26	17	30		37
镇江	229	18	3	12	1	25
泰州	268	25	6	33		29
宿迁	380	33	8	28		26
浙江	**229**	**22**	**5**	**8**	**2**	**88**
杭州	293	26	9	9	6	12
宁波	349	15	5	18	1	115
温州	140	11	2	4	1	66
嘉兴	376	38	7	7	1	24
湖州	204	22	5	15		46
绍兴	244	24	7	5		12
金华	162	24	3	6	5	8
衢州	195	40	3	5		7
舟山	145	8	2	6	1	1100

续表 3

城市	人均蔬菜产量(千克)	人均猪牛羊肉产量(千克)	人均禽肉产量(千克)	人均禽蛋产量(千克)	人均牛羊奶产量(千克)	人均水产品产量(千克)
台州	147	17	2	7	1	208
安徽	**201**	**40**	**7**	**13**	**1**	**22**
合肥	114	31	17	17	2	19
芜湖	191	17	9	16	1	32
蚌埠	266	36	8	9	1	23
淮南	159	27	5	13	5	17
马鞍山	103	16	7	4		43
淮北	94	21	3	11		10
铜陵	126	8	4	4		34
安庆	274	29	6	14		33
黄山	188	41	2	9		8
阜阳	222	55	4	14		13
滁州	182	55	15	15		41
福建	**274**	**33**	**7**	**11**	**2**	**128**
福州	337	30	7	22	6	205
厦门	345	28	5	13	1	170
莆田	175	21	4	11	4	177
三明	446	26	7	8		22
泉州	127	27	7	5	1	109
漳州	303	39	10	5	1	219
南平	349	32	7	13	1	23
龙岩	274	64	8	14		12
江西	**239**	**43**	**5**	**10**	**2**	**36**
南昌	239	40	8	22	7	48
景德镇	386	31	3	7		9
萍乡	153	43	5	4		9
九江	206	42	2	5		53
新余	280	57	8	8		20
鹰潭	276	63	5	8		18
山东	**595**	**38**	**19**	**37**	**7**	**87**
济南	793	34	8	59	6	5
青岛	479	28	32	45	19	141
淄博	544	34	9	52	5	4

续表4

城　市	人均蔬菜产量(千克)	人均猪牛羊肉产量(千克)	人均禽肉产量(千克)	人均禽蛋产量(千克)	人均牛羊奶产量(千克)	人均水产品产量(千克)
枣　庄	780	16	5	13	1	9
东　营	611	55	30	55	4	76
烟　台	276	13	11	32	9	255
潍　坊	867	42	65	44	9	54
济　宁	602	48	9	34	1	25
泰　安	833	31	9	21	1	11
德　州	777	53	13	58		10
威　海	311	25	9	23	36	858
临　沂	395	54	14	25	7	6
莱　芜	860	76	14	39	3	6
日　照	268	29	6	22	1	153
河　南	**295**	**34**	**4**	**22**	**2**	**2**
郑　州	165	21	4	18	7	4
开　封	432	39	3	20	4	2
洛　阳	96	21	2	12	2	2
平顶山	206	41	4	16		1
安　阳	301	18	4	25		0
鹤　壁	211	36	20	52	1	1
新　乡	273	36	7	47		3
焦　作	357	36	6	40	1	1
濮　阳	329	25	6	41		1
许　昌	225	45	3	16		1
漯　河	540	54	7	20		1
三门峡	120	18	1	11		1
商　丘	349	39	3	11		1
南　阳	420	47	3	17	2	3
湖　北	**410**	**49**	**8**	**20**	**1**	**38**
武　汉	486	28	7	16	5	36
黄　石	151	27	3	4		28
十　堰	218	44	3	9		10
荆　州	417	53	10	27		64
宜　昌	372	57	7	8	1	18
襄　樊	627	82	11	29		20

续表 5

城市	人均蔬菜产量(千克)	人均猪牛羊肉产量(千克)	人均禽肉产量(千克)	人均禽蛋产量(千克)	人均牛羊奶产量(千克)	人均水产品产量(千克)
鄂州	404	35	4	15		71
荆门	708	83	17	47	2	70
孝感	389	46	9	29		38
黄冈	255	37	4	11		38
湖南	208	64	8	10		18
长沙	303	69	4	7		13
株洲	232	60	5	7		11
湘潭	210	82	3	8		19
衡阳	186	71	8	17		22
邵阳	193	65	6	2		8
岳阳	205	81	7	11		44
益阳	146	42	3	8		25
常德	202	55	21	38		33
郴州	157	64	5	3		10
永州	287	69	11	5		14
怀化	172	52	7	2		5
张家界	166	45	3	5		3
广东	283	35	19	6	1	74
广州	359	20	27	6	5	41
韶关	380	47	10	4		21
深圳	155	43	38	2	17	51
珠海	195	26	8	6		141
汕头	321	13	9	4	1	70
佛山	452	35	35	2		118
江门	304	28	27	7		160
湛江	208	35	15	8		116
茂名	273	77	34	8		88
惠州	346	36	19	7		42
肇庆	380	52	22	11		48
潮州	222	21	11	4		65
梅州	185	34	9	5		12
中山	353	24	27	4		137
东莞	436	68	20	4		62

续表 6

城　市	人均蔬菜产量(千克)	人均猪牛羊肉产量(千克)	人均禽肉产量(千克)	人均禽蛋产量(千克)	人均牛羊奶产量(千克)	人均水产品产量(千克)
汕　尾	150	20	8	5		197
河　源	149	26	8	20		8
阳　江	227	31	16	4		278
清　远	265	40	15	2		12
揭　阳	270	18	10	4	1	26
云　浮	258	44	39	7		25
广　西	**219**	**46**	**18**	**5**		**71**
南　宁	304	34	16	5	2	19
柳　州	240	32	9	2	1	9
桂　林	243	64	11	7	1	15
梧　州	351	69	35	4		14
北　海	237	42	39	16		508
玉　林	184	53	20	4		13
钦　州	173	38	15	4		143
贵　港	152	41	7	3		16
防城港	118	37	9	4		370
海　南	**293**	**20**	**6**	**4**		**50**
海　口	212	25	6	6		23
三　亚	388	15	6	2		82
重　庆	**200**	**50**	**5**	**7**	**1**	**5**
四　川	**236**	**53**	**9**	**10**	**1**	**5**
成　都	311	46	13	13	4	4
自　贡	229	51	9	6	1	6
攀枝花	326	38	2	1	1	4
泸　州	184	52	6	4		4
德　阳	300	80	18	19	1	4
绵　阳	209	57	14	18	1	5
广　元	252	70	5	7		2
遂　宁	258	50	4	6		4
内　江	209	49	6	8		8
乐　山	271	55	12	11		4
宜　宾	132	49	7	4		4
南　充	214	55	5	9		4

续表 7

城市	人均蔬菜产量（千克）	人均猪牛羊肉产量（千克）	人均禽肉产量（千克）	人均禽蛋产量（千克）	人均牛羊奶产量（千克）	人均水产品产量（千克）
贵州	**101**	**34**	**2**	**2**	**1**	**1**
贵阳	154	26	2	2	4	2
六盘水	83	18	1	1		0
遵义	84	43	2	2		1
云南	**161**	**49**	**3**	**4**	**5**	**4**
昆明	174	38	5	7	13	7
东川	135	23	1		1	1
曲靖	153	57	1	2	1	2
陕西	**149**	**14**	**1**	**12**	**16**	**2**
西安	215	19	3	26	31	2
铜川	44	9	1	5		1
宝鸡	111	9		5	18	1
咸阳	208	10	1	12	22	1
延安	42	11	1	6		1
汉中	181	29	1	4	1	3
渭南	72	6		6	11	2
甘肃	**169**	**16**	**1**	**5**	**4**	**0**
兰州	253	13	1	6	9	0
嘉峪关	325	12		5	1	1
金昌	222	31	2	7	3	1
白银	191	22	1	8	2	1
天水	71	14	1	4		0
青海	**141**	**16**		**3**	**20**	**0**
西宁	141	16		3	20	0
宁夏	**326**	**23**	**7**	**11**	**43**	**11**
银川	350	21	6	14	69	16
石嘴山	294	25	8	6	7	4
新疆	**166**	**7**	**3**	**8**	**13**	**2**
乌鲁木齐	186	8	3	7	14	2
克拉玛依	45	6	6	11	6	1

15. 工 业 总 产 值

城 市	全部工业总产值（万元）		乡及乡以上工业总产值（万元）		乡及乡以上工业企业单位数（个）	
	地区	市区	地区	市区	地区	市区
城市合计	**1060806397**	**500890463**	**642993277**	**388111368**	**441010**	**190890**
超大城市	**210198551**	**148245570**	**155426611**	**124398998**	**94696**	**63350**
特大城市	**166668266**	**94791020**	**98645746**	**68840827**	**56998**	**30682**
大 城 市	**256249467**	**111536642**	**154889372**	**87441122**	**86910**	**38606**
中等城市	**379469208**	**134703235**	**212522416**	**100372622**	**175373**	**51602**
小 城 市	**48220905**	**11613996**	**21509132**	**7057799**	**27033**	**6650**
东部城市	**738359575**	**337611012**	**442891707**	**261290457**	**258575**	**115533**
中部城市	**241659388**	**111576335**	**142785875**	**87571879**	**127139**	**51263**
西部城市	**80787434**	**51703116**	**57315695**	**39249032**	**55296**	**24094**
北 京	**19638337**	**15752215**	**17449786**	**14510966**	**19387**	**12893**
天 津	**28382016**	**19958812**	**17823498**	**15196366**	**11280**	**9293**
河 北	**66723345**	**18979124**	**29747973**	**13726360**	**22183**	**4959**
石家庄	13736933	4303879	6222991	3157413	2969	519
唐 山	9721495	3463937	5382117	2615093	3501	1103
秦皇岛	2451413	1372043	1526778	1175965	1052	520
邯 郸	6731479	3964145	3681477	2168009	2305	616
邢 台	6226919	928271	2289075	789285	1991	239
保 定	8484899	1356579	2716746	1069834	2687	623
张家口	2744355	1323889	1716449	1104921	1710	452
承 德	1370162	565904	1068115	501443	1406	274
沧 州	6126652	592482	2039918	488462	1975	179
廊 坊	4653914	597492	1329968	288489	1342	263
衡 水	4475124	510503	1774339	367446	1245	171
山 西	**13600700**	**8109115**	**7774135**	**5965739**	**5914**	**3094**
太 原	4185466	3858785	2884934	2572347	1763	1430
大 同	1941719	1336687	1563294	1310248	1337	654
阳 泉	1762199	857370	857371	636368	508	288
长 治	2549244	1023124	1155017	686806	969	292
晋 城	2295821	423545	589338	229511	693	115
朔 州	866251	609604	724181	530459	644	315

注：表中所有的分类及分省（区）合计数的统计范围均是地级及地级以上城市。

续表1

城市	全部工业总产值(万元)		乡及乡以上工业总产值(万元)		乡及乡以上工业企业单位数(个)	
	地区	市区	地区	市区	地区	市区
内蒙古	6166910	4881080	4171919	3614561	4388	3032
呼和浩特	1607809	1119451	869999	731869	1431	1109
包头	3123889	2759823	2196538	2093020	1579	1251
乌海	343001	343001	328171	328171	256	256
赤峰	1092211	658805	777211	461501	1122	416
辽宁	**63497535**	**42540876**	**36449611**	**30341379**	**31900**	**20682**
沈阳	11501291	9977815	6568499	6172459	7855	6782
大连	17456711	12298215	8067214	6995342	3034	2285
鞍山	8847427	3894745	4386209	3066874	2628	1749
抚顺	4853175	3767484	3313365	3020963	2360	1690
本溪	2209876	1897541	1700002	1510302	1758	1135
丹东	2016023	711230	1191489	704550	1753	774
锦州	2685505	1311723	1649039	1174550	1874	1034
营口	2534181	1244049	1373341	987730	1915	1075
阜新	864684	579706	658350	561199	1415	957
辽阳	3109000	1747258	1522271	1352201	1551	1194
盘锦	2779286	2286024	2497179	2269031	1196	753
铁岭	1494396	523038	909326	479826	1439	321
朝阳	1227562	652688	775161	452376	1950	380
葫芦岛	1918418	1649360	1838166	1593976	1172	553
吉林	**16556746**	**11435570**	**12815489**	**9808956**	**10837**	**5320**
长春	6971002	5758073	5235435	4623377	2755	2027
吉林	4297906	3267832	3564562	3035290	2753	1545
四平	1277564	435074	888298	388139	1203	449
辽源	605570	301152	356828	229968	742	370
通化	1318242	527388	965584	462619	1375	455
白山	693845	237961	548921	215089	586	131
白城	428864	203410	334391	159765	786	219
松原	963753	704680	921470	694709	637	124
黑龙江	**23993396**	**16441007**	**19946405**	**15256171**	**17380**	**9074**
哈尔滨	7542288	4271323	5522288	3681136	6098	3749
齐齐哈尔	2274952	1254676	1648086	1174108	2509	1147
鸡西	969226	424510	839664	399040	1161	445

续表 2

城 市	全部工业总产值(万元)		乡及乡以上工业总产值(万元)		乡及乡以上工业企业单位数(个)	
	地区	市区	地区	市区	地区	市区
鹤 岗	503812	385765	459819	351615	569	374
双鸭山	640509	360221	534031	331557	1005	511
大 庆	7732379	7285255	7530135	7239242	1039	491
伊 春	617170	440526	545173	410779	920	732
佳木斯	924979	741376	898455	563013	1385	637
七台河	438285	323830	327493	251942	519	324
牡丹江	1957241	901007	1394051	816367	1304	529
黑 河	392555	52518	247210	37372	871	135
上 海	**56499302**	**39427800**	**46715001**	**39262386**	**14287**	**10230**
江 苏	**125445553**	**37396687**	**82264445**	**29988145**	**40834**	**8810**
南 京	13831951	9291187	10981745	7978361	3712	1824
无 锡	22048267	5552036	14214587	4213784	3897	1223
徐 州	9001834	3660794	4649261	2409148	2174	477
常 州	9990649	3819625	6292310	3012089	3140	786
苏 州	24224588	4152312	16190742	3321198	4884	917
南 通	9714991	2111884	6343327	1833120	5351	718
连云港	4439396	1475441	2286294	1113815	2286	839
淮 阴	2797457	896677	2088049	814075	2117	320
盐 城	7478743	916410	4598263	735632	3011	200
扬 州	7080438	1964244	5026497	1570937	2952	432
镇 江	7452814	1546793	4383775	1262406	3208	526
泰 州	5543577	1826907	4165238	1578881	2881	445
宿 迁	1840848	182377	1044357	144699	1221	103
浙 江	**104459889**	**30179216**	**40758348**	**16524232**	**28448**	**9037**
杭 州	16547022	6706012	9114651	4997257	4980	1733
宁 波	20392352	5487800	8616664	3803812	5656	1713
温 州	12423975	4755186	4485690	2088243	5020	2169
嘉 兴	9430718	1794001	4770600	1000499	2765	706
湖 州	6328709	3304578	2770453	1513431	1832	681
绍 兴	14766349	1177205	5756382	818527	2688	226
金 华	10351001	624906	1835108	312022	1708	203
衢 州	1742657	479502	967821	409221	1346	260
舟 山	813871	665776	525264	441465	649	464

续表 3

城市	全部工业总产值（万元）		乡及乡以上工业总产值（万元）		乡及乡以上工业企业单位数（个）	
	地区	市区	地区	市区	地区	市区
台州	11663235	5184250	1915715	1139755	1804	882
安徽	**35530032**	**14221244**	**19099712**	**10355912**	**14759**	**4586**
合肥	4707145	3678544	2557519	2211874	1481	594
芜湖	3411184	1367949	1815929	1085828	1334	535
蚌埠	2388111	1117191	1412782	892044	1217	532
淮南	2167344	1511524	1198352	1032692	786	621
马鞍山	2021006	1398011	1524188	1196739	632	382
淮北	1731019	1241594	1022540	913534	422	249
铜陵	1090052	720267	810989	672147	482	254
安庆	4001838	1124331	2030421	964651	2295	354
黄山	737254	255798	393398	154155	1030	336
阜阳	8107255	919984	3432773	564756	2559	353
滁州	5167824	886051	2900821	667492	2521	376
福建	**38247520**	**15019284**	**20147026**	**10777089**	**19115**	**6628**
福州	8935911	4140168	5207124	2885849	3521	1751
厦门	5258266	5258266	4737295	4737295	2190	2190
莆田	1733436	1040062	841993	395715	631	258
三明	2161430	734788	1781450	694061	2353	417
泉州	10904517	1490335	3096572	504255	3122	403
漳州	5616566	989177	2228867	571072	2810	754
南平	2079630	690666	1249543	489745	2597	483
龙岩	1557764	675822	1004182	499097	1891	372
江西	**9007126**	**6537442**	**6390861**	**4539624**	**7372**	**3264**
南昌	3809500	3280300	2558908	2129708	2480	1360
景德镇	960300	652000	815692	609854	780	302
萍乡	1085986	1021181	446733	421392	810	635
九江	1786036	874724	1396226	798737	2149	466
新余	729348	616755	558488	492193	405	262
鹰潭	635956	92482	614814	87740	748	239
山东	**98195782**	**44338362**	**58846793**	**30688448**	**22096**	**9275**
济南	8975916	5774544	6033037	4254285	1843	884
青岛	13704735	7952579	9683405	6822156	4028	2399
淄博	8498737	7266976	5068194	4403585	1362	1037

城市	全部工业总产值(万元)		乡及乡以上工业总产值(万元)		乡及乡以上工业企业单位数(个)	
	地区	市区	地区	市区	地区	市区
枣　庄	4481442	3160596	2531258	1916708	1134	885
东　营	4412489	2931644	3503954	2801775	834	433
烟　台	13652819	3787603	6873581	2168799	2392	842
潍　坊	12530709	3363102	6497130	1756758	2190	478
济　宁	4017747	959101	3308727	914680	1554	346
泰　安	3738022	1639879	2310770	834172	1159	459
德　州	3183552	968966	1687379	766667	1564	255
威　海	9998064	2075037	6560127	1657389	1393	390
临　沂	7727291	2183166	3050415	1097812	1771	358
莱　芜	1346726	1346726	937724	937724	257	257
日　照	1927533	928443	801092	355938	615	252
河　南	**48218672**	**15443161**	**26749588**	**13379053**	**22726**	**8539**
郑　州	8880559	2664246	4385117	2244892	2937	1538
开　封	1934314	735783	1249514	705613	2061	1258
洛　阳	5435470	2867861	3066268	2429931	1725	795
平顶山	3173803	1260513	1729768	1135823	1256	453
安　阳	3023020	1261407	1764568	1142935	1476	641
鹤　壁	917096	512793	715102	404160	764	559
新　乡	3264924	1139843	2054778	983447	2270	757
焦　作	4809022	1082118	2494760	1025789	1211	375
濮　阳	1852482	959250	1279246	919141	877	196
许　昌	3686044	561412	1538585	531447	1307	312
漯　河	2169028	587536	1371436	527404	1026	232
三门峡	1761013	270595	1177071	256146	1325	382
商　丘	1779209	444888	996107	339132	1723	527
南　阳	5532688	1094916	2927268	733193	2768	514
湖　北	**53031374**	**21654912**	**28393662**	**15382725**	**18992**	**6928**
武　汉	11541926	9805777	7665715	7157125	3373	2808
黄　石	2092640	1091739	1415386	1054934	1581	971
十　堰	3093903	1834363	2429263	1823278	964	224
荆　州	4707000	1401040	2817217	982489	1949	526
宜　昌	4421836	858473	2309462	770010	1967	313
襄　樊	8857266	1095454	4380237	1036462	2418	377

续表 5

城　市	全部工业总产值（万元）		乡及乡以上工业总产值（万元）		乡及乡以上工业企业单位数（个）	
	地区	市区	地区	市区	地区	市区
鄂　州	1907833	1907833	911208	911208	616	616
荆　门	4382604	2420061	2233416	1229154	1300	565
孝　感	5162359	911580	1976333	236865	2347	336
黄　冈	6864007	328592	2255425	181200	2477	192
湖　南	**35554432**	**12852804**	**17444104**	**9269138**	**24771**	**7426**
长　沙	6008035	2602271	3620568	2116904	3838	1747
株　洲	3528681	1865512	2002825	1512806	1800	652
湘　潭	2342194	1240622	1435060	1001976	1643	860
衡　阳	3977847	1034836	1621283	665542	2682	798
邵　阳	2538482	337287	771146	203155	2306	434
岳　阳	4435869	1984144	2597987	1718269	1944	460
益　阳	1891694	638780	763969	288145	1912	622
常　德	3323160	1245713	1668730	728770	2118	494
郴　州	2965897	741275	996652	437622	1807	453
永　州	2508321	826945	879302	419009	2063	550
怀　化	1711083	254541	961153	139078	2189	225
张家界	323169	80878	125429	37862	469	131
广　东	**123748257**	**65864175**	**84402253**	**54072500**	**39328**	**18404**
广　州	23753915	13865661	18142403	12572117	7527	5631
韶　关	1978326	1108028	1573434	1071817	1974	410
深　圳	16644474	16644474	13911454	13911454	2400	2400
珠　海	4609565	3930805	3983178	3479655	1573	1189
汕　头	5886146	2457471	2886881	2025725	1676	1131
佛　山	15273835	3054548	9858481	2671839	1889	542
江　门	9881455	2068298	7158681	1917281	2500	470
湛　江	3721776	2060747	2503735	1786719	1425	532
茂　名	5276573	1781445	2611077	1602783	1423	295
惠　州	6387149	3203355	5300731	3094281	2909	715
肇　庆	4519029	1129343	3375837	1024421	2359	501
潮　州	2636904	767105	678078	399768	758	331
梅　州	1396416	217973	870314	196282	1898	291
中　山	5109521	5109521	3718158	3718158	916	916
东　莞	6009185	6009185	3623063	3623063	2043	2043

续表 6

城市	全部工业总产值（万元）		乡及乡以上工业总产值（万元）		乡及乡以上工业企业单位数（个）	
	地区	市区	地区	市区	地区	市区
汕尾	1037528	199367	286119	95654	440	96
河源	360101	98708	279103	86974	743	138
阳江	1015670	383374	596390	134718	795	85
清远	955153	328711	756766	279495	1618	301
揭阳	4994820	1005915	934701	191987	1273	273
云浮	2300716	440141	1353669	188309	1189	114
广西	**12790013**	**7422435**	**7599015**	**5514628**	**9285**	**4890**
南宁	1703844	1196820	1373227	1008750	1330	897
柳州	2604844	2268625	2413878	2126583	1772	1354
桂林	1302045	1093072	1096594	987334	1240	872
梧州	1480278	528744	754328	470106	917	367
北海	1052775	585634	423352	294716	490	241
玉林	2488800	792200	747577	193183	1770	476
钦州	857009	310178	242315	123503	666	314
贵港	917986	397756	369968	203073	842	213
防城港	382432	249406	177776	107380	258	156
海南	**732026**	**732026**	**687958**	**687958**	**432**	**432**
海口	658071	658071	626421	626421	340	340
三亚	73955	73955	61537	61537	92	92
重庆	**12851675**	**8341780**	**9215998**	**5981930**	**10632**	**3727**
四川	**28747740**	**15707662**	**19478583**	**11625329**	**20751**	**7842**
成都	11016783	6556214	6400792	3922621	4582	1978
自贡	1669263	973153	978997	760431	1968	1014
攀枝花	1372315	1294025	1320515	1255778	843	628
泸州	1147075	667307	828345	528980	1501	486
德阳	2676175	664026	1723843	472296	1556	186
绵阳	3597976	2665207	2997534	2420130	1551	697
广元	602588	319054	386001	227051	1041	359
遂宁	909676	313694	655686	204294	787	329
内江	2123509	431160	1469061	322059	2628	436
乐山	1277790	633122	1062945	546216	1422	946
宜宾	1499177	825822	1085118	705088	1437	322
南充	855413	364878	569746	260385	1435	461

续表 7

城市	全部工业总产值(万元)		乡及乡以上工业总产值(万元)		乡及乡以上工业企业单位数(个)	
	地区	市区	地区	市区	地区	市区
贵州	**4555432**	**3073446**	**3675577**	**2617459**	**3933**	**2120**
贵阳	2542035	2009146	2137603	1726336	2032	1532
六盘水	577222	537254	451852	424480	396	303
遵义	1436175	527046	1086122	466643	1505	285
云南	**6831982**	**4968184**	**4703451**	**3161072**	**2787**	**1541**
昆明	5325924	4315823	3603879	2593777	1958	1279
东川	81230	81230	69436	69436	69	69
曲靖	1424828	571131	1030136	497859	760	193
陕西	**15616223**	**8918580**	**9742273**	**6471017**	**10047**	**4443**
西安	6668065	5238913	3705451	3340154	3208	2408
铜川	416653	340943	331657	292696	564	391
宝鸡	2504807	876682	1304472	807367	1572	556
咸阳	2844787	1825117	1935987	1521329	1222	313
延安	769599	189699	701286	174929	569	129
汉中	1164187	227490	802864	167910	1593	306
渭南	1248125	219736	960556	166632	1319	340
甘肃	**6198692**	**5449526**	**4851325**	**4267086**	**3657**	**1528**
兰州	3889057	3684198	3026470	2677954	1290	862
嘉峪关	306246	306246	303588	303588	72	72
金昌	489330	333988	443096	322556	256	105
白银	861612	741169	762976	704816	368	122
天水	652447	383925	315195	258172	1671	367
青海	**792133**	**469082**	**738957**	**415878**	**934**	**758**
西宁	792133	469082	738957	415878	934	758
宁夏	**1362202**	**1129961**	**1241364**	**1084081**	**970**	**645**
银川	829530	711689	750136	678003	620	446
石嘴山	532672	418272	491228	406078	350	199
新疆	**3831355**	**3644895**	**3668167**	**3625180**	**1585**	**1490**
乌鲁木齐	2051047	1864587	1891513	1848526	1459	1364
克拉玛依	1780308	1780308	1776654	1776654	126	126

16. 全部独立核算工业企业财务(一)

单位:万元

城市	产品销售收入		利税总额		本年应交增值税	
	地区	市区	地区	市区	地区	市区
城市合计	**583317224**	**371656054**	**52323861**	**36628979**	**25207761**	**17726316**
超大城市	**154518513**	**127278111**	**13474017**	**11782552**	**6494405**	**5564847**
特大城市	**89585849**	**65151249**	**8450058**	**6415454**	**4224247**	**3295839**
大城市	**136092414**	**80101369**	**13173586**	**8838290**	**5687899**	**3837434**
中等城市	**184306369**	**92481660**	**15797448**	**9093228**	**7970232**	**4691583**
小城市	**18814079**	**6643665**	**1369417**	**499455**	**830978**	**336613**
东部城市	**410610586**	**256962105**	**34771309**	**23642262**	**16443302**	**11242408**
中部城市	**121170992**	**78550308**	**12342309**	**8987124**	**6097681**	**4579210**
西部城市	**51535646**	**36143641**	**5150908**	**3999593**	**2666778**	**1904698**
北京	**17070867**	**14704220**	**1405499**	**1303416**	**756769**	**672316**
天津	**16681519**	**14604080**	**1399726**	**1149177**	**623505**	**553514**
河北	**27104584**	**13924117**	**2800416**	**1474471**	**1181701**	**776978**
石家庄	5520447	3214303	686015	402271	237468	174015
唐山	4739959	2621104	476945	307121	249205	166869
秦皇岛	1580981	1238378	89771	75691	63678	54351
邯郸	3174920	2047499	362206	225822	151390	116159
邢台	2148635	869997	236185	79245	76263	46184
保定	2515563	1039477	250133	108571	114169	60399
张家口	1753561	1238247	182961	151152	95177	76273
承德	968033	507653	67155	34789	42272	26945
沧州	1924852	504744	180028	44031	63705	21550
廊坊	1162416	289957	106464	19293	31299	10876
衡水	1615217	352758	162553	26485	57075	23357
山西	**6783047**	**5474692**	**731320**	**588777**	**416623**	**347172**
太原	2506003	2293572	175672	156362	139318	131790
大同	1425571	1239558	215168	185470	97071	84343
阳泉	696663	545037	50471	44948	45617	39193
长治	994306	633937	123782	87593	68258	48638
晋城	505526	262216	68953	35147	37043	22651
朔州	654978	500372	97274	79257	29316	20557

注:表中所有的分类及分省(区)合计数的统计范围均是地级及地级以上城市。

续表1　　　　　　　　　　　　　　　　　　　　　　　　　　　　　　　单位: 万元

城　市	产品销售收入		利税总额		本年应交增值税	
	地区	市区	地区	市区	地区	市区
内蒙古	**3884253**	**3408288**	**379318**	**329307**	**239092**	**215998**
呼和浩特	710040	605958	82712	70348	41136	36008
包　头	2214822	2124692	196303	182656	133483	128709
乌　海	235886	235886	37187	37187	20783	20783
赤　峰	723505	441752	63116	39116	43690	30498
辽　宁	**34094002**	**29307985**	**2371319**	**2039199**	**1657388**	**1475433**
沈　阳	6384430	6074203	440797	419045	274356	261632
大　连	7368494	6482375	490276	434114	285884	259880
鞍　山	3667199	2798434	278276	204988	199161	175135
抚　顺	3572678	3337438	155561	140582	158307	148097
本　溪	1677330	1555220	95241	85532	85093	79874
丹　东	1094862	712760	3582	3084	50072	35421
锦　州	1522414	1132399	73332	67838	68690	51441
营　口	1186027	870562	141270	128905	70891	55607
阜　新	635690	562440	26456	28635	44397	40874
辽　阳	1431297	1281866	103050	95236	77923	72993
盘　锦	2256158	2112882	305143	296989	164882	159771
铁　岭	812983	379009	36976	28878	44307	27269
朝　阳	766194	477151	39673	40796	47141	28548
葫芦岛	1718246	1531246	181686	64577	86284	78891
吉　林	**11443636**	**9249715**	**704920**	**571314**	**569900**	**484285**
长　春	4940889	4643338	345197	319179	234039	223949
吉　林	2948607	2499264	90032	73479	138635	119331
四　平	787950	374166	39717	13317	49070	25495
辽　源	297187	206594	17483	11401	15637	11983
通　化	896549	539246	92147	49582	42898	26278
白　山	461365	195263	19072	−6668	25582	15599
白　城	269390	139784	6066	7835	12389	6722
松　原	841699	652060	95206	103189	51650	54928
黑龙江	**17468415**	**13924400**	**3113771**	**2893386**	**1218037**	**1087577**
哈尔滨	4744449	3171542	287727	191168	181099	129045
齐齐哈尔	1327639	931637	29549	22403	66529	48641
鸡　西	654105	400633	20211	−1378	38085	25728

续表2　　　　　　单位: 万元

城市	产品销售收入		利税总额		本年应交增值税	
	地区	市区	地区	市区	地区	市区
鹤岗	363808	298550	39252	37745	29069	26889
双鸭山	309602	214463	15195	12159	15369	13015
大庆	7168734	7044089	2514920	2509324	728199	724603
伊春	453250	345939	6412	−1112	12654	11563
佳木斯	688616	502689	19423	8376	46928	38131
七台河	295645	222873	21487	19915	17906	14482
牡丹江	1271894	760513	155046	91375	72725	54074
黑河	190673	31472	4549	3411	9474	1406
上海	**53844890**	**45502707**	**5131739**	**4640143**	**2204788**	**1952141**
江苏	**70610359**	**27706842**	**4985460**	**2371973**	**2626300**	**1250553**
南京	10077056	7778810	851272	718982	422819	355581
无锡	12495922	4162086	930147	388960	409099	181566
徐州	3821393	2014635	321060	206176	174268	124337
常州	5581680	2785364	312854	154930	200832	106043
苏州	14197906	3091147	822566	133111	402593	100331
南通	5112937	1682004	344182	170952	221103	89766
连云港	1827362	876622	109242	59218	59859	38321
淮阴	1748433	732044	153881	96121	70930	34838
盐城	3776410	673767	229787	53510	143349	39851
扬州	4299929	1370759	242058	71503	176107	56483
镇江	3265409	892524	224551	54289	152880	53028
泰州	3558861	1535809	354670	259888	155609	65605
宿迁	847061	111271	89190	4333	36852	4803
浙江	**36965416**	**15259554**	**3206065**	**1550256**	**1627245**	**771090**
杭州	8509236	4938527	847643	615859	424651	270892
宁波	7475136	3177157	785988	409440	325936	166703
温州	4161261	1872963	359484	149156	168970	74185
嘉兴	4278527	902349	269276	69088	183923	58515
湖州	2525139	1442385	156013	92800	103577	56213
绍兴	5226718	798295	466204	58497	208224	49459
金华	1668213	294671	104165	30355	72441	19097
衢州	850263	385976	55768	26184	47594	23519
舟山	564373	487925	25500	23745	18612	14770

续表3　　　　单位: 万元

城市	产品销售收入		利税总额		本年应交增值税	
	地区	市区	地区	市区	地区	市区
台　州	1706550	959306	136024	75132	73317	37737
安　徽	**15357668**	**8646459**	**1323634**	**794937**	**618161**	**439244**
合　肥	2197038	1934770	155348	148723	81084	74831
芜　湖	1377650	912911	156791	125473	65893	49840
蚌　埠	1097719	781926	171870	139632	59601	47561
淮　南	896281	722545	64838	21065	47998	40668
马鞍山	1368596	1120997	139329	123639	79034	74626
淮　北	785682	697641	62202	65250	49711	46501
铜　陵	608597	497571	26324	17026	24834	21860
安　庆	1701095	900311	105050	64838	69028	43521
黄　山	262212	101302	9933	2395	9649	4093
阜　阳	2933105	518935	391357	77982	70632	21294
滁　州	2129693	457550	40592	8914	60697	14449
福　建	**18021161**	**9862109**	**1636457**	**870630**	**639926**	**348656**
福　州	4626786	2648175	408391	251606	150774	89246
厦　门	4210337	4210337	282206	282206	107768	107768
莆　田	836757	355621	70635	25833	31455	10061
三　明	1533779	660016	166619	58947	88019	38258
泉　州	2976812	481911	352349	41385	101419	23936
漳　州	1862290	526677	121513	43907	52081	21651
南　平	1050461	498243	92487	63225	48791	24477
龙　岩	923939	481129	142257	103521	59619	33259
江　西	**5672333**	**3964025**	**374393**	**261484**	**256738**	**192291**
南　昌	2264003	1653673	142559	115491	73328	62076
景德镇	729073	530319	60771	30118	43270	24248
萍　乡	374811	354570	20180	12682	24861	23916
九　江	1131170	741459	46974	43212	60703	44487
新　余	578185	534151	6444	33628	32839	30932
鹰　潭	595091	149853	38130	26353	21737	6632
山　东	**51018272**	**28452344**	**5156159**	**2741392**	**2268250**	**1405777**
济　南	6058134	4570632	701230	469315	240832	165883
青　岛	9442747	6987414	619232	521851	297450	235827
淄　博	4546257	3927614	442881	386125	254778	224579

续表4

单位: 万元

城市	产品销售收入		利税总额		本年应交增值税	
	地区	市区	地区	市区	地区	市区
枣庄	2095479	1587044	169462	127772	101773	79254
东营	3036991	2508343	435891	376232	282229	265289
烟台	5441043	1811954	540302	168063	201438	82965
潍坊	5393512	1428930	522199	99177	207706	73540
济宁	3002732	798839	424607	74636	196262	56755
泰安	2001511	726287	198978	52857	106635	31906
德州	1478127	698524	218325	142807	79629	49333
威海	4477091	1373222	515257	141333	134245	51970
临沂	2536897	929679	259302	97529	102023	41139
莱芜	821773	821773	64728	64728	36378	36378
日照	685978	282089	43765	18967	26872	10959
河南	**23345349**	**11699011**	**2347127**	**1338141**	**1081331**	**689517**
郑州	3849285	1984647	486698	236848	208116	121521
开封	986252	553621	52329	46927	31261	24851
洛阳	2780733	2198884	265802	207460	143841	113645
平顶山	1551004	1040692	141834	122090	99525	79364
安阳	1491797	1003431	149895	120213	84144	65927
鹤壁	599688	340703	47810	38853	34416	26809
新乡	1779678	905859	121980	77841	72886	45730
焦作	2393962	660225	322606	86722	108051	58209
濮阳	1219962	926781	81156	83667	53262	47693
许昌	1225422	420228	148486	86511	47915	27800
漯河	1215413	566356	99803	90830	27172	18986
三门峡	1052320	247402	115725	33801	40163	17210
商丘	778333	254020	75775	19595	28981	10437
南阳	2421500	596162	237228	86783	101598	31335
湖北	**23108843**	**13918016**	**1948001**	**1154656**	**972555**	**663233**
武汉	7072875	6696807	640502	611503	365636	355708
黄石	1146362	885831	74045	63305	49382	43640
十堰	2210218	1825736	123948	97116	97088	75376
荆州	2045167	794941	101845	29887	60379	25783
宜昌	1834510	673829	214525	84448	93766	40740
襄樊	3128871	776553	312335	58782	124383	41698

续表5 单位: 万元

城市	产品销售收入		利税总额		本年应交增值税	
	地区	市区	地区	市区	地区	市区
鄂州	767951	767951	38648	38648	15573	15573
荆门	1788905	1078726	188299	132549	68609	50998
孝感	1592906	251858	120713	7046	59544	7621
黄冈	1521078	165784	133141	31372	38195	6096
湖南	**14107448**	**8265702**	**1479160**	**1055122**	**725244**	**459893**
长沙	2960591	1923468	524612	422326	180299	122505
株洲	1804654	1449135	140810	123821	102274	86544
湘潭	1029462	718759	89571	66609	46541	31990
衡阳	1307073	550236	71800	22	47133	15753
邵阳	630030	203571	32327	2642	30710	13574
岳阳	2264473	1517951	137995	69985	109875	76241
益阳	568994	215521	8928	−10696	25062	9963
常德	1316135	668302	205552	176205	72883	47275
郴州	881331	428674	110849	98200	45186	23064
永州	712901	410175	127244	103677	39532	25463
怀化	577723	141681	25263	−521	22479	5436
张家界	54081	38229	4209	2852	3270	2085
广东	**77679360**	**51944112**	**6274921**	**5175212**	**2502660**	**1757769**
广州	15686371	11483423	1944762	1717453	687749	549584
韶关	1475622	1111537	137440	115297	73631	54734
深圳	13643267	13643267	1462655	1462655	258204	258204
珠海	3664836	3295018	184017	202120	94278	88359
汕头	2835837	2029786	110977	86474	68807	56588
佛山	9630039	2906681	483272	253890	373233	156488
江门	5813080	1803130	191381	132169	144724	56610
湛江	2231791	1609012	137249	170464	93564	58054
茂名	2499019	1594221	191148	130678	82850	60411
惠州	5037636	2969504	321531	166871	61477	42754
肇庆	2756542	987323	200700	87071	96114	40326
潮州	630161	374837	30759	20318	21851	15252
梅州	909397	187115	95092	43008	44120	9394
中山	3444109	3444109	118370	118370	89234	89234
东莞	3473991	3473991	425410	425410	174359	174359

续表6　　单位: 万元

城市	产品销售收入		利税总额		本年应交增值税	
	地区	市区	地区	市区	地区	市区
汕　尾	291699	94660	10797	5507	8351	3868
河　源	246736	92991	17436	4759	9426	3056
阳　江	574032	188603	44827	18803	24201	13045
清　远	698589	251540	59101	−528	28421	5992
揭　阳	948280	226874	51841	16263	27720	9440
云　浮	1188326	176490	56156	−1840	40346	12017
广　西	**6866321**	**5040200**	**404281**	**327126**	**323534**	**246945**
南　宁	1213247	903282	81955	71676	53893	42876
柳　州	2270155	2007796	180632	162284	115863	104305
桂　林	949866	850043	72084	67754	44232	41139
梧　州	569013	300325	14036	4043	25688	16457
北　海	353475	245497	5681	2458	17479	12429
玉　林	846293	355443	45340	18243	38044	16321
钦　州	199095	105636	−2759	−231	8319	3066
贵　港	303784	171883	3679	1651	14795	8962
防城港	161393	100295	3633	−752	5221	1390
海　南	**653835**	**653835**	**−733**	**−733**	**31236**	**31236**
海　口	589624	589624	−7433	−7433	28742	28742
三　亚	64211	64211	6700	6700	2494	2494
重　庆	**8594769**	**5757123**	**466988**	**275693**	**401454**	**245257**
四　川	**17206781**	**10726618**	**1585027**	**1229940**	**777872**	**488992**
成　都	5931842	3651848	415151	303927	207455	140995
自　贡	817682	654579	59248	56831	49398	41106
攀枝花	1400556	1350048	104834	100368	83689	80117
泸　州	626635	393386	139812	119703	42727	27886
德　阳	1543066	435938	166316	27489	76347	20120
绵　阳	2701604	2256869	375108	415720	113912	81696
广　元	282612	159900	−14415	−12224	11291	5693
遂　宁	411914	125548	37772	3556	12474	2306
内　江	1193038	323208	105449	54077	59602	19027
乐　山	907525	472390	67902	36732	48718	20028
宜　宾	973101	681354	150939	137454	54995	41385
南　充	417206	221550	−23089	−13693	17264	8633

续表7

单位: 万元

城市	产品销售收入		利税总额		本年应交增值税	
	地区	市区	地区	市区	地区	市区
贵州	**2867248**	**2308558**	**463465**	**361977**	**193008**	**156722**
贵阳	1722235	1538934	274342	261809	112334	99257
六盘水	394235	374650	36725	34636	30435	29858
遵义	750778	394974	152398	65532	50239	27607
云南	**4565057**	**3129377**	**1130433**	**991678**	**394659**	**313402**
昆明	3502545	2564612	828720	745194	316416	260206
东川	61616	61616	11876	11876	2862	2862
曲靖	1000896	503149	289837	234608	75381	50334
陕西	**8766579**	**5629199**	**609101**	**328084**	**405433**	**255591**
西安	3488556	3210010	144657	132866	134736	125125
铜川	245305	186432	1540	17147	19338	15084
宝鸡	1189012	713406	96277	80135	56933	34152
咸阳	1484078	1103374	186347	85713	72284	59474
延安	466164	64956	108122	12264	36257	5703
汉中	1042318	189669	68897	3107	46360	10235
渭南	851146	161352	3261	−3148	39525	5818
甘肃	**4341606**	**3832242**	**383854**	**337168**	**221950**	**195205**
兰州	2685321	2399565	162533	148021	101122	86534
嘉峪关	290798	290798	41775	41775	29509	29509
金昌	401238	267430	59215	24582	30682	23057
白银	670733	626218	54373	50308	38596	36279
天水	293516	248231	65958	72482	22041	19826
青海	**603023**	**337281**	**98769**	**65957**	**30394**	**16285**
西宁	603023	337281	98769	65957	30394	16285
宁夏	**1209207**	**1076801**	**109231**	**105727**	**67995**	**60611**
银川	697980	635686	77989	73854	40117	36933
石嘴山	511227	441115	31242	31873	27878	23678
新疆	**3381376**	**3346442**	**304040**	**303369**	**174013**	**172633**
乌鲁木齐	1731468	1696534	111528	110857	81889	80509
克拉玛依	1649908	1649908	192512	192512	92124	92124

17. 全部独立核算工业企业财务(二)

单位:万元

城市	固定资产原价		固定资产净值年平均余额		流动资产年平均余额	
	地区	市区	地区	市区	地区	市区
城市合计	**531980798**	**383447041**	**354442921**	**249478315**	**395272571**	**275952362**
超大城市	**134619498**	**115208018**	**88212205**	**74455998**	**117942700**	**100820166**
特大城市	**91037369**	**71298096**	**60585488**	**47143559**	**64113288**	**50441753**
大城市	**118930557**	**84458852**	**79766195**	**54925999**	**85621158**	**56090895**
中等城市	**168397896**	**103445345**	**112849835**	**66883776**	**115752395**	**63908109**
小城市	**18995478**	**9036730**	**13029198**	**6068983**	**11843030**	**4691439**
东部城市	**335730528**	**237711976**	**226943745**	**156395711**	**265245920**	**180979793**
中部城市	**133583932**	**102237528**	**86971817**	**65073136**	**86769154**	**63252269**
西部城市	**62666338**	**43497537**	**40527359**	**28009468**	**43257497**	**31720300**
北京	**18503218**	**16397001**	**11713149**	**10203578**	**14107544**	**12171330**
天津	**15909582**	**14953529**	**10925415**	**10360445**	**12320662**	**11262005**
河北	**25877158**	**17166725**	**17829194**	**11867624**	**16960556**	**9974665**
石家庄	5059213	2925421	3434939	2558417	3374479	2432031
唐山	5211934	3689707	3566422	2432075	3072992	1799575
秦皇岛	1931840	1634536	1459212	1263130	1055783	852751
邯郸	3137894	2607918	2024647	1495886	2240333	1548177
邢台	1734987	1053538	1189547	651234	1217243	556680
保定	2278747	1163749	1491287	660020	1570959	765437
张家口	2283876	1788218	1623229	1244351	1229678	863089
承德	1190889	766274	797463	475590	706257	428291
沧州	1170267	544529	805348	321028	1033909	312811
廊坊	821864	405846	643223	328734	664613	263490
衡水	1055647	586989	793877	437159	794310	152333
山西	**12391797**	**10914197**	**8045287**	**6945138**	**5759745**	**4708728**
太原	4651008	4530037	3115295	2960347	2406336	2307009
大同	2375584	2178622	1447108	1307341	1069772	945646
阳泉	1535202	1363316	1015218	892348	589836	448812
长治	1604515	1088482	1081910	705103	834068	544877
晋城	886176	569013	537294	340483	437660	222331
朔州	1339312	1184727	848462	739516	422073	240053

注:表中所有的分类及分省(区)合计数的统计范围均是地级及地级以上城市。

续表1　　　　单位: 万元

城市	固定资产原价		固定资产净值年平均余额		流动资产年平均余额	
	地区	市区	地区	市区	地区	市区
内蒙古	**5493264**	**5050004**	**3266137**	**2952054**	**3135264**	**2821969**
呼和浩特	813131	714067	555166	485569	610445	531422
包　头	3078039	3022296	1717930	1676324	1728119	1688445
乌　海	485025	485025	335060	335060	247591	247591
赤　峰	1117069	828616	657981	455101	549109	354511
辽　宁	**44966505**	**40387515**	**28623497**	**25409154**	**27425923**	**23949485**
沈　阳	7233878	7034279	4966702	4803496	6894110	6714775
大　连	7453993	6693214	4891984	4382509	5323443	4609138
鞍　山	6427922	5845004	4075447	3619337	3518064	3032412
抚　顺	4206955	4037090	2907698	2793495	1982637	1850608
本　溪	2665444	2505121	1635676	1535027	1620882	1522208
丹　东	1258816	781795	771744	449720	984149	652900
锦　州	1929695	1712038	1111131	962786	919861	706789
营　口	1470685	1299312	1049400	925746	953791	737986
阜　新	1069357	979361	688463	625914	583820	509417
辽　阳	2520639	2409451	1532668	1447326	1069521	936363
盘　锦	4070324	3952509	1782317	1691176	1278720	1188572
铁　岭	1538783	864468	1051476	560749	518138	199936
朝　阳	1117415	498833	714531	327946	759168	412543
葫芦岛	2002599	1775040	1444260	1283927	1019619	875838
吉　林	**15764526**	**12605915**	**10661700**	**8469196**	**10532830**	**8550041**
长　春	4755413	4483729	3247604	3051467	4414607	4200191
吉　林	5249846	4351079	3510864	2922753	2591007	2266153
四　平	1254315	634278	937549	436849	699442	381645
辽　源	588671	472867	431438	350372	417118	294596
通　化	1088032	659934	734927	460538	877691	408498
白　山	838545	493461	458903	229610	384239	192090
白　城	403055	255795	289300	182098	329994	136764
松　原	1586649	1254772	1051115	835509	818732	670104
黑龙江	**22296012**	**19293651**	**13399661**	**11202234**	**13543086**	**10827740**
哈尔滨	4508658	3453567	3112793	2311953	4614340	3593480
齐齐哈尔	2109447	1766307	1314288	1065755	1615333	1258337
鸡　西	1178503	914555	800786	597520	814586	605506

续表2

单位: 万元

城市	固定资产原价		固定资产净值年平均余额		流动资产年平均余额	
	地区	市区	地区	市区	地区	市区
鹤岗	815677	750542	558727	513016	430092	373505
双鸭山	737590	666192	661618	604510	438157	342830
大庆	8570836	8458128	3930199	3847835	2863982	2757735
伊春	786086	650038	573473	479635	522547	422839
佳木斯	950947	766128	623034	476094	688616	491195
七台河	552697	488864	377598	331525	315163	247905
牡丹江	1695291	1298738	1200217	914991	1053578	703496
黑河	390280	80592	246928	59400	186692	30912
上海	**36752510**	**32199044**	**23100968**	**19771741**	**36663468**	**31973640**
江苏	**45611934**	**23861228**	**31149407**	**15573017**	**39937040**	**18631279**
南京	7922036	7079140	4966442	4359703	5882527	5010907
无锡	6925809	3013520	4806610	2023976	6907513	2816582
徐州	3110720	2323349	1988201	1405966	2236797	1510473
常州	3147685	1877776	2120562	1258590	3412850	1854207
苏州	9049653	2632315	6584383	1881205	7384756	2166084
南通	3461787	1732692	2386933	1184252	2931203	1011286
连云港	1239485	914205	875795	631456	894724	573093
淮阴	1222948	675188	865686	463426	894814	443750
盐城	1956390	621696	1393825	442579	1834581	468781
扬州	3371968	1321298	2348854	853414	2828305	1006135
镇江	1952418	1029074	1265247	626240	1888077	729190
泰州	1840915	559338	1249528	385404	2406212	975041
宿迁	410120	81637	297341	56806	434681	65750
浙江	**25540299**	**11916667**	**18362698**	**8335204**	**22436678**	**10252011**
杭州	6253055	3328115	4304149	2255008	5883198	3609516
宁波	4960538	3092258	3526876	2193511	4591731	2027746
温州	1807468	994572	1506733	858156	2022464	1021057
嘉兴	3069864	753234	2228918	508461	2454770	659430
湖州	1697909	870462	1217569	621455	1477589	812797
绍兴	3638226	814756	2746005	606026	2517775	580951
金华	1403180	370236	1052869	239188	1243108	258599
衢州	967554	562781	648873	366820	617163	309539
舟山	436157	370799	280523	233478	391556	336044

续表3　　　　　　　　　　　　　　　　　　　　　　　　　　　　单位: 万元

城市	固定资产原价		固定资产净值年平均余额		流动资产年平均余额	
	地区	市区	地区	市区	地区	市区
台　州	1306348	759454	850183	453101	1237324	636332
安　徽	**11823335**	**9160809**	**8102102**	**6235269**	**9052690**	**6133459**
合　肥	1663777	1521563	1139631	1042286	1571470	1434951
芜　湖	993892	805071	683021	550350	798593	657108
蚌　埠	723704	569346	475596	377920	619867	496265
淮　南	1603910	1301352	988840	831826	644850	526023
马鞍山	1865529	1793672	1373852	1325432	1188354	1130254
淮　北	1075088	1014990	761219	716255	566702	474084
铜　陵	652264	593144	432644	390348	432230	386065
安　庆	1238533	876490	763064	508346	790570	414378
黄　山	218217	119045	154292	87815	197175	80418
阜　阳	936047	242229	702725	178158	1284531	246675
滁　州	852374	323907	627218	226533	958348	287238
福　建	**14145012**	**7558755**	**10280459**	**5276620**	**10120880**	**5980975**
福　州	3723314	1763313	2681455	1178304	2626470	1572415
厦　门	3252514	3252514	2376290	2376290	2613842	2613842
莆　田	508910	279901	350435	165630	474389	185011
三　明	1636307	579737	1103721	370897	934343	349411
泉　州	1962207	352503	1474191	241341	1434895	304182
漳　州	990593	357110	786126	262365	768263	312031
南　平	1057797	478864	792592	324950	738984	358208
龙　岩	1013370	494813	715649	356843	529694	285875
江　西	**6214491**	**4641440**	**4051297**	**3380703**	**4549671**	**3433120**
南　昌	1926871	1683456	1325043	1151828	2127590	1863431
景德镇	772416	557204	508808	367474	650695	455553
萍　乡	540468	516248	361746	359358	274825	261158
九　江	1609588	1035026	1168160	895224	843287	435136
新　余	869493	796645	593877	589820	406381	376275
鹰　潭	495655	52861	93663	16999	246893	41567
山　东	**41872931**	**27219547**	**27671957**	**17135965**	**30489275**	**18521166**
济　南	3930933	3215369	2589319	2104849	4413418	3769754
青　岛	6116167	4586501	4331324	3136945	5890041	4427667
淄　博	4980014	4617319	3120499	2854747	2831119	2479184

续表4

单位: 万元

城市	固定资产原价		固定资产净值年平均余额		流动资产年平均余额	
	地区	市区	地区	市区	地区	市区
枣庄	1916116	1464957	1295069	1024077	1083606	768642
东营	5614707	5340318	2691395	2490470	1327538	1123795
烟台	4426085	1767420	3176670	1276499	3177905	1365559
潍坊	3354457	1366269	2379879	951964	3021022	1100788
济宁	2945199	566220	2045622	373795	1947960	637903
泰安	1769326	513509	1249066	382679	1303941	418359
德州	1431819	832309	1053105	586591	1023404	314449
威海	1937045	807443	1440415	585360	2149942	834786
临沂	1959159	953500	1357152	634751	1408444	590161
莱芜	975441	975441	573389	573389	499111	499111
日照	516463	212972	369053	159849	411824	191008
河南	**23745087**	**15616333**	**16040586**	**9904541**	**15766250**	**9780038**
郑州	3464866	2139610	2425016	1419560	2747926	1805420
开封	751698	576423	518293	371298	745443	521651
洛阳	3265998	2434814	2229621	1560038	2291065	1881485
平顶山	2229337	1574465	1365478	904492	1298339	871189
安阳	1609811	1198579	1089924	781283	1256070	955938
鹤壁	550721	418085	361480	249877	444130	271259
新乡	1608086	932440	1244848	672530	1256330	683351
焦作	1822538	1217091	1249819	840287	1156294	587629
濮阳	3286496	3117389	1763784	1631361	820381	680590
许昌	784762	333543	602408	230118	682513	347516
漯河	562204	279512	438177	223753	519235	297796
三门峡	1324234	651208	1003334	482015	589435	222918
商丘	547551	257256	435378	197537	524773	230824
南阳	1936785	485918	1313026	340392	1434316	422472
湖北	**21551436**	**15772483**	**14029733**	**10086688**	**15479988**	**11312908**
武汉	8063068	7950825	5141732	5046720	5962916	5836892
黄石	1543515	1325071	918093	766642	1103741	951461
十堰	1947288	1316044	1200149	801824	1879109	1523331
荆州	1494823	901897	1014715	598085	1158916	689332
宜昌	2940287	1558776	2089028	1117704	1450517	619210
襄樊	1859993	903579	1245228	582449	1566219	723485

续表5　　　　　　　　　　　　　　　　　　　　　　　　　　　　　单位：万元

城市	固定资产原价		固定资产净值年平均余额		流动资产年平均余额	
	地区	市区	地区	市区	地区	市区
鄂　州	585628	585628	399698	399698	355835	355835
荆　门	1204682	850301	757507	511693	637062	378671
孝　感	1171131	199273	760624	139051	720428	130656
黄　冈	741021	181089	502959	122822	645245	104035
湖　南	**14303984**	**9182696**	**9375314**	**5897313**	**8949630**	**5684266**
长　沙	2331723	1664404	1530494	1087334	1960894	1404983
株　洲	1691689	1378448	1108960	911339	1233565	1009224
湘　潭	1501034	1216407	922974	747505	878930	678438
衡　阳	1431713	762185	961873	515574	847309	461248
邵　阳	689621	387230	460636	258249	432520	193702
岳　阳	2096712	1802416	1167917	972339	1071632	760517
益　阳	718342	364875	471150	251497	413685	219226
常　德	1408436	574198	969447	396835	778808	361650
郴　州	1043634	428082	787715	313822	520821	249555
永　州	568979	306115	399629	222661	413769	233104
怀　化	730000	230000	525331	168223	358956	78568
张家界	92101	68336	69188	51935	38741	34051
广　东	**59049570**	**40168067**	**41988732**	**28302547**	**49076884**	**33695621**
广　州	12110826	8675209	8579388	5987671	11336249	8254263
韶　关	1866546	1292147	1243733	825585	1052397	810835
深　圳	9842098	9842098	7193210	7193210	8073057	8073057
珠　海	2326888	1978460	1635178	1380417	2344204	2155596
汕　头	1925951	1548209	1485223	1191268	1606789	1281915
佛　山	7382109	2558873	5123154	1764443	7337371	2443211
江　门	3992988	1085528	2767799	775391	3521772	1154006
湛　江	2281625	1560762	1619351	1096567	1748046	1346582
茂　名	1612725	1136563	1067792	727553	1089824	707233
惠　州	2169336	1066355	1531206	687707	1994916	1229689
肇　庆	1812106	694661	1316586	505053	1313938	623218
潮　州	403123	248441	286819	167209	475543	336279
梅　州	1100659	247079	838845	185621	721124	233706
中　山	2213635	2213635	1525677	1525677	2111913	2111913
东　莞	4681389	4681389	3332559	3332559	2178302	2178302

续表6

单位：万元

城市	固定资产原价		固定资产净值年平均余额		流动资产年平均余额	
	地区	市区	地区	市区	地区	市区
汕　　尾	241339	102384	175457	66507	134738	47591
河　　源	430343	182234	323159	137716	139484	53419
阳　　江	496202	179868	359409	137700	299741	104794
清　　远	886238	294506	637776	201949	600131	257613
揭　　阳	475652	192460	372830	146758	406880	117496
云　　浮	797792	387206	573581	265986	590465	174903
广　　西	**6645982**	**5028071**	**4668184**	**3529731**	**5084638**	**3945244**
南　　宁	1328493	1045848	943290	742842	823358	664570
柳　　州	2167071	1982754	1541674	1420537	1758904	1604170
桂　　林	744627	675228	489459	445297	772954	721216
梧　　州	481036	315444	334633	209574	409616	278165
北　　海	425261	298990	314468	211343	293690	207787
玉　　林	777199	313389	539142	221594	573340	235735
钦　　州	273489	145857	188618	104075	136685	60889
贵　　港	335077	189011	234678	126125	223962	129556
防 城 港	113729	61550	82222	48344	92129	43156
海　　南	**855827**	**855827**	**630085**	**630085**	**622372**	**622372**
海　　口	729092	729092	533217	533217	555023	555023
三　　亚	126735	126735	96868	96868	67349	67349
重　　庆	**9151992**	**5521818**	**6032832**	**3695864**	**7464835**	**5209535**
四　　川	**17931195**	**11176612**	**11411836**	**6796444**	**13803106**	**9309221**
成　　都	5569168	3694026	3612047	2293689	4628364	3181130
自　　贡	875175	694389	567911	442894	754181	650914
攀 枝 花	2352279	2293798	1205890	1164780	939552	900195
泸　　州	822322	418923	540473	211871	517201	355358
德　　阳	1482620	480547	918005	311642	1356808	564508
绵　　阳	1703101	870368	1115116	567518	2352908	2013330
广　　元	439097	257996	297261	195819	246184	149326
遂　　宁	420402	150744	309904	105515	309304	106991
内　　江	1321090	495931	832711	311560	736344	185542
乐　　山	1563331	1064460	1042109	670401	829497	453925
宜　　宾	877005	518708	628523	376201	759015	533561
南　　充	505605	236722	341886	144554	373748	214441

续表7 单位：万元

城市	固定资产原价		固定资产净值年平均余额		流动资产年平均余额	
	地区	市区	地区	市区	地区	市区
贵州	**4604701**	**3414317**	**2964407**	**2158639**	**3147006**	**2691157**
贵阳	2679709	1999441	1779089	1284143	1923472	1792899
六盘水	945793	937828	580796	575168	493278	476005
遵义	979199	477048	604522	299328	730256	422253
云南	**4980907**	**3049625**	**3440695**	**1993554**	**3340702**	**2365575**
昆明	3466339	2441771	2476709	1615087	2545505	1903768
东川	108652	108652	61834	61834	46702	46702
曲靖	1405916	499202	902152	316633	748495	415105
陕西	**10596230**	**6883072**	**6799031**	**4484353**	**7844959**	**5259483**
西安	4139149	3765851	2813133	2569671	3653078	3412018
铜川	517355	388928	312173	215399	269171	209118
宝鸡	1359400	829734	862655	690124	1124251	505913
咸阳	1722994	1282687	900518	621769	1150120	784522
延安	558175	130301	376798	85484	241707	53176
汉中	863219	286281	531602	160272	685471	181463
渭南	1435938	199290	1002152	141634	721161	113273
甘肃	**6420436**	**5208656**	**4233298**	**3772440**	**3542559**	**3148279**
兰州	3027797	2144869	1873170	1645810	1972910	1744723
嘉峪关	565519	565519	401596	401596	263257	263257
金昌	818840	632877	568556	439780	363055	285251
白银	1542309	1484353	1044228	1000613	605638	563149
天水	465971	381038	345748	284641	337699	291899
青海	**1140444**	**607370**	**783819**	**393113**	**857330**	**613418**
西宁	1140444	607370	783819	393113	857330	613418
宁夏	**1644640**	**1487354**	**1058806**	**945613**	**1173125**	**1067483**
银川	827110	756698	523742	472910	759130	712542
石嘴山	817530	730656	535064	472703	413995	354941
新疆	**6195793**	**6148713**	**3802635**	**3769448**	**2083875**	**2056149**
乌鲁木齐	2577504	2530424	1626153	1592966	1341538	1313812
克拉玛依	3618289	3618289	2176482	2176482	742337	742337

18. 全部独立核算工业企业经济效益

单位:元

城 市	百元资金实现利税		百元固定资产原价实现利税		百元固定资产原价实现工业增加值	
	地区	市区	地区	市区	地区	市区
城市合计	**7.0**	**7.0**	**9.8**	**9.6**	**33.7**	**29.5**
超大城市	**6.5**	**6.7**	**10.0**	**10.2**	**31.9**	**30.4**
特大城市	**6.8**	**6.6**	**9.3**	**9.0**	**30.8**	**27.9**
大 城 市	**8.0**	**8.0**	**11.1**	**10.5**	**36.5**	**31.4**
中等城市	**6.9**	**7.0**	**9.4**	**8.8**	**34.8**	**28.6**
小 城 市	**5.5**	**4.6**	**7.2**	**5.5**	**31.8**	**23.1**
东部城市	**7.1**	**7.0**	**10.4**	**9.9**	**34.8**	**30.5**
中部城市	**7.1**	**7.0**	**9.2**	**8.8**	**33.5**	**28.1**
西部城市	**6.1**	**6.7**	**8.2**	**9.2**	**27.7**	**27.5**
北 京	**5.4**	**5.8**	**7.6**	**7.9**	**28.4**	**26.4**
天 津	**6.0**	**5.3**	**8.8**	**7.7**	**28.7**	**27.1**
河 北	**8.0**	**6.8**	**10.8**	**8.6**	**36.3**	**26.4**
石家庄	10.1	8.1	13.6	13.8	39.1	32.1
唐 山	7.2	7.3	9.2	8.3	37.1	31.7
秦皇岛	3.6	3.6	4.6	4.6	21.4	19.2
邯 郸	8.5	7.4	11.5	8.7	36.3	27.4
邢 台	9.8	6.6	13.6	7.5	44.1	23.0
保 定	8.2	7.6	11.0	9.3	35.6	27.2
张家口	6.4	7.2	8.0	8.5	24.3	20.0
承 德	4.5	3.8	5.6	4.5	24.6	19.3
沧 州	9.8	6.9	15.4	8.1	54.8	26.0
廊 坊	8.1	3.3	13.0	4.8	48.7	22.5
衡 水	10.2	4.5	15.4	4.5	44.6	16.3
山 西	**5.3**	**5.1**	**5.9**	**5.4**	**24.1**	**21.1**
太 原	3.2	3.0	3.8	3.5	18.1	16.0
大 同	8.5	8.2	9.1	8.5	32.2	29.8
阳 泉	3.1	3.4	3.3	3.3	23.2	20.4
长 治	6.5	7.0	7.7	8.0	29.3	28.2
晋 城	7.1	6.2	7.8	6.2	28.2	19.5
朔 州	7.7	8.1	7.3	6.7	23.0	19.6

注:表中所有的分类及分省(区)合计数的统计范围均是地级及地级以上城市。

续表1 单位: 元

城市	百元资金实现利税		百元固定资产原价实现利税		百元固定资产原价实现工业增加值	
	地区	市区	地区	市区	地区	市区
内蒙古	**5.9**	**5.7**	**6.9**	**6.5**	**26.3**	**25.0**
呼和浩特	7.1	6.9	10.2	9.9	32.6	30.9
包头	5.7	5.4	6.4	6.0	26.3	25.5
乌海	6.4	6.4	7.7	7.7	24.4	24.4
赤峰	5.2	4.8	5.7	4.7	22.3	18.3
辽宁	**4.2**	**4.1**	**5.3**	**5.0**	**21.1**	**19.1**
沈阳	3.7	3.6	6.1	6.0	24.7	23.2
大连	4.8	4.8	6.6	6.5	22.5	21.1
鞍山	3.7	3.1	4.3	3.5	18.3	15.0
抚顺	3.2	3.0	3.7	3.5	18.6	17.6
本溪	2.9	2.8	3.6	3.4	18.1	16.9
丹东	0.2	0.3	0.3	0.4	21.6	17.3
锦州	3.6	4.1	3.8	4.0	21.4	16.1
营口	7.1	7.7	9.6	9.9	19.9	15.7
阜新	2.1	2.5	2.5	2.9	14.9	11.3
辽阳	4.0	4.0	4.1	4.0	14.2	13.2
盘锦	10.0	10.3	7.5	7.5	27.7	26.7
铁岭	2.4	3.8	2.4	3.3	17.7	1.3
朝阳	2.7	5.5	3.6	8.2	18.5	19.6
葫芦岛	7.4	3.0	9.1	3.6	24.2	25.2
吉林	**3.3**	**3.4**	**4.5**	**4.5**	**21.6**	**20.0**
长春	4.5	4.4	7.3	7.1	27.0	26.1
吉林	1.5	1.4	1.7	1.7	14.2	13.1
四平	2.4	1.6	3.2	2.1	19.6	14.0
辽源	2.1	1.8	3.0	2.4	18.1	15.5
通化	5.7	5.7	8.5	7.5	27.8	21.6
白山	2.3	−1.6	2.3	−1.4	24.5	13.3
白城	1.0	2.5	1.5	3.1	22.1	17.8
松原	5.1	6.9	6.0	8.2	27.1	29.6
黑龙江	**11.6**	**13.1**	**14.0**	**15.0**	**36.9**	**36.2**
哈尔滨	3.7	3.2	6.4	5.5	33.8	28.6
齐齐哈尔	1.0	1.0	1.4	1.3	20.1	17.4
鸡西	1.3	−0.1	1.7	−0.2	21.0	14.3

续表2

单位: 元

城市	百元资金实现利税		百元固定资产原价实现利税		百元固定资产原价实现工业增加值	
	地区	市区	地区	市区	地区	市区
鹤岗	4.0	4.3	4.8	5.0	17.5	15.8
双鸭山	1.4	1.3	2.1	1.8	19.6	17.2
大庆	37.0	38.0	29.3	29.7	55.1	55.3
伊春	0.6	−0.1	0.8	−0.2	26.3	23.7
佳木斯	1.5	0.9	2.0	1.1	19.9	17.8
七台河	3.1	3.4	3.9	4.1	25.8	23.8
牡丹江	6.9	5.6	9.1	7.0	24.9	17.5
黑河	1.0	3.8	1.2	4.2	12.5	13.3
上海	**8.6**	**9.0**	**14.0**	**14.4**	**37.6**	**36.5**
江苏	**7.0**	**6.9**	**10.9**	**9.9**	**42.1**	**33.1**
南京	7.8	7.7	10.7	10.2	32.5	28.2
无锡	7.9	8.0	13.4	12.9	46.4	37.3
徐州	7.6	7.1	10.3	8.9	43.3	38.0
常州	5.7	5.0	9.9	8.3	39.6	32.6
苏州	5.9	3.3	9.1	5.1	42.0	31.5
南通	6.5	7.8	9.9	9.9	45.0	31.6
连云港	6.2	4.9	8.8	6.5	41.9	34.7
淮阴	8.7	10.6	12.6	14.2	38.6	29.2
盐城	7.1	5.9	11.7	8.6	50.8	28.4
扬州	4.7	3.8	7.2	5.4	33.3	30.1
镇江	7.1	4.0	11.5	5.3	58.7	34.7
泰州	9.7	19.1	19.3	46.5	50.5	75.4
宿迁	12.2	3.5	21.7	5.3	65.3	45.6
浙江	**7.9**	**8.3**	**12.6**	**13.0**	**36.5**	**34.4**
杭州	8.3	10.5	13.6	18.5	36.4	40.9
宁波	9.7	9.7	15.8	13.2	38.5	30.1
温州	10.2	7.9	19.9	15.0	58.9	47.8
嘉兴	5.7	5.9	8.8	9.2	35.6	35.3
湖州	5.8	6.5	9.2	10.7	34.5	35.6
绍兴	8.9	4.9	12.8	7.2	33.5	23.5
金华	4.5	6.1	7.4	8.2	27.5	21.5
衢州	4.4	3.9	5.8	4.7	23.9	22.3
舟山	3.8	4.2	5.8	6.4	24.4	23.7

续表3

单位: 元

城市	百元资金实现利税		百元固定资产原价实现利税		百元固定资产原价实现工业增加值	
	地区	市区	地区	市区	地区	市区
台州	6.5	6.9	10.4	9.9	34.6	35.9
安徽	**7.7**	**6.4**	**11.2**	**8.7**	**44.0**	**31.9**
合肥	5.7	6.0	9.3	9.8	40.9	40.9
芜湖	10.6	10.4	15.8	15.6	53.7	39.1
蚌埠	15.7	16.0	23.7	24.5	55.0	52.1
淮南	4.0	1.6	4.0	1.6	18.4	18.3
马鞍山	5.4	5.0	7.5	6.9	24.0	22.1
淮北	4.7	5.5	5.8	6.4	29.5	28.5
铜陵	3.0	2.2	4.0	2.9	24.0	21.4
安庆	6.8	7.0	8.5	7.4	41.3	27.8
黄山	2.8	1.4	4.6	2.0	46.1	30.2
阜阳	19.7	18.4	41.8	32.2	110.6	77.7
滁州	2.6	1.7	4.8	2.8	85.0	52.0
福建	**8.0**	**7.7**	**11.6**	**11.5**	**39.7**	**37.8**
福州	7.7	9.1	11.0	14.3	38.5	44.2
厦门	5.7	5.7	8.7	8.7	33.9	33.9
莆田	8.6	7.4	13.9	9.2	52.8	37.3
三明	8.2	8.2	10.2	10.2	34.2	34.0
泉州	12.1	7.6	18.0	11.7	46.9	43.8
漳州	7.8	7.6	12.3	12.3	60.9	44.4
南平	6.0	9.3	8.7	13.2	34.0	33.2
龙岩	11.4	16.1	14.0	20.9	36.5	40.2
江西	**4.4**	**3.8**	**6.0**	**5.6**	**26.9**	**24.2**
南昌	4.1	3.8	7.4	6.9	36.3	29.3
景德镇	5.2	3.7	7.9	5.4	34.6	34.3
萍乡	3.2	2.0	3.7	2.5	23.5	23.1
九江	2.3	3.2	2.9	4.2	21.3	18.8
新余	0.6	3.5	0.7	4.2	13.6	13.2
鹰潭	11.2	45.0	7.7	49.9	23.6	36.9
山东	**8.9**	**7.7**	**12.3**	**10.1**	**41.1**	**34.8**
济南	10.0	8.0	17.8	14.6	49.5	44.3
青岛	6.1	6.9	10.1	11.4	40.2	38.5
淄博	7.4	7.2	8.9	8.4	29.6	28.6

续表4

单位: 元

城市	百元资金实现利税		百元固定资产原价实现利税		百元固定资产原价实现工业增加值	
	地区	市区	地区	市区	地区	市区
枣庄	7.1	7.1	8.8	8.7	35.7	31.6
东营	10.8	10.4	7.8	7.0	34.5	32.6
烟台	8.5	6.4	12.2	9.5	42.7	32.7
潍坊	9.7	4.8	15.6	7.3	48.4	31.4
济宁	10.6	7.4	14.4	13.2	41.0	48.3
泰安	7.8	6.6	11.2	10.3	39.3	39.9
德州	10.5	15.8	15.2	17.2	40.4	36.2
威海	14.4	10.0	26.6	17.5	77.5	48.7
临沂	9.4	8.0	13.2	10.2	37.6	21.9
莱芜	6.0	6.0	6.6	6.6	29.2	29.2
日照	5.6	5.4	8.5	8.9	36.4	42.0
河南	**7.4**	**6.8**	**9.9**	**8.6**	**35.9**	**27.5**
郑州	9.4	7.3	14.0	11.1	41.8	32.1
开封	4.1	5.3	7.0	8.1	41.7	31.5
洛阳	5.9	6.0	8.1	8.5	25.8	26.0
平顶山	5.3	6.9	6.4	7.8	29.2	30.0
安阳	6.4	6.9	9.3	10.0	31.5	29.7
鹤壁	5.9	7.5	8.7	9.3	43.7	35.7
新乡	4.9	5.7	7.6	8.3	36.0	29.3
焦作	13.4	6.1	17.7	7.1	47.2	28.8
濮阳	3.1	3.6	2.5	2.7	18.2	15.6
许昌	11.6	15.0	18.9	25.9	67.3	57.1
漯河	10.4	17.4	17.8	32.5	64.4	49.6
三门峡	7.3	4.8	8.7	5.2	28.2	7.5
商丘	7.9	4.6	13.8	7.6	47.9	36.5
南阳	8.6	11.4	12.2	17.9	49.3	47.0
湖北	**6.6**	**5.4**	**9.0**	**7.3**	**38.7**	**29.0**
武汉	5.8	5.6	7.9	7.7	28.7	27.6
黄石	3.7	3.7	4.8	4.8	25.9	22.7
十堰	4.0	4.2	6.4	7.4	33.9	35.4
荆州	4.7	2.3	6.8	3.3	51.4	33.4
宜昌	6.1	4.9	7.3	5.4	26.6	18.3
襄樊	11.1	4.5	16.8	6.5	74.4	39.0

续表5 单位: 元

城市	百元资金实现利税		百元固定资产原价实现利税		百元固定资产原价实现工业增加值	
	地区	市区	地区	市区	地区	市区
鄂州	5.1	5.1	6.6	6.6	45.0	45.0
荆门	13.5	14.9	15.6	15.6	46.8	35.7
孝感	8.2	2.6	10.3	3.5	51.3	34.1
黄冈	11.6	13.8	18.0	17.3	81.2	25.4
湖南	**8.1**	**9.1**	**10.3**	**11.5**	**34.8**	**30.0**
长沙	15.0	16.9	22.5	25.4	49.0	47.3
株洲	6.0	6.4	8.3	9.0	30.4	27.7
湘潭	5.0	4.7	6.0	5.5	21.0	16.7
衡阳	4.0		5.0		30.9	17.0
邵阳	3.6	0.6	4.7	0.7	35.9	19.7
岳阳	6.2	4.0	6.6	3.9	36.6	26.8
益阳	1.0	−2.3	1.2	−2.9	25.8	17.9
常德	11.8	23.2	14.6	30.7	37.1	44.2
郴州	8.5	17.4	10.6	22.9	28.0	32.4
永州	15.6	22.7	22.4	33.9	58.3	58.1
怀化	2.9	−0.2	3.5	−0.2	22.5	13.6
张家界	3.9	3.3	4.6	4.2	60.3	38.5
广东	**6.9**	**8.3**	**10.6**	**12.9**	**35.3**	**35.1**
广州	9.8	12.1	16.1	19.8	39.4	41.9
韶关	6.0	7.0	7.4	8.9	23.6	24.8
深圳	9.6	9.6	14.9	14.9	39.1	39.1
珠海	4.6	5.7	7.9	10.2	35.1	36.1
汕头	3.6	3.5	5.8	5.6	31.7	29.5
佛山	3.9	6.0	6.5	9.9	33.2	28.3
江门	3.0	6.9	4.8	12.2	39.1	46.0
湛江	4.1	7.0	6.0	10.9	37.0	43.5
茂名	8.9	9.1	11.9	11.5	24.7	14.8
惠州	9.1	8.7	14.8	15.6	51.0	55.1
肇庆	7.6	7.7	11.1	12.5	43.4	38.1
潮州	4.0	4.0	7.6	8.2	44.4	43.6
梅州	6.1	10.3	8.6	17.4	22.2	26.1
中山	3.3	3.3	5.3	5.3	29.0	29.0
东莞	7.7	7.7	9.1	9.1	22.2	22.2

续表6 单位: 元

城市	百元资金实现利税		百元固定资产原价实现利税		百元固定资产原价实现工业增加值	
	地区	市区	地区	市区	地区	市区
汕尾	3.5	4.8	4.5	5.4	31.9	30.6
河源	3.8	2.5	4.1	2.6	17.8	13.4
阳江	6.8	7.8	9.0	10.5	36.5	52.1
清远	4.8	−0.1	6.7	−0.2	23.1	21.7
揭阳	6.6	6.2	10.9	8.5	56.1	28.8
云浮	4.8	−0.4	7.0	−0.5	38.8	16.2
广西	**4.1**	**4.4**	**6.1**	**6.5**	**30.3**	**28.9**
南宁	4.6	5.1	6.2	6.9	26.2	27.3
柳州	5.5	5.4	8.3	8.2	31.7	30.3
桂林	5.7	5.8	9.7	10.0	37.0	36.1
梧州	1.9	0.8	2.9	1.3	34.7	30.6
北海	0.9	0.6	1.3	0.8	20.5	18.3
玉林	4.1	4.0	5.8	5.8	32.9	18.5
钦州	−0.8	−0.1	−1.0	−0.2	21.1	22.3
贵港	0.8	0.6	1.1	0.9	25.0	29.4
防城港	2.1	−0.8	3.2	−1.2	45.5	45.1
海南	**−0.1**	**−0.1**	**−0.1**	**−0.1**	**15.9**	**15.9**
海口	−0.7	−0.7	−1.0	−1.0	16.5	16.5
三亚	4.1	4.1	5.3	5.3	12.5	12.5
重庆	**3.5**	**3.1**	**5.1**	**5.0**	**26.3**	**25.7**
四川	**6.3**	**7.6**	**8.8**	**11.0**	**31.4**	**30.7**
成都	5.0	5.6	7.5	8.2	30.3	26.0
自贡	4.5	5.2	6.8	8.2	36.6	36.6
攀枝花	4.9	4.9	4.5	4.4	21.2	20.6
泸州	13.2	21.1	17.0	28.6	31.4	42.0
德阳	7.3	3.1	11.2	5.7	29.0	19.6
绵阳	10.8	16.1	22.0	47.8	47.2	77.6
广元	−2.7	−3.5	−3.3	−4.7	23.8	27.5
遂宁	6.1	1.7	9.0	2.4	38.8	35.9
内江	6.7	10.9	8.0	10.9	32.2	18.9
乐山	3.6	3.3	4.3	3.5	23.4	19.3
宜宾	10.9	15.1	17.2	26.5	51.4	57.4
南充	−3.2	−3.8	−4.6	−5.8	24.7	29.9

续表7 单位: 元

城市	百元资金实现利税		百元固定资产原价实现利税		百元固定资产原价实现工业增加值	
	地区	市区	地区	市区	地区	市区
贵　州	**7.6**	**7.5**	**10.1**	**10.6**	**30.1**	**30.4**
贵　阳	7.4	8.5	10.2	13.1	29.2	33.4
六盘水	3.4	3.3	3.9	3.7	23.7	22.5
遵　义	11.4	9.1	15.6	13.7	38.6	32.9
云　南	**16.7**	**22.7**	**22.7**	**32.5**	**36.6**	**42.9**
昆　明	16.5	21.2	23.9	30.5	37.5	40.9
东　川	10.9	10.9	10.9	10.9	15.4	15.4
曲　靖	17.6	32.1	20.6	47.0	36.0	58.7
陕　西	**4.2**	**3.4**	**5.7**	**4.8**	**27.4**	**26.9**
西　安	2.2	2.2	3.5	3.5	23.6	23.5
铜　川	0.3	4.0	0.3	4.4	27.2	30.8
宝　鸡	4.8	6.7	7.1	9.7	31.5	31.0
咸　阳	9.1	6.1	10.8	6.7	31.2	31.8
延　安	17.5	8.8	19.4	9.4	40.0	31.0
汉　中	5.7	0.9	8.0	1.1	31.3	21.4
渭　南	0.2	−1.2	0.2	−1.6	22.7	41.0
甘　肃	**4.9**	**4.9**	**6.0**	**6.5**	**22.9**	**24.8**
兰　州	4.2	4.4	5.4	6.9	26.3	33.0
嘉峪关	6.3	6.3	7.4	7.4	19.4	19.4
金　昌	6.4	3.4	7.2	3.9	20.8	19.6
白　银	3.3	3.2	3.5	3.4	17.0	16.1
天　水	9.7	12.6	14.2	19.0	28.3	28.8
青　海	**6.0**	**6.6**	**8.7**	**10.9**	**14.1**	**17.1**
西　宁	6.0	6.6	8.7	10.9	14.1	17.1
宁　夏	**4.9**	**5.3**	**6.6**	**7.1**	**22.7**	**22.0**
银　川	6.1	6.2	9.4	9.8	25.2	24.8
石嘴山	3.3	3.9	3.8	4.4	20.2	19.2
新　疆	**5.2**	**5.2**	**4.9**	**4.9**	**19.7**	**19.7**
乌鲁木齐	3.8	3.8	4.3	4.4	21.1	21.1
克拉玛依	6.6	6.6	5.3	5.3	18.7	18.7

19. 固定资产投资

单位:万元

城 市	固定资产投资总额		住宅		房地产开发投资额	
	地区	市区	地区	市区	地区	市区
全部城市	**179854284**	**119632768**	**35096488**	**21509481**	**31244698**	**27978032**
超大城市	**56077146**	**49283826**	**12190021**	**10362657**	**16825701**	**16077956**
特大城市	**26273100**	**17759754**	**4740399**	**3221334**	**4315813**	**3997161**
大 城 市	**35829511**	**22853740**	**6038570**	**3560106**	**5142229**	**4431855**
中等城市	**54204748**	**26973842**	**10367123**	**3880718**	**4481658**	**3160209**
小 城 市	**7469779**	**2761606**	**1649809**	**456666**	**479297**	**310851**
东部城市	**124791353**	**82641737**	**25446642**	**15930954**	**24852125**	**22076141**
中部城市	**36081872**	**24713196**	**5826593**	**3179483**	**3617958**	**3372869**
西部城市	**18981059**	**12277835**	**3712687**	**2371044**	**2774615**	**2529022**
北 京	**5820764**	**5331515**	**932743**	**873554**	**3303366**	**3133812**
天 津	**4986552**	**4652176**	**749384**	**733458**	**808041**	**803024**
河 北	**14244157**	**5334998**	**1834658**	**681301**	**484652**	**417748**
石 家 庄	2981487	1306514	223546	163625	163923	149139
唐 山	1925887	943445	231197	96168	48265	39981
秦 皇 岛	860062	621349	128377	84151	74905	66773
邯 郸	1648806	777709	165370	94977	36014	31667
邢 台	1138015	217424	26450	17029	19806	18406
保 定	1699689	227490	480855	47386	42105	36493
张 家 口	632661	411317	90934	42959	20084	19364
承 德	530038	194860	67891	26732	13293	11967
沧 州	977920	208756	71677	21961	10895	6007
廊 坊	1027114	240698	202456	60790	48759	32587
衡 水	822478	185436	145905	25523	6603	5364
山 西	**2256318**	**1915823**	**359971**	**305505**	**157437**	**151595**
太 原	972144	909488	199818	194544	85940	84178
大 同	284165	254453	42195	36647	27601	27398
阳 泉	380654	359499	41994	39326	19701	18054
长 治	231365	162177	46931	23058	14130	13191
晋 城	313007	183000	10577	6750	8937	7800
朔 州	74983	47206	18456	5180	1128	974

注:表中所有的分类及分省(区)合计数的统计范围均是地级及地级以上城市。

续表 1 单位: 万元

城市	固定资产投资总额		住宅		房地产开发投资额	
	地区	市区	地区	市区	地区	市区
内蒙古	**1074929**	**888338**	**207549**	**177996**	**81662**	**81427**
呼和浩特	286151	167053	57073	55271	32448	32448
包头	386098	376782	94516	89888	33080	32845
乌海	55805	55805	11315	11315	1507	1507
赤峰	346875	288698	44645	21522	14627	14627
辽宁	**7686419**	**6295210**	**1086959**	**797727**	**1399111**	**1276707**
沈阳	1657446	1466287	361347	213151	287768	251000
大连	1692408	1494949	65554	57132	642334	626018
鞍山	841003	528528	164823	136985	102128	89875
抚顺	372631	325164	111008	93848	69896	64903
本溪	285477	263306	54399	48738	49984	43068
丹东	431594	338440	17319	10506	39067	29552
锦州	196378	147467	28381	17045	48249	47998
营口	180862	167462	26534	25607	55138	31890
阜新	196238	164627	58205	41177	16906	16906
辽阳	285172	249522	57318	42318	24629	18731
盘锦	852641	841481	48533	43541	6740	6740
铁岭	184058	123182	26425	22736	11791	9172
朝阳	152455	56655	29400	20700	15310	13000
葫芦岛	358056	128140	37713	24243	29171	27854
吉林	**2764672**	**2147423**	**377996**	**252443**	**248227**	**235915**
长春	1060320	894280	210875	170476	139689	139374
吉林	786416	693724	59789	35285	66031	59179
四平	160645	43957	16092	10483	9530	6694
辽源	63232	55504	2509	1219	10389	10095
通化	95449	48916	19235	2568	12988	11521
白山	177925	55837	21818	8856	3104	2556
白城	68133	43734	18015	6874	2697	2697
松原	352552	311471	29663	16682	3799	3799
黑龙江	**5092089**	**4030359**	**760145**	**491451**	**452674**	**443722**
哈尔滨	1594782	1220608	403261	250779	323660	320930
齐齐哈尔	279771	198638	65628	47611	39639	39089
鸡西	158734	98452	11029	5995	5616	4199

续表2 单位: 万元

城市	固定资产投资总额		住宅		房地产开发投资额	
	地区	市区	地区	市区	地区	市区
鹤岗	191735	160581	18987	12114	11997	11737
双鸭山	147758	65472	17447	10767		0
大庆	1759395	1740833	119126	111223	12693	12693
伊春	105310	84093	12250	10106	7123	7123
佳木斯	142068	96601	18719	9469	9883	8883
七台河	148456	139631	12303	9976	10140	10140
牡丹江	409940	206998	32645	20690	30001	27006
黑河	154140	18452	48750	2721	1922	1922
上海	**19775919**	**19381056**	**4582214**	**4578048**	**6142348**	**6142348**
江苏	**20242850**	**10030949**	**4039021**	**1374777**	**2415523**	**1707203**
南京	3516592	2990746	679251	527362	728891	700162
无锡	2353366	1103889	233206	112899	330245	189949
徐州	1521073	788928	252242	102659	115393	84535
常州	1185541	660496	118543	52969	187827	104999
苏州	4051760	1628709	644163	205249	512313	320367
南通	2286261	775011	926922	104908	178391	106217
连云港	655189	323205	150967	49228	42307	40302
淮阴	535480	226512	75278	30703	23498	16534
盐城	955277	203869	369105	48811	80771	39575
扬州	1153276	634209	107393	62957	95946	57676
镇江	1013889	390743	67465	24302	67771	30620
泰州	721630	243090	285306	45464	46305	11495
宿迁	293516	61542	129180	7266	5865	4772
浙江	**14569393**	**6926336**	**3202190**	**1384110**	**2123584**	**1511030**
杭州	3033904	1821969	891015	475459	573686	445316
宁波	3005719	1786957	272944	189737	519220	408479
温州	1781132	931643	739199	340791	380872	312897
嘉兴	1442108	699146	263294	74650	116121	70467
湖州	840495	353663	10869	4276	71818	40947
绍兴	1645175	263643	253624	40229	135690	48157
金华	1120158	210747	275036	44487	110052	45270
衢州	274067	111020	94808	27054	34383	23374
舟山	340853	268161	77457	66065	77409	69309

续表3 单位：万元

城市	固定资产投资总额		住宅		房地产开发投资额	
	地区	市区	地区	市区	地区	市区
台州	1085782	479387	323944	121362	104333	46814
安徽	**3042351**	**2110128**	**320986**	**145502**	**431161**	**386545**
合肥	528600	443494	39793	22932	149051	146225
芜湖	308164	255392	13631	4640	61494	55229
蚌埠	194210	132139	23947	16513	26407	24719
淮南	460092	358347	19901	13541	11773	11658
马鞍山	281406	274630	21735	20118	38433	34407
淮北	202094	188783	25156	20343	15227	14776
铜陵	188419	109437	25879	20154	25319	22333
安庆	278254	183592	76898	5616	29852	24154
黄山	66073	46459	7719	4716	23356	16494
阜阳	347517	40113	53013	14729	31420	23113
滁州	187522	77742	13314	2200	18829	13437
福建	**7089905**	**3941015**	**1287009**	**720819**	**1468388**	**1312202**
福州	2093034	1275766	430251	247823	476460	435166
厦门	1533954	1533954	356407	356407	677918	677918
莆田	365326	150954	71386	26337	17626	15657
三明	352432	109181	58588	11481	13198	6616
泉州	1153427	393208	23241	7350	159493	111872
漳州	773213	200549	157856	45276	64579	41769
南平	463603	179200	87862	17539	42697	17225
龙岩	354916	98203	101418	8606	16417	5979
江西	**1242179**	**1078461**	**261358**	**195756**	**170642**	**155584**
南昌	582800	527051	130366	84738	92869	90241
景德镇	93282	67972	12401	11649	7365	6939
萍乡	108600	104340	14990	14617	8495	8260
九江	289765	229457	49863	36252	46062	40786
新余	124261	116495	12318	9265	4463	3263
鹰潭	43471	33146	13420	11235	11388	6095
山东	**6720355**	**4281547**	**1511417**	**900489**	**1058202**	**900323**
济南	781788	555069	216816	153939	185605	176234
青岛	790403	584898	309733	229202	426570	406995
淄博	531656	451907	115900	98515	55762	50869

续表4 单位: 万元

城市	固定资产投资总额		住宅		房地产开发投资额	
	地区	市区	地区	市区	地区	市区
枣庄	282382	223081	67838	53592	35167	25605
东营	1090785	970798	89657	79794	19776	19506
烟台	406272	207198	117726	60040	97179	72818
潍坊	454907	163766	136972	49309	53639	29527
济宁	686408	205922	107493	32248	48557	23261
泰安	377545	154793	77044	31588	25517	14914
德州	288952	156034	66653	32804	18634	14416
威海	320114	169660	41409	21947	52148	38542
临沂	411317	197432	106166	40167	28241	18714
莱芜	130659	130659	10287	10287	4732	4732
日照	167167	110330	47723	7057	6675	4190
河南	**6147729**	**3416453**	**742613**	**363998**	**498645**	**467750**
郑州	1224371	727358	193265	119118	279634	270625
开封	185450	101527	34711	21985	17402	17402
洛阳	982302	395502	35768	19779	55979	53968
平顶山	417252	329417	51126	27757	22089	20672
安阳	341086	296265	22002	18751	22378	20266
鹤壁	109730	76476	15642	11626	878	878
新乡	239073	150373	42995	18802	20858	18608
焦作	354827	149008	14513	10976	8661	6378
濮阳	411604	330809	38792	22516	12405	11805
许昌	271748	73220	71126	17146	8067	7635
漯河	367587	151377	76078	16666	15482	13657
三门峡	349889	95752	40931	11769	6924	5308
商丘	280088	78984	44104	21598	9023	6341
南阳	612722	460385	61560	25509	18865	14207
湖北	**9190073**	**6444445**	**1550664**	**812239**	**1248980**	**1148756**
武汉	4081797	3748466	693015	470919	1065729	1000058
黄石	286216	193161	47114	27516	16767	14853
十堰	223693	158630	24811	13528	14696	11300
荆州	516507	224433	161097	54210	25799	22587
宜昌	1742052	1138861	216073	75788	66368	55418
襄樊	682786	344121	48773	25454	21684	19720

续表5　　　　　　　　　　　　　　　　　　　　　　　　　单位: 万元

城市	固定资产投资总额		住宅		房地产开发投资额	
	地区	市区	地区	市区	地区	市区
鄂州	223443	223443	30903	30903	9709	9709
荆门	406440	245231	100187	73170	4996	2877
孝感	526506	93794	56233	25271	17681	9770
黄冈	500633	74305	172458	15480	5551	2464
湖南	**5271532**	**2681766**	**1273311**	**462593**	**328530**	**301575**
长沙	1239759	809150	281600	155353	157374	155408
株洲	347574	218422	127460	52082	27328	25261
湘潭	499086	320740	183728	38067	17113	15938
衡阳	513922	234300	168264	31903	19999	17800
邵阳	251251	84596	82029	18208	19961	18096
岳阳	542430	341261	73681	34010	19240	18238
益阳	319843	172677	38175	35078	10747	9932
常德	555804	222134	33811	17708	23638	20920
郴州	303682	114201	72392	33384	11779	8676
永州	348376	99878	148744	31090	11156	7137
怀化	221776	44355	51339	15400	9597	3839
张家界	128029	20052	12088	310	598	330
广东	**20973036**	**14428283**	**5626008**	**3529052**	**5283082**	**4536149**
广州	6565767	5415077	1902460	1522487	2374223	2083116
韶关	374815	175671	91651	33544	24933	22613
深圳	3743663	3743663	1047754	1047754	1366545	1366545
珠海	490912	433778	27632	24863	197389	188616
汕头	876550	757764	90686	67348	201163	179132
佛山	1445770	357262	458976	126272	343203	146241
江门	770437	249435	288441	73819	214023	104610
湛江	684836	414444	198221	60512	30238	22816
茂名	818361	326289	268821	60098	31228	14912
惠州	588301	194727	118928	40394	44477	38760
肇庆	641128	188232	186225	25483	50901	40605
潮州	305450	163719	60405	28306	38932	34065
梅州	307500	30233	30930	3089	34100	4575
中山	598864	598864	187727	187727	122251	122251
东莞	659841	659841	151003	151003	86662	86662

续表6

单位：万元

城市	固定资产投资总额		住宅		房地产开发投资额	
	地区	市区	地区	市区	地区	市区
汕尾	198414	35980	103768	14936	14071	6938
河源	226454	70336	20671	2513	18535	14836
阳江	248595	144503	73813		36241	27414
清远	601135	313552	112097	21236	21993	16565
揭阳	533561	95918	117920	20708	8811	3408
云浮	292682	58995	87879	16960	23163	11469
广西	**1961012**	**1317661**	**522992**	**285572**	**308172**	**277939**
南宁	681454	543344	154542	107087	137021	129733
柳州	262668	210129	55651	41569	51000	46814
桂林	180623	146008	25111	11550	55149	53891
梧州	137321	81359	12790	6988	22182	20083
北海	175876	106031	75022	33909	8385	7746
玉林	248927	61048	101567	28659	16456	5485
钦州	123537	83507	40843	22811	2851	937
贵港	70222	45345	31722	20375	6033	4750
防城港	80384	40890	25744	12624	9095	8500
海南	**720991**	**720991**	**72047**	**72047**	**57656**	**57656**
海口	544779	544779	55216	55216	48618	48618
三亚	176212	176212	16831	16831	9038	9038
重庆	**2747402**	**1480684**	**588237**	**317024**	**675022**	**576616**
四川	**6592724**	**3751654**	**1468244**	**706634**	**965105**	**847160**
成都	3100791	1803292	805053	433714	730147	681479
自贡	226525	143082	60188	26284	20947	18564
攀枝花	801441	777898	28411	24007	5754	5754
泸州	317231	143666	95679	39517	25002	17764
德阳	316722	102340	79097	22373	17836	10050
绵阳	375276	274342	70283	42248	72666	58656
广元	265702	15595	60228	10773	7783	7783
遂宁	210334	75661	48346	17724	7131	5662
内江	207221	72811	56475	17670	26964	8180
乐山	306053	123924	38661	19179	15218	13178
宜宾	233618	135674	29993	16307	12413	10154
南充	231810	83369	95830	36838	23244	9936

续表7 单位: 万元

城市	固定资产投资总额		住宅		房地产开发投资额	
	地区	市区	地区	市区	地区	市区
贵州	**1043227**	**765619**	**222982**	**148202**	**134998**	**133546**
贵阳	619664	549135	125694	111761	122044	122044
六盘水	168745	155077	19798	18385	501	501
遵义	254818	61407	77490	18056	12453	11001
云南	**2305985**	**1417959**	**377740**	**288250**	**320430**	**313596**
昆明	1807388	1121746	290955	251150	311612	306789
东川	16086	16086	3443	3443	1048	1048
曲靖	482511	280127	83342	33657	7770	5759
陕西	**2733671**	**1530561**	**587459**	**404056**	**317944**	**300055**
西安	1169014	899639	282181	271685	246817	246037
铜川	83324	66853	12866	9192	14644	12122
宝鸡	434537	217265	93226	55935	17945	11664
咸阳	391274	209151	40827	28527	12832	12832
延安	200268	38535	27157	8567	7902	4620
汉中	139278	51702	25803	23300	12749	10556
渭南	315976	47416	22833	6850	5055	2224
甘肃	**1579554**	**1483045**	**269678**	**240744**	**164052**	**161444**
兰州	1036486	1024031	183170	176163	144243	142867
嘉峪关	141156	141156	14981	14981	339	339
金昌	75645	42530	7343	4067	940	340
白银	217105	190191	29386	21494	5021	4479
天水	109162	85137	34798	24039	13509	13419
青海	**247197**	**187286**	**73501**	**73160**	**22488**	**22147**
西宁	247197	187286	73501	73160	22488	22147
宁夏	**354912**	**312055**	**71171**	**59878**	**51251**	**49593**
银川	241700	229293	51753	48008	45402	45402
石嘴山	113212	82762	19418	11870	5849	4191
新疆	**1376387**	**1348972**	**136241**	**133096**	**123325**	**124865**
乌鲁木齐	772929	745514	103513	100368	123325	124865
克拉玛依	603458	603458	32728	32728		0

20. 商业经济

城市	批发零售贸易业商品销售总额(万元)		社会消费品零售总额(万元)	
	地区	市区	地区	市区
北京	**25599032**	**20714737**	**10515342**	**8508897**
天津	**10121900**	**10121900**	**5350162**	**4495884**
河北				
石家庄	4190384	3234406	2380487	1059334
唐山	1174575	568978	1740096	797647
秦皇岛	632419	405546	637188	372833
邯郸	1051662	544969	1256555	513028
邢台	880879	362256	857509	251106
保定	2272735	1036344	1665361	556091
张家口	541444	379011	821403	464287
承德	482919	165632	592198	182804
沧州	692895	403193	908644	184117
南宫		71589		44072
辛集		115447		218763
定州		67708		127665
涿州		105582		140885
廊坊	804658	458740	618175	118564
任丘		145635		120222
泊头		67807		73307
衡水	886234	249498	455347	117001
沙河		38498		64162
武安		47446		146624
藁城		98759		152009
黄骅		73251		94433
霸州		48501		92745
河间				96378
安国		22642		61072
晋州		42125		93708
新乐		77593		110105
遵化		85310		145082
高碑店		57920		76641

续表1

城　市	批发零售贸易业商品销售总额(万元)		社会消费品零售总额(万元)	
	地区	市区	地区	市区
三　河		43350		100865
冀　州		45148		32526
鹿　泉		54756		86889
丰　南		65036		127227
深　州		135453		83901
迁　安		59591		125060
山　西				
太　原	1927952	1787187	1143658	1007391
大　同	1412610	1250873	614728	458007
阳　泉	395567	278816	279207	184677
长　治	443520	204886	340839	163521
晋　城	383886	227666	345068	169078
朔　州	260709	154023	251100	110900
忻　州	161189	161189	77350	77350
榆　次	138588	138588	187667	187667
临　汾	210837	210837	135610	135610
侯　马	110558	110558	97679	97679
运　城	345117	345117	140195	140195
古　交		35695		57698
霍　州	31312	31312	25663	25663
孝　义	68792	68792	50350	50350
介　休	122191	122191	123048	123048
高　平		37177		35012
原　平	86643	86643	57328	57328
永　济	61247	61247	50652	50652
河　津	40200	40200	31053	31053
潞　城		31062		18335
离　石	34280	34280	47591	47591
汾　阳	27284	27284	49011	49011
内蒙古				
呼和浩特	957240	917067	525061	454220
包　头	923142	754531	665574	583860

续表2

城市	批发零售贸易业商品销售总额(万元)		社会消费品零售总额(万元)	
	地区	市区	地区	市区
乌海	116382	116382	91844	91844
赤峰	706920	316974	580337	278130
集宁	82246	82246	57139	57139
二连浩特	54811	54811	25069	25069
通辽	164280	164280	164280	164280
海拉尔	106613	106613	108033	108033
满州里	152271	152271	70512	70512
乌兰浩特	181683	181683	86189	86189
牙克石	50160	50160	62159	62159
东胜	136686	136686	60010	60010
扎兰屯	73872	73872	41039	41039
锡林浩特	43305	43305	52680	52680
临河	153628	153628	92388	92388
霍林郭勒	16250	16250	12600	12600
丰镇	13144	13144	19037	19037
根河	10576	10576	24327	24327
额尔古纳	20108	20108	8095	8095
辽宁				
沈阳	8899800	8309649	4245538	4002652
大连	7309064	6511951	3601192	2834411
鞍山	2077967	1212702	961088	549788
抚顺	1008555	879259	940468	775165
本溪	557469	404615	453374	329063
丹东	1048637	592525	565421	237505
锦州	1113106	693516	795842	411988
营口	647949	511726	461913	260286
阜新	452393	340031	380314	285838
辽阳	413851	255078	298383	220803
盘锦	379291	301512	332082	274164
铁岭	683995	164505	499615	161349
朝阳	574998	183990	363387	112908
瓦房店		211902		358784

续表3

城　市	批发零售贸易业商品销售总额(万元)		社会消费品零售总额(万元)	
	地区	市区	地区	市区
海　城		678424		280053
葫芦岛	580310	441362	485562	293685
兴　城		121041		90981
铁　法		5257		53759
北　票		67535		62291
开　原		90481		69674
普兰店		260594		230254
凌　源		57094		53126
庄　河		163336		153909
大石桥		88996		65854
盖　州		173657		112631
新　民		160086		134452
东　港		177703		142741
凌　海		45896		92208
凤　城		138399		100298
灯　塔		146156		127051
吉　林				
长　春	3107943	2646750	2044895	1747650
吉　林	1582843	1163261	1299400	910737
四　平	694156	207763	560182	205373
辽　源	216778	121991	201593	141114
通　化	528809	133033	444313	128391
白　山	249364	106459	300528	86980
公主岭		225003		135413
白　城	478681	196122	369549	161650
延　吉	363179	363179	302567	302567
图　们	46971	46971	39929	39929
敦　化	119084	119084	97313	97313
梅河口		47151		127994
洮　南		115245		63436
珲　春	69589	69589	44753	44753
集　安		47606		29505

城市	批发零售贸易业商品销售总额(万元)		社会消费品零售总额(万元)	
	地区	市区	地区	市区
大安		19339		50834
九台		31924		81219
桦甸		95935		70014
龙井	56401	56401	34111	34111
蛟河		73738		59863
榆树		50780		82876
松原	482360	94438	346559	80383
舒兰		32319		82325
临江		38708		54942
和龙	34687	34687	35706	35706
德惠		39858		54080
磐石		87012		80436
双辽		71126		71010
黑龙江				
哈尔滨	4164886	3558769	3395524	2415742
齐齐哈尔	1245923	759578	1041453	627770
鸡西	585077	268474	405688	234341
鹤岗	243643	160787	239762	158226
双鸭山	371183	149666	251656	119067
大庆	868637	694910	641298	505849
伊春	200195	113191	232174	165410
佳木斯	765519	560537	539790	292698
七台河	246990	153594	167792	110563
牡丹江	729565	350303	684001	331581
绥芬河		277926		29288
绥化	228593	228593	132253	132253
肇东	64007	64007	125308	125308
安达	113708	113708	110651	110651
黑河	310924	52734	246521	34545
北安		88285		70240
五大连池		53317		24691
同江		31241		22130

续表5

城市	批发零售贸易业商品销售总额(万元)		社会消费品零售总额(万元)	
	地区	市区	地区	市区
阿城		154876		113687
富锦		57196		88384
铁力		56892		52869
尚志		76495		173972
双城		204224		143260
密山		28906		63507
海伦	78320	78320	77573	77573
讷河		124787		73722
海林				85729
宁安		61489		70123
五常		165411		133455
穆棱				66992
虎林		51000		42674
上海	**31238368**	**28026913**	**13252142**	**10633231**
江苏				
南京	9942021	8891060	3451109	2786966
无锡	10277053	3142093	2813004	1263996
徐州	2834181	1434665	1526381	866994
常州	4550308	1915504	1679581	699618
苏州	9360228	2530647	2866010	752137
南通	3477219	1050147	2047931	457650
连云港	1314919	618224	799495	373120
淮阴	1614948	828330	765145	315854
盐城	2532760	749561	1409507	341829
扬州	2249299	775647	1270051	449234
镇江	1715053	695545	966581	364638
泰州	2475871	1087530	1105817	272799
常熟		2116885		635027
仪征		279216		189862
张家港		1430667		360472
江阴		2395909		580278
丹阳		469849		261460

续表 6

城市	批发零售贸易业商品销售总额(万元)		社会消费品零售总额(万元)	
	地区	市区	地区	市区
东台		353079		224543
宿迁	483160	52572	480643	65495
兴化		345142		165196
淮安		215919		109280
宜兴		2747988		487705
昆山		689232		289069
启东		423180		313315
新沂		220442		102264
溧阳		542818		334340
如皋		288379		243724
高邮		280421		134571
邳州		238077		125514
吴江		1011322		270537
泰兴		307671		234283
金坛		436399		234586
太仓		553824		204977
通州		631408		309490
靖江		424870		237450
海门		337995		310096
江都		464896		270837
姜堰		310658		196089
扬中		220645		113458
句容		155967		128007
吴县		1027651		353791
锡山		1991063		481025
武进		1655587		411037
大丰		368713		153328
浙江				
杭州	12521742	10143475	2992188	1743758
宁波	4694626	2924978	2885811	1154527
温州	6150118	3678277	3146311	1473533

续表7

城市	批发零售贸易业商品销售总额(万元)		社会消费品零售总额(万元)	
	地区	市区	地区	市区
嘉兴	4361548	1472059	1594817	417114
湖州	2480535	1512994	1123563	581513
绍兴	4441483	888692	1598535	301955
金华	3985914	661658	1296553	228079
衢州	1151923	296071	602093	133825
兰溪		210303		163941
余姚		602437		373739
丽水	241094	241094	92578	92578
临海		302771		173962
海宁		625854		373436
舟山	799781	641245	463364	352099
瑞安		1089692		500298
萧山		929298		387650
江山		216371		129871
义乌		1990814		305139
东阳		434631		196209
慈溪		368865		496736
奉化		95026		132743
诸暨		791212		342990
龙泉	67222	67222	43753	43753
平湖		403486		163443
建德		119931		81091
上虞		804561		266204
永康		238940		142173
乐清		268748		345233
桐乡		1053893		365553
台州	3021544	1211674	1442231	547805
余杭		433927		266097
富阳		403255		205379
温岭		1117454		428445
嵊州		551275		244489

续表 8

城市	批发零售贸易业商品销售总额(万元)		社会消费品零售总额(万元)	
	地区	市区	地区	市区
临安		186565		132481
安徽				
合肥	3059386	2726628	1142868	947672
芜湖	1082551	791602	580100	334402
蚌埠	1150505	811402	578115	339425
淮南	447134	388002	387504	338383
马鞍山	596007	497921	290792	216599
淮北	333852	229766	263877	197306
铜陵	301046	243712	194020	157055
安庆	1207794	377464	722441	250995
黄山	331195	181975	229486	88314
阜阳	2591334	488405	1356434	261553
六安	222323	222323	157070	157070
宿州	170600	170600	162681	162681
滁州	912912	277185	559623	131512
巢湖	242908	242908	143831	143831
亳州		740464		178783
宣州	378481	378481	185100	185100
贵池	182240	182240	81000	81000
界首		101767		96100
天长		167867		87883
明光		87030		72084
桐城		95924		95770
宁国	131656	131656	81984	81984
福建				
福州	5079675	3904461	2344414	1281154
厦门	4840789	4840789	1329037	1329037
莆田	233477	134050	498047	273302
三明	1118712	411972	670948	134260
泉州	2384054	678710	2502396	449848
漳州	1414556	574606	1022650	282333

续表9

城　市	批发零售贸易业商品销售总额(万元)		社会消费品零售总额(万元)	
	地区	市区	地区	市区
南　平	830505	223303	551367	127759
龙　岩	909282	517646	402092	118500
邵　武		90369		63846
永　安		155132		140588
石　狮		362050		592106
宁　德	64267	64267	85892	85892
武夷山		54169		37909
福　安	83790	83790	125675	125675
漳　平		71196		58385
福　清		415313		353700
晋　江		430333		625649
建　瓯		28058		81655
南　安		295001		353395
龙　海		32761		204045
长　乐		179319		170222
建　阳		53833		70001
福　鼎	118290	118290	99607	99607
江　西				
南　昌	2570826	2372231	1096094	820495
景德镇	243939	159652	215120	114991
萍　乡	238419	224812	267153	253624
九　江	792691	295236	571298	231681
新　余	361453	319216	205704	155217
鹰　潭	138491	11412	152236	44130
上　饶	981203	981203	1371382	1371382
临　川	167809	167809	157707	157707
吉　安	141008	141008	71378	71378
赣　州	542093	542093	159156	159156
宜　春	169701	169701	130848	130848
井冈山	12991	12991	15350	15350
丰　城	43451	43451	170641	170641

续表 10

城　市	批发零售贸易业商品销售总额(万元)		社会消费品零售总额(万元)	
	地区	市区	地区	市区
樟　树	89067	89067	78254	78254
瑞　昌		73328		42987
德　兴	23232	23232	40921	40921
乐　平		64806		79723
高　安	134457	134457	104882	104882
瑞　金	92568	92568	61758	61758
南　康	73809	73809	49886	49886
贵　溪		20947		51524
山　东				
济　南	5038322	3192064	2618918	1840509
青　岛	7223250	5607962	2161787	1214404
淄　博	1959169	1036305	1353889	1168936
枣　庄	945956	482255	675672	366645
东　营	494187	313192	520378	341694
烟　台	2958484	1772410	1919355	685193
潍　坊	3881724	1567025	2109386	528893
济　宁	1537971	781518	1230400	419198
泰　安	1296728	624429	1072822	389613
德　州	1272734	498672	893596	229510
威　海	1557929	879515	1168982	319800
新　泰		190827		237194
滨　州	192632	192632	113061	113061
临　清	51035	51035	49875	49875
临　沂	3809294	2851626	1362362	610825
菏　泽	361144	361144	108814	108814
莱　芜	420486	420486	346645	346645
日　照	1235379	812733	414751	249051
青　州		430623		230100
曲　阜		157290		142405
龙　口		234143		192028
胶　州		209089		225147

续表 11

城市	批发零售贸易业商品销售总额(万元)		社会消费品零售总额(万元)	
	地区	市区	地区	市区
莱阳		168117		197110
诸城		358915		230901
莱州		283005		213459
滕州		460701		309027
乐陵		129492		139101
文登		228248		271665
荣成		234767		380715
即墨		202682		194760
平度		400269		263327
胶南		104273		144689
莱西		183641		119460
蓬莱		159502		140534
招远		169455		186015
章丘		390743		330815
兖州		208398		139133
邹城		145021		176589
肥城		245711		227088
寿光		347722		235006
禹城		90631		77838
乳山		215299		196802
高密		159974		197385
昌邑		202572		179854
安丘		262254		246331
栖霞		126898		145626
海阳		130782		122200
河南				
郑州	4331706	3669833	2581405	1641858
开封	864625	508096	659682	431270
洛阳	1238888	953602	1336033	904177
平顶山	738595	394386	638887	265672
安阳	1039931	647070	626703	279462

续表12

城市	批发零售贸易业商品销售总额(万元)		社会消费品零售总额(万元)	
	地区	市区	地区	市区
鹤壁	163554	87493	165100	92422
新乡	805591	382089	835917	324808
焦作	534208	236089	632357	195393
濮阳	395473	197041	377606	88803
许昌	714852	298151	652650	198628
漯河	293655	84568	443043	129028
三门峡	505271	167888	409813	96493
义马		25169		37919
商丘	700183	310771	770997	332266
周口	191893	191893	122764	122764
驻马店	252132	252132	146860	146860
南阳	1413034	680763	1339467	453003
信阳	181415	181415	152623	152623
汝州		69850		137102
济源	318675	318675	155544	155544
禹州		95706		174590
辉县		101421		103357
卫辉		55578		92728
邓州		125127		114912
沁阳		77218		107708
舞钢		42189		41995
巩义		79096		214492
偃师		61316		130062
长葛		121475		139804
灵宝		66268		150227
项城	53278	53278	114109	114109
新密		92676		180432
荥阳		67878		171222
新郑		79923		184710
登封		52175		140505
林州		87697		108902

续表13

城市	批发零售贸易业商品销售总额(万元)		社会消费品零售总额(万元)	
	地区	市区	地区	市区
孟州		41950		75633
永城		59228		100605
湖北				
武汉	9221073	8428547	4565445	4248881
黄石	684072	393422	545754	306591
十堰	763116	432775	576510	233978
荆州	1445056	454606	1338975	403997
宜昌	1433790	418120	1050172	394297
襄樊	1214393	371589	1089592	294585
鄂州	315647	315647	265210	265210
荆门	1108642	500961	724012	327159
老河口		176914		148245
随州	423470	423470	320071	320071
恩施	126249	126249	57832	57832
孝感	979237	188573	847781	133009
咸宁	109206	109206	65327	65327
丹江口		119056		150309
应城		135354		123977
蒲圻	131857	131857	72074	72074
仙桃	483410	483410	397858	397858
石首		229858		156002
麻城		72326		112020
利川	132136	132136	35356	35356
洪湖		208035		214099
天门	434319	434319	354273	354273
安陆		58600		94146
武穴		65032		112817
枝城		72251		74024
枣阳		222145		223294
潜江	237356	237356	216874	216874
广水		119177		93103

续表 14

城市	批发零售贸易业商品销售总额(万元)		社会消费品零售总额(万元)	
	地区	市区	地区	市区
当阳		163503		150526
黄冈	821138	91220	788444	87446
钟祥		275427		218857
大冶		359875		145745
宜城		119000		108864
枝江		131293		100199
汉川		1638789		198980
湖南				
长沙	5583421	4835067	2050280	1564902
株洲	734309	417211	876030	473432
湘潭	793297	600513	548067	311225
衡阳	968787	473133	948150	466276
邵阳	534436	192851	697499	145537
岳阳	723435	280537	995402	510929
醴陵		79913		169248
湘乡		97624		110765
耒阳		66892		86362
益阳	528530	198135	574342	230253
常德	529685	187093	905298	284957
津市		52518		61068
娄底	153675	153675	108789	108789
冷水江	73585	73585	104408	104408
郴州	685071	408929	787754	346722
资兴		22705		76887
永州	503032	196048	537504	197447
怀化	669045	183885	536278	101778
洪江		13171		29953
吉首	116991	116991	98075	98075
张家界	171172	73746	147379	65372
涟源	95721	95721	122534	122534
汨罗		36385		78344

续表15

城市	批发零售贸易业商品销售总额(万元)		社会消费品零售总额(万元)	
	地区	市区	地区	市区
沅江		66462		72497
韶山		15848		20688
临湘		70393		66018
浏阳		258960		151639
武冈		35901		53793
常宁		61701		74323
广东				
广州	21091774	19145523	8025887	6685149
韶关	1198214	601213	675735	327697
深圳	5070208	5070208	3264806	3264806
珠海	2365109	1858195	938236	767150
汕头	4779819	3778873	1532714	1298526
佛山	5942179	1993840	2437409	596859
江门	4385660	1080178	1518705	230604
湛江	2279074	1082248	1471060	747471
茂名	1967283	897174	1314282	436199
惠州	1555806	804025	1005493	302486
肇庆	1348576	573759	931341	285216
潮州	1069500	618387	439802	153298
梅州	932735	343933	537670	43275
中山	1858503	1858503	771124	771124
东莞	1922001	1922001	1102138	1102138
汕尾	789750	253178	583389	109315
河源	543868	63353	256862	68853
阳江	997002	555324	546874	213867
清远	936462	376920	574304	20037
揭阳	1819893	607962	829522	218129
顺德		1731306		618530
番禺		996831		481070
南海		1686467		905400
云浮	546477	107744	429253	77590

续表 16

城　市	批发零售贸易业商品销售总额(万元)		社会消费品零售总额(万元)	
	地区	市区	地区	市区
台　山		458849		380073
新　会		1270317		305165
花　都		304405		342153
增　城		461683		336980
潮　阳		697170		540040
三　水		347671		222159
鹤　山		496657		162141
开　平		481834		237443
廉　江		374320		209019
高　州		292989		225510
高　要		22092		138888
罗　定		224330		178432
四　会		15166		141270
普　宁		660868		335409
从　化		183335		180535
乐　昌		15295		68372
澄　海		281900		139380
高　明		182895		94461
恩　平		37253		203279
雷　州		170725		162555
吴　川		187326		135019
化　州		241820		179979
惠　阳		224432		221125
兴　宁		134787		118664
阳　春		256399		186091
连　州		115036		56921
英　德		128994		150550
陆　丰		269319		196989
信　宜		252298		202645
南　雄		128102		59031

续表17

城市	批发零售贸易业商品销售总额(万元)		社会消费品零售总额(万元)	
	地区	市区	地区	市区
广　西				
南　宁	2168099	2019164	1153593	1004238
柳　州	1437215	1313030	613593	519397
桂　林	730089	659015	463792	394440
梧　州	706570	395660	462095	189795
北　海	465111	366423	262996	187040
凭　祥	56511	56511	54087	54087
合　山	15019	15019	18264	18264
玉　林	982336	230654	764768	293855
百　色	93247	93247	61687	61687
河　池	132471	132471	92851	92851
钦　州	528972	298169	406474	206779
贵　港	537152	270988	286909	116188
防城港	284689	229997	165608	124665
宜　州	85594	85594	94192	94192
北　流		119496		129538
桂　平		161044		98024
岑　溪		89815		92245
东　兴				
贺　州	113448	113448	100354	100354
海　南				
海　口	584145	584145	603789	603789
三　亚	115621	115621	65603	65603
通　什	15914	15914	22291	22291
琼　海	111396	111396	72348	72348
儋　州	144303	144303	65708	65708
琼　山	251539	251539	63576	63576
文　昌	63330	63330	48618	48618
万　宁	61460	61460	64339	64339
东　方	70940	70940	63361	63361
重　庆	5455704	3386730	5079315	2723710
合　川		213077		174194

续表 18

城　市	批发零售贸易业商品销售总额(万元)		社会消费品零售总额(万元)	
	地区	市区	地区	市区
永　川		86454		159355
江　津		255597		180366
南　川		118071		817906
四　川				
成　都	6020660	5012889	4099934	2822068
自　贡	614310	489774	426665	217328
攀枝花	349089	305660	321093	274320
泸　州	429543	205953	432563	230064
德　阳	1011416	265984	627145	136349
绵　阳	1070366	579138	810403	315314
广　元	445561	65945	368369	82819
遂　宁	592855	308539	370635	147031
内　江	1144888	277417	659526	135212
乐　山	546547	259092	480053	208194
宜　宾	702932	347189	526132	216201
南　充	784436	301883	528432	225138
华　蓥	586769	586769	50179	50179
达　川	154486	154486	113657	113657
雅　安	92228	92228	66889	66889
西　昌	264643	264643	139667	139667
江　油		85156		160014
广　汉		91399		120709
都江堰		129042		154501
峨眉山		64387		80308
阆　中		74473		58332
彭　州		109563		167343
资　阳		181034		83418
万　源	57595	57595	46500	46500
巴　中	114705	114705	69209	69209
邛　崃		105132		103016
崇　州		94921		115142

续表 19

城市	批发零售贸易业商品销售总额(万元)		社会消费品零售总额(万元)	
	地区	市区	地区	市区
简阳		191394		102394
什邡		253517		112740
绵竹		85024		103357
贵州				
贵阳	2102707	1979241	827542	732372
六盘水	157915	147564	153610	141862
遵义	912415	224432	423187	145454
安顺	149787	149787	108054	108054
都匀	54092	54092	51843	51843
凯里	73463	73463	45043	45043
铜仁	114667	114667	35344	35344
兴义	73562	73562	57262	57262
赤水		20948		17630
清镇		34656		32665
毕节	291669	291669	40188	40188
仁怀		44345		13290
福泉	46087	46087	34975	34975
云南				
昆明	6482004	5620171	1649091	1384938
东川	32240	32240	23413	23413
个旧	86881	86881	69361	69361
大理	418938	418938	136093	136093
开远	146268	146268	43943	43943
昭通	632966	632966	45248	45248
楚雄	372662	372662	86998	86998
曲靖	1740661	904500	440540	138676
保山	152048	152048	78482	78482
畹町	40331	40331	3178	3178
瑞丽	110931	110931	36848	36848
思茅	94847	94847	56921	56921
景洪	86993	86993	75763	75763

续表 20

城市	批发零售贸易业商品销售总额(万元)		社会消费品零售总额(万元)	
	地区	市区	地区	市区
宣威		221417		94434
安宁		447484		84672
潞西	99375	99375	55952	55952
西藏				
拉萨				
日喀则				
陕西				
西安	3765393	3474749	2495611	2268132
铜川	102275	92047	118994	79842
宝鸡	925839	509211	473017	217091
咸阳	739001	348000	453408	212697
延安	215555	88158	114856	30841
汉中	443796	210552	369000	141563
渭南	634921	78073	366702	70866
韩城		39389		38538
榆林	31412	31412	43088	43088
安康	138262	138262	94001	94001
商州	49554	49554	34431	34431
华阴		36571		23883
兴平				32573
甘肃				
兰州	1721450	1670839	1218665	1129796
嘉峪关	65173	65173	40693	40693
金昌	82996	53947	60465	36234
白银	214355	147170	168859	110597
天水	229899	173427	225661	157659
玉门	46892	46892	46146	46146
平凉	18941	18941	66499	66499
临夏	22957	22957	27789	27789
武威	79348	79348	65404	65404
张掖	98088	98088	62028	62028
酒泉	88929	88929	92102	92102
西峰	49177	49177	33606	33606

续表21

城　市	批发零售贸易业商品销售总额(万元)		社会消费品零售总额(万元)	
	地区	市区	地区	市区
敦　煌	28122	28122	40900	40900
青　海				
西　宁	699345	672835	378545	349504
格尔木	46090	46090	45119	45119
德令哈	17638	17638	13279	13279
宁　夏				
银　川	577606	514677	315886	286371
石嘴山	117117	71247	120971	81581
吴　忠	82230	82230	75153	75153
青铜峡	36398	36398	29762	29762
灵　武	8598	8598	22008	22008
新　疆				
乌鲁木齐	3361849	3340897	950207	874651
克拉玛依	142462	142462	109910	109910
吐鲁番	396157	396157	49171	49171
哈　密	128454	128454	87556	87556
昌　吉	95489	95489	61379	61379
奎　屯	152103	152103	45000	45000
伊　宁	40165	40165	55440	55440
塔　城	86359	86359	32550	32550
阿勒泰	29603	29603	32781	32781
博　乐	75485	75485	31246	31246
库尔勒	753924	753924	153675	153675
阿克苏	146556	146556	52984	52984
阿图什	23289	23289	12289	12289
喀　什	107635	107635	57956	57956
和　田	22598	22598	17489	17489
阜　康	31410	31410	37569	37569
乌　苏	57423	57423	44260	44260
米　泉	30958	30958	47839	47839

21. 外商直接投资

城 市	新签协议合同数(个)		外商协议投资额(万美元)		外商实际投资额(万美元)	
	地区	市区	地区	市区	地区	市区
城市合计	**25925**	**13299**	**5014026**	**3177924**	**4335824**	**2720955**
超大城市	**6051**	**4144**	**1689897**	**1100125**	**1334159**	**906122**
特大城市	**3075**	**2256**	**636785**	**492190**	**548094**	**417159**
大 城 市	**4357**	**2910**	**1302279**	**800412**	**1085446**	**709318**
中等城市	**11474**	**3614**	**1238007**	**683302**	**1184927**	**611376**
小 城 市	**968**	**375**	**147058**	**101895**	**183198**	**76980**
东部城市	**22853**	**11098**	**4383509**	**2720220**	**3871072**	**2388091**
中部城市	**2228**	**1594**	**477819**	**361074**	**352901**	**247458**
西部城市	**844**	**607**	**152698**	**96630**	**111851**	**85406**
北 京	**790**	**497**	**252670**	**64063**	**107729**	**53356**
天 津	**1056**	**465**	**385066**	**182483**	**251135**	
河 北	**731**	**383**	**140727**	**115008**	**149618**	**105536**
石家庄	118	80	24345	18607	29193	25680
唐 山	59	28	11984	9588	25605	17767
秦皇岛	101	75	46734	38245	18375	16263
邯 郸	115	67	21491	18735	14286	13057
邢 台	66	17	4583	3345	3056	1030
保 定	90	40	10811	9940	28047	13600
张家口	22	14	6083	4055	3041	1984
承 德	21	18	1392	1223	4046	1836
沧 州	46	18	4270	3322	3653	1110
廊 坊	56	21	7111	6187	12397	7535
衡 水	37	5	1923	1761	7919	5674
山 西	**90**	**82**	**16084**	**14901**	**9603**	**9233**
太 原	55	52	13290	12390	7281	6981
大 同	11	10	253	215	814	776
阳 泉	9	9	150	150	590	590
长 治	10	7	446	226	177	170
晋 城	1		25		25	
朔 州	4	4	1920	1920	716	716

注:表中所有的分类及分省(区)合计数的统计范围均是地级及地级以上城市。

续表1

城市	新签协议合同数（个）		外商协议投资额（万美元）		外商实际投资额（万美元）	
	地区	市区	地区	市区	地区	市区
内蒙古	**65**	**64**	**10118**	**9536**	**5251**	**3679**
呼和浩特	48	47	3420	2838	3030	1522
包头	17	17	6698	6698	1634	1634
乌海						
赤峰					587	523
辽宁	**1700**	**1418**	**470596**	**381339**	**247766**	**202155**
沈阳	485	465	76318	73061	53760	53208
大连	812	668	256997	226906	131944	118020
鞍山	53	37	14302	8414	3881	2485
抚顺	51	45	11908	11771	7309	6827
本溪	28	16	3602	2100	800	500
丹东	48	32	40346	6238	28589	1581
锦州	33	24	24766	24331	5980	5808
营口	74	44	18505	11023	4519	3749
阜新	15	10	474	374	191	111
辽阳	32	32	1410	1410	5030	5030
盘锦	12	10	6785	4824	3638	3593
铁岭	29	20	2337	1567	1012	571
朝阳	16	4	3468	152	701	260
葫芦岛	12	11	9378	9168	412	412
吉林	**224**	**187**	**36533**	**31713**	**20180**	**16754**
长春	130	126	22411	20951	7570	7254
吉林	35	32	10914	9202	5028	4448
四平	19	8	1182	136	5065	4616
辽源	9	8	579	574	330	325
通化	8	1	315	25	419	25
白山	7	3	67	22	739	57
白城	9	7	220	195	29	29
松原	7	2	845	608	1000	
黑龙江	**221**	**170**	**20438**	**16720**	**22863**	**20252**
哈尔滨	85	73	6007	5600	16200	15200
齐齐哈尔	33	27	2269	969	639	639
鸡西	16	5	1837	175	1160	50

续表2

城市	新签协议合同数(个)		外商协议投资额(万美元)		外商实际投资额(万美元)	
	地区	市区	地区	市区	地区	市区
鹤岗						
双鸭山	3	1	49	20	218	139
大庆	17	16	583	579	912	912
伊春	7	5	243	215	26	26
佳木斯	20	18	5059	4966	990	900
七台河	1		14		14	
牡丹江	35	21	4218	4037	2545	2227
黑河	4	4	159	159	159	159
上海	**1802**	**1470**	**531999**	**466711**	**480816**	**480816**
江苏	**2076**	**743**	**923873**	**487292**	**579032**	**295576**
南京	374	201	53601	29001	49422	34899
无锡	200	82	80080	41400	87241	45045
徐州	51	23	10236	6660	8929	6980
常州	145	79	67958	37794	41032	27729
苏州	648	129	441203	158774	244723	77797
南通	146	48	55938	32105	60807	48063
连云港	182	83	7728	5214	10613	7225
淮阴	17	7	858	670	4100	3631
盐城	93	16	6538	1972	10979	3617
扬州	54	25	7706	5858	7371	6096
镇江	140	42	182648	163148	44176	30025
泰州	25	8	9225	4661	9639	4469
宿迁	1		154	35		
浙江	**938**	**377**	**142061**	**91279**	**144481**	**91736**
杭州	174	85	27888	19107	41187	25243
宁波	260	128	60335	44613	55408	43971
温州	81	34	7587	4750	6025	3889
嘉兴	103	25	24303	14382	14780	7739
湖州	136	72	6217	4002	5543	3131
绍兴	73	12	7487	3210	11481	4213
金华	40	5	3143	139	3730	627
衢州	16		1279	15	1468	744
舟山	4	4	785	776	1162	1047

续表 3

城市	新签协议合同数（个）		外商协议投资额（万美元）		外商实际投资额（万美元）	
	地区	市区	地区	市区	地区	市区
台州	51	12	3037	285	3697	1132
安徽	**246**	**195**	**39615**	**35764**	**24246**	**21524**
合肥	66	66	8992	8992	5053	5053
芜湖	31	28	11069	10039	4139	3583
蚌埠	17	17	4472	4472	4109	4019
淮南	5	5	156	156	302	302
马鞍山	11	9	2590	2240	634	565
淮北	5	5	2873	2873	1026	1026
铜陵	11	10	1268	1262	373	166
安庆	13	9	1165	977	708	650
黄山	11	10	1174	1164	971	634
阜阳	64	29	5016	2857	3731	3398
滁州	12	7	840	732	3200	2128
福建	**2330**	**1150**	**522027**	**319534**	**428274**	**244947**
福州	437	320	92022	62091	97848	62722
厦门	460	460	187912	187912	137867	137867
莆田	85	38	12120	9800	23211	8494
三明	118	32	12179	3162	8580	1741
泉州	506	179	111767	30874	78163	17194
漳州	272	76	71661	15941	61058	14232
南平	394	37	23175	1887	16520	1630
龙岩	58	8	11191	7867	5027	1067
江西	**158**	**112**	**60354**	**43208**	**49834**	**15263**
南昌	64	42	13610	8699	12586	10510
景德镇	9	6	2442	1891	1030	750
萍乡	10	9	1287	836	1142	691
九江	42	29	13994	3543	7000	2694
新余	24	19	2120	1376	1041	79
鹰潭	9	7	26901	26863	27035	539
山东	**1453**	**850**	**175955**	**87618**	**231436**	**132782**
济南	74	59	10900	10620	18813	16175
青岛	617	383	71861	31642	83597	52788
淄博	56	46	4552	4233	4715	4368

续表4

城 市	新签协议合同数（个）		外商协议投资额（万美元）		外商实际投资额（万美元）	
	地区	市区	地区	市区	地区	市区
枣 庄	18	14	1959	1637	5163	3920
东 营	15	15	3293	3293	3101	3101
烟 台	181	92	31275	10890	37520	22306
潍 坊	120	48	21641	7166	27080	6012
济 宁	35	11	4108	786	18578	1846
泰 安	38	14	4037	2998	663	318
德 州	33	13	3571	1022	3830	1498
威 海	172	94	12639	8732	18693	12185
临 沂	49	30	2580	1165	1797	485
莱 芜	8	8	1566	1566	833	833
日 照	37	23	1973	1868	7053	6947
河 南	**375**	**230**	**57503**	**32008**	**58469**	**31589**
郑 州	151	114	20467	15552	20169	12869
开 封	10	8	586	453	577	565
洛 阳	41	35	3248	938	3251	947
平 顶 山	12	6	2705	75	2892	2763
安 阳	6	1	420	6	126	57
鹤 壁	7	5	366	257	791	74
新 乡	15	8	3709	2618	6216	2102
焦 作	18	6	6321	2100	6169	3000
濮 阳	19	11	4192	2774	1709	1120
许 昌	14	2	1399	241	1543	1482
漯 河	20	13	3345	1282	5056	3615
三 门 峡	15	6	6351	4349	4410	669
商 丘	18	9	2430	661	2678	775
南 阳	29	6	1964	702	2882	1551
湖 北	**340**	**276**	**122135**	**111170**	**77355**	**69014**
武 汉	172	172	90781	90781	45333	45333
黄 石	23	21	10060	10015	6481	6436
十 堰	3	2	55	33	262	240
荆 州	26	15	1312	678	4950	313
宜 昌	33	26	3918	3512	10343	9536
襄 樊	19	10	6289	2125	1600	1097

续表5

城市	新签协议合同数(个)		外商协议投资额(万美元)		外商实际投资额(万美元)	
	地区	市区	地区	市区	地区	市区
鄂州	13	13	1373	1373	1807	1807
荆门	9	2	355	215	2205	1920
孝感	28	7	5522	2241	1836	675
黄冈	14	8	2470	197	2538	1657
湖南	**509**	**278**	**115039**	**66054**	**85100**	**60150**
长沙	82	64	13060	10448	29086	23268
株洲	20	13	6307	5709	6209	6209
湘潭	22	20	2033	1988	4029	3112
衡阳	115	73	17375	5887	11096	4215
邵阳	28	12	8936	7254	2043	645
岳阳	65	23	17269	14330	8725	7813
益阳	9	7	520	309	1372	785
常德	32	15	8131	4462	10117	6826
郴州	95	29	36704	13747	5681	2570
永州	15	8	726	520	3017	2300
怀化	22	10	1996	900	3050	2083
张家界	4	4	1982	500	675	324
广东	**9554**	**3370**	**749066**	**460919**	**1146352**	**686652**
广州	661	321	169824	102258	248003	163115
韶关	30	14	4455	2741	14187	10258
深圳	957	957	135387	135387	166112	166112
珠海	194		57861		61643	
汕头	217	134	38161	22679	93703	64396
佛山	3529	690	52539	6316	112159	31781
江门	2004	372	28296	16310	50335	15155
湛江	45	37	11177	10501	10103	7786
茂名	78	57	5554	2877	7259	4188
惠州	613	204	56182	24746	96855	30300
肇庆	255	78	50975	23994	41871	9731
潮州	66	12	7534	1739	16337	3712
梅州	48	8	6654	2508	7420	3907
中山	107	107	37058	37058	50576	50576
东莞	193	193	33507	33507	87960	87960

续表 6

城市	新签协议合同数（个）		外商协议投资额（万美元）		外商实际投资额（万美元）	
	地区	市区	地区	市区	地区	市区
汕尾	121	20	3420	2901	5960	2754
河源	25	14	10125	3449	6641	3492
阳江	23	8	4339	3630	5728	3887
清远	60	17	1505	15753	15710	11508
揭阳	300	122	33085	12387	40830	14379
云浮	28	5	1428	178	6960	1655
广西	**248**	**200**	**73979**	**48484**	**59445**	**49547**
南宁	49	42	11636	6207	15985	15845
柳州	15	15	6468	6468	4448	4448
桂林	68	60	19658	16911	16623	14721
梧州	33	27	9479	2454	6000	4479
北海	18	18	2207	2207	2161	2161
玉林	32	13	15381	5449	6908	2541
钦州	19	17	2711	2672	3635	3277
贵港	7	4	126	86	185	122
防城港	7	4	6313	6030	3500	1953
海南	**175**	**175**	**15490**	**15490**	**44988**	**44988**
海口	156	156	14301	14301	29572	29572
三亚	19	19	1189	1189	15416	15416
重庆	**229**	**154**	**46017**	**31536**	**38466**	**27417**
四川	**218**	**116**	**41468**	**15498**	**27307**	**15021**
成都	129	62	27989	9466	13668	3467
自贡	4	3	269	257	269	257
攀枝花	3	3	412	412	412	412
泸州			3		3	
德阳	30	5	4609	274	696	
绵阳	8	6	2067	1446	1253	752
广元	1		120		30	
遂宁	6	6	1061	1061	161	161
内江	3	2	73	55	103	57
乐山	32	27	4338	2000	10098	9301
宜宾					87	87
南充	2	2	527	527	527	527

续表7

城市	新签协议合同数(个)		外商协议投资额(万美元)		外商实际投资额(万美元)	
	地区	市区	地区	市区	地区	市区
贵州	**42**	**42**	**2735**	**2735**	**2408**	**2408**
贵阳	36	36	2324	2324	2365	2365
六盘水	3	3	53	53	43	43
遵义	3	3	358	358		
云南	**9**	**7**	**6859**	**964**	**5382**	**4443**
昆明	9	7	1853	964	5034	4139
东川						
曲靖			5006		348	304
陕西	**198**	**156**	**31994**	**26444**	**24155**	**23167**
西安	138	138	27214	24214	22057	22057
铜川	1	1	90	90	76	76
宝鸡	14	7	2966	2020	1230	984
咸阳	21	2	1022	34	637	8
延安						
汉中	9	3	20	20	20	20
渭南	15	5	682	66	135	22
甘肃	**69**	**68**	**16398**	**15714**	**9437**	**9437**
兰州	48	48	12532	12532	8786	8786
嘉峪关						
金昌						
白银	4	3	354	306		
天水	17	17	3512	2876	651	651
青海	**15**		**3488**		**1183**	
西宁	15		3488		1183	
宁夏	**21**	**21**	**966**	**966**	**1048**	**1048**
银川	18	18	842	842	1048	1048
石嘴山	3	3	124	124		
新疆	**43**	**43**	**2773**	**2773**	**2465**	**2465**
乌鲁木齐	43	43	2773	2773	2465	2465
克拉玛依						

22. 财政金融(不包括市辖县)

单位:万元

城　市	地方财政预算内收入	工商税收	地方财政预算内支出	科学事业费支出	教育事业费支出	城乡居民储蓄年末余额
城市合计	**21634267**	**16516006**	**26628310**	**194117**	**3391844**	**223106146**
超大城市	**8089301**	**6654522**	**10160153**	**94363**	**1396939**	**74577702**
特大城市	**3993629**	**3075185**	**4374159**	**22601**	**476216**	**43470488**
大城市	**4885021**	**3551053**	**5637656**	**33382**	**631584**	**46297826**
中等城市	**4197657**	**2925823**	**5670973**	**38874**	**758507**	**52550179**
小城市	**485385**	**323551**	**812649**	**4897**	**128598**	**6209951**
东部城市	**15038787**	**11811984**	**18508573**	**140815**	**2388396**	**145054891**
中部城市	**4287337**	**3060995**	**5292671**	**35410**	**675368**	**53267365**
西部城市	**2324869**	**1657155**	**2854346**	**17892**	**328080**	**24783890**
北　京	**690645**	**473521**	**936928**	**2192**	**214563**	
天　津	**819010**	**667440**	**1117215**	**10180**	**147584**	**6306891**
河　北	**720260**	**464050**	**880749**	**4245**	**105475**	**9011451**
石家庄	140967	116315	149490	829	24468	2169085
唐　山	127941	90199	152023	526	14389	1359338
秦皇岛	93417	60105	110378	186	10884	1012566
邯　郸	72002	50221	84292	364	9716	802211
邢　台	67285	20961	62798	251	6840	511813
保　定	67836	34565	79086	404	8312	771004
张家口	49616	34392	77203	220	10034	665163
承　德	22507	15154	42684	363	7410	420000
沧　州	31129	14255	37963	459	3256	448525
廊　坊	28126	16294	47756	384	5338	429692
衡　水	19434	11589	37076	259	4828	422054
山　西	**320262**	**242692**	**371219**	**2533**	**50498**	**5062771**
太　原	153629	113881	155725	584	17710	2694993
大　同	62123	51045	70689	445	10962	1110892
阳　泉	31586	23816	38296	845	5948	375270
长　治	32755	25329	50569	439	5072	478806
晋　城	19642	14507	27016	159	5061	231448
朔　州	20527	14114	28924	61	5745	171362

注:表中所有的分类及分省(区)合计数的统计范围均是地级及地级以上城市。

续表 1 单位:万元

城市	地方财政预算内收入	工商税收	地方财政预算内支出	科学事业费支出	教育事业费支出	城乡居民储蓄年末余额
内蒙古	**243345**	**185470**	**327444**	**2051**	**47604**	**2232560**
呼和浩特	65568	46077	100647	249	19413	894155
包头	128683	102953	141113	1090	16028	903892
乌海	16929	13392	28956	154	2297	184250
赤峰	32165	23048	56728	558	9866	250263
辽宁	**1743492**	**1307524**	**2260436**	**15286**	**236081**	**19338905**
沈阳	416534	368865	514989	4447	80432	6442133
大连	533106	403901	639102	2819	48839	4641703
鞍山	153027	107060	205347	1457	16901	1366279
抚顺	178558	78873	158434	654	17891	1309339
本溪	95718	67495	108928	459	13559	839500
丹东	40090	30224	43921	1213	4888	618334
锦州	48911	35744	79633	784	7703	897962
营口	36015	30031	53918	567	7278	498902
阜新	25774	22997	68214	596	8441	494927
辽阳	57107	39200	111908	372	10444	398656
盘锦	60022	49363	87594	556	3490	650589
铁岭	27294	21585	55096	623	5470	212563
朝阳	21600	16327	55040	437	4547	314803
葫芦岛	49736	35859	78312	302	6198	653215
吉林	**433728**	**242838**	**579498**	**4013**	**82532**	**6047946**
长春	203219	90224	268157	969	36730	3147106
吉林	130618	86463	142074	1300	18062	1404285
四平	21901	14838	39687	324	6468	424116
辽源	11121	7617	19717	82	4375	238019
通化	17889	10820	34508	509	4872	306765
白山	16454	7431	24312	138	3117	259073
白城	9827	7386	27808	641	4774	183976
松原	22699	18059	23235	50	4134	84606
黑龙江	**589016**	**446728**	**818897**	**5456**	**95368**	**9996367**
哈尔滨	253464	219402	332757	3108	35616	3651911
齐齐哈尔	48999	32218	78118	349	13946	997858
鸡西	20737	12613	37864	163	5814	519134

续表 2　　　　　　　　　　　　　　　　　　　　　　　　　　　　　　　单位:万元

城市	地方财政预算内收入	工商税收	地方财政预算内支出	科学事业费支出	教育事业费支出	城乡居民储蓄年末余额
鹤岗	13037	10910	28375	64	5142	357852
双鸭山	19914	8030	23895	40	4568	126537
大庆	141068	100587	149626	815	7049	1852082
伊春	13095	7063	21154	230	3791	525215
佳木斯	21206	14788	41035	209	5989	724852
七台河	9673	8722	19098	105	2348	262397
牡丹江	41389	28571	66310	225	7137	833147
黑河	6434	3824	20665	148	3968	145382
上海	**3211000**	**2987800**	**3885900**	**49045**	**572648**	**25568300**
江苏	**1243832**	**905967**	**1383554**	**8403**	**166841**	**11617772**
南京	399971	314252	445928	3964	44847	3686641
无锡	168859	115594	150877	694	23088	1620863
徐州	93744	73512	103183	551	15499	970956
常州	112664	82150	96495	241	11362	1014447
苏州	135358	101192	140011	571	14705	1202235
南通	70307	51719	76634	567	10473	793077
连云港	50644	31446	70566	621	8170	451885
淮阴	36390	24380	41624	284	5191	267457
盐城	33604	18947	47461	444	6392	302800
扬州	36892	27205	55050	124	8749	492066
镇江	41467	36114	52633	213	7900	414865
泰州	58021	25236	74308	114	7991	276443
宿迁	5911	4220	28784	15	2474	124037
浙江	**740989**	**705850**	**901935**	**5655**	**117308**	**9381958**
杭州	196885	203154	197054	1529	26972	3287475
宁波	237140	204829	350452	1236	22901	1621659
温州	114248	101355	83796	842	16285	1339729
嘉兴	29998	32572	34249	364	6001	610168
湖州	26657	29470	35212	227	8393	545457
绍兴	33835	33810	35844	237	5783	462863
金华	13661	12554	24138	391	4747	283936
衢州	9659	13410	18922	40	2812	215695
舟山	21612	27449	43975	386	8895	439774

续表 3 单位:万元

城市	地方财政预算内收入	工商税收	地方财政预算内支出	科学事业费支出	教育事业费支出	城乡居民储蓄年末余额
台州	57294	47247	78293	403	14519	575202
安徽	**507252**	**446038**	**549397**	**4483**	**64405**	**4505721**
合肥	124903	117052	115627	142	11311	1063312
芜湖	29466	45204	51672	388	5145	397332
蚌埠	46619	42729	43594	729	8512	490153
淮南	52567	36064	51451	587	6914	589590
马鞍山	71235	63096	48112	728	3906	393514
淮北	37625	32697	38172	371	4495	346816
铜陵	28000	24200	28139	138	2811	178318
安庆	45212	37531	49462	269	4948	300011
黄山	17173	11664	25544	158	4055	188824
阜阳	30806	19410	59623	332	8363	385602
滁州	23646	16391	38001	641	3945	172249
福建	**793817**	**554007**	**880722**	**6505**	**119092**	**6597109**
福州	240490	171029	224654	1358	29344	2639534
厦门	305637	224492	352111	1998	44873	1783463
莆田	22983	14644	26551	403	5514	350546
三明	29629	17301	42791	322	4121	273355
泉州	70664	45143	79678	1353	12214	682442
漳州	57634	32408	60027	527	9803	364343
南平	27963	17809	38458	320	6587	255435
龙岩	38817	31181	56452	224	6636	247991
江西	**238547**	**164992**	**272514**	**1805**	**35931**	**3302590**
南昌	110203	68849	95399	710	12068	1790654
景德镇	20081	15636	30116	142	2542	258536
萍乡	34061	20381	43672	278	8252	369417
九江	41114	35403	55421	409	5388	423907
新余	25483	19186	30860	200	5849	333867
鹰潭	7605	5537	17046	66	1832	126209
山东	**1294952**	**964148**	**1646022**	**11431**	**213746**	**14240238**
济南	223296	180070	258224	1484	29992	2472543
青岛	347537	290030	393116	560	34828	2648241
淄博	128283	90958	147747	1292	22491	1764715

续表 4　　　　单位:万元

城市	地方财政预算内收入	工商税收	地方财政预算内支出	科学事业费支出	教育事业费支出	城乡居民储蓄年末余额
枣庄	60961	40225	91711	543	14752	504750
东营	58917	50492	76238	255	7965	794838
烟台	93425	66487	112767	3022	19925	1720363
潍坊	99615	73018	118023	738	16536	827802
济宁	46192	31164	75502	397	13345	525374
泰安	50456	25442	83021	736	13293	487631
德州	26672	15716	43543	359	6109	435877
威海	55090	35966	80825	502	8263	602771
临沂	45017	25220	79445	101	9740	683238
莱芜	27181	20405	43862	1170	9251	423862
日照	32310	18955	41998	272	7256	348233
河南	**779129**	**463952**	**908415**	**4926**	**111042**	**8560024**
郑州	180280	129767	181796	585	19958	2301465
开封	46374	19380	47498	415	9395	490816
洛阳	107920	68732	111617	529	11051	1207066
平顶山	56692	46570	73229	320	9066	528900
安阳	43949	33406	69958	439	14132	614179
鹤壁	16044	10699	29163	162	3393	252464
新乡	125834	31301	109438	751	8467	638775
焦作	43096	23071	62644	254	6199	433223
濮阳	39780	28895	51872	561	4490	493960
许昌	27394	12296	33271	247	3381	241433
漯河	20980	14864	30481	215	4290	319696
三门峡	18803	10071	34334	109	3412	208100
商丘	18075	9628	25203	75	5624	358157
南阳	33908	25272	47911	264	8184	471790
湖北	**662283**	**516552**	**780729**	**5707**	**104237**	**7674364**
武汉	393646	312380	443134	3530	53237	3771649
黄石	52795	50294	34486	758	3933	421953
十堰	22843	26021	36027	101	7203	542939
荆州	23040	15358	48970	303	9040	622031
宜昌	45805	37019	58832	187	5161	539488
襄樊	31603	22777	43282	362	5899	660776

续表5 单位:万元

城市	地方财政预算内收入	工商税收	地方财政预算内支出	科学事业费支出	教育事业费支出	城乡居民储蓄年末余额
鄂州	25688	13990	35177	107	5076	341234
荆门	39781	25179	36330	192	8412	365999
孝感	12167	7075	21209	113	3495	280132
黄冈	14915	6459	23282	54	2781	128163
湖南	**513775**	**351733**	**684558**	**4436**	**83751**	**5885022**
长沙	181665	132531	179519	1576	19684	1927568
株洲	63482	44334	77542	360	5999	652733
湘潭	27315	20537	35933	323	5075	489146
衡阳	34694	22121	52496	253	5651	806189
邵阳	14277	8681	29634	120	3950	278570
岳阳	46902	36197	65753	210	7016	358643
益阳	18690	10928	36869	220	7635	258299
常德	41015	29451	66382	159	8795	396742
郴州	31659	18162	45813	595	6974	279425
永州	22708	13587	40968	495	5896	188042
怀化	18691	10774	31217	121	4265	197858
张家界	12677	4430	22432	4	2811	51807
广东	**3254104**	**2473568**	**4052127**	**25077**	**409797**	**36740669**
广州	838644	675600	1183698	9314	97028	12384942
韶关	26985	21613	59077	368	5476	582325
深圳	1447710	1088752	1426983	7787	126191	7076700
珠海	148229	97493	199243	732	19030	
汕头	167667	146847	164370	1123	23413	1671021
佛山	94790	64645	140553	226	15144	1758620
江门	48997	34144	70634	1037	10274	909255
湛江	55538	43873	125911	376	9994	1249679
茂名	41540	29030	57734	234	6236	583637
惠州	29845	26257	61080	333	5386	749713
肇庆	28196	21981	50782	772	6992	585227
潮州	21318	16471	34134	121	3065	370794
梅州	21500	11566	39323	337	5416	127197
中山	94914	68538	112512	295	30359	2815639
东莞	114069	78451	143712	972	23262	4258238

续表 6

单位:万元

城市	地方财政预算内收入	工商税收	地方财政预算内支出	科学事业费支出	教育事业费支出	城乡居民储蓄年末余额
汕尾	13624	6844	26438	70	3182	148751
河源	5345	4241	30818	118	2672	227990
阳江	14138	11899	31277	213	4111	358447
清远	8746	6625	25775	152	5392	385874
揭阳	23470	12961	42852	204	4554	307398
云浮	8839	5737	25221	293	2620	189222
广西	**401463**	**249594**	**458464**	**2316**	**70340**	**4793831**
南宁	109780	72083	100826	683	10277	1408745
柳州	56692	48656	66376	421	8862	1004297
桂林	52984	39338	60488	397	6408	758906
梧州	35938	14398	40356	97	3723	316639
北海	41895	23869	40641	90	5885	434052
玉林	44466	20109	66290	409	18768	227715
钦州	19963	10745	29943	87	5543	216228
贵港	19852	10874	24997	22	6717	233393
防城港	19893	9522	28547	110	4157	193856
海南	**125223**	**58515**	**104521**	**480**	**14921**	**1457767**
海口	103260	41907	80024	268	9017	1183553
三亚	21963	16608	24497	212	5904	274214
重庆	**455678**	**250858**	**645984**	**6392**	**65483**	**2588964**
四川	**527493**	**331921**	**668406**	**4227**	**78417**	**6680704**
成都	139415	101478	135500	280	19672	3289968
自贡	40986	24860	47031	771	5055	285838
攀枝花	91785	73196	111932	1236	5808	458688
泸州	43597	23022	54693	392	5635	415464
德阳	26143	14233	50963	179	4399	238599
绵阳	86505	39488	113364	706	6492	427319
广元	16718	10772	26203	46	4887	92808
遂宁	18299	9631	27388	194	4697	215599
内江	22889	13114	36978	335	5219	282253
乐山	16845	8177	21248	29	5998	335902
宜宾	11417	6143	17200	16	3155	261742
南充	12894	7807	25906	43	7400	376524

续表 7　　　　单位:万元

城市	地方财政预算内收入	工商税收	地方财政预算内支出	科学事业费支出	教育事业费支出	城乡居民储蓄年末余额
贵州	**161783**	**128589**	**227763**	**967**	**32608**	**1657068**
贵阳	119234	97107	143895	723	18774	1174357
六盘水	27238	19572	61400	134	11032	190011
遵义	15311	11910	22468	110	2802	292700
云南	**317659**	**273197**	**392878**	**2145**	**41292**	**2397580**
昆明	263620	243652	327278	1215	27973	2056045
东川	3701	2953	15134	97	2774	50904
曲靖	50338	26592	50466	833	10545	290631
陕西	**334520**	**242809**	**347566**	**1531**	**46235**	**5332739**
西安	268075	192702	249963	942	29099	3739197
铜川	6347	6197	16200	62	1355	175278
宝鸡	19865	17656	28782	427	2268	461368
咸阳	33475	24791	45799	18	4698	467092
延安	5458	3295	10588	42	2370	160690
汉中	11681	9376	14274	30	3239	208847
渭南	6345	2920	9240	10	3206	120267
甘肃	**194431**	**157591**	**234538**	**1227**	**26999**	**2700407**
兰州	125348	103061	131952	884	13854	1829456
嘉峪关	16153	14449	12779	22	554	124940
金昌	15562	12557	24763	78	1625	165126
白银	20284	15722	26988	83	3036	275420
天水	17084	11802	38056	160	7930	305465
青海	**31336**	**22007**	**37049**	**133**	**6651**	**550342**
西宁	31336	22007	37049	133	6651	550342
宁夏	**55480**	**38809**	**62421**	**235**	**7620**	**719367**
银川	41935	29606	45690	154	5998	519452
石嘴山	13545	9203	16731	81	1622	199915
新疆	**229763**	**197246**	**210461**	**1035**	**22775**	**2156719**
乌鲁木齐	187516	159602	168916	526	16545	1760707
克拉玛依	42247	37644	41545	509	6230	396012

23. 保　险

单位:万元

城　市	承　保　额		保　　费		已决赔款	
	地区	市区	地区	市区	地区	市区
城市合计	**1528726570**	**1041591525**	**10032531**	**6440886**	**3389749**	**2101396**
超大城市	**586415309**	**430937616**	**3583819**	**2468350**	**1018907**	**745146**
特大城市	**245932893**	**195307425**	**1642768**	**1269668**	**584817**	**433713**
大 城 市	**291153032**	**214618761**	**1962108**	**1349366**	**668434**	**434761**
中等城市	**347684052**	**177770652**	**2494840**	**1227755**	**972294**	**433452**
小 城 市	**57541284**	**23237071**	**348996**	**125747**	**145297**	**54324**
东部城市	**1138138245**	**781316410**	**7220245**	**4592424**	**2414826**	**1528217**
中部城市	**242896095**	**157243821**	**1755585**	**1149931**	**604979**	**367920**
西部城市	**147692230**	**103311294**	**1056701**	**698531**	**369944**	**205259**
北　　京	**119445070**		**822252**		**141228**	
天　　津	**33060424**	**30985328**	**243377**	**208347**	**83528**	**62135**
河　　北	**52240572**	**27545457**	**377181**	**177094**	**159712**	**67705**
石 家 庄	13629881	9032013	114034	64996	34268	17853
唐　　山	9862607	5580528	59018	26830	31734	15670
秦 皇 岛	4088735	2668776	25369	16980	9684	6307
邯　　郸	3094057	1848162	36066	12071	14509	4599
邢　　台	3684696	901425	17853	7178	9695	3927
保　　定	6695467	2285000	40893	14100	24120	6782
张 家 口	2134840	1335952	16180	9621	5934	3070
承　　德	2011975	857569	14302	5251	6371	1902
沧　　州	1829608	546986	21189	4497	8266	1819
廊　　坊	4078219	2018395	21493	12012	10679	4312
衡　　水	1130487	470651	10784	3558	4452	1464
山　　西	**12042870**	**9388674**	**93686**	**70184**	**36106**	**25084**
太　　原	7010000	6819329	48000	45026	13000	11372
大　　同	567388	390295	10130	8727	6690	5905
阳　　泉	984615	692094	10191	6771	3703	2317
长　　治	1870732	798287	12564	5364	6100	2813
晋　　城	771320	220416	6314	2074	3014	1019
朔　　州	838815	468253	6487	2222	3599	1658

注:表中所有的分类及分省(区)合计数的统计范围均是地级及地级以上城市。

续表 1

单位:万元

城市	承保额		保费		已决赔款	
	地区	市区	地区	市区	地区	市区
内蒙古	**11742462**	**9722950**	**78045**	**60780**	**25441**	**19816**
呼和浩特	2881616	2449834	23685	20276	6085	5198
包头	6049670	5621185	27228	25111	9741	8980
乌海	534043	534043	3728	3728	1928	1928
赤峰	2277133	1117888	23404	11665	7687	3710
辽宁	**94275661**	**83346679**	**714631**	**604664**	**319725**	**264567**
沈阳	24596735	23809905	244002	233866	124196	119335
大连	21188953	18813590	135489	119407	42852	36244
鞍山	13093497	12504505	38918	32065	12105	8656
抚顺	5958806	5182477	44077	37198	12370	10057
本溪	3382210	3092799	30196	27447	9912	7383
丹东	2446829	1639707	64008	43595	53444	38296
锦州	3542555	2522577	20819	13577	9428	5354
营口	4847818	4352991	19131	13721	8165	5717
阜新	2670000	2380000	13829	11118	4767	2780
辽阳	1600303	1392264	14802	11516	6934	5020
盘锦	3723000	3311567	39523	36217	19893	17994
铁岭	2627000	1236758	14000	5522	4360	1511
朝阳	2052978	1008945	14497	4883	4645	1777
葫芦岛	2544977	2098594	21340	14532	6654	4443
吉林	**18888994**	**12322300**	**111328**	**64957**	**44216**	**24387**
长春	5815381	5019937	36708	27322	13920	9978
吉林	5497300	3780583	28365	20020	11909	7803
四平	3622089	2062217	11746	6113	4376	1728
辽源	929639	503725	4772	2848	1641	903
通化	800653	252803	6355	2009	4213	1261
白山	792231	292182	8309	3094	3074	1356
白城	776615	350711	6885	2965	2458	1007
松原	655086	60142	8188	586	2625	351
黑龙江	**42024850**	**25078821**	**211367**	**150483**	**66292**	**42350**
哈尔滨	18911834	14377242	82414	70282	25197	18161
齐齐哈尔	4420835	1783455	24240	12085	7450	3701
鸡西	1231413	429992	7381	2916	2423	881

续表 2　　　　单位:万元

城市	承保额		保费		已决赔款	
	地区	市区	地区	市区	地区	市区
鹤岗	595677	418968	4398	2839	1237	856
双鸭山	1361393	575929	5361	2893	1823	844
大庆	4998023	1333640	33796	31242	9841	8698
伊春	1446809	1029668	8306	5844	3532	2725
佳木斯	3244000	1833241	12040	6308	4472	2459
七台河	869146	693170	4373	3170	1278	793
牡丹江	4245720	2443516	21448	11135	6447	2662
黑河	700000	160000	7610	1769	2592	570
上海	**138330000**	**138330000**	**875900**	**875900**	**191000**	**191000**
江苏	**129718517**	**79479975**	**812097**	**478315**	**187156**	**94232**
南京	27115194	25083818	159098	147180	26316	22921
无锡	17896461	9947201	110688	51544	22874	7471
徐州	6070406	3936114	55525	37318	13491	8335
常州	11613544	8523549	97968	66631	17939	12923
苏州	21153160	9165281	121802	45676	33360	11226
南通	14196620	10163435	64280	36957	18527	7975
连云港	4076980	2369967	27782	18225	7989	4671
淮阴	8305555	2655064	25088	11770	7123	3044
盐城	3767990	842574	35858	9412	8001	1762
扬州	5710367	2720138	51739	33117	12215	6858
镇江	4265970	2826909	22804	11939	9330	4871
泰州	3471096	1059581	28852	6975	6619	1468
宿迁	2075174	186344	10613	1571	3372	707
浙江	**106320641**	**60280100**	**677923**	**357576**	**312849**	**163007**
杭州	33858090	24381196	201001	133729	69757	45133
宁波	21719000	13393260	133800	80397	64113	39001
温州	12599867	6649384	71437	32773	21637	8226
嘉兴	8342230	2266636	55243	15975	30734	7493
湖州	4940647	2230347	30359	15846	9834	4394
绍兴	7406329	4255843	55055	28699	31989	14663
金华	7490485	1686802	50088	11732	21027	2927
衢州	4289177	1187029	19818	5778	7544	1756
舟山	2722885	2511091	16940	14239	9802	7918

续表 3

单位:万元

城市	承保额		保费		已决赔款	
	地区	市区	地区	市区	地区	市区
台州	2951931	1718512	44182	18408	46412	31496
安徽	**23775688**	**15969954**	**191238**	**124964**	**60908**	**35088**
合肥	4585725	4293139	35559	30210	9666	7612
芜湖	4058805	3095189	16466	10938	4633	2937
蚌埠	2246211	1659660	23710	18368	6174	4448
淮南	1371011	1243982	12167	10967	3193	2910
马鞍山	2442762	2331544	15667	13784	4825	3913
淮北	822494	517713	13522	11604	2810	2257
铜陵	1043545	879636	8565	6850	2162	1696
安庆	1169489	482492	17211	5740	8741	2705
黄山	1671000	798366	10952	6891	2856	1613
阜阳	2367793	570074	23542	5073	9305	2145
滁州	1996853	378159	13877	4539	6543	2852
福建	**57076484**	**38385953**	**343613**	**206559**	**145856**	**78305**
福州	16120903	11192710	101334	81296	49356	35983
厦门	22367937	22367937	85196	85196	21325	21325
莆田	902553	194249	7356	2606	4616	1788
三明	3409473	1376404	30619	9721	16609	5222
泉州	6175112	922807	45542	10996	19208	4315
漳州	2859440	327222	26777	3187	9778	2851
南平	2250269	830470	23661	5202	13575	3113
龙岩	2990797	1174154	23128	8355	11389	3708
江西	**20659178**	**14095979**	**100906**	**76765**	**36694**	**28539**
南昌	10091000	8871813	50000	44402	20000	18485
景德镇	6690685	2690204	8598	4927	3078	1829
萍乡	719207	686207	8111	7680	3454	3239
九江	1857686	694189	20042	9458	5925	2060
新余	875380	781000	7289	6280	2374	1881
鹰潭	425220	372566	6866	4018	1863	1045
山东	**89601368**	**66177362**	**714110**	**484751**	**295498**	**204519**
济南	15337600	13918801	113251	102597	58253	53497
青岛	27009000	23873410	198000	162472	80000	61687
淄博	7188580	6208441	56480	49506	24038	20649

续表 4 单位:万元

城市	承保额		保费		已决赔款	
	地区	市区	地区	市区	地区	市区
枣庄	1753469	1734122	14031	9288	5214	4199
东营	3419496	2916035	31663	24813	13560	11081
烟台	10055891	5493552	72140	37773	25075	13589
潍坊	5329035	1559655	62860	23268	23564	9658
济宁	3658759	912253	24298	3493	15447	6227
泰安	1747443	927727	29326	17827	13480	9747
德州	2113038	692657	23431	8256	7205	2175
威海	4367763	2535014	29214	13930	13886	4561
临沂	4211648	2603197	35584	12624	8552	1996
莱芜	653992	653992	8257	8257	2049	2049
日照	2755654	2148506	15575	10647	5175	3404
河南	**31782107**	**17282441**	**318968**	**187881**	**93913**	**44916**
郑州	6541767	4027810	92827	77075	16303	12631
开封	1141000	724000	14629	7609	5143	2845
洛阳	3738000	2843917	32100	22323	6956	3403
平顶山	2048859	1089012	20591	12659	6355	3229
安阳	1769627	1158764	20269	7574	10799	5185
鹤壁	744541	493867	6276	3266	1988	1374
新乡	2000870	1259035	20833	11425	4863	1956
焦作	2745515	1979565	19108	10845	4971	2525
濮阳	1976822	1264333	16107	12075	5209	3137
许昌	981152	485574	13747	5694	3444	1177
漯河	672591	343846	9446	4829	3322	1098
三门峡	2123463	567831	11085	3352	3186	1108
商丘	1099000	307887	13400	2412	6751	1340
南阳	4198900	737000	28550	6743	14623	3908
湖北	**48875524**	**36036903**	**380291**	**272726**	**152081**	**103942**
武汉	24881646	24491933	183752	178230	68818	66128
黄石	3211072	2804114	17894	13682	7695	5748
十堰	2510681	1741237	21535	14293	10416	6079
荆州	2441841	1289043	27986	14824	9651	5113
宜昌	5061948	2023003	39816	18377	14820	6445
襄樊	3963700	782347	27548	9361	12901	4329

续表 5 单位:万元

城市	承保额		保费		已决赔款	
	地区	市区	地区	市区	地区	市区
鄂州	728439	728439	7006	7006	3860	3860
荆门	2781938	1688197	18581	11487	5640	3422
孝感	1818435	315163	17473	3665	9001	1781
黄冈	1475824	173427	18700	1801	9279	1037
湖南	**33104422**	**17065799**	**269756**	**141191**	**89328**	**43798**
长沙	8864985	6637000	57601	43086	19244	12935
株洲	3286900	2587354	28000	21000	6600	3217
湘潭	3692064	3293998	18559	13336	12893	7395
衡阳	2808973	1263350	26251	14328	8025	3888
邵阳	1216511	361826	18722	5408	11829	4358
岳阳	5463780	190114	21414	11285	5853	2510
益阳	1388822	523404	12894	2785	3852	1115
常德	2034054	835607	24270	9945	6773	2539
郴州	2157305	822760	19508	7328	5258	2301
永州	991544	222902	18466	6420	4783	1273
怀化	1090000	218000	19154	4788	2602	651
张家界	109484	109484	4917	1482	1616	1616
广东	**271289301**	**220506183**	**1437257**	**1038998**	**502898**	**348385**
广州	119310407	111375272	452087	391970	200828	164702
韶关	2753431	1544386	24500	11068	5573	2301
深圳	66344389	66344389	334475	334475	92673	92673
珠海	11619700		46800		26600	
汕头	7268444	6389845	41954	30655	12625	9699
佛山	9489165	2441493	79782	22990	19943	4708
江门	16920331	4918656	105760	39612	24648	7910
湛江	2094648	1570986	30197	22647	10393	7275
茂名	1512346	612841	27051	14853	11941	5036
惠州	2367472	1258072	21293	8250	11731	3650
肇庆	3112544	1489126	28040	10722	7359	2763
潮州	1007094	526555	11575	3381	4375	1394
梅州	1306202	489331	28852	5001	10400	1741
中山	8487638	8487638	56836	56836	14164	14164
东莞	8665375	8665375	62666	62666	19892	19892

续表 6

单位:万元

城市	承保额		保费		已决赔款	
	地区	市区	地区	市区	地区	市区
汕尾	825496	228405	9883	2328	3753	703
河源	712567	249289	10734	2503	4026	822
阳江	1662927	925005	15982	7153	4227	1897
清远	3398504	1804260	23059	4033	7983	3835
揭阳	1509024	736224	18912	4978	6114	2095
云浮	921597	449035	6819	2877	3650	1125
广西	**30324784**	**19823950**	**165066**	**123382**	**65901**	**44887**
南宁	5812998	4998627	55263	48825	14962	12541
柳州	5785576	4844579	31343	27598	15542	13791
桂林	1622641	1476846	16177	14736	5636	4441
梧州	4341758	3049850	17438	10532	7887	4455
北海	6504709	2153621	9377	6910	3373	2230
玉林	2690052	642302	15113	3574	8893	2640
钦州	973028	566683	6674	3744	3931	2035
贵港	1060296	706907	10053	4854	4071	1725
防城港	1533726	1384535	3628	2609	1606	1029
海南	**16455423**	**16455423**	**36838**	**36838**	**9475**	**9475**
海口	14027601	14027601	32247	32247	8272	8272
三亚	2427822	2427822	4591	4591	1203	1203
重庆	**27360000**	**13728000**	**224700**	**112700**	**76700**	**35415**
四川	**32088930**	**19146605**	**324082**	**201344**	**108248**	**60564**
成都	12975479	9593167	148829	118537	38971	28466
自贡	2907980	2218640	16191	11258	13010	7914
攀枝花	2719863	2280238	16301	15134	2287	1867
泸州	995219	710633	12698	7141	4018	2046
德阳	2354677	511944	23381	7363	6917	2229
绵阳	3147431	1234539	25324	12607	8028	4219
广元	1172949	42707	8100	3049	4277	965
遂宁	616589	261234	8687	3375	5336	3818
内江	2165104	629901	20646	5059	9877	2328
乐山	1207322	581871	18015	5433	4357	1849
宜宾	1053097	842161	13331	7042	5699	2434
南充	773220	239570	12579	5346	5471	2429

续表 7

单位: 万元

城市	承保额		保费		已决赔款	
	地区	市区	地区	市区	地区	市区
贵州	**7348781**	**5739665**	**74152**	**60046**	**16860**	**12729**
贵阳	5017662	4700698	47871	44435	10360	9413
六盘水	471075	430748	3818	2150	1395	866
遵义	1860044	608219	22463	13461	5105	2450
云南	**11055738**	**5846856**	**103915**	**60348**	**42529**	**19417**
昆明	7830677	3887931	73457	39248	25431	13127
东川	108925	108925	1720	1720	447	447
曲靖	3116136	1850000	28738	19380	16651	5843
陕西	**47064217**	**38334392**	**184848**	**133555**	**76803**	**37116**
西安	34613139	34143014	110700	104016	28205	26905
铜川	882601	684325	4586	3274	2106	1689
宝鸡	2217482	1219615	17895	10021	5323	3194
咸阳	3509121	1387187	17551	8581	5759	2894
延安	1374644	188583	7115	2156	1912	745
汉中	1231000	173548	9600	2614	26456	779
渭南	3236230	538120	17401	2893	7042	910
甘肃	**12512488**	**11110233**	**72631**	**62040**	**28837**	**21940**
兰州	8863864	8127026	44683	40397	15143	13490
嘉峪关	848986	848986	4538	4538	1527	1527
金昌	950072	693287	5890	4299	1598	1179
白银	792866	649938	8820	7010	5112	4182
天水	1056700	790996	8700	5796	5457	1562
青海	**1594831**	**799906**	**12488**	**10863**	**4447**	**3367**
西宁	1594831	799906	12488	10863	4447	3367
宁夏	**1901242**	**1839634**	**21608**	**19358**	**5424**	**4615**
银川	1256096	1256089	17326	16383	4211	3823
石嘴山	645146	583545	4282	2975	1213	792
新疆	**6766003**	**6766003**	**38277**	**38277**	**10096**	**10096**
乌鲁木齐	6426810	6426810	31369	31369	8012	8012
克拉玛依	339193	339193	6908	6908	2084	2084

24. 劳动工资

城市	全部职工平均人数(万人)		全部职工工资总额(万元)		职工平均工资(元)	
	地区	市区	地区	市区	地区	市区
城市合计	**12053.94**	**7602.54**	**81504568**	**57286613**	**6762**	**7535**
超大城市	**2874.45**	**2402.47**	**24408867**	**21641408**	**8492**	**9008**
特大城市	**2018.88**	**1530.32**	**13428701**	**10893498**	**6652**	**7118**
大城市	**2610.89**	**1632.58**	**16508033**	**11499690**	**6323**	**7044**
中等城市	**3985.80**	**1845.03**	**23043491**	**12008139**	**5781**	**6508**
小城市	**563.92**	**192.14**	**4187538**	**1243878**	**7426**	**6474**
东部城市	**6411.81**	**4115.90**	**50470978**	**35905143**	**7872**	**8724**
中部城市	**3944.15**	**2401.08**	**20972223**	**14265919**	**5317**	**5941**
西部城市	**1697.98**	**1085.56**	**10133429**	**7115551**	**5968**	**6555**
北京	**467.20**	**430.00**	**5147632**	**4855241**	**11018**	**11291**
天津	**271.00**	**250.62**	**2232526**	**2093661**	**8238**	**8354**
河北	**662.45**	**354.03**	**3699908**	**2281441**	**5585**	**6444**
石家庄	111.61	72.65	698210	520464	6256	7164
唐山	108.04	63.80	651300	439953	6028	6896
秦皇岛	37.71	27.56	256486	208683	6802	7572
邯郸	86.02	56.88	464063	334688	5395	5884
邢台	49.39	22.08	252550	132902	5113	6019
保定	78.37	27.02	430332	177322	5491	6563
张家口	57.82	33.44	282084	178169	4879	5328
承德	33.85	15.04	171508	87843	5067	5841
沧州	46.62	14.75	225446	84104	4836	5702
廊坊	27.50	10.97	147825	68250	5375	6222
衡水	25.52	9.84	120104	49063	4706	4986
山西	**281.22**	**220.04**	**1636666**	**1403405**	**5820**	**6378**
太原	107.83	100.40	698637	663964	6479	6613
大同	68.52	57.60	383556	341403	5598	5927
阳泉	29.03	22.84	166177	140185	5724	6138
长治	37.25	20.09	187656	131146	5037	6528
晋城	23.01	10.23	122983	71992	5345	7037
朔州	15.58	8.88	77657	54715	4984	6162

注:表中所有的分类及分省(区)合计数的统计范围均是地级及地级以上城市。

续表 1

城市	全部职工平均人数(万人)		全部职工工资总额(万元)		职工平均工资(元)	
	地区	市区	地区	市区	地区	市区
内蒙古	**160.24**	**128.23**	**851240**	**710930**	**5312**	**5544**
呼和浩特	46.47	40.24	241430	216500	5195	5380
包头	58.86	54.95	342181	324119	5813	5898
乌海	13.25	13.25	64309	64309	4854	4854
赤峰	41.66	19.79	203320	106002	4880	5356
辽宁	**952.17**	**709.69**	**5244450**	**4321151**	**5508**	**6089**
沈阳	211.80	196.20	1228601	1172810	5801	5978
大连	122.11	94.38	959120	830337	7855	8798
鞍山	97.27	76.06	541406	464580	5566	6108
抚顺	77.54	68.46	387161	353080	4993	5157
本溪	50.54	43.75	253854	228916	5023	5232
丹东	47.40	25.40	194727	122434	4108	4820
锦州	51.84	33.65	233810	166564	4510	4950
营口	40.56	27.00	171156	134826	4220	4994
阜新	42.20	33.26	160386	131452	3801	3952
辽阳	36.58	31.36	200823	172205	5490	5491
盘锦	48.30	30.00	337699	279288	6992	9310
铁岭	46.87	11.96	202846	69944	4328	5848
朝阳	41.87	14.52	177450	76666	4238	5280
葫芦岛	37.29	23.69	195411	118049	5240	4983
吉林	**413.03**	**240.40**	**2348055**	**1603089**	**5685**	**6668**
长春	128.70	101.96	907636	772589	7052	7577
吉林	92.69	58.41	554720	405138	5985	6936
四平	41.40	14.93	192008	76191	4638	5103
辽源	19.79	14.01	90037	63637	4550	4542
通化	39.43	16.19	174806	81948	4433	5062
白山	31.31	11.92	136697	55960	4366	4695
白城	30.89	10.68	116404	46235	3768	4329
松原	28.82	12.30	175747	101391	6098	8243
黑龙江	**699.41**	**436.63**	**3346833**	**2391075**	**4785**	**5476**
哈尔滨	218.73	160.15	1119521	876607	5118	5474
齐齐哈尔	91.51	54.90	378369	255779	4135	4659
鸡西	49.76	27.28	208717	116665	4194	4277

续表 2

城市	全部职工平均人数(万人)		全部职工工资总额(万元)		职工平均工资(元)	
	地区	市区	地区	市区	地区	市区
鹤岗	36.96	25.07	164500	110892	4451	4423
双鸭山	39.88	19.03	129986	68308	3259	3589
大庆	61.03	48.77	578176	541346	9474	11100
伊春	46.54	33.18	126361	94313	2715	2842
佳木斯	47.45	23.60	187650	106460	3955	4511
七台河	16.91	12.26	82189	62928	4860	5133
牡丹江	54.46	27.86	225151	131942	4134	4736
黑河	36.18	4.53	146213	25835	4041	5703
上海	**446.47**	**402.00**	**5100996**	**4699600**	**11425**	**11691**
江苏	**892.19**	**437.48**	**6338609**	**3618329**	**7105**	**8271**
南京	144.78	124.05	1280823	1156905	8847	9326
无锡	72.46	43.34	624002	391196	8612	9026
徐州	93.52	55.65	609772	419218	6520	7533
常州	53.68	32.71	456656	296235	8507	9056
苏州	93.84	39.24	792260	348975	8443	8893
南通	81.18	25.58	540971	203160	6664	7942
连云港	44.76	22.96	249668	146287	5578	6371
淮阴	49.07	15.95	244749	99942	4988	6266
盐城	72.69	15.33	392143	105921	5395	6909
扬州	60.47	22.90	412816	178945	6827	7814
镇江	43.34	22.73	310088	170810	7155	7515
泰州	52.91	13.12	289225	81394	5466	6204
宿迁	29.49	3.92	135436	19341	4593	4934
浙江	**462.34**	**219.98**	**3915627**	**2054634**	**8469**	**9340**
杭州	117.00	76.00	1073862	762956	9178	10039
宁波	77.00	38.00	744910	413199	9674	10874
温州	53.39	26.41	427830	218705	8013	8281
嘉兴	40.10	14.31	304829	113683	7602	7944
湖州	26.39	12.45	192338	97551	7288	7835
绍兴	45.55	12.76	379970	117825	8342	9234
金华	35.82	8.41	261972	63992	7314	7609
衢州	19.56	8.30	137437	65121	7026	7846
舟山	14.53	11.34	121608	99925	8369	8812

续表 3

城市	全部职工平均人数(万人)		全部职工工资总额(万元)		职工平均工资(元)	
	地区	市区	地区	市区	地区	市区
台州	33.00	12.00	270871	101677	8208	8473
安徽	**380.39**	**253.68**	**2184262**	**1598645**	**5742**	**6302**
合肥	60.57	50.54	378831	330366	6254	6537
芜湖	33.49	27.52	207400	174827	6193	6353
蚌埠	34.20	23.43	172481	123866	5043	5287
淮南	43.10	39.90	261020	246665	6056	6182
马鞍山	23.97	21.10	181024	167661	7552	7946
淮北	32.62	28.52	205455	187355	6298	6569
铜陵	18.10	16.01	110447	99281	6102	6201
安庆	39.22	17.69	197378	100655	5033	5690
黄山	15.10	7.20	77439	41250	5128	5729
阜阳	50.37	14.87	252012	80172	5003	5392
滁州	29.65	6.90	140775	46547	4748	6746
福建	**325.60**	**168.11**	**2490632**	**1483865**	**7649**	**8827**
福州	87.00	59.30	661115	467144	7599	7878
厦门	47.41	47.41	560476	560476	11822	11822
莆田	18.35	7.42	122324	52599	6666	7089
三明	31.88	10.36	230086	89902	7217	8678
泉州	52.56	16.32	390561	116261	7431	7124
漳州	33.95	9.70	199014	64570	5862	6657
南平	31.46	9.00	183000	67626	5817	7514
龙岩	22.99	8.60	144056	65287	6266	7592
江西	**197.96**	**133.30**	**899741**	**707022**	**4545**	**5304**
南昌	80.88	69.18	443775	400304	5487	5786
景德镇	24.64	15.77	92180	57215	3741	3628
萍乡	19.22	17.76	99698	94686	5187	5331
九江	47.83	14.92	220416	80858	4608	5419
新余	15.43	12.64	72062	60476	4670	4784
鹰潭	9.96	3.03	43672	13483	4385	4450
山东	**814.26**	**454.85**	**5260334**	**3271283**	**6460**	**7192**
济南	100.35	82.87	792000	698466	7892	8428
青岛	117.39	79.13	825299	623964	7030	7885
淄博	62.72	53.70	402422	351831	6416	6552

续表 4

城　市	全部职工平均人数(万人)		全部职工工资总额(万元)		职工平均工资(元)	
	地区	市区	地区	市区	地区	市区
枣　庄	39.66	29.73	238140	181633	6005	6109
东　营	36.35	29.99	366025	328482	10069	10953
烟　台	81.82	37.36	496437	242908	6067	6502
潍　坊	77.87	29.82	454290	187838	5834	6299
济　宁	68.83	19.45	440972	110973	6407	5706
泰　安	58.42	18.89	345073	106380	5907	5632
德　州	40.67	13.46	180831	76033	4446	5649
威　海	39.03	16.27	222928	103930	5712	6388
临　沂	56.05	18.68	291923	104772	5208	5609
莱　芜	15.11	15.11	97593	97593	6459	6459
日　照	19.99	10.39	106401	56480	5323	5436
河　南	**666.35**	**365.00**	**3578558**	**2260829**	**5370**	**6194**
郑　州	98.90	73.50	672267	532192	6797	7241
开　封	43.86	28.13	186060	129163	4242	4592
洛　阳	71.83	47.72	432738	327455	6024	6862
平顶山	53.99	33.70	329274	245906	6099	7297
安　阳	51.17	28.34	266472	172928	5208	6102
鹤　壁	19.92	13.62	98458	72037	4943	5289
新　乡	53.19	25.69	275483	160286	5179	6239
焦　作	44.41	25.37	216527	140872	4876	5553
濮　阳	34.41	20.49	215315	162584	6257	7935
许　昌	31.96	12.18	139200	56647	4355	4651
漯　河	20.30	9.39	81817	38376	4030	4087
三门峡	29.02	9.45	161205	49367	5555	5224
商　丘	41.73	15.10	159270	56575	3817	3747
南　阳	71.66	22.32	344472	116441	4807	5217
湖　北	**613.98**	**366.15**	**3305796**	**2245382**	**5384**	**6132**
武　汉	199.90	185.52	1280491	1219174	6406	6572
黄　石	38.56	26.53	186335	140463	4832	5294
十　堰	41.07	20.75	247050	161235	6015	7770
荆　州	67.80	30.13	305024	146961	4499	4878
宜　昌	52.83	25.94	310413	173451	5876	6687
襄　樊	67.90	28.20	326585	151170	4810	5361

续表 5

城市	全部职工平均人数(万人)		全部职工工资总额(万元)		职工平均工资(元)	
	地区	市区	地区	市区	地区	市区
鄂州	14.75	14.75	74403	74403	5044	5044
荆门	34.03	17.35	173301	102780	5093	5924
孝感	49.02	9.53	208693	41716	4257	4377
黄冈	48.12	7.45	193501	34029	4021	4568
湖南	**531.57**	**257.65**	**2749010**	**1345542**	**5171**	**5222**
长沙	88.83	68.16	557968	447508	6281	6566
株洲	45.48	28.13	275721	167909	6062	5969
湘潭	37.04	26.58	207442	149205	5600	5613
衡阳	59.55	26.86	282995	131512	4752	4896
邵阳	45.20	17.20	198435	72702	4390	4227
岳阳	56.31	22.01	273633	14846	4859	675
益阳	40.79	22.37	167632	85995	4110	3844
常德	48.75	17.60	237933	94228	4881	5354
郴州	34.16	6.28	189506	71000	5548	11306
永州	32.14	10.95	147829	49585	4600	4528
怀化	33.11	7.12	159846	36844	4828	5175
张家界	10.21	4.39	50070	24208	4904	5514
广东	**878.62**	**515.23**	**8564684**	**6083274**	**9748**	**11807**
广州	199.41	166.03	2615842	2276216	13118	13710
韶关	42.73	19.10	282830	147211	6619	7707
深圳	89.90	89.90	1479515	1479515	16457	16457
珠海	27.73	24.55	354802	321950	12795	13114
汕头	48.85	34.98	376902	295476	7715	8447
佛山	54.79	21.25	591046	250003	10787	11765
江门	48.55	14.01	395006	131137	8136	9360
湛江	57.08	23.93	370357	185973	6488	7772
茂名	36.39	11.75	254126	111546	6983	9493
惠州	43.88	18.39	305664	146967	6966	7992
肇庆	32.82	12.46	233748	100994	7122	8105
潮州	13.86	6.95	90401	47417	6522	6823
梅州	31.68	6.50	174737	26025	5516	4004
中山	15.96	15.96	176145	176145	11037	11037
东莞	16.38	16.38	175157	175157	10693	10693

城市	全部职工平均人数(万人)		全部职工工资总额(万元)		职工平均工资(元)	
	地区	市区	地区	市区	地区	市区
汕尾	14.22	4.43	79090	28332	5562	6395
河源	17.34	3.93	86414	16164	4984	4113
阳江	19.39	7.30	132972	53706	6858	7357
清远	24.51	6.54	155114	49348	6329	7546
揭阳	26.49	7.35	126091	39179	4760	5330
云浮	16.66	3.54	108725	24813	6526	7009
广西	**209.83**	**144.23**	**2227357**	**894441**	**10615**	**6201**
南宁	46.83	38.41	301839	260068	6445	6771
柳州	43.34	38.67	287654	260796	6637	6744
桂林	23.21	20.36	141533	128260	6098	6300
梧州	20.19	11.07	97755	58627	4842	5296
北海	12.70	7.81	72849	49296	5736	6312
玉林	28.05	8.64	1152584	41040	41090	4750
钦州	12.67	6.70	62855	33356	4961	4979
贵港	16.15	8.27	72798	36946	4508	4467
防城港	6.69	4.30	37490	26052	5604	6059
海南	**29.68**	**29.68**	**248223**	**248223**	**8363**	**8363**
海口	24.77	24.77	211969	211969	8557	8557
三亚	4.91	4.91	36254	36254	7384	7384
重庆	**287.48**	**147.14**	**1581684**	**917428**	**5502**	**6235**
四川	**526.58**	**287.21**	**3025795**	**1862436**	**5746**	**6485**
成都	159.27	114.02	1104865	853709	6937	7487
自贡	31.21	22.40	150750	114876	4830	5128
攀枝花	30.20	28.07	234263	222238	7757	7917
泸州	27.38	15.31	153385	97383	5602	6361
德阳	32.91	13.28	212999	100324	6472	7555
绵阳	44.17	20.22	240140	124929	5437	6178
广元	21.14	2.23	92206	9015	4362	4043
遂宁	20.25	8.06	88995	36841	4395	4571
内江	48.81	13.62	231858	63458	4750	4659
乐山	36.26	18.82	186973	89934	5156	4779
宜宾	35.83	14.82	168393	78546	4700	5300
南充	39.15	16.36	160968	71183	4112	4351

续表 7

城市	全部职工平均人数(万人)		全部职工工资总额(万元)		职工平均工资(元)	
	地区	市区	地区	市区	地区	市区
贵州	**122.08**	**91.84**	**671838**	**549379**	**5503**	**5982**
贵阳	68.41	59.94	397699	366253	5813	6110
六盘水	19.98	18.75	120881	115532	6050	6162
遵义	33.69	13.15	153258	67594	4549	5140
云南	**128.00**	**87.59**	**1004048**	**694412**	**7844**	**7928**
昆明	92.69	73.07	762293	595408	8224	8148
东川	3.30	3.30	19225	19225	5826	5826
曲靖	32.01	11.22	222530	79779	6952	7110
陕西	**342.19**	**215.28**	**1789793**	**1228718**	**5230**	**5708**
西安	139.71	124.78	808250	747468	5785	5990
铜川	17.92	14.73	80485	67145	4491	4558
宝鸡	42.39	23.44	240062	152686	5663	6514
咸阳	47.64	27.04	230994	152382	4849	5635
延安	18.94	6.31	95343	25928	5034	4109
汉中	32.36	9.85	141415	43981	4370	4465
渭南	43.23	9.13	193244	39128	4470	4286
甘肃	**135.09**	**113.71**	**873963**	**754590**	**6469**	**6636**
兰州	78.24	72.22	514689	476433	6578	6597
嘉峪关	5.43	5.43	47249	47249	8701	8701
金昌	10.44	5.46	86134	50237	8250	9201
白银	18.21	13.90	122597	100723	6732	7246
天水	22.77	16.70	103294	79948	4536	4787
青海	**33.65**	**28.81**	**216017**	**184763**	**6420**	**6413**
西宁	33.65	28.81	216017	184763	6420	6413
宁夏	**43.57**	**36.54**	**269413**	**232976**	**6183**	**6376**
银川	27.01	23.68	158275	141727	5860	5985
石嘴山	16.56	12.86	111138	91249	6711	7096
新疆	**79.34**	**77.44**	**700878**	**690849**	**8834**	**8921**
乌鲁木齐	65.49	63.59	504436	494407	7702	7775
克拉玛依	13.85	13.85	196442	196442	14184	14184

25. 学 校 数

单位: 所

城市	高等学校		普通中学		小学	
	地区	市区	地区	市区	地区	市区
城市合计	**980**	**938**	**58038**	**15266**	**423937**	**61207**
超大城市	**356**	**337**	**7507**	**3795**	**40703**	**9724**
特大城市	**223**	**221**	**7113**	**2501**	**42878**	**7177**
大城市	**168**	**161**	**12031**	**2918**	**86060**	**11220**
中等城市	**204**	**191**	**26681**	**5217**	**213530**	**27921**
小城市	**29**	**28**	**4706**	**835**	**40766**	**5165**
东部城市	**501**	**476**	**27782**	**7203**	**186414**	**26541**
中部城市	**307**	**300**	**21150**	**5284**	**153172**	**20396**
西部城市	**172**	**162**	**9106**	**2779**	**84351**	**14270**
北京	**65**	**56**	**735**	**488**	**2696**	**1455**
天津	**20**	**20**	**732**	**472**	**3030**	**774**
河北	**53**	**50**	**5076**	**556**	**46243**	**2174**
石家庄	10	10	668	97	4581	242
唐山	4	4	524	99	4014	365
秦皇岛	8	6	230	39	1503	50
邯郸	6	5	589	91	5133	248
邢台	2	2	601	48	4882	91
保定	5	5	713	23	5853	268
张家口	5	5	314	45	5480	76
承德	5	5	392	29	2578	93
沧州	2	2	505	22	5257	97
廊坊	3	3	212	34	2746	378
衡水	3	3	328	29	4216	266
山西	**19**	**19**	**1325**	**427**	**14605**	**2288**
太原	12	12	231	162	1529	576
大同	3	3	287	99	2432	457
阳泉	1	1	110	44	1060	210
长治	3	3	336	51	4437	194
晋城			208	14	3331	103
朔州			153	57	1816	748

注: 表中所有的分类及分省(区)合计数的统计范围均是地级及地级以上城市。

续表 1 单位:所

城市	高等学校		普通中学		小学	
	地区	市区	地区	市区	地区	市区
内蒙古	**13**	**13**	**720**	**282**	**4247**	**972**
呼和浩特	9	9	122	56	979	266
包头	3	3	152	94	633	248
乌海			39	39	68	68
赤峰	1	1	407	93	2567	390
辽宁	**62**	**61**	**2448**	**935**	**14389**	**2614**
沈阳	22	22	368	258	1677	667
大连	13	13	271	129	1496	394
鞍山	3	3	182	69	1136	187
抚顺	3	3	177	95	801	186
本溪	3	3	103	54	466	169
丹东	4	4	150	33	881	96
锦州	5	5	170	43	1042	119
营口	3	2	113	34	864	107
阜新	2	2	127	44	875	117
辽阳	2	2	117	34	573	110
盘锦			79	31	388	61
铁岭	1	1	173	24	1436	63
朝阳	1	1	247	26	1603	87
葫芦岛			171	61	1151	251
吉林	**39**	**39**	**1602**	**414**	**9239**	**1239**
长春	27	27	422	174	1914	494
吉林	8	8	282	83	1649	221
四平	2	2	191	23	1277	63
辽源			91	25	577	67
通化	1	1	186	27	1030	67
白山			110	30	583	94
白城	1	1	153	40	981	160
松原			167	12	1228	73
黑龙江	**38**	**34**	**2356**	**821**	**12884**	**2033**
哈尔滨	23	21	627	232	3538	411
齐齐哈尔	4	3	397	123	2396	301
鸡西	4	3	156	69	689	171

续表 2

单位:所

城市	高等学校		普通中学		小学	
	地区	市区	地区	市区	地区	市区
鹤岗			94	39	381	113
双鸭山			137	46	684	113
大庆	1	1	205	95	958	261
伊春	1	1	100	62	442	227
佳木斯	1	1	215	58	1339	192
七台河			62	33	273	110
牡丹江	3	3	192	57	1271	129
黑河	1	1	171	7	913	5
上海	**39**	**39**	**812**	**633**	**1533**	**1055**
江苏	**65**	**61**	**4051**	**651**	**24760**	**2139**
南京	30	29	323	163	1489	407
无锡	2	2	227	54	1343	183
徐州	4	4	525	100	3288	310
常州	3	3	184	45	978	152
苏州	7	5	278	49	1628	208
南通	4	4	465	26	2067	80
连云港	3	3	274	48	1783	180
淮阴	2	2	271	27	2270	103
盐城	2	2	589	38	3623	145
扬州	2	2	247	25	1381	63
镇江	6	5	168	35	1130	102
泰州			293	29	1753	153
宿迁			207	12	2027	53
浙江	**36**	**33**	**2982**	**545**	**17267**	**2305**
杭州	20	19	437	85	2762	275
宁波	3	2	369	68	1664	231
温州	3	3	468	68	2773	220
嘉兴	2	2	194	47	1170	244
湖州	1	1	177	62	1526	595
绍兴	1	1	293	19	1835	52
金华	2	2	385	25	2098	83
衢州	1	1	220	19	1335	65
舟山	2	2	87	61	257	172

续表 3　　　　单位:所

城　市	高等学校		普通中学		小　学	
	地区	市区	地区	市区	地区	市区
台　州	1		352	91	1847	368
安　徽	**30**	**29**	**2533**	**572**	**17771**	**2268**
合　肥	9	9	256	82	1687	240
芜　湖	5	5	126	35	719	113
蚌　埠	3	3	187	44	1308	149
淮　南	3	3	143	101	576	308
马鞍山	2	2	66	28	281	49
淮　北	1	1	145	76	684	179
铜　陵	1	1	58	28	247	59
安　庆	2	2	485	31	3482	133
黄　山	1	1	151	38	1109	223
阜　阳	1	1	633	79	5590	631
滁　州	2	1	283	30	2088	184
福　建	**33**	**32**	**1769**	**353**	**13413**	**1628**
福　州	12	12	436	131	2971	305
厦　门	3	3	54	54	360	360
莆　田	2	2	140	18	962	83
三　明	2	2	185	23	2171	112
泉　州	2	2	343	30	2348	171
漳　州	5	5	228	26	1761	152
南　平	5	4	184	35	1405	227
龙　岩	2	2	199	36	1435	218
江　西	**23**	**22**	**1017**	**364**	**6422**	**1413**
南　昌	12	12	258	107	1368	196
景德镇	2	2	110	38	594	97
萍　乡	1	1	127	107	793	682
九　江	6	5	369	50	2593	130
新　余	1	1	70	48	413	246
鹰　潭	1	1	83	14	661	62
山　东	**54**	**52**	**3823**	**1164**	**31070**	**6234**
济　南	18	18	298	135	2170	522
青　岛	4	4	373	109	1783	337
淄　博	3	3	263	189	1200	705

续表 4　　　　单位:所

城市	高等学校		普通中学		小学	
	地区	市区	地区	市区	地区	市区
枣　庄	1	1	167	99	1191	717
东　营	2	2	151	77	553	148
烟　台	4	3	418	84	2400	374
潍　坊	3	3	506	78	4038	463
济　宁	6	5	393	60	2884	257
泰　安	5	5	284	81	2538	458
德　州	2	2	254	27	4208	461
威　海	3	3	147	29	806	145
临　沂	2	2	352	58	5491	761
莱　芜			68	68	548	548
日　照	1	1	149	70	1260	338
河　南	**46**	**46**	**4750**	**823**	**30771**	**3011**
郑　州	20	20	423	128	1959	359
开　封	4	4	313	50	1885	140
洛　阳	6	6	535	117	2905	323
平顶山	2	2	311	57	2471	194
安　阳	2	2	361	53	2732	165
鹤　壁			83	32	422	148
新　乡	6	6	444	50	2746	129
焦　作	2	2	266	42	1188	138
濮　阳			240	45	2106	150
许　昌	1	1	304	26	2084	67
漯　河			136	16	991	38
三门峡			182	17	1303	55
商　丘	1	1	494	74	3690	590
南　阳	2	2	658	116	4289	515
湖　北	**53**	**52**	**2739**	**869**	**21283**	**2804**
武　汉	33	33	493	386	1764	972
黄　石	2	2	139	36	935	107
十　堰	4	3	232	43	2910	180
荆　州	4	4	347	85	2589	370
宜　昌	1	1	288	47	1991	93
襄　樊	3	3	312	65	2996	91

续表 5

单位:所

城市	高等学校		普通中学		小学	
	地区	市区	地区	市区	地区	市区
鄂州	2	2	67	67	339	339
荆门	2	2	171	79	1113	346
孝感	1	1	302	43	2555	223
黄冈	1	1	388	18	4091	83
湖南	**46**	**46**	**4108**	**712**	**35950**	**4368**
长沙	20	20	379	91	2779	317
株洲	2	2	239	49	2145	172
湘潭	5	5	215	37	1359	133
衡阳	6	6	494	54	3724	203
邵阳	2	2	544	45	3753	127
岳阳	2	2	400	66	3082	230
益阳	2	2	313	74	3215	655
常德	2	2	322	78	2789	669
郴州	2	2	342	53	3005	339
永州	1	1	375	83	4642	852
怀化	1	1	380	46	3995	321
张家界	1	1	105	36	1462	350
广东	**44**	**43**	**3889**	**871**	**24731**	**3852**
广州	26	25	365	197	1614	584
韶关	1	1	223	48	1441	78
深圳	2	2	73	73	275	275
珠海			38	21	199	105
汕头	1	1	183	46	867	160
佛山	1	1	185	16	840	69
江门	1	1	290	20	1360	64
湛江	3	3	336	72	2223	383
茂名	1	1	292	30	1958	182
惠州	1	1	153	16	1246	73
肇庆	1	1	194	21	1646	162
潮州	1	1	125	17	816	65
梅州	2	2	277	8	2299	71
中山	1	1	78	78	387	387
东莞	1	1	71	71	586	586

续表 6

单位:所

城市	高等学校		普通中学		小学	
	地区	市区	地区	市区	地区	市区
汕尾	1	1	119	23	801	115
河源			186	11	1520	46
阳江			108	20	816	118
清远			238	38	1580	121
揭阳			239	27	1317	105
云浮			116	18	940	103
广西	**28**	**27**	**1406**	**476**	**7003**	**2032**
南宁	10	9	195	76	753	269
柳州	2	2	134	71	506	202
桂林	8	8	73	27	378	93
梧州	1	1	147	16	939	47
北海			80	30	421	130
玉林	5	5	311	58	1450	279
钦州	2	2	140	65	1082	379
贵港			271	106	1155	438
防城港			55	27	319	195
海南	**2**	**2**	**59**	**59**	**279**	**279**
海口	2	2	27	27	101	101
三亚			32	32	178	178
重庆	**22**	**18**	**1606**	**357**	**16261**	**1487**
四川	**38**	**35**	**3160**	**852**	**28182**	**5621**
成都	20	18	558	159	2819	619
自贡	3	3	132	54	1006	274
攀枝花	1	1	93	64	585	235
泸州	2	2	250	76	396	94
德阳	1		221	38	1717	205
绵阳	5	5	322	69	2369	384
广元			160	48	2554	607
遂宁			229	76	2206	751
内江	1	1	493	68	4362	497
乐山	1	1	272	87	1664	383
宜宾	1	1	201	47	2640	240
南充	3	3	229	66	5864	1332

续表 7　　　　单位:所

城市	高等学校		普通中学		小学	
	地区	市区	地区	市区	地区	市区
贵州	**13**	**13**	**812**	**336**	**6300**	**1774**
贵阳	10	10	237	147	1315	479
六盘水	1	1	157	145	1384	1201
遵义	2	2	418	44	3601	94
云南	**18**	**18**	**577**	**189**	**4043**	**569**
昆明	16	16	263	97	1516	145
东川			22	22	200	200
曲靖	2	2	292	70	2327	224
陕西	**45**	**43**	**2010**	**557**	**21933**	**2606**
西安	29	29	466	276	2368	799
铜川			79	15	976	241
宝鸡	1	1	275	49	2079	99
咸阳	6	6	337	82	3489	294
延安	2	2	185	32	5063	503
汉中	4	2	287	39	3805	196
渭南	3	3	381	64	4153	474
甘肃	**15**	**15**	**564**	**235**	**6475**	**1770**
兰州	13	13	204	115	1317	366
嘉峪关			9	9	30	30
金昌	1	1	33	8	179	9
白银			149	35	1682	264
天水	1	1	169	68	3267	1101
青海	**6**	**6**	**97**	**54**	**389**	**113**
西宁	6	6	97	54	389	113
宁夏	**4**	**3**	**130**	**66**	**525**	**161**
银川	4	3	68	39	281	111
石嘴山			62	27	244	50
新疆	**11**	**11**	**150**	**133**	**243**	**169**
乌鲁木齐	11	11	133	116	215	141
克拉玛依			17	17	28	28

26. 专任教师数

单位：人

城市	高等学校		普通中学		小学	
	地区	市区	地区	市区	地区	市区
北京	**36541**	**35358**	**47613**	**33781**	**62424**	**41099**
天津	**9589**	**9589**	**36518**	**24586**	**51048**	**32290**
河北						
石家庄	5842	5842	31703	6597	36787	6488
唐山	1502	1502	25343	6422	27479	7676
秦皇岛	1368	1058	10875	2664	10888	2097
邯郸	1181	935	21867	4980	34772	5719
邢台	556	556	19011	2369	30114	2085
保定	2791	2791	30752	4324	47764	5275
张家口	1014	1014	12644	2875	21109	2799
承德	755	755	13036	1655	15855	1896
沧州	437	437	20603	1752	30117	1893
南宫				1394		2271
辛集				2413		2053
定州				3420		4803
涿州				1781		2278
廊坊	479	479	10609	2069	14861	2992
任丘				1989		2836
泊头				1645		2850
衡水	275	265	16136	1814	19658	2444
沙河				1529		2045
武安				1816		3028
藁城				2129		2545
黄骅				1088		1692
霸州				1208		2385
河间				1949		3354
安国				1433		2300
晋州				1512		1577
新乐				1726		1268
遵化				2174		2861
高碑店				1241		1820

续表 1　　　　单位：人

城市	高等学校		普通中学		小学	
	地区	市区	地区	市区	地区	市区
三河				1394		1647
冀州				1441		1766
鹿泉				1458		1481
丰南				1808		2205
深州				1787		2614
迁安				2380		1982
山西						
太原	5875	5875	12487	10378	15335	11551
大同	534	534	11393	5910	16534	7707
阳泉	91	91	5345	2680	6753	3367
长治	441	441	10538	2523	19061	3105
晋城			7802	1370	12233	1625
朔州			4915	1843	8309	3056
忻州			1621	1621	1955	1955
榆次			2520	2520	2469	2469
临汾			2525	2525	3248	3248
侯马			929	929	1251	1251
运城			1897	1897	2476	2476
古交				767		1216
霍州			1165	1165	1768	1768
孝义			1814	1814	2550	2550
介休			1544	1544	1563	1563
高平				1798		2208
原平			2141	2141	1327	1327
永济			1805	1805	2344	2344
河津			1424	1424	1647	1647
潞城				705		1328
离石			741	741	1285	1285
汾阳			1076	1076	1586	1586
内蒙古						
呼和浩特	4212	4212	6374	4030	12682	5324
包头	879	879	7642	5534	9717	6195

续表 2

单位: 人

城市	高等学校		普通中学		小学	
	地区	市区	地区	市区	地区	市区
乌海			1738	1738	2399	2399
赤峰	300	300	15946	4630	28894	5932
集宁			914	914	1071	1071
二连浩特			88	88	140	140
通辽			3315	3315	4549	4549
海拉尔			1331	1331	1216	1216
满州里			738	738	769	769
乌兰浩特			1318	1318	1572	1572
牙克石			1816	1816	2114	2114
东胜			537	537	1031	1031
扎兰屯			1620	1620	3196	3196
锡林浩特			75	75	987	987
临河			1792	1792	3579	3579
霍林郭勒			231	231	392	392
丰镇			677	677	1897	1897
根河			951	951	1173	1173
额尔古纳			384	384	592	592
辽宁						
沈阳	10241	10241	23668	16784	31566	19817
大连	5895	5895	18637	9441	23728	10663
鞍山	940	940	11706	5019	16765	5245
抚顺	899	899	8124	5156	10670	5336
本溪	503	503	5583	3234	7903	3843
丹东	664	664	7535	2398	11564	2718
锦州	1862	1862	9958	3033	13663	3251
营口	412	273	6832	2158	10447	2795
阜新	732	732	6900	2863	10445	3575
辽阳	581	581	6149	2725	7228	2508
盘锦			4954	2418	7013	2393
铁岭	187	187	9977	1756	15165	1755
朝阳	203	203	12705	1981	17818	1922
瓦房店				3310		4800

续表 3

单位：人

城市	高等学校		普通中学		小学	
	地区	市区	地区	市区	地区	市区
海城				3471		5596
葫芦岛			8545	3317	13372	4136
兴城				2099		3310
铁法				1000		1720
北票				2341		3135
开原				1929		3039
普兰店				3336		4356
凌源				2280		3690
庄河				2892		4194
大石桥				2076		3293
盖州				2598		4359
新民				2610		4769
东港				1986		2997
凌海				1741		2833
凤城				1872		3347
灯塔				1539		2193
吉林						
长春	10923	10923	24582	10749	39258	13416
吉林	2183	2183	14949	5704	23465	6461
四平	555	555	10028	1815	16885	2076
辽源			4235	1413	6810	1455
通化	249	249	8262	1705	13075	1752
白山			4945	1481	8186	2210
公主岭				2845		4932
白城	247	247	6310	1616	11975	2186
延吉			1890	1890	2473	2473
图们			705	705	828	828
敦化			1785	1785	3263	3263
梅河口				2215		3833
洮南				1223		2381
珲春			1040	1040	1651	1651
集安				894		1596

续表 4

单位:人

城市	高等学校		普通中学		小学	
	地区	市区	地区	市区	地区	市区
大安				1416		3958
九台				2964		5222
桦甸				1541		3372
龙井			1091	1091	1391	1391
蛟河				2084		3506
榆树				4251		8809
松原			8606	1042	15046	1477
舒兰				1991		4088
临江				592		1349
和龙			1129	1129	1773	1773
德惠				2919		4724
磐石				1987		3367
双辽				2039		2063
黑龙江						
哈尔滨	10762	10379	31363	11460	49629	11903
齐齐哈尔	1352	1114	17715	5729	28101	6426
鸡西	986	537	7636	3081	10882	4140
鹤岗			5254	2534	6836	3279
双鸭山			5930	2099	8912	2418
大庆	194	194	10676	6330	15475	7066
伊春	98	98	4860	3239	7843	4836
佳木斯	974	974	9075	2923	15571	3883
七台河			3131	1932	4530	2315
牡丹江	675	675	10223	2923	18269	3558
绥芬河				180		266
绥化			3730	3730	5063	5063
肇东			2907	2907	5428	5428
安达			1592	1592	2920	2920
黑河	98	98	6924	824	10392	930
北安				1769		2454
五大连池				1406		2351
同江				613		1142

续表 5　　单位:人

城市	高等学校		普通中学		小学	
	地区	市区	地区	市区	地区	市区
阿城				2202		3188
富锦				1496		2827
铁力				1323		2518
尚志				2067		4036
双城				2582		4212
密山				2088		2819
海伦			3007	3007	6035	6035
讷河				1930		2393
海林				1814		3570
宁安				1824		3235
五常				2609		5176
穆棱				1294		2900
虎林				1240		1869
上海	**20106**	**20106**	**48660**	**39244**	**51800**	**38938**
江苏						
南京	14077	13971	17254	9928	21795	11251
无锡	1257	1257	15019	3659	19957	4879
徐州	2117	2117	24222	4990	40670	6975
常州	1121	1121	9637	2538	13547	3140
苏州	2775	2380	17026	3462	20543	4159
南通	961	961	20220	1749	24250	2264
连云港	653	653	12992	2426	21026	3862
淮阴	945	945	12036	1478	21101	1941
盐城	654	654	23219	1654	31536	1838
扬州	2057	2057	11607	1398	17423	1719
镇江	1824	1669	8033	1776	11294	2169
泰州			13284	1784	17888	1983
常熟				3060		3682
仪征				1570		2362
张家港				2566		2829
江阴				3789		5606
丹阳				2639		3513

续表 6

单位:人

城　市	高等学校		普通中学		小　学	
	地区	市区	地区	市区	地区	市区
东　台				2911		4041
宿　迁			10694	819	22113	1111
兴　化				3043		5649
淮　安				2772		736
宜　兴				3392		4799
昆　山				1795		2284
启　东				3251		3206
新　沂				2430		4515
溧　阳				2262		3380
如　皋				3673		4347
高　邮				2095		3544
邳　州				3935		7185
吴　江				1995		2682
泰　兴				3393		4418
金　坛				1392		2337
太　仓				1249		1609
通　州				3231		4172
靖　江				2187		2385
海　门				2649		3062
江　都				2804		4222
姜　堰				2877		3453
扬　中				955		1205
句　容				1451		2639
吴　县				2899		3298
锡　山				4179		4673
武　进				3445		4690
大　丰				2207		3401
浙　江						
杭　州	7793	7618	16758	5157	23022	6541
宁　波	1078	937	14341	3678	17683	4565
温　州	717	717	20581	3746	25444	4169

续表 7　　单位:人

城　市	高等学校		普通中学		小　学	
	地区	市区	地区	市区	地区	市区
嘉　兴	274	274	7296	1781	10670	2510
湖　州	152	152	6197	2492	8168	3367
绍　兴	304	304	10714	932	13644	974
金　华	825	825	14372	1234	14249	1117
衢　州	150	150	7056	919	7994	891
兰　溪				1868		2296
余　姚				2095		2734
丽　水			985	985	1419	1419
临　海				2948		4188
海　宁				1342		2006
舟　山	191	191	2939	2000	4125	2836
瑞　安				3313		3943
萧　山				2671		3837
江　山				1807		1940
义　乌				2294		1892
东　阳				2535		2545
慈　溪				2355		2945
奉　化				1433		1612
诸　暨				2819		3388
龙　泉			739	739	1269	1269
平　湖				1101		1574
建　德				1318		1972
上　虞				1791		2420
永　康				2034		1708
乐　清				3209		3730
桐　乡				1317		1993
台　州	180		14712	3707	19338	5009
余　杭				1844		2764
富　阳				2088		2704
温　岭				2677		3193
嵊　州				1901		2452

续表 8

单位:人

城市	高等学校		普通中学		小学	
	地区	市区	地区	市区	地区	市区
临安				1328		1794
安徽						
合肥	5212	5212	11717	4352	18052	5248
芜湖	1799	1799	5787	2114	9392	2957
蚌埠	752	752	7569	2222	14653	3475
淮南	775	775	6082	4527	9740	6914
马鞍山	553	553	3140	1664	4590	2323
淮北	371	371	6147	3489	9727	4421
铜陵	127	127	2388	1237	3075	1435
安庆	282	282	16143	1749	24926	2262
黄山	184	184	4950	1500	7112	1999
阜阳	321	321	21950	3373	62389	7927
六安			3862	3862	7069	7069
宿州			4364	4364	6925	6925
滁州	391	185	10913	1342	19226	2206
巢湖			2660	2660	3616	3616
亳州				2540		5891
宣州			1945	1945	3621	3621
贵池			1814	1814	2550	2550
界首				1218		4042
天长				1477		2538
明光				1581		3053
桐城				2633		3345
宁国			1134	1134	1675	1675
福建						
福州	4242	4242	20463	5929	28229	6411
厦门	1905	1905	4930	4930	6326	6326
莆田	138	138	9319	1466	13934	1741
三明	216	216	9505	1066	16780	1673
泉州	277	277	18818	2071	31280	3016
漳州	367	367	13502	2304	23603	2438

续表 9　　单位:人

城市	高等学校		普通中学		小学	
	地区	市区	地区	市区	地区	市区
南平	478	478	9679	1634	20988	3287
龙岩	220	220	11598	1962	17967	2603
邵武				1037		2101
永安				1203		1943
石狮				988		1470
宁德			1299	1299	1930	1930
武夷山				720		1563
福安			1567	1567	3574	3574
漳平				1214		1859
福清				4254		5112
晋江				2627		4603
建瓯				1595		3382
南安				3796		6554
龙海				2123		3681
长乐				2524		3431
建阳				977		1926
福鼎			1458	1458	3065	3065
江西						
南昌	5548	5548	12221	5499	21735	6086
景德镇	374	374	5043	2353	7454	2166
萍乡	128	128	7005	6140	9864	8471
九江	576	532	15685	2354	27664	2541
新余	128	128	4063	2910	6025	4019
鹰潭	50	50	3466	643	5742	818
上饶			1169	1169	1488	1488
临川			3621	3621	5935	5935
吉安			1380	1380	1778	1778
赣州			1333	1333	1488	1488
宜春			2693	2693	4645	4645
井冈山			238	238	453	453
丰城			4410	4410	7114	7114

续表 10　　　　单位:人

城市	高等学校		普通中学		小学	
	地区	市区	地区	市区	地区	市区
樟树			2156	2156	3058	3058
瑞昌				1497		2845
德兴			954	954	1747	1747
乐平				1784		4003
高安			2673	2673	4556	4556
瑞金			1297	1297	3244	3244
南康			1628	1628	3434	3434
贵溪				1802		3095
山东						
济南	7805	7805	18470	8438	27600	11283
青岛	2813	2813	23997	7409	30999	9271
淄博	737	737	16295	11430	18061	11555
枣庄	183	183	12098	7814	19898	11828
东营	1192	1192	8949	5122	8008	3953
烟台	1569	1168	28386	6706	26493	6128
潍坊	890	890	36331	5081	43115	6188
济宁	2105	1189	26548	4197	39987	6334
泰安	1986	1986	19584	5025	24697	6020
德州	391	391	15996	3126	29920	2483
威海	335	319	10437	1891	9542	2122
新泰				4631		6408
滨州			2181	2181	3003	3003
临清			1784	1784	3492	3492
临沂	539	539	28900	5389	49157	8546
菏泽			3636	3636	6697	6697
莱芜			5042	5042	5758	5758
日照	26	26	10531	4943	12687	4468
青州				3822		4619
曲阜				2082		2630
龙口				3163		2779
胶州				2434		3331

续表 11 单位:人

城市	高等学校		普通中学		小学	
	地区	市区	地区	市区	地区	市区
莱阳				4066		3757
诸城				4706		4727
莱州				3477		3461
滕州				4398		7663
乐陵				1636		3252
文登				2751		2580
荣成				2940		2499
即墨				3213		2963
平度				4437		6735
胶南				3358		4324
莱西				2981		2614
蓬莱				2097		2189
招远				2773		2471
章丘				3535		4470
兖州				3011		2962
邹城				3300		5860
肥城				4744		4414
寿光				4916		5320
禹城				1334		2260
乳山				2855		2341
高密				3861		3919
昌邑				2988		2853
安丘				4873		6179
栖霞				3343		2435
海阳				2537		2962
河南						
郑州	7348	7348	18004	5950	26141	7746
开封	1989	1989	13166	2784	18492	3615
洛阳	1617	1617	20806	5824	26253	5947
平顶山	452	452	13177	2937	22581	4443
安阳	456	456	15029	2800	22867	3827

续表 12 单位:人

城市	高等学校		普通中学		小学	
	地区	市区	地区	市区	地区	市区
鹤壁			3760	1532	6075	2526
新乡	1901	1901	16655	2617	21050	2872
焦作	770	770	11143	2524	12344	2886
濮阳			9551	2738	14886	2878
许昌	217	217	12059	1279	18502	1426
漯河			6790	899	11074	1232
三门峡			6873	871	10950	1238
义马				767		958
商丘	247	247	20256	4015	37479	7296
周口			1237	1237	1589	1589
驻马店			1311	1311	1522	1522
南阳	514	514	31822	5599	43238	5733
信阳			18053	18053	35344	35344
汝州				2811		3678
济源			2911	2911	2791	2791
禹州				2520		4436
辉县				2626		3380
卫辉				1383		2111
邓州				4270		6240
沁阳				1469		1608
舞钢				1229		2017
巩义				2396		2894
偃师				3033		3200
长葛				1330		2684
灵宝				2076		3556
项城			2834	2834	3898	3898
新密				2477		3883
荥阳				1823		2874
新郑				1783		2787
登封				2016		3179
林州				2367		4658

续表 13 单位:人

城市	高等学校		普通中学		小学	
	地区	市区	地区	市区	地区	市区
孟州				1045		1139
永城				3098		6409
湖北						
武汉	20240	20240	27707	20970	34501	24686
黄石	569	569	7595	2898	13295	3430
十堰	853	668	10659	2604	21380	2549
荆州	1318	1318	19430	5250	24415	5921
宜昌	595	595	14250	2529	18549	2651
襄樊	481	481	17572	3314	27108	2780
鄂州	269	269	3112	3112	4990	4990
荆门	221	221	10278	4779	12694	5537
老河口				1494		2198
随州			4533	4533	6711	6711
恩施			1666	1666	3594	3594
孝感	243	243	14948	2144	30904	4007
咸宁			1414	1414	2605	2605
丹江口				1695		2868
应城				2039		3028
蒲圻			1703	1703	2789	2789
仙桃			4747	4747	5624	5624
石首				1827		2057
麻城				3191		6554
利川			1927	1927	4563	4563
洪湖				2804		4090
天门			5296	5296	10003	10003
安陆				2717		1660
武穴				2682		3278
枝城				1492		1801
枣阳				3451		5207
潜江			4355	4355	4886	4886
广水				2370		5042

续表 14

单位:人

城市	高等学校		普通中学		小学	
	地区	市区	地区	市区	地区	市区
当阳				1834		2172
黄冈	280	280	19546	964	35070	1521
钟祥				3343		4439
大冶				2502		4290
宜城				1839		2811
枝江				1934		2349
汉川				2899		6319
湖南						
长沙	8595	8595	19905	5542	26302	6851
株洲	765	765	11049	2523	15696	2955
湘潭	2092	2092	9341	2429	11859	2864
衡阳	1312	1204	19015	2604	31457	3394
邵阳	416	416	20661	2153	28769	2430
岳阳	403	403	16900	3322	22814	4092
醴陵				2912		3839
湘乡				3065		4070
耒阳				3220		5864
益阳	438	438	14155	4556	22481	6429
常德	435	435	16618	4002	26940	5947
津市				852		1179
娄底			1681	1681	1993	1993
冷水江			1563	1563	2402	2402
郴州	357	357	14028	1041	23541	1127
资兴				1879		2037
永州	204	204	16705	3780	26865	4882
怀化	263	263	16046	1400	25991	1510
洪江				311		482
吉首			825	825	1327	1327
张家界	159	159	4191	1591	7430	2348
涟源			3588	3588	4178	4178
汨罗				2332		2815

续表 15 单位:人

城市	高等学校		普通中学		小学	
	地区	市区	地区	市区	地区	市区
沅江				2483		3765
韶山				378		509
临湘				1592		2303
浏阳				5187		7150
武冈				1793		2834
常宁				2149		3973
广东						
广州	11739	11688	21380	12384	32515	17782
韶关	358	358	10942	2160	16758	1924
深圳	793	793	5276	5276	7567	7567
珠海			2540	1489	3768	2251
汕头	511	511	10228	3234	18838	5327
佛山	515	515	11090	1494	16546	1962
江门	353	353	11116	1302	15717	1681
湛江	1034	1034	17358	4361	33985	6975
茂名	275	275	14829	2326	28922	3608
惠州	270	270	7716	1146	16023	151
肇庆	324	324	10498	1742	17897	1756
潮州	270	270	6330	1258	10790	1305
梅州	353	353	14675	751	23404	1335
中山	116	116	3664	3664	5981	5981
东莞	123	123	4404	4404	7518	7518
汕尾	34	34	5856	1088	11343	2507
河源			8109	713	13966	1041
阳江			6227	1384	12269	2307
清远			10208	1581	19301	2418
揭阳			10701	1395	20269	2052
顺德				3370		5213
番禺				2980		4578
南海				3921		6063
云浮			6946	936	13046	1661

续表 16

单位:人

城市	高等学校		普通中学		小学	
	地区	市区	地区	市区	地区	市区
台山				2639		3482
新会				3019		4805
花都				1978		3047
增城				2251		4549
潮阳				4524		9926
三水				1095		1745
鹤山				1092		1511
开平				1610		2005
廉江				3429		6882
高州				3655		5976
高要				1745		3410
罗定				2746		5597
四会				1323		2222
普宁				2856		6667
从化				2501		2374
乐昌				1366		2468
澄海				2268		3217
高明				920		1276
恩平				1454		2233
雷州				3112		7421
吴川				2065		4481
化州				3047		6771
惠阳				1656		4053
兴宁				3977		5683
阳春				2469		4970
连州				1509		2941
英德				2472		4364
陆丰				2634		3826
信宜				2856		6186
南雄				1580		2669

续表 17　　　　单位:人

城市	高等学校		普通中学		小学	
	地区	市区	地区	市区	地区	市区
广西						
南宁	3845	3757	7864	4091	11330	5568
柳州	501	501	5786	3477	8619	4841
桂林	1988	1988	4495	2214	6165	3200
梧州	106	106	6338	1120	12175	1827
北海			3803	1617	5424	2441
凭祥			277	277	629	629
合山			503	503	682	682
玉林	384	384	12897	3656	20746	3602
百色			925	925	1880	1880
河池			908	908	1610	1610
钦州	144	144	6597	2434	14585	5413
贵港			10003	3834	17526	6614
防城港			2125	1297	4593	2836
宜州			1428	1428	2634	2634
北流				2476		4332
桂平				3343		6030
岑溪				1894		3746
东兴						
贺州			1645	1645	3312	3312
海南						
海口	506	506	2019	2019	2810	2810
三亚			1333	1333	2688	2688
通什			436	436	751	751
琼海			1293	1293	2587	2587
儋州			2298	2298	6008	6008
琼山			2490	2490	5039	5039
文昌			1410	1410	2755	2755
万宁			1527	1527	3954	3954
东方			1089	1089	2507	2507
重庆	**9432**	**8434**	**70661**	**17885**	**119881**	**23178**
合川				3182		5012

续表 18 单位:人

城市	高等学校		普通中学		小学	
	地区	市区	地区	市区	地区	市区
永川				3146		3901
江津				3260		5158
南川				1467		2608
四川						
成都	10867	10190	28047	10437	37727	12429
自贡	577	577	7932	2802	10956	4042
攀枝花	244	244	3765	2727	4734	2703
泸州	491	491	9688	3487	12243	4555
德阳	440		8685	1808	14437	2439
绵阳	974	974	12986	2767	19766	3519
广元			6962	1914	14643	4507
遂宁			8988	3174	15857	5352
内江	235	235	20795	3359	34215	5489
乐山	256	256	9071	3299	15213	4866
宜宾	325	325	10349	1998	18977	2945
南充	1657	1657	16659	4736	26095	6465
华蓥			962	962	1136	1136
达川			1024	1024	1323	1323
雅安			760	760	1249	1249
西昌			1999	1999	2723	2723
江油				2372		3485
广汉				1420		1858
都江堰				1454		2189
峨眉山				1121		1932
阆中				2255		3172
彭州				1845		2893
资阳				2706		4562
万源			932	932	2482	2482
巴中			2163	2163	4704	4704
邛崃				1524		2761
崇州				1571		2375

续表 19 单位:人

城市	高等学校		普通中学		小学	
	地区	市区	地区	市区	地区	市区
简阳				3248		5577
什邡				1064		1972
绵竹				1173		2118
贵州						
贵阳	4046	4046	10154	6704	14705	7960
六盘水	118	118	5301	3711	12136	8795
遵义	552	552	13810	1538	31581	1982
安顺			1853	1853	3752	3752
都匀			1278	1278	2436	2436
凯里			1333	1333	2316	2316
铜仁			735	735	1492	1492
兴义			1240	1240	3251	3251
赤水				750		1456
清镇				1121		2380
毕节			1818	1818	4662	4662
仁怀				921		2270
福泉			686	686	1649	1649
云南						
昆明	6262	6262	11973	4344	17317	4127
东川			798	798	1685	1685
个旧			1115	1115	2216	2216
大理			1038	1038	2006	2006
开远			824	824	1545	1545
昭通			1346	1346	3153	3153
楚雄			1182	1182	2075	2075
曲靖	168	168	13872	3729	24024	3897
保山			1520	1520	3794	3794
畹町			54	54	69	69
瑞丽			263	263	520	520
思茅			715	715	1174	1174
景洪			935	935	2060	2060

续表 20 单位:人

城市	高等学校		普通中学		小学	
	地区	市区	地区	市区	地区	市区
宣威				3313		6548
安宁				896		1152
潞西			715	715	1584	1584
西藏						
拉萨						
日喀则			200	200	636	636
陕西						
西安	15135	15135	23129	13988	30117	16218
铜川			3011	1685	5104	2571
宝鸡	349	349	12450	2256	16668	2596
咸阳	2254	2254	16042	3454	25972	4115
延安	571	571	5706	1198	15964	2533
汉中	694	572	10469	1706	18574	2360
渭南	443	443	15802	2735	23322	3499
韩城				1317		1863
榆林			1313	1313	2500	2500
安康			1807	1807	4261	4261
商州			1677	1677	2934	2934
华阴				728		946
兴平				1911		3176
甘肃						
兰州	5535	5535	10002	6672	14618	8242
嘉峪关			527	527	661	661
金昌	48	48	1584	1002	2040	511
白银			6315	2702	10254	2651
天水	276	276	8062	3388	17420	6272
玉门			856	856	1142	1142
平凉			160	160	1942	1942
临夏			456	456	990	990
武威			2976	2976	6325	6325
张掖			1554	1554	2164	2164
酒泉			1186	1186	1773	1773
西峰			408	408	2082	2082

续表 21　　　　　　　　　　　　　　　　　　　　　　　　单位:人

城市	高等学校		普通中学		小学	
	地区	市区	地区	市区	地区	市区
敦煌			595	595	619	619
青海						
西宁	1492	1492	4257	2752	5460	3073
格尔木			487	487	472	472
德令哈			331	331	473	473
宁夏						
银川	1669	1340	3642	2273	4691	2608
石嘴山			3233	1648	4148	1802
吴忠			1286	1286	1799	1799
青铜峡			1143	1143	1518	1518
灵武			958	958	1449	1449
新疆						
乌鲁木齐	5468	5468	5779	5127	7727	6489
克拉玛依			1483	1483	1593	1593
吐鲁番			1205	1205	1825	1825
哈密			835	835	1709	1709
昌吉			1014	1014	1715	1715
奎屯			458	458	660	660
伊宁			558	558	2011	2011
塔城			648	648	1334	1334
阿勒泰			762	762	1705	1705
博乐			784	784	1609	1609
库尔勒			943	943	2008	2008
阿克苏			479	479	1533	1533
阿图什			1133	1133	2019	2019
喀什			1437	1437	1889	1889
和田			594	594	1109	1109
阜康			595	595	1028	1028
乌苏			974	974	1356	1356
米泉			715	715	1198	1198

27. 在校学生数

城市	高等学校(人)		普通中学(万人)		小学(万人)	
	地区	市区	地区	市区	地区	市区
北京	**195842**	**185421**	**62.62**	**45.22**	**97.73**	**62.67**
天津	**73630**	**73630**	**50.33**	**34.17**	**87.75**	**48.91**
河北						
石家庄	48524	48524	56.38	9.05	130.51	14.89
唐山	11386	11386	39.22	8.86	83.36	14.02
秦皇岛	19558	16147	15.42	3.31	29.98	3.95
邯郸	10295	8689	53.20	7.38	126.10	14.29
邢台	5509	5509	43.74	3.64	99.04	5.08
保定	21647	21647	58.87	5.97	141.77	10.65
张家口	8690	8690	18.01	3.56	46.64	5.28
承德	6779	6779	20.29	2.17	37.18	3.68
沧州	4108	4108	37.13	2.10	91.67	4.09
南宫				2.86		6.29
辛集				3.88		8.80
定州				6.16		14.77
涿州				3.26		7.26
廊坊	5443	5443	19.09	3.26	57.37	8.62
任丘				3.90		11.05
泊头				3.20		6.42
衡水	6400	4750	24.40	2.18	56.00	4.52
沙河				2.97		8.52
武安				3.79		11.27
藁城				4.32		12.28
黄骅				2.03		5.31
霸州				2.52		8.46
河间				4.40		11.40
安国				2.91		4.83
晋州				3.40		8.74
新乐				3.78		6.98
遵化				3.43		9.98
高碑店				2.82		7.96

续表 1

城市	高等学校(人)		普通中学(万人)		小学(万人)	
	地区	市区	地区	市区	地区	市区
三河				2.19		7.13
冀州				2.18		5.07
鹿泉				2.62		6.00
丰南				2.78		7.10
深州				3.39		7.67
迁安				3.96		9.41
山西						
太原	46845	46845	15.23	11.79	29.07	21.19
大同	4899	4899	15.06	7.40	35.78	16.80
阳泉	920	920	6.69	3.68	11.44	5.18
长治	3082	3082	16.35	4.27	31.08	5.80
晋城			10.08	1.80	18.67	2.96
朔州			7.85	2.91	19.26	8.46
忻州			2.55	2.55	4.54	4.54
榆次			2.60	2.60	4.30	4.30
临汾			4.06	4.06	7.22	7.22
侯马			1.12	1.12	2.14	2.14
运城			3.35	3.35	6.34	6.34
古交				0.94		1.73
霍州			1.92	1.92	3.54	3.54
孝义			2.48	2.48	5.14	5.14
介休			2.08	2.08	3.92	3.92
高平				1.81		4.31
原平			2.56	2.56	4.72	4.72
永济			2.30	2.30	4.28	4.28
河津			2.06	2.06	3.86	3.86
潞城				1.10		2.01
离石			1.07	1.07	2.59	2.59
汾阳			1.60	1.60	4.60	4.60
内蒙古						
呼和浩特	25328	25328	9.72	5.80	21.25	10.38
包头	5766	5766	11.24	7.93	17.69	11.56

续表 2

城市	高等学校(人)		普通中学(万人)		小学(万人)	
	地区	市区	地区	市区	地区	市区
乌海			2.13	2.13	4.12	4.12
赤峰	1351	1351	24.61	6.45	45.02	10.99
集宁			1.37	1.37	2.18	2.18
二连浩特			0.11	0.11	0.32	0.32
通辽			4.43	4.43	7.24	7.24
海拉尔			1.70	1.70	2.06	2.06
满州里			0.95	0.95	1.48	1.48
乌兰浩特			1.85	1.85	2.25	2.25
牙克石			2.15	2.15	3.64	3.64
东胜			0.96	0.96	1.98	1.98
扎兰屯			2.01	2.01	4.41	4.41
锡林浩特			1.04	1.04	1.41	1.41
临河			3.04	3.04	4.79	4.79
霍林郭勒			0.51	0.51	0.70	0.70
丰镇			1.00	1.00	2.83	2.83
根河			0.95	0.95	1.56	1.56
额尔古纳			0.46	0.46	0.80	0.80
辽宁						
沈阳	91911	91911	34.10	25.60	60.10	41.10
大连	54514	54514	27.09	13.70	49.70	23.12
鞍山	8122	8122	15.88	7.45	33.28	12.44
抚顺	7636	7636	11.62	7.86	20.39	11.36
本溪	4169	4169	7.40	4.53	15.56	8.60
丹东	7444	7444	11.12	3.63	21.82	4.24
锦州	13920	13920	13.74	4.23	26.96	6.24
营口	3246	2070	10.31	3.17	28.53	6.50
阜新	5977	5977	8.71	3.69	17.10	6.69
辽阳	1720	1720	8.06	3.70	15.45	5.47
盘锦			6.52	3.02	11.79	4.29
铁岭	1323	1323	12.75	2.08	26.77	3.08
朝阳	1715	1715	15.66	2.21	33.45	3.97
瓦房店				5.02		9.88

续表 3

城市	高等学校(人)		普通中学(万人)		小学(万人)	
	地区	市区	地区	市区	地区	市区
海城				4.73		10.94
葫芦岛			12.10	4.60	27.74	8.43
兴城				2.26		5.74
铁法				1.30		2.06
北票				2.90		5.73
开原				2.55		5.98
普兰店				3.74		7.43
凌源				3.30		6.67
庄河				4.22		8.23
大石桥				2.98		9.27
盖州				4.17		12.77
新民				2.91		6.57
东港				3.00		6.06
凌海				2.52		5.29
凤城				2.75		5.18
灯塔				1.88		4.61
吉林						
长春	76580	76580	32.81	14.40	73.86	24.98
吉林	16518	16518	22.67	7.75	42.58	12.18
四平	4973	4973	15.23	2.12	36.56	4.21
辽源			5.61	1.95	11.90	4.33
通化	1938	1938	12.32	2.12	23.45	3.44
白山			6.21	1.92	13.46	4.10
公主岭				5.67		14.29
白城	2178	2178	9.54	2.49	21.08	4.52
延吉			2.28	2.28	3.95	3.95
图们			0.88	0.88	1.44	1.44
敦化			2.57	2.57	4.86	4.86
梅河口				3.72		7.00
洮南				1.97		4.93
珲春			1.23	1.23	2.45	2.45
集安				1.01		2.02

续表 4

城市	高等学校(人)		普通中学(万人)		小学(万人)	
	地区	市区	地区	市区	地区	市区
大安				2.02		4.59
九台				3.85		9.27
桦甸				2.10		5.49
龙井			1.46	1.46	2.50	2.50
蛟河				2.92		4.87
榆树				4.48		13.07
松原			12.36	1.43	34.29	2.96
舒兰				3.30		6.50
临江				0.71		1.70
和龙			1.16	1.16	2.38	2.38
德惠				4.68		11.43
磐石				3.11		5.80
双辽				1.83		3.59
黑龙江						
哈尔滨	76861	73671	49.11	15.08	94.01	25.96
齐齐哈尔	9435	7833	30.55	7.55	55.80	13.04
鸡西	7073	4486	9.82	3.89	17.84	7.87
鹤岗			6.69	3.21	11.89	6.56
双鸭山			7.48	2.41	15.30	5.03
大庆	1174	1174	13.82	6.61	27.40	11.78
伊春	1011	1011	5.61	2.89	11.96	7.40
佳木斯	8775	8775	11.63	3.41	25.18	7.60
七台河			5.05	3.29	9.67	5.65
牡丹江	5644	5644	14.40	4.17	28.42	7.27
绥芬河				0.25		0.58
绥化			5.69	5.69	7.95	7.95
肇东			5.26	5.26	8.91	8.91
安达			2.82	2.82	4.90	4.90
黑河	703	703	10.38	0.47	15.40	0.66
北安				2.41		4.03
五大连池				1.99		2.34
同江				0.84		1.93

续表 5

城市	高等学校(人)		普通中学(万人)		小学(万人)	
	地区	市区	地区	市区	地区	市区
阿城				3.44		6.96
富锦				2.52		4.92
铁力				1.61		3.68
尚志				3.15		6.82
双城				4.05		8.05
密山				3.04		3.95
海伦			4.52	4.52	7.00	7.00
讷河				4.76		6.24
海林				2.16		4.44
宁安				2.53		4.63
五常				4.98		9.86
穆棱				1.85		3.86
虎林				1.37		2.94
上海	**153804**	**153804**	**74.43**	**60.02**	**102.44**	**79.92**
江苏						
南京	120684	119913	22.04	12.08	46.75	20.18
无锡	10591	10591	19.44	5.52	41.65	9.33
徐州	20100	20100	48.12	8.19	127.42	17.07
常州	13156	13156	14.94	3.79	30.54	6.71
苏州	29031	25505	23.32	4.93	48.49	8.52
南通	9221	9221	30.41	2.59	64.38	4.68
连云港	8228	8228	26.36	3.34	62.82	8.44
淮阴	6951	6951	21.50	2.16	51.96	5.05
盐城	8470	8470	41.07	2.87	88.23	5.61
扬州	21200	21200	17.02	2.30	37.42	3.97
镇江	17678	15657	11.46	2.23	23.86	4.24
泰州			19.64	2.35	45.04	4.97
常熟				4.05		7.80
仪征				1.97		5.52
张家港				3.69		8.55
江阴				4.83		12.68
丹阳				3.59		7.63

续表 6

城市	高等学校(人)		普通中学(万人)		小学(万人)	
	地区	市区	地区	市区	地区	市区
东台				4.40		11.22
宿迁			25.32	1.39	63.47	2.74
兴化				5.53		15.38
淮安				5.06		11.11
宜兴				4.39		10.18
昆山				2.38		5.06
启东				4.68		9.55
新沂				5.15		15.79
溧阳				3.29		7.19
如皋				5.83		13.54
高邮				2.80		6.68
邳州				7.08		27.42
吴江				2.75		6.32
泰兴				5.12		11.45
金坛				2.46		5.49
太仓				1.46		3.27
通州				5.25		11.63
靖江				3.10		5.46
海门				4.11		7.87
江都				4.12		8.81
姜堰				3.54		7.78
扬中				1.25		2.60
句容				2.44		5.88
吴县				4.06		8.97
锡山				4.70		9.46
武进				5.40		11.15
大丰				3.02		6.78
浙江						
杭州	64124	62980	27.58	8.08	53.84	12.86
宁波	11548	10526	26.22	5.84	43.14	9.67
温州	6492	6492	44.70	7.54	62.35	10.44

续表 7

城市	高等学校(人)		普通中学(万人)		小　学(万人)	
	地区	市区	地区	市区	地区	市区
嘉　兴	3103	3103	12.68	3.10	27.16	6.34
湖　州	1396	1396	10.43	4.14	22.81	9.47
绍　兴	2367	2367	19.20	1.55	35.69	2.67
金　华	11385	11385	22.84	1.70	33.79	2.42
衢　州	1175	1175	12.16	1.37	16.93	1.73
兰　溪				3.13		5.86
余　姚				3.80		6.71
丽　水			1.72	1.72	3.39	3.39
临　海				6.03		8.54
海　宁				2.62		5.35
舟　山	1724	1724	5.29	3.80	8.50	5.89
瑞　安				7.13		9.86
萧　山				4.66		10.15
江　山				2.90		3.81
义　乌				3.76		4.83
东　阳				4.02		5.75
慈　溪				4.48		8.68
奉　化				2.11		3.38
诸　暨				4.90		8.69
龙　泉			1.18	1.18	2.35	2.35
平　湖				1.73		3.93
建　德				2.28		5.39
上　虞				3.11		6.43
永　康				3.10		4.80
乐　清				7.67		10.83
桐　乡				2.37		5.31
台　州	1433		29.27	7.13	44.69	12.44
余　杭				3.13		6.44
富　阳				3.31		5.64
温　岭				6.03		9.66
嵊　州				3.45		5.73

城市	高等学校(人)		普通中学(万人)		小学(万人)	
	地区	市区	地区	市区	地区	市区
临安				2.45		5.11
安徽						
合肥	39311	39311	22.84	5.95	42.68	11.03
芜湖	14984	14984	9.24	2.71	18.66	5.26
蚌埠	7949	7949	17.07	3.63	36.15	7.60
淮南	6985	6985	10.96	6.89	22.57	15.38
马鞍山	5234	5234	5.03	2.25	10.34	4.53
淮北	3166	3166	10.70	4.58	20.49	8.37
铜陵	1375	1375	3.23	1.48	5.92	2.76
安庆	2680	2680	32.25	2.52	60.69	4.91
黄山	1475	1475	6.45	1.78	13.41	3.58
阜阳	2402	2402	68.82	7.13	159.01	18.80
六安			0.01	0.01	9.45	9.45
宿州			0.01	0.01	8.31	8.31
滁州	3516	1663	19.83	2.34	40.75	4.52
巢湖			0.01	0.01	4.63	4.63
亳州				0.01		6.59
宣州			0.01	0.01	3.40	3.40
贵池			0.01	0.01	3.07	3.07
界首				0.01		3.56
天长				0.01		2.25
明光				0.01		2.96
桐城				0.01		4.11
宁国			0.01	0.01	1.84	1.84
福建						
福州	35056	35056	39.24	9.96	65.38	13.46
厦门	18790	18790	8.28	8.28	13.80	13.80
莆田	1969	1969	19.31	2.32	38.02	3.72
三明	2528	2528	15.78	1.42	34.72	2.64
泉州	2812	2812	45.42	3.32	87.30	6.70
漳州	2996	2996	26.66	3.90	56.49	5.41

续表 9

城市	高等学校(人)		普通中学(万人)		小学(万人)	
	地区	市区	地区	市区	地区	市区
南平	7001	7001	16.47	2.49	33.23	4.64
龙岩	2119	2119	20.36	3.10	38.98	5.12
邵武				1.69		3.21
永安				1.67		3.59
石狮				1.98		3.61
宁德			2.58	2.58	4.76	4.76
武夷山				1.39		2.47
福安			3.45	3.45	6.96	6.96
漳平				2.15		3.99
福清				6.62		15.60
晋江				6.54		12.58
建瓯				2.93		5.84
南安				10.67		19.11
龙海				4.30		10.07
长乐				4.81		8.63
建阳				1.74		3.56
福鼎			2.89	2.89	6.56	6.56
江西						
南昌	47966	47966	21.54	6.03	42.66	12.54
景德镇	3510	3510	8.21	2.20	15.10	3.90
萍乡	1406	1406	10.29	9.02	18.11	15.50
九江	6735	6292	25.92	2.94	52.34	4.28
新余	1108	1108	6.23	4.37	11.01	7.66
鹰潭	390	390	6.36	1.06	11.59	1.82
上饶			1.67	1.67	0.34	0.34
临川			4.99	4.99	9.85	9.85
吉安			1.75	1.75	2.88	2.88
赣州			2.06	2.06	3.44	3.44
宜春			4.42	4.42	9.35	9.35
井冈山			0.28	0.28	0.61	0.61
丰城			6.04	6.04	12.24	12.24

续表 10

城市	高等学校(人)		普通中学(万人)		小学(万人)	
	地区	市区	地区	市区	地区	市区
樟树			3.43	3.43	5.91	5.91
瑞昌				2.39		4.62
德兴			1.49	1.49	4.02	4.02
乐平				4.78		8.42
高安			5.44	5.44	7.39	7.39
瑞金			2.76	2.76	6.11	6.11
南康			3.37	3.37	6.96	6.96
贵溪				3.30		5.92
山东						
济南	62000	62000	28.33	14.70	50.91	22.44
青岛	27434	27434	36.23	11.93	62.67	17.92
淄博	7417	7417	24.10	16.09	31.52	19.66
枣庄	1550	1550	23.20	14.85	49.47	28.70
东营	7626	7626	12.13	5.41	16.14	6.61
烟台	17064	13454	39.24	9.02	54.51	11.83
潍坊	7009	7009	52.15	7.01	91.65	10.96
济宁	15138	6622	52.81	8.20	109.92	14.47
泰安	14850	14850	36.63	7.95	58.20	12.30
德州	4950	4950	29.81	2.45	62.28	5.54
威海	3845	3669	15.78	2.75	20.65	4.02
新泰				10.72		11.58
滨州			3.19	3.19	4.78	4.78
临清			3.91	3.91	8.32	8.32
临沂	4540	4540	58.01	10.37	133.07	25.18
菏泽			7.48	7.48	15.54	15.54
莱芜			8.03	8.03	9.78	9.78
日照	1048	1048	17.88	7.47	28.10	9.43
青州				4.83		9.82
曲阜				4.55		7.54
龙口				3.68		5.60
胶州				3.27		7.00

续表 11

城市	高等学校(人)		普通中学(万人)		小学(万人)	
	地区	市区	地区	市区	地区	市区
莱阳				5.90		8.98
诸城				6.09		9.48
莱州				5.01		7.49
滕州				8.80		21.06
乐陵				4.21		5.88
文登				4.46		5.91
荣成				4.46		5.89
即墨				5.46		9.13
平度				5.94		14.18
胶南				4.85		7.99
莱西				4.78		6.45
蓬莱				2.78		3.81
招远				4.06		5.06
章丘				4.32		7.44
兖州				4.10		7.25
邹城				7.39		16.40
肥城				7.70		12.66
寿光				7.75		11.12
禹城				3.16		6.20
乳山				4.11		4.76
高密				5.64		7.70
昌邑				4.19		6.20
安丘				6.74		15.11
栖霞				4.92		5.63
海阳				3.57		5.57
河南						
郑州	67045	67045	31.02	9.06	81.26	19.40
开封	12180	12180	26.35	3.81	61.77	7.47
洛阳	13591	13591	30.84	7.25	71.63	13.41
平顶山	1972	1972	21.77	4.12	58.54	8.90
安阳	3466	3466	26.77	3.28	66.15	7.44

续表 12

城　市	高等学校(人)		普通中学(万人)		小　学(万人)	
	地区	市区	地区	市区	地区	市区
鹤　壁			6.65	2.16	17.72	5.90
新　乡	14512	14512	28.40	3.35	71.97	7.08
焦　作	6145	6145	17.86	3.37	35.93	6.75
濮　阳	672	672	18.53	3.63	49.02	6.47
许　昌	2263	2263	21.17	1.69	53.27	2.85
漯　河			13.83	1.37	28.44	2.36
三门峡			9.98	1.24	25.08	2.23
义　马				0.88		2.01
商　丘	1925	1925	45.42	7.92	111.47	20.12
周　口			1.79	1.79	3.11	3.11
驻马店			1.62	1.62	2.67	2.67
南　阳	4886	4886	61.82	8.87	118.87	17.86
信　阳			30.91	30.91	88.31	88.31
汝　州				4.21		13.86
济　源			3.89	3.89	7.37	7.37
禹　州				4.50		13.96
辉　县				4.30		12.72
卫　辉				2.41		5.89
邓　州				10.49		16.20
沁　阳				2.40		4.78
舞　钢				1.77		3.16
巩　义				4.42		12.53
偃　师				4.02		9.53
长　葛				2.46		8.65
灵　宝				3.43		9.45
项　城			6.66	6.66	13.56	13.56
新　密				4.03		12.38
荥　阳				3.49		9.07
新　郑				3.10		9.44
登　封				3.90		8.02
林　州				4.95		14.38

续表 13

城市	高等学校(人)		普通中学(万人)		小 学(万人)	
	地区	市区	地区	市区	地区	市区
孟州				1.73		3.63
永城				8.23		14.28
湖北						
武汉	165810	165810	40.55	29.49	79.74	52.67
黄石	4731	4731	10.64	3.42	31.66	6.27
十堰	5858	4258	16.26	3.12	43.73	4.40
荆州	10346	10346	32.15	7.59	67.24	12.59
宜昌	4825	4825	19.65	3.03	43.02	4.80
襄樊	8986	8986	23.00	3.20	72.53	5.52
鄂州	1753	1753	5.47	5.47	13.56	13.56
荆门	1696	1696	15.54	6.66	34.87	14.22
老河口				2.49		6.00
随州			8.11	8.11	22.49	22.49
恩施			2.39	2.39	7.16	7.16
孝感	2458	2458	25.25	3.17	80.14	10.20
咸宁			2.19	2.19	7.05	7.05
丹江口				2.32		6.50
应城				3.14		8.09
蒲圻			2.60	2.60	7.22	7.22
仙桃			8.36	8.36	18.54	18.54
石首				3.45		6.75
麻城				4.69		14.34
利川			2.57	2.57	9.95	9.95
洪湖				4.47		11.29
天门			8.63	8.63	23.28	23.28
安陆				2.27		7.82
武穴				3.59		10.91
枝城				1.75		4.11
枣阳				5.91		15.42
潜江			5.79	5.79	10.60	10.60
广水				4.30		13.13

续表 14

城市	高等学校(人)		普通中学(万人)		小　　学(万人)	
	地区	市区	地区	市区	地区	市区
当　阳				2.70		5.08
黄　冈	4262	4262	32.49	1.40	95.01	3.44
钟　祥				2.84		12.72
大　冶				3.60		12.99
宜　城				2.75		7.45
枝　江				2.69		5.31
汉　川				4.96		15.30
湖　南						
长　沙	72020	72020	30.94	7.65	64.30	13.30
株　洲	6807	6807	19.60	3.53	46.79	6.85
湘　潭	19655	19655	16.00	3.00	33.81	5.70
衡　阳	12736	11362	35.87	4.04	83.16	8.31
邵　阳	4841	4841	37.74	3.08	93.70	6.76
岳　阳	3748	3748	25.37	4.15	62.24	9.06
醴　陵				5.05		13.76
湘　乡				5.11		11.88
耒　阳				5.71		15.65
益　阳	4537	4537	20.60	6.33	54.70	14.83
常　德	4690	4690	22.79	5.40	58.05	14.14
津　市				0.96		2.25
娄　底			1.97	1.97	4.20	4.20
冷水江			2.12	2.12	4.83	4.83
郴　州	3035	3035	25.00	3.56	61.20	7.11
资　兴				2.15		3.93
永　州	2399	2399	33.36	7.26	70.56	11.78
怀　化	2690	2690	21.02	2.89	56.97	7.58
洪　江				0.39		0.80
吉　首			1.02	1.02	3.18	3.18
张家界	1073	1073	5.73	1.74	16.41	5.03
涟　源			5.98	5.98	14.63	14.63
汨　罗				4.05		8.40

续表 15

城市	高等学校(人)		普通中学(万人)		小学(万人)	
	地区	市区	地区	市区	地区	市区
沅江				3.46		9.22
韶山				0.53		1.05
临湘				2.36		5.88
浏阳				8.31		16.93
武冈				3.38		8.24
常宁				4.91		10.26
广东						
广州	102372	101436	35.90	19.59	72.32	37.26
韶关	5489	5489	17.86	3.09	36.87	4.12
深圳	7601	7601	8.22	8.22	19.02	19.02
珠海			3.82	2.16	9.34	5.30
汕头	6131	6131	24.14	5.85	58.87	13.59
佛山	6260	6260	19.43	2.20	39.18	3.84
江门	5401	5401	19.46	2.23	44.25	3.98
湛江	16425	16425	38.30	8.05	97.85	19.10
茂名	1162	1162	30.75	3.55	81.74	8.82
惠州	3827	3827	15.85	1.86	34.12	3.82
肇庆	5945	5945	18.80	2.20	42.52	4.44
潮州	3453	3453	13.00	2.00	27.00	3.00
梅州	5160	5160	30.57	1.15	60.79	3.05
中山	1791	1791	6.84	6.84	16.78	16.78
东莞	2025	2025	9.80	9.80	22.18	22.18
汕尾	840	840	15.29	2.52	38.13	6.50
河源			19.14	1.33	37.50	2.58
阳江			14.54	2.92	30.96	6.71
清远			20.34	2.99	48.19	5.98
揭阳			25.88	2.65	62.30	6.75
顺德				6.08		12.81
番禺				4.81		10.88
南海				6.71		14.98
云浮			13.19	1.96	31.37	3.51

续表 16

城市	高等学校(人)		普通中学(万人)		小学(万人)	
	地区	市区	地区	市区	地区	市区
台山				4.50		10.89
新会				4.96		10.21
花都				3.67		7.70
增城				4.56		9.72
潮阳				13.42		33.94
三水				1.85		4.23
鹤山				1.99		3.90
开平				3.42		8.42
廉江				7.56		20.41
高州				6.79		18.76
高要				2.96		8.38
罗定				5.28		12.87
四会				2.22		4.73
普宁				8.50		22.76
从化				3.27		8.17
乐昌				2.10		5.90
澄海				4.50		10.34
高明				1.86		3.03
恩平				2.35		6.85
雷州				8.43		21.18
吴川				5.53		13.92
化州				7.11		16.86
惠阳				3.43		7.76
兴宁				7.26		14.08
阳春				5.89		12.19
连州				2.97		6.80
英德				5.06		11.64
陆丰				7.04		17.57
信宜				5.11		16.04
南雄				2.49		5.37

续表 17

城市	高等学校(人)		普通中学(万人)		小学(万人)	
	地区	市区	地区	市区	地区	市区
广西						
柳州	34103	32548	17.00	7.00	34.00	14.00
柳州	5923	5923	10.52	5.44	22.83	9.24
桂林	21056	21056	7.71	3.47	15.11	5.38
梧州	1087	1087	11.39	1.61	38.10	3.12
北海			8.48	2.98	21.12	7.41
凭祥			0.50	0.50	1.37	1.37
合山			0.98	0.98	2.08	2.08
玉林	7525	7525	30.22	5.25	82.43	14.87
百色			1.68	1.68	3.66	3.66
河池			1.88	1.88	3.51	3.51
钦州	1768	1768	14.03	5.02	41.21	16.28
贵港			22.24	8.22	65.60	26.82
防城港			3.95	2.50	11.00	6.75
宜州			3.71	3.71	6.08	6.08
北流				5.61		15.42
桂平				8.12		22.12
岑溪				3.48		10.17
东兴						
贺州			3.57	3.57	13.40	13.40
海南						
海口	4713	4713	3.02	3.02	6.42	6.42
三亚			2.17	2.17	6.69	6.69
通什			0.69	0.69	1.55	1.55
琼海			2.24	2.24	6.02	6.02
儋州			4.03	4.03	3.68	3.68
琼山			4.31	4.31	10.13	10.13
文昌			2.90	2.90	6.85	6.85
万宁			2.66	2.66	8.80	8.80
东方			1.82	1.82	6.36	6.36
重庆	**83764**	**74147**	**100.29**	**23.27**	**285.43**	**44.13**
合川					4.80	13.96

续表 18

城　市	高等学校(人)		普通中学(万人)		小　学(万人)	
	地区	市区	地区	市区	地区	市区
永　川				4.14		9.61
江　津				4.50		11.95
南　川				1.80		4.99
四　川						
成　都	85686	76870	35.46	13.02	79.44	23.35
自　贡	7812	7812	10.70	4.09	28.91	9.31
攀枝花	1709	1709	3.49	2.30	8.82	4.84
泸　州	4473	4473	14.59	4.86	41.44	11.40
德　阳	1542		13.16	2.21	32.49	4.63
绵　阳	9608	9608	18.71	3.99	49.56	8.15
广　元			9.22	2.14	31.30	8.63
遂　宁			13.51	5.23	43.81	16.59
内　江	2260	2260	32.84	4.98	104.82	15.71
乐　山	2356	2356	11.58	3.87	28.08	8.47
宜　宾	1992	1992	17.18	3.16	48.10	6.54
南　充	13028	13028	24.56	6.61	75.56	18.49
华　蓥			1.37	1.37	3.67	3.67
达　川			1.32	1.32	3.31	3.31
雅　安			0.90	0.90	2.44	2.44
西　昌			2.30	2.30	5.58	5.58
江　油				3.27		7.36
广　汉				2.16		4.48
都江堰				2.03		5.47
峨眉山				1.49		3.22
阆　中				3.12		7.28
彭　州				2.57		6.96
资　阳				4.25		13.09
万　源			1.36	1.36	6.37	6.37
巴　中			2.98	2.98	12.32	12.32
邛　崃				1.90		5.06
崇　州				1.96		5.37

续表 19

城市	高等学校(人)		普通中学(万人)		小学(万人)	
	地区	市区	地区	市区	地区	市区
简阳				4.06		14.21
什邡				1.57		3.89
绵竹				1.55		4.11
贵州						
贵阳	27107	27107	12.71	6.93	36.88	17.36
六盘水	1087	1087	8.88	7.72	42.14	36.01
遵义	3348	3348	24.82	2.05	90.46	4.85
安顺			3.31	3.31	9.07	9.07
都匀			1.83	1.83	5.24	5.24
凯里			1.80	1.80	5.28	5.28
铜仁			1.39	1.39	3.70	3.70
兴义			2.55	2.55	11.18	11.18
赤水				0.88		2.83
清镇				1.67		6.68
毕节			3.58	3.58	18.25	18.25
仁怀				2.28		8.52
福泉			1.57	1.57	3.92	3.92
云南						
昆明	44915	44915	15.37	5.26	32.39	8.18
东川			1.13	1.13	2.71	2.71
个旧			1.76	1.76	3.61	3.61
大理			2.31	2.31	5.02	5.02
开远			1.05	1.05	2.81	2.81
昭通			2.31	2.31	9.66	9.66
楚雄			1.95	1.95	4.39	4.39
曲靖	1746	1746	24.28	5.54	68.40	8.12
保山			2.64	2.64	8.19	8.19
畹町			0.05	0.05	0.16	0.16
瑞丽			0.41	0.41	1.19	1.19
思茅			0.93	0.93	1.87	1.87
景洪			1.38	1.38	4.50	4.50

城市	高等学校(人)		普通中学(万人)		小　　学(万人)	
	地区	市区	地区	市区	地区	市区
宣　威				5.55		15.77
安　宁				0.90		1.62
潞　西			1.10	1.10	4.65	4.65
西　藏						
拉　萨						
日喀则			0.24	0.24		
陕　西						
西　安	118882	118882	37.16	20.61	82.67	41.02
铜　川			4.04	2.39	10.62	5.39
宝　鸡	2914	2914	19.48	3.08	50.86	5.10
咸　阳	16502	16502	25.12	5.40	70.64	10.60
延　安	3831	3831	9.10	1.85	34.76	6.34
汉　中	4821	3975	12.38	2.39	40.02	4.60
渭　南	5832	5832	26.21	4.01	73.37	11.01
韩　城				2.25		5.39
榆　林			2.44	2.44	6.82	6.82
安　康			3.35	3.35	12.60	12.60
商　州			2.00	2.00	7.69	7.69
华　阴				1.04		3.48
兴　平				2.77		7.44
甘　肃						
兰　州	42528	42528	14.11	8.40	30.14	15.84
嘉峪关			0.74	0.74	1.22	1.22
金　昌	446	446	2.33	1.12	5.45	1.14
白　银			10.16	3.03	23.79	5.36
天　水	2780	2780	13.89	5.70	40.77	14.27
玉　门			0.84	0.84	1.95	1.95
平　凉			0.17	0.17	3.70	3.70
临　夏			0.89	0.89	2.11	2.11
武　威			5.10	5.10	13.38	13.38
张　掖			2.30	2.30	5.32	5.32
酒　泉			1.55	1.55	3.33	3.33
西　峰			1.67	1.67	0.45	0.45

续表 21

城 市	高等学校(人)		普通中学(万人)		小 学(万人)	
	地区	市区	地区	市区	地区	市区
敦 煌			0.68	0.68	1.40	1.40
青 海						
西 宁	7702	7702	5.06	3.37	10.82	9.45
格尔木			0.41	0.41	1.02	1.02
德令哈			0.26	0.26	0.66	0.66
宁 夏						
银 川	10173	8627	5.50	3.30	10.27	5.93
石嘴山			4.21	1.94	6.77	3.25
吴 忠			1.76	1.76	3.10	3.10
青铜峡			1.64	1.64	2.31	2.31
灵 武			1.41	1.41	2.83	2.83
新 疆						
乌鲁木齐	28817	28817	6.98	6.16	13.34	11.27
克拉玛依			1.47	1.47	1.94	1.94
吐鲁番			1.64	1.64	3.44	3.44
哈 密			0.93	0.93	1.85	1.85
昌 吉			1.25	1.25	2.49	2.49
奎 屯			0.50	0.50	1.06	1.06
伊 宁			1.80	1.80	3.70	3.70
塔 城			0.82	0.82	1.44	1.44
阿勒泰			0.73	0.73	1.99	1.99
博 乐			0.89	0.89	1.92	1.92
库尔勒			1.05	1.05	2.95	2.95
阿克苏			1.07	1.07	4.01	4.01
阿图什			1.35	1.35	3.41	3.41
喀 什			1.30	1.30	3.39	3.39
和 田			0.75	0.75	2.01	2.01
阜 康			0.71	0.71	1.48	1.48
乌 苏			1.09	1.09	2.35	2.35
米 泉			0.91	0.91	1.66	1.66

28. 文　　化

城　市	影剧院数（个）		公共图书馆总藏量（千册、千件）		每百人公共图书馆藏书（册、件）	
	地区	市区	地区	市区	地区	市区
城市合计	**9254**	**3557**	**327133**	**253766**	**36**	**106**
超大城市	**1842**	**1362**	**139218**	**130271**	**113**	**216**
特大城市	**1218**	**411**	**60515**	**53027**	**57**	**137**
大 城 市	**1572**	**572**	**46094**	**31058**	**25**	**66**
中等城市	**3765**	**1006**	**68472**	**34718**	**17**	**43**
小 城 市	**857**	**206**	**10094**	**3915**	**15**	**33**
东部城市	**6878**	**2499**	**204929**	**163259**	**46**	**133**
中部城市	**1420**	**667**	**75799**	**55931**	**25**	**75**
西部城市	**956**	**391**	**43665**	**33799**	**29**	**81**
北　　京	**1110**	**911**	**27214**	**26322**	**224**	**286**
天　　津	**82**	**78**	**6146**	**5736**	**68**	**97**
河　　北	**314**	**129**	**9710**	**5599**	**15**	**62**
石 家 庄	23	5	2560	1887	30	122
唐　　山	77	60	1270	709	18	44
秦 皇 岛	1	1	636	372	24	56
邯　　郸	54	17	890	386	11	30
邢　　台	27	10	484	150	8	31
保　　定	37	10	1157	746	11	108
张 家 口	20	7	945	619	21	75
承　　德	20	7	650	357	19	87
沧　　州	24	5	504	158	8	37
廊　　坊	19	1	396	152	11	23
衡　　水	12	6	218	63	5	16
山　　西	**76**	**46**	**4842**	**3640**	**36**	**67**
太　　原	31	27	2750	2619	94	118
大　　同	11	5	474	209	18	17
阳　　泉	3	1	444	336	36	55
长　　治	16	4	710	331	23	57
晋　　城	5	3	178	61	9	27
朔　　州	10	6	286	84	22	16

注：表中所有的分类及分省（区）合计数的统计范围均是地级及地级以上城市。

续表 1

城市	影剧院数(个)		公共图书馆总藏量(千册、千件)		每百人公共图书馆藏书(册、件)	
	地区	市区	地区	市区	地区	市区
内蒙古	**47**	**18**	**3336**	**2698**	**38**	**72**
呼和浩特	3	2	1994	1924	100	195
包头	14	11	535	492	27	38
乌海	2	2	144	144	38	38
赤峰	28	3	663	138	15	13
辽宁	**248**	**169**	**18452**	**15735**	**45**	**92**
沈阳	54	48	6485	6223	96	130
大连	28	21	3498	2941	65	113
鞍山	25	6	1372	1247	40	86
抚顺	19	16	978	846	43	60
本溪	15	13	822	719	53	75
丹东	9	5	1081	868	45	125
锦州	6	3	1001	733	33	91
营口	6	3	729	527	33	82
阜新	7	5	439	289	23	37
辽阳	7	5	663	618	37	89
盘锦	33	20	209	94	18	18
铁岭	9	2	394	243	13	65
朝阳	8	3	480	226	15	51
葫芦岛	22	19	301	161	11	18
吉林	**106**	**51**	**8613**	**6977**	**36**	**102**
长春	12	9	4659	4343	68	156
吉林	35	23	1734	1389	41	99
四平	29	8	451	307	14	67
辽源	4	3	323	248	26	55
通化	6	2	605	336	26	77
白山	4	1	274	119	21	36
白城	11	4	280	152	14	32
松原	5	1	287	83	11	17
黑龙江	**87**	**38**	**10163**	**7697**	**33**	**72**
哈尔滨	23	10	5220	4507	57	152
齐齐哈尔	12	7	1569	1136	28	79
鸡西	4	1	300	175	16	19

续表 2

城市	影剧院数（个）		公共图书馆总藏量（千册、千件）		每百人公共图书馆藏书（册、件）	
	地区	市区	地区	市区	地区	市区
鹤岗	13	3	164	118	15	17
双鸭山	4	2	307	163	21	32
大庆	5	1	709	500	29	47
伊春	6	5	351	283	27	33
佳木斯	10	4	606	353	26	44
七台河	3	1	63	20	8	4
牡丹江	4	3	684	364	26	46
黑河	3	1	190	78	11	44
上海	**45**	**40**	**47800**	**46283**	**366**	**454**
江苏	**1721**	**218**	**24940**	**17039**	**36**	**149**
南京	99	36	9353	8552	177	313
无锡	153	28	1767	1156	41	106
徐州	126	16	1473	893	17	60
常州	145	23	1477	1048	44	124
苏州	169	14	2707	1283	47	120
南通	149	5	1773	973	23	154
连云港	183	37	770	450	18	76
淮阴	24	4	796	242	16	48
盐城	186	18	1161	503	15	86
扬州	298	14	1327	832	30	164
镇江	87	10	1164	594	44	102
泰州	92	12	832	413	17	71
宿迁	10	1	340	100	7	43
浙江	**822**	**187**	**18434**	**12252**	**44**	**138**
杭州	129	15	9778	8904	161	526
宁波	66	24	1649	823	31	70
温州	131	15	1478	721	21	63
嘉兴	15	5	1307	442	40	57
湖州	52	24	555	293	22	28
绍兴	90	4	986	166	23	52
金华	66	6	1030	353	23	107
衢州	131	13	386	133	16	52
舟山	59	42	368	222	37	33

续表 3

城　市	影剧院数（个）		公共图书馆总藏量（千册、千件）		每百人公共图书馆藏书（册、件）	
	地区	市区	地区	市区	地区	市区
台　州	83	39	897	195	17	14
安　徽	**283**	**125**	**5881**	**4407**	**15**	**51**
合　肥	25	22	2654	2479	63	202
芜　湖	16	10	487	369	23	59
蚌　埠	8	5	335	263	10	36
淮　南	33	25	230	230	12	17
马鞍山	45	15	270	210	23	42
淮　北	42	30	176	144	10	19
铜　陵	4	3	268	224	40	69
安　庆	11	3	420	200	7	36
黄　山	18	7	311	116	21	29
阜　阳	13	3	422	100	3	6
滁　州	68	2	308	72	7	16
福　建	**898**	**104**	**8406**	**5300**	**29**	**100**
福　州	343	47	3090	2686	54	190
厦　门	19	19	1074	1074	86	86
莆　田	26	9	271	163	9	47
三　明	11	2	871	409	33	155
泉　州	112	9	1010	392	16	63
漳　州	15	2	565	230	13	48
南　平	60	4	916	140	31	29
龙　岩	312	12	609	206	22	46
江　西	**86**	**30**	**6331**	**5021**	**46**	**104**
南　昌	39	14	3671	3619	90	230
景德镇	14	5	449	381	32	96
萍　乡	2	2	449	421	26	29
九　江	21	4	1380	865	32	177
新　余	2	2	205	143	20	19
鹰　潭	8	3	177	111	17	68
山　东	**455**	**153**	**16525**	**10005**	**23**	**49**
济　南	38	18	5431	5167	99	203
青　岛	61	22	2247	1455	32	64
淄　博	16	12	1131	965	28	37

续表 4

城市	影剧院数（个）		公共图书馆总藏量（千册、千件）		每百人公共图书馆藏书（册、件）	
	地区	市区	地区	市区	地区	市区
枣　　庄	59	25	337	127	10	6
东　　营	6	3	183	3	11	
烟　　台	26	6	1655	671	26	43
潍　　坊	45	11	1630	395	20	31
济　　宁	71	11	967	346	12	35
泰　　安	28	10	490	300	9	20
德　　州	27	7	593	191	11	38
威　　海	4		631	171	26	35
临　　沂	53	11	858	6	9	
莱　　芜	14	14	110	110	9	9
日　　照	7	3	262	98	10	9
河　　南	**311**	**132**	**9856**	**6992**	**15**	**59**
郑　　州	47	28	3098	2930	52	146
开　　封	11	5	675	512	15	68
洛　　阳	30	13	828	520	14	38
平 顶 山	38	10	487	187	10	23
安　　阳	10	6	509	343	10	48
鹤　　壁	14	11	262	212	20	51
新　　乡	17	9	946	737	18	103
焦　　作	32	14	388	233	12	33
濮　　阳	8	2	398	169	12	37
许　　昌	12	5	340	142	8	41
漯　　河	6	2	211	131	9	40
三 门 峡	43	12	362	191	17	77
商　　丘	14	6	499	251	6	18
南　　阳	29	9	853	434	8	27
湖　　北	**239**	**166**	**13510**	**10523**	**29**	**84**
武　　汉	160	124	6879	6738	95	129
黄　　石	11	8	855	699	35	110
十　　堰	5	2	885	567	26	123
荆　　州	10	3	1017	668	16	47
宜　　昌	4	3	1102	550	28	93
襄　　樊	8	2	917	512	16	75

续表 5

城市	影剧院数（个）		公共图书馆总藏量（千册、千件）		每百人公共图书馆藏书（册、件）	
	地区	市区	地区	市区	地区	市区
鄂州	19	19	275	275	27	27
荆门	10	2	250	103	9	9
孝感	7	1	570	198	10	23
黄冈	5	2	760	213	11	61
湖南	**185**	**61**	**13267**	**7457**	**23**	**74**
长沙	11	8	4708	4350	82	266
株洲	18	6	846	391	23	55
湘潭	12	4	756	454	27	70
衡阳	31	8	1228	563	18	73
邵阳	30	4	1110	350	16	60
岳阳	9	3	666	231	13	28
益阳	7	4	632	299	14	24
常德	17	6	1039	365	18	28
郴州	6	2	481	147	11	24
永州	9	4	600	156	11	15
怀化	19	8	1035	100	22	47
张家界	16	4	166	51	11	11
广东	**934**	**391**	**18806**	**13113**	**27**	**79**
广州	22	14	7157	6699	107	169
韶关	44	4	661	231	22	48
深圳	94	94	1678	1678	153	153
珠海	10	7	270	200	40	52
汕头	8	5	642	393	16	36
佛山	95	4	1238	625	39	135
江门	72	9	1058	359	28	86
湛江	116	16	766	507	12	39
茂名	4	2	402	180	7	28
惠州	7	3	420	213	16	62
肇庆	24	3	698	144	19	32
潮州	3	1	279	214	12	65
梅州	8	1	766	50	16	15
中山	57	57	315	315	25	25
东莞	130	130	841	841	57	57

续表 6

城　市	影剧院数（个）		公共图书馆总藏量（千册、千件）		每百人公共图书馆藏书（册、件）	
	地区	市区	地区	市区	地区	市区
汕　尾	27	13	68		3	
河　源	59	19	338	60	11	26
阳　江	20	3	238	150	10	29
清　远	37	4	457	80	12	16
揭　阳	42	2	514	174	10	28
云　浮	55					
广　西	**221**	**91**	**8164**	**5543**	**34**	**73**
南　宁	14	9	2233	2009	79	157
柳　州	20	8	675	507	39	58
桂　林	36	23	1857	1720	138	285
梧　州	3		784	411	28	125
北　海	17	6	385	174	28	35
玉　林	70	18	1194	322	22	38
钦　州	3	1	419	209	14	19
贵　港	54	23	461	120	11	7
防城港	4	3	156	71	21	15
海　南	**28**	**28**	**332**	**332**	**35**	**35**
海　口	26	26	265	265	52	52
三　亚	2	2	67	67	15	15
重　庆	**187**	**66**	**8231**	**5876**	**27**	**105**
四　川	**369**	**139**	**12790**	**9842**	**22**	**65**
成　都	26	9	7210	6358	73	198
自　贡	5	3	203	201	6	19
攀枝花	7	4	471	301	48	48
泸　州	4	3	986	787	22	59
德　阳	6	1	390	70	10	12
绵　阳	43	11	702	664	14	66
广　元	13	7	39	39	1	5
遂　宁	60	17	239	162	6	12
内　江	10	3	784	241	9	18
乐　山			273	141	8	13
宜　宾	8	2	687	417	14	57
南　充	187	79	806	461	11	26

续表 7

城市	影剧院数(个)		公共图书馆总藏量(千册、千件)		每百人公共图书馆藏书(册、件)	
	地区	市区	地区	市区	地区	市区
贵　州	**18**	**18**	**3855**	**3225**	**31**	**77**
贵　阳	16	16	2790	2677	90	155
六盘水	1	1	212	133	8	7
遵　义	1	1	853	415	13	90
云　南	**111**	**25**	**4522**	**3548**	**46**	**121**
昆　明	96	10	3460	2910	90	171
东　川	10	10	140	140	48	48
曲　靖	5	5	922	498	16	53
陕　西	**156**	**50**	**8777**	**5324**	**33**	**74**
西　安	22	17	2864	2634	43	71
铜　川	10	8	258	218	32	50
宝　鸡	30	7	902	550	26	102
咸　阳	12	3	589	238	12	28
延　安	14	4	305	144	16	44
汉　中	34	5	521	18	14	4
渭　南	34	6	598	226	12	26
甘　肃	**42**	**28**	**3320**	**2754**	**40**	**76**
兰　州	16	13	2346	2179	84	126
嘉峪关	3	3	73	73	56	56
金　昌	6	4	136	31	32	17
白　银	4	1	283	153	17	35
天　水	13	7	482	318	15	28
青　海	**18**	**15**	**1664**	**1505**	**150**	**215**
西　宁	18	15	1664	1505	150	215
宁　夏	**38**	**33**	**2064**	**1839**	**129**	**206**
银　川	30	28	1727	1578	186	275
石嘴山	8	5	337	261	50	81
新　疆	**17**	**17**	**1182**	**1182**	**67**	**73**
乌鲁木齐	16	16	1026	1026	68	75
克拉玛依	1	1	156	156	62	62

29. 卫　　生

城　市	医院数(个)		医院床位数(张)		医生数(人)	
	地区	市区	地区	市区	地区	市区
城市合计	**58391**	**20058**	**2374697**	**1277507**	**1492426**	**824545**
超大城市	**7999**	**3410**	**471144**	**350109**	**344108**	**258174**
特大城市	**10248**	**5872**	**384947**	**267349**	**238255**	**167226**
大城市	**8893**	**2736**	**500865**	**281025**	**307484**	**169398**
中等城市	**27244**	**6984**	**891518**	**338864**	**528792**	**205616**
小城市	**4007**	**860**	**126223**	**40160**	**76854**	**25278**
东部城市	**25239**	**8619**	**1209567**	**659513**	**771464**	**438115**
中部城市	**17381**	**5371**	**780876**	**408595**	**480626**	**254717**
西部城市	**15771**	**5872**	**384254**	**209399**	**243403**	**132860**
北　京	**673**	**428**	**65826**	**52887**	**54909**	**45357**
天　津	**483**	**312**	**39467**	**34592**	**32502**	**27424**
河　北	**4506**	**743**	**144680**	**65543**	**83295**	**36926**
石家庄	581	74	21217	9471	13876	6909
唐　山	494	85	19912	10761	11764	6267
秦皇岛	221	40	6212	2922	4070	2246
邯　郸	549	155	20563	12116	9804	5423
邢　台	413	43	12771	5352	6958	3151
保　定	656	182	19103	10240	10137	5125
张家口	369	56	10943	5410	5749	2394
承　德	402	37	8822	3035	6134	2026
沧　州	370	23	12037	2458	6135	1218
廊　坊	177	25	6848	2153	4274	1231
衡　水	274	23	6252	1625	4394	936
山　西	**1110**	**385**	**58370**	**39998**	**34241**	**24165**
太　原	222	122	21183	18353	13370	12057
大　同	60	41	10369	7684	6217	4268
阳　泉	92	43	5916	4636	3033	2183
长　治	289	40	10462	5062	4772	1911
晋　城	310	92	6201	2734	3517	2178
朔　州	137	47	4239	1529	3332	1568

注：表中所有的分类及分省(区)合计数的统计范围均是地级及地级以上城市。

续表 1

城　市	医院数(个)		医院床位数(张)		医生数(人)	
	地区	市区	地区	市区	地区	市区
内蒙古	**1094**	**485**	**33261**	**19839**	**19779**	**12362**
呼和浩特	143	53	7269	6153	6737	4035
包　头	119	52	8602	7218	5906	5012
乌　海	134	134	2002	2002	1502	1302
赤　峰	698	246	15388	4466	8701	3160
辽　宁	**2955**	**1111**	**187451**	**119837**	**93105**	**61320**
沈　阳	373	266	37251	32949	20985	17957
大　连	255	134	26054	17632	14291	10221
鞍　山	142	56	15483	10140	7619	5467
抚　顺	172	93	11782	9805	4808	3744
本　溪	96	48	9510	7150	2471	2282
丹　东	131	50	10691	5841	4707	2546
锦　州	167	52	12243	7438	6434	3545
营　口	111	40	8345	4120	3698	1766
阜　新	160	76	7052	5060	3575	2258
辽　阳	120	64	7405	5547	6874	4979
盘　锦	66	27	4909	3369	2778	1991
铁　岭	734	121	9297	3512	5113	1359
朝　阳	217	25	11448	2932	5448	1515
葫芦岛	211	59	15981	4342	4304	1690
吉　林	**1273**	**380**	**79277**	**42621**	**49909**	**25230**
长　春	304	170	22811	17788	15888	11915
吉　林	214	71	17043	10472	10117	5901
四　平	145	26	8826	3735	5875	1765
辽　源	67	18	4791	2434	2145	1105
通　化	162	31	7697	2903	4483	1416
白　山	116	25	6214	2217	3490	1184
白　城	133	31	6265	1990	4194	1478
松　原	132	8	5630	1082	3717	466
黑龙江	**3153**	**1221**	**108716**	**66737**	**69180**	**40351**
哈尔滨	1243	530	35913	25277	21168	13288
齐齐哈尔	579	247	15628	8751	9096	4911
鸡　西	468	128	7451	3854	3857	2012

续表 2

城市	医院数(个)		医院床位数(张)		医生数(人)	
	地区	市区	地区	市区	地区	市区
鹤岗	70	32	4935	3214	3250	1734
双鸭山	105	32	5455	2544	2876	1215
大庆	122	54	8295	6471	6426	4927
伊春	95	66	4685	3486	5838	4782
佳木斯	172	56	8855	5242	5827	2745
七台河	42	23	2344	1610	1377	908
牡丹江	120	32	9224	5182	4784	2334
黑河	137	21	5931	1106	4681	1495
上海	**474**	**323**	**67811**	**55727**	**51330**	**43813**
江苏	**2620**	**509**	**159034**	**61421**	**114885**	**47313**
南京	309	196	20720	16217	16047	13266
无锡	160	42	14059	6391	9610	4620
徐州	232	45	15751	8040	12025	5768
常州	161	31	10843	4820	7567	3704
苏州	212	33	17673	5701	11867	4485
南通	328	27	18630	4503	12924	3074
连云港	147	32	6712	2763	5421	2390
淮阴	195	17	7852	2591	5505	1752
盐城	253	16	13338	1373	9102	1092
扬州	197	21	10631	3361	7842	2490
镇江	117	22	7312	3358	5548	2621
泰州	176	22	10561	1926	7684	1546
宿迁	133	5	4952	377	3743	505
浙江	**4309**	**1343**	**101089**	**41356**	**60406**	**25076**
杭州	1711	891	26616	15076	17112	9902
宁波	299	70	13654	6459	9172	4766
温州	582	73	11145	4944	5536	2033
嘉兴	177	45	8366	2440	5408	1868
湖州	157	51	8103	3569	3175	1428
绍兴	298	18	8325	1760	5618	1045
金华	382	26	9092	1921	5247	896
衢州	208	14	4022	1118	2718	609
舟山	99	64	3344	2258	1466	1025

续表 3

城市	医院数(个)		医院床位数(张)		医生数(人)	
	地区	市区	地区	市区	地区	市区
台州	396	91	8422	1811	4954	1504
安徽	**2046**	**455**	**84244**	**44504**	**46645**	**25070**
合肥	232	66	11914	8897	8276	6350
芜湖	129	37	6822	4024	3395	2126
蚌埠	109	33	8505	4910	4083	2467
淮南	120	89	8402	7410	4474	3927
马鞍山	48	16	3229	2501	2141	1697
淮北	124	48	6914	4789	3781	2208
铜陵	37	16	2815	2280	1441	1068
安庆	410	26	9934	2874	5691	1846
黄山	178	44	3435	1500	2235	940
阜阳	370	46	15022	3632	7872	1726
滁州	289	34	7252	1687	3256	715
福建	**1174**	**262**	**76827**	**29896**	**34248**	**16681**
福州	234	77	15601	11423	10792	7294
厦门	48	48	4303	4303	3071	3071
莆田	64	13	5388	1340	2050	591
三明	178	21	8310	2346	3439	761
泉州	166	23	13373	3429	3968	1362
漳州	150	21	13416	2285	3921	969
南平	179	32	8800	2244	3283	1794
龙岩	155	27	7636	2526	3724	839
江西	**731**	**537**	**38552**	**23986**	**22056**	**15063**
南昌	177	147	15409	11120	9572	7533
景德镇	37	17	3516	2118	2183	1375
萍乡	88	70	4020	3696	2671	2443
九江	310	62	10725	4019	4399	1497
新余	58	38	2854	2146	1372	1101
鹰潭	61	7	2028	887	1859	1114
山东	**3955**	**2179**	**166539**	**84050**	**107596**	**55913**
济南	1567	1430	21422	16984	14978	11622
青岛	239	92	19046	11071	14400	10210
淄博	191	146	13854	11786	8261	6959

城市	医院数(个)		医院床位数(张)		医生数(人)	
	地区	市区	地区	市区	地区	市区
枣庄	137	95	9457	6071	5661	4118
东营	122	71	5483	3637	2320	1228
烟台	264	61	15827	5637	10487	4429
潍坊	289	56	16848	5422	11901	3793
济宁	256	27	16706	5729	10203	4263
泰安	158	46	12013	4546	6976	2767
德州	225	23	8522	2186	5142	935
威海	87	14	5910	1302	6083	1276
临沂	292	40	14460	4907	6673	1313
莱芜	49	49	3142	3142	1886	1886
日照	79	29	3849	1630	2625	1114
河南	**2272**	**672**	**141967**	**65298**	**85258**	**43617**
郑州	220	89	20096	13241	13362	9468
开封	155	57	10945	6315	5573	3525
洛阳	238	86	16295	9358	8356	5284
平顶山	168	47	10872	4861	6266	3129
安阳	130	45	7726	3444	5807	3045
鹤壁	41	16	3198	1872	1834	1120
新乡	211	45	13533	5774	8999	4038
焦作	139	42	8589	4407	6019	2856
濮阳	124	39	6565	3247	4118	2018
许昌	128	29	7157	2396	4554	1461
漯河	65	12	4283	1397	2336	856
三门峡	117	13	5798	1262	3329	868
商丘	240	99	12575	3142	6134	3008
南阳	296	53	14335	4582	8571	2941
湖北	**1777**	**496**	**114983**	**57406**	**76797**	**39413**
武汉	224	146	28782	25707	24740	20992
黄石	93	22	7458	4268	4550	2466
十堰	186	29	8442	3804	6883	2566
荆州	184	46	13052	5778	6047	2347
宜昌	198	29	11310	3876	8032	2816
襄樊	227	41	13236	4578	7101	2372

续表 5

城市	医院数(个)		医院床位数(张)		医生数(人)	
	地区	市区	地区	市区	地区	市区
鄂州	92	92	2671	2671	1579	1579
荆门	103	48	6405	3262	4693	2067
孝感	174	20	8037	1682	6372	1358
黄冈	296	23	15590	1780	6800	850
湖南	**3925**	**936**	**121506**	**48206**	**73694**	**28299**
长沙	246	94	18240	12009	11526	7619
株洲	194	37	9544	6334	4743	2877
湘潭	116	43	7258	4254	4749	1942
衡阳	354	68	14441	6443	10181	2495
邵阳	653	169	12809	2857	6251	1471
岳阳	217	35	8570	3093	6328	1547
益阳	197	139	6998	2390	5700	2170
常德	279	64	11308	3727	6871	1789
郴州	294	11	9932	2276	5090	821
永州	900	215	8255	2650	5008	2112
怀化	414	8	11100	890	5500	2700
张家界	61	53	3051	1283	1747	756
广东	**3163**	**918**	**145466**	**74880**	**103851**	**53078**
广州	224	140	30067	24381	22829	19040
韶关	194	20	7755	2491	4956	1740
深圳	76	76	7963	7963	7400	7400
珠海	37	25	2420	1807	1746	1392
汕头	77	27	6896	4607	5372	3057
佛山	82	17	10793	3623	6716	2014
江门	612	175	8686	1952	5558	1408
湛江	264	30	11529	4611	7175	3076
茂名	146	15	7427	2007	4110	1281
惠州	113	13	5495	1697	3590	1175
肇庆	141	17	5920	2155	3977	1250
潮州	66	18	2033	948	2389	931
梅州	198	10	7423	1850	7259	685
中山	220	220	3567	3567	2365	2365
东莞	43	43	5505	5505	2605	2605

续表 6

城市	医院数(个)		医院床位数(张)		医生数(人)	
	地区	市区	地区	市区	地区	市区
汕尾	65	13	2352	614	2270	562
河源	174	7	3782	709	2506	559
阳江	66	14	3324	1711	2093	858
清远	165	11	5324	1061	3277	554
揭阳	103	14	4253	1023	4074	761
云浮	97	13	2952	598	1584	365
广西	**755**	**319**	**48879**	**32826**	**31908**	**21785**
南宁	94	45	10816	8703	8390	7137
柳州	95	60	8058	7035	5395	4660
桂林	59	33	5546	4774	3477	2842
梧州	92	38	5333	3413	2783	1998
北海	45	22	3026	1677	2284	1271
玉林	150	26	7463	2602	4702	1606
钦州	77	33	3647	1856	2044	904
贵港	105	38	3781	1912	2017	823
防城港	38	24	1209	854	816	544
海南	**172**	**172**	**6498**	**6498**	**3429**	**3429**
海口	147	147	4697	4697	2520	2520
三亚	25	25	1801	1801	909	909
重庆	**2553**	**346**	**58329**	**23388**	**43178**	**16381**
四川	**5722**	**1520**	**130942**	**57454**	**87737**	**41494**
成都	562	190	33068	17716	25652	16808
自贡	512	265	7336	4694	4373	2607
攀枝花	108	41	4352	3596	3010	2502
泸州	419	100	6127	3354	4607	2368
德阳	335	67	8711	2206	4542	1226
绵阳	454	57	12544	4359	6959	2383
广元	529	121	7761	3520	4657	2995
遂宁	264	124	6452	3410	3624	1580
内江	836	133	15352	3479	9950	1985
乐山	304	95	8943	4158	5247	2303
宜宾	463	60	8285	2941	6549	1725
南充	936	267	12011	4021	8567	3012

续表 7

城市	医院数(个)		医院床位数(张)		医生数(人)	
	地区	市区	地区	市区	地区	市区
贵州	**616**	**263**	**27646**	**18987**	**14231**	**12402**
贵阳	177	109	13011	11051	5559	4331
六盘水	141	106	4923	4461	4275	3691
遵义	298	48	9712	3475	4397	4380
云南	**2492**	**1790**	**34698**	**24329**	**21488**	**15003**
昆明	2205	1639	23937	19691	15250	12822
东川	96	96	1357	1357	600	600
曲靖	191	55	9404	3281	5638	1581
陕西	**2872**	**833**	**79087**	**40593**	**46341**	**22673**
西安	577	363	31099	23480	14880	11933
铜川	67	34	3095	2318	2049	1592
宝鸡	545	142	10219	3788	6257	2428
咸阳	283	48	10019	3678	7903	3097
延安	225	36	4588	1148	2793	595
汉中	826	149	10866	4341	7648	2066
渭南	349	61	9201	1840	4811	962
甘肃	**518**	**238**	**25446**	**19999**	**16366**	**12553**
兰州	179	110	13628	12092	9498	8340
嘉峪关	13	13	744	744	461	461
金昌	31	12	1481	928	1104	604
白银	107	32	4509	2980	2235	1462
天水	188	71	5084	3255	3068	1686
青海	**84**	**49**	**7694**	**6851**	**3158**	**2752**
西宁	84	49	7694	6851	3158	2752
宁夏	**814**	**756**	**7441**	**5097**	**4759**	**3661**
银川	760	739	5065	3338	2988	2588
石嘴山	54	17	2376	1759	1771	1073
新疆	**100**	**77**	**12971**	**12701**	**6145**	**5941**
乌鲁木齐	92	69	11432	11162	5073	4869
克拉玛依	8	8	1539	1539	1072	1072

30. 交通运输(一):客运量

城市	客运总量(万人)		铁路客运量(万人)		公路客运量(万人)	
	地区	市区	地区	市区	地区	市区
城市合计	**1004046**	**518765**	**85287**	**64917**	**893539**	**438679**
超大城市	**163927**	**102947**	**26277**	**23803**	**128968**	**73985**
特大城市	**116940**	**78290**	**16730**	**13565**	**97260**	**62238**
大城市	**198954**	**103720**	**17960**	**13381**	**178072**	**87956**
中等城市	**439003**	**201931**	**20104**	**11960**	**410505**	**186488**
小城市	**85224**	**31878**	**4215**	**2208**	**78733**	**28012**
东部城市	**526370**	**271034**	**43963**	**34513**	**468604**	**226269**
中部城市	**273270**	**144243**	**31015**	**21870**	**237456**	**119979**
西部城市	**204406**	**103488**	**10308**	**8534**	**187478**	**92431**
北京	**10479**	**4361**	**4829**	**3613**	**4902**	
天津	**3136**	**2640**	**1449**	**1352**	**1640**	**1241**
河北	**31268**	**12957**	**5449**	**3576**	**25807**	**9369**
石家庄	2498	1725	907	766	1582	949
唐山	3777	2332	527	343	3250	1989
秦皇岛	973	790	456	376	514	412
邯郸	4527	2764	344	254	4183	2510
邢台	2211	1066	218	137	1993	929
保定	5283	411	390	124	4893	287
张家口	1552	1056	449	449	1103	607
承德	2056	826	355	146	1701	681
沧州	4385	438	351	157	4034	280
廊坊	1306	275	194	187	1112	88
衡水	2699	1274	1257	637	1442	637
山西	**12213**	**7010**	**1827**	**1533**	**10347**	**5438**
太原	1830	1446	895	788	896	619
大同	1585	1112	370	339	1215	773
阳泉	2212	1949	145	145	2067	1804
长治	2644	1484	130	69	2513	1415
晋城	2794	537	174	143	2620	394
朔州	1148	482	112	49	1035	433

注:表中所有的分类及分省(区)合计数的统计范围均是地级及地级以上城市。

续表 1

城市	客运总量(万人)		铁路客运量(万人)		公路客运量(万人)	
	地区	市区	地区	市区	地区	市区
内蒙古	4150	3553	1078	1077	2940	2345
呼和浩特	1352	1313	242	242	984	945
包头	1010	975	231	231	774	739
乌海	207	207	44	44	163	163
赤峰	1580	1058	560	559	1019	498
辽宁	**54014**	**35867**	**10524**	**7622**	**42742**	**27606**
沈阳	8342	7795	2858	2789	5375	4897
大连	10672	8895	1610	1212	8453	7162
鞍山	6492	2832	694	427	5797	2404
抚顺	1497	951	368	196	1129	755
本溪	3966	2968	1545	1443	2421	1525
丹东	3179	1608	591	296	2575	1310
锦州	2324	770	788	409	1533	358
营口	2015	1148	197	45	1818	1103
阜新	2437	1991	228	133	2209	1858
辽阳	3300	3036	400	203	2900	2833
盘锦	882	642	92	62	790	580
铁岭	4452	1059	572	179	3880	881
朝阳	2575	1091	268	83	2305	1006
葫芦岛	1881	1080	314	146	1557	934
吉林	**18800**	**7845**	**5153**	**3371**	**13578**	**4407**
长春	6203	3828	1962	1962	4204	1829
吉林	2935	811	887	419	2019	363
四平	2639	537	532	140	2107	397
辽源	1519	913	96	50	1423	863
通化	2475	870	765	381	1710	489
白山	1308	524	481	237	827	287
白城	840	239	430	182	407	57
松原	882	123			881	122
黑龙江	**20123**	**8678**	**7973**	**4978**	**12014**	**3583**
哈尔滨	6248	2600	2556	1772	3616	752
齐齐哈尔	3093	1392	1486	965	1603	422
鸡西	2334	912	556	415	1778	497

续表 2

城市	客运总量(万人)		铁路客运量(万人)		公路客运量(万人)	
	地区	市区	地区	市区	地区	市区
鹤岗	313	122	51	51	253	71
双鸭山	1426	681	121	60	1305	620
大庆	1083	778	720	473	363	305
伊春	898	536	615	304	283	232
佳木斯	1559	502	502	321	1031	167
七台河	236	140	86	39	150	101
牡丹江	2388	908	1097	518	1280	380
黑河	544	107	182	59	350	36
上海	**5232**	**5232**	**2779**	**2779**	**1452**	**1452**
江苏	**93141**	**50148**	**4358**	**3866**	**87955**	**45747**
南京	13139	11697	1045	1045	11795	10353
无锡	15653	7202	646	646	14939	6488
徐州	7551	4887	764	593	6785	4292
常州	7147	3228	490	490	6652	2735
苏州	16473	6901	801	652	15639	6225
南通	6403	3290			6317	3216
连云港	3153	2769	190	130	2952	2628
淮阴	2144	915			2130	915
盐城	5355	3047			5339	3031
扬州	5915	2486			5876	2472
镇江	5291	3054	421	310	4833	2737
泰州	3278	360			3058	342
宿迁	1639	312			1639	312
浙江	**100799**	**34172**	**3017**	**1831**	**94242**	**30519**
杭州	4310	1495	1062	914	2904	432
宁波	21722	9822	345	263	21101	9434
温州	17052	4911			15827	4564
嘉兴	5529	1408	344	151	5152	1247
湖州	5971	3090	84	10	5861	3066
绍兴	10850	1242	320	93	10517	1149
金华	12598	1048	656	283	11900	765
衢州	3293	969	207	117	3045	850
舟山	6674	5764			5316	4607

续表 3

城市	客运总量(万人)		铁路客运量(万人)		公路客运量(万人)	
	地区	市区	地区	市区	地区	市区
台州	12800	4424			12619	4404
安徽	**21889**	**11519**	**1982**	**1556**	**19156**	**9633**
合肥	1971	991	441	353	1478	608
芜湖	835	493	188	130	573	312
蚌埠	1425	1292	360	329	1065	963
淮南	1673	1629	136	92	1537	1537
马鞍山	448	338	74	74	374	264
淮北	1175	960	120	100	1054	860
铜陵	1762	1515	101	92	1600	1409
安庆	2038	594	17	10	1582	473
黄山	1905	584	92	50	1688	410
阜阳	3954	287	210	210	3745	78
滁州	4703	2836	243	116	4460	2720
福建	**40932**	**11255**	**1361**	**974**	**38582**	**9481**
福州	9766	2751	440	413	9056	2068
厦门	2145	2145	192	192	1491	1491
莆田	4586	2906			4509	2906
三明	5180	981	182	81	4979	900
泉州	9416				9416	
漳州	3499	1514	87	58	3332	1456
南平	4651	521	254	122	4316	331
龙岩	1688	436	207	108	1482	328
江西	**15418**	**10278**	**1938**	**1409**	**13073**	**8656**
南昌	3984	2734	706	563	3171	2144
景德镇	1330	660	124	74	1203	583
萍乡	2649	2508	93	93	2556	2415
九江	4980	2944	201	109	4522	2691
新余	1063	560	175	129	881	424
鹰潭	1412	873	639	441	740	399
山东	**41439**	**25367**	**3647**	**2985**	**36876**	**21560**
济南	5494	3789	1453	1439	3990	2298
青岛	12984	9041	493	382	11855	8022
淄博	1566	1150	257	256	1308	894

续表 4

城市	客运总量(万人)		铁路客运量(万人)		公路客运量(万人)	
	地区	市区	地区	市区	地区	市区
枣庄	2872	2427	171	86	2701	2341
东营	408	266	21	21	387	244
烟台	4026	1981	185	162	3684	1716
潍坊	2811	1025	305	174	2502	847
济宁	2900	601	246	39	2612	560
泰安	2072	1278	171	154	1901	1124
德州	989	448	236	196	753	252
威海	1606	1143	4	4	1577	1114
临沂	1879	685	71	38	1809	647
莱芜	569	569	6	6	563	563
日照	1262	965	28	28	1234	937
河南	**53971**	**30313**	**3665**	**2636**	**50133**	**27591**
郑州	9028	6235	1126	1021	7828	5140
开封	2900	2286	139	108	2761	2178
洛阳	7414	3860	348	322	7058	3529
平顶山	4690	1958	92	44	4598	1914
安阳	4088	1070	224	181	3864	888
鹤壁	977	763	15	4	962	759
新乡	2756	1856	262	215	2494	1641
焦作	2295	1041	298	126	1997	915
濮阳	2594	1452	14	14	2580	1438
许昌	2467	1742	91	82	2376	1660
漯河	2241	1797	150	137	2091	1660
三门峡	3369	1555	215	102	3154	1453
商丘	3343	2170	535	188	2808	1982
南阳	5807	2529	154	92	5562	2433
湖北	**48756**	**19315**	**3196**	**2653**	**43779**	**15693**
武汉	9268	8391	1974	1974	6521	5811
黄石	2651	1275	60	21	2466	1129
十堰	3295	1248	131	110	3096	1139
荆州	5943	1506	8		5907	1490
宜昌	4964	803	138	113	4487	529
襄樊	5381	1338	336	275	5030	1055

续表 5

城市	客运总量(万人)		铁路客运量(万人)		公路客运量(万人)	
	地区	市区	地区	市区	地区	市区
鄂　　州	1601	1601	11	11	1568	1568
荆　　门	2641	1125	49	41	2588	1080
孝　　感	6597	1789	490	109	5918	1680
黄　　冈	6414	239			6198	212
湖　　南	**77950**	**45730**	**4205**	**2657**	**72436**	**42632**
长　　沙	8200	7381	794	749	7210	6436
株　　洲	5484	2569	521	392	4960	2175
湘　　潭	3251	2195	152	90	3095	2101
衡　　阳	6309	2092	550	338	5662	1754
邵　　阳	12549	6258	187	113	12329	6145
岳　　阳	7840	5499	526	326	7206	5121
益　　阳	4587	2540	13	13	4103	2392
常　　德	5951	3752			5899	3732
郴　　州	10128	7416	203	187	9798	7229
永　　州	4661	3398	160	105	4383	3280
怀　　化	7140	2072	972	246	6087	1826
张 家 界	1851	558	126	97	1704	440
广　　东	**117303**	**68901**	**4695**	**4377**	**108858**	**61679**
广　　州	17725	14575	2363	2363	14477	11445
韶　　关	2540	964	458	458	2082	506
深　　圳	8514	8514	785	785	7310	7310
珠　　海	2921	2335			2391	1817
汕　　头	1966	1366	64	64	1400	800
佛　　山	4782	1494	108	108	4548	1384
江　　门	2955	628			2831	556
湛　　江	6329	2163	222	161	5800	1740
茂　　名	17865	8641	123	107	17596	8534
惠　　州	2276	843	207	207	2063	631
肇　　庆	4788	1893	49	49	4502	1775
潮　　州	1556	23	16	16	1534	1
梅　　州	3902	299	157		3709	291
中　　山	6467	6467			6373	6373
东　　莞	11300	11300			11273	11273

续表 6

城市	客运总量(万人)		铁路客运量(万人)		公路客运量(万人)	
	地区	市区	地区	市区	地区	市区
汕　尾	3507	1186			3453	1147
河　源	2094	561			2007	561
阳　江	4114	2461			4103	2459
清　远	3514	1606	143	60	3288	1494
揭　阳	3493	439			3493	439
云　浮	4695	1144			4625	1143
广　西	**23118**	**14626**	**1849**	**1531**	**20696**	**12763**
南　宁	5446	4407	370	354	5039	4015
柳　州	3031	2572	426	385	2477	2164
桂　林	2398	1691	231	230	1961	1298
梧　州	1189	701			1136	684
北　海	2079	1556	38	38	1978	1455
玉　林	3670	1599	676	415	2994	1184
钦　州	1843	564	5	5	1774	532
贵　港	1322	758	86	86	1214	670
防城港	2140	778	17	17	2123	761
海　南	**5509**	**5509**	**7**	**7**	**4852**	**4852**
海　口	4302	4302			3777	3777
三　亚	1207	1207	7	7	1075	1075
重　庆	**46138**	**18785**	**974**	**705**	**41143**	**17146**
四　川	**84378**	**36578**	**2586**	**2172**	**80157**	**33638**
成　都	29093	15664	1473	1434	27261	14022
自　贡	5963	3474	43	43	5848	3431
攀枝花	1527	893	157	128	1370	765
泸　州	7322	3355			7172	3269
德　阳	4687	1570	65	50	4622	1520
绵　阳	6509	1776	247	161	6253	1615
广　元	4051	297	225	163	3799	116
遂　宁	2645	1332			2596	1316
内　江	7994	2391	189	61	7657	2300
乐　山	4118	2373	90	37	3704	2027
宜　宾	5904	1570	97	95	5457	1387
南　充	4565	1885			4419	1870

续表 7

城市	客运总量(万人)		铁路客运量(万人)		公路客运量(万人)	
	地区	市区	地区	市区	地区	市区
贵州	**31471**	**20181**	**1108**	**963**	**30159**	**19103**
贵阳	13922	12594	592	546	13170	11932
六盘水	7428	6230	280	269	7148	5961
遵义	10121	1357	236	147	9841	1210
云南	**6224**	**4463**	**603**	**531**	**5384**	**3696**
昆明	3091	2536	482	410	2373	1890
东川	126	126			126	126
曲靖	3007	1801	121	121	2886	1680
陕西	**23710**	**13693**	**3388**	**2594**	**19995**	**10771**
西安	8922	7378	2015	2015	6581	5037
铜川	889	649	27	19	862	630
宝鸡	4454	2023	368	221	4086	1802
咸阳	2227	955	354	154	1873	801
延安	594	283	28	28	566	255
汉中	2512	1405	156	73	2355	1331
渭南	4112	998	440	84	3672	914
甘肃	**3759**	**2114**	**843**	**778**	**2861**	**1335**
兰州	1569	669	431	407	1082	262
嘉峪关	115	115	17	17	98	98
金昌	338	203	16		322	203
白银	593	221	21	13	573	208
天水	1144	906	358	341	786	565
青海	**805**	**590**	**140**	**140**	**660**	**445**
西宁	805	590	140	140	660	445
宁夏	**3377**	**2540**	**141**	**125**	**3221**	**2399**
银川	2168	1698	100	96	2053	1587
石嘴山	1209	841	41	29	1168	812
新疆	**4544**	**4544**	**526**	**526**	**3898**	**3898**
乌鲁木齐	1670	1670	526	526	1024	1024
克拉玛依	2874	2874			2874	2874

31. 交通运输(二):货运量

城市	货运总量(万吨)		铁路货运量(万吨)		公路货运量(万吨)	
	地区	市区	地区	市区	地区	市区
城市合计	**992439**	**545205**	**164249**	**112514**	**727259**	**369746**
超大城市	**225650**	**159126**	**26148**	**22614**	**165918**	**105655**
特大城市	**166283**	**111844**	**39123**	**25554**	**120525**	**81312**
大 城 市	**210155**	**105258**	**43107**	**30077**	**154802**	**69569**
中等城市	**320578**	**144307**	**44075**	**28619**	**233472**	**96948**
小 城 市	**69774**	**24671**	**11796**	**5650**	**52542**	**16262**
东部城市	**575897**	**300663**	**66015**	**41898**	**423982**	**204260**
中部城市	**287276**	**171506**	**76731**	**53834**	**198215**	**110635**
西部城市	**129266**	**73036**	**21503**	**16782**	**105062**	**54851**
北 京	**34128**	**2903**	**4748**	**2883**	**29360**	
天 津	**24464**	**18764**	**2548**	**2208**	**20515**	**15155**
河 北	**61742**	**17742**	**14710**	**6213**	**46952**	**11459**
石家庄	2093	1280	1515	760	576	518
唐 山	15515	5461	4575	1952	10940	3509
秦皇岛	1255	1091	949	858	238	165
邯 郸	10864	3884	2299	459	8565	3425
邢 台	5097	1181	962	209	4135	972
保 定	5735	326	433	221	5302	105
张家口	5356	1295	1065	1065	4291	230
承 德	2706	951	532	87	2174	864
沧 州	4530	750	235	161	4285	589
廊 坊	4218	701	60	30	4158	671
衡 水	4373	822	2085	411	2288	411
山 西	**52771**	**36411**	**20743**	**16655**	**32028**	**19756**
太 原	11326	9363	3844	2954	7482	6409
大 同	12168	10732	6515	6306	5653	4426
阳 泉	6700	6620	2445	2445	4255	4175
长 治	6799	3826	1918	1595	4881	2231
晋 城	9417	2459	2740	1162	6677	1297
朔 州	6361	3411	3281	2193	3080	1218

注:表中所有的分类及分省(区)合计数的统计范围均是地级及地级以上城市。

续表 1

城市	货运总量(万吨)		铁路货运量(万吨)		公路货运量(万吨)	
	地区	市区	地区	市区	地区	市区
内蒙古	**12908**	**12259**	**3734**	**3733**	**9173**	**8525**
呼和浩特	3085	3056	172	172	2912	2883
包头	7080	6940	2760	2760	4320	4180
乌海	1526	1526	651	651	875	875
赤峰	1217	737	151	150	1066	587
辽宁	**83785**	**58780**	**15008**	**8795**	**66629**	**47917**
沈阳	14550	14413	621	607	13926	13803
大连	18630	18105	1928	1740	14636	14366
鞍山	10156	4369	3975	998	6181	3371
抚顺	3502	3162	986	888	2516	2274
本溪	5718	3972	1615	1346	4103	2626
丹东	3076	996	340	125	2695	830
锦州	4705	1656	481	225	4215	1430
营口	3049	1123	579	426	2446	673
阜新	4568	3360	1174	999	3394	2361
辽阳	2975	2073	390	330	2585	1743
盘锦	2213	2139	259	217	1950	1922
铁岭	3113	585	1360	73	1753	512
朝阳	3045	508	441	132	2604	376
葫芦岛	4485	2319	859	689	3625	1630
吉林	**26043**	**15041**	**5426**	**2490**	**20565**	**12512**
长春	9397	7209	943	943	8454	6266
吉林	4100	2115	1694	577	2374	1506
四平	1954	696	339	22	1615	674
辽源	1165	606	204	122	961	484
通化	3395	1279	996	429	2399	850
白山	4203	2494	900	252	3303	2242
白城	819	277	350	145	456	132
松原	1010	365			1003	358
黑龙江	**35516**	**25081**	**14990**	**10065**	**20283**	**14834**
哈尔滨	6991	5002	1215	436	5640	4465
齐齐哈尔	3280	1568	964	404	2316	1164
鸡西	4359	2868	2890	1962	1469	906

续表 2

城市	货运总量(万吨)		铁路货运量(万吨)		公路货运量(万吨)	
	地区	市区	地区	市区	地区	市区
鹤岗	5055	5004	1404	1404	3647	3600
双鸭山	2421	1437	989	669	1431	768
大庆	2493	2123	1153	1078	1340	1045
伊春	1214	835	910	584	303	251
佳木斯	1642	1049	416	173	1137	807
七台河	3196	2566	1636	1496	1560	1070
牡丹江	4383	2484	3197	1738	1186	746
黑河	482	145	216	121	254	12
上海	**40641**	**40641**	**1252**	**1252**	**25991**	**25991**
江苏	**70603**	**30704**	**4037**	**2500**	**43279**	**19741**
南京	11710	11557	926	926	7249	7111
无锡	7663	2842	171	171	6023	2267
徐州	6886	1554	1736	521	4396	994
常州	4478	1642	193	193	3375	1236
苏州	7395	1724	158	103	4373	1275
南通	5788	1840			4078	1584
连云港	2653	2272	550	480	1780	1670
淮阴	2621	1723			1033	501
盐城	7080	1255			2776	648
扬州	3860	1071			2637	874
镇江	4557	1971	303	106	3131	1008
泰州	4681	805			1689	329
宿迁	1230	447			739	244
浙江	**49538**	**15715**	**1769**	**1070**	**36332**	**9619**
杭州	1674	1010	423	225	696	437
宁波	10513	4908	556	528	8642	3452
温州	4410	1332			3374	841
嘉兴	4566	1055	60	22	2217	537
湖州	5941	2077	194	24	3128	1142
绍兴	6849	471	126	71	5615	220
金华	4662	560	220	114	4366	446
衢州	4120	692	190	86	3928	606
舟山	2457	1875			1086	792

续表 3

城市	货运总量(万吨)		铁路货运量(万吨)		公路货运量(万吨)	
	地区	市区	地区	市区	地区	市区
台州	4346	1735			3280	1146
安徽	**20860**	**11402**	**5816**	**4445**	**12688**	**5127**
合肥	1747	627	170	138	1290	233
芜湖	1348	1149	134	47	112	49
蚌埠	528	251	130	115	305	73
淮南	3389	2297	2067	1250	1287	1012
马鞍山	728	656	326	326	331	298
淮北	3181	2228	2011	1723	1169	504
铜陵	1344	1129	219	169	1018	863
安庆	1539	1373	87	84	1154	1110
黄山	1069	233	22	8	996	174
阜阳	2699	629	558	558	1961	31
滁州	3287	829	92	27	3065	780
福建	**25163**	**10031**	**2397**	**1083**	**19995**	**6510**
福州	8045	4274	306	216	6085	2404
厦门	2031	2031	236	236	1143	1143
莆田	758	170			729	168
三明	2951	957	756	237	2179	720
泉州	1690				1516	
漳州	5290	1360	163	112	4951	1166
南平	2257	555	254	33	1933	474
龙岩	2141	684	682	249	1459	435
江西	**11194**	**6542**	**1744**	**1088**	**8377**	**4790**
南昌	3169	2039	174	132	2722	1833
景德镇	1310	589	277	91	969	443
萍乡	1991	1756	463	463	1528	1293
九江	2103	902	122	82	1433	460
新余	1295	873	319	158	892	644
鹰潭	1326	383	389	162	833	117
山东	**71241**	**38491**	**11561**	**8751**	**57447**	**28154**
济南	11541	9600	4365	4145	7130	5409
青岛	12933	8860	1154	1082	11232	7231
淄博	4999	4416	1541	1522	3458	2894

续表 4

城市	货运总量(万吨)		铁路货运量(万吨)		公路货运量(万吨)	
	地区	市区	地区	市区	地区	市区
枣庄	3803	2632	522	371	3103	2083
东营	1478	740	63	63	1410	672
烟台	6633	2737	551	515	5712	2013
潍坊	6672	1497	497	198	6091	1246
济宁	9954	3252	736	74	8503	2858
泰安	5264	1192	1252	35	4010	1157
德州	1205	231	152	87	1053	144
威海	2070	1123	127	127	1733	844
临沂	2502	604	125	56	2377	548
莱芜	901	901	298	298	603	603
日照	1286	706	178	178	1032	452
河南	**46999**	**18399**	**10068**	**4883**	**36786**	**13505**
郑州	6641	2648	1673	414	4967	2233
开封	1879	1112	100	66	1779	1046
洛阳	5033	1995	856	249	4177	1746
平顶山	5476	3538	2672	2191	2804	1347
安阳	3074	191	356	72	2718	119
鹤壁	1593	1078	325	289	1268	789
新乡	2880	563	249	159	2631	404
焦作	5341	1762	1705	725	3636	1037
濮阳	1860	1013	159	159	1701	854
许昌	2682	1029	225	109	2457	920
漯河	1399	775	198	173	1191	592
三门峡	3367	674	1337	159	2030	515
商丘	2080	546	94	53	1956	493
南阳	3694	1475	119	65	3471	1410
湖北	**40180**	**23370**	**9726**	**7962**	**25570**	**12330**
武汉	12690	11775	5004	5004	5251	4437
黄石	4550	3098	616	376	3768	2569
十堰	1517	930	87	67	1389	863
荆州	3787	1432	110	107	3279	1085
宜昌	4219	783	254	99	3335	664
襄樊	4076	1081	360	188	3421	776

续表 5

城市	货运总量(万吨)		铁路货运量(万吨)		公路货运量(万吨)	
	地区	市区	地区	市区	地区	市区
鄂州	2384	2384	1345	1345	940	940
荆门	2169	1360	638	638	1437	668
孝感	3557	424	1312	138	1717	270
黄冈	1231	103			1033	58
湖南	**40805**	**23000**	**4484**	**2513**	**32745**	**19256**
长沙	5731	4452	262	203	4784	4028
株洲	5262	2507	512	378	4500	1928
湘潭	3049	1741	429	227	2487	1381
衡阳	3211	1336	375	168	2276	1125
邵阳	2811	697	182	90	2482	525
岳阳	2643	2152	612	478	1581	1546
益阳	3195	2075	13	13	2770	1870
常德	3053	1455			2364	1240
郴州	7324	5241	768	529	6386	4712
永州	1856	601	242	91	1593	500
怀化	1956	477	1000	290	905	181
张家界	714	266	89	46	617	220
广东	**93517**	**52292**	**6023**	**5365**	**62095**	**29741**
广州	23400	19779	2331	2331	10188	8381
韶关	4396	1699	994	994	3280	662
深圳	3859	3859	271	271	2960	2960
珠海	3289	2459			1474	1133
汕头	1373	963	122	122	1020	700
佛山	9574	2533	555	555	6021	1080
江门	700	219			129	26
湛江	5603	820	603	290	4000	96
茂名	6482	3865	536	517	5850	3281
惠州	2300	688	96	96	1638	456
肇庆	3291	1200	77	77	2721	927
潮州	1444	996	17	17	1113	682
梅州	3612	137	235		3190	137
中山	2837	2837			2045	2045
东莞	4644	4644			2748	2748

续表 6

城市	货运总量(万吨)		铁路货运量(万吨)		公路货运量(万吨)	
	地区	市区	地区	市区	地区	市区
汕　尾	1154	386			1055	364
河　源	1279	51			1211	43
阳　江	2790	1807			2248	1468
清　远	3898	1664	186	95	2494	1201
揭　阳	2495	429			2075	111
云　浮	5098	1258			4635	1240
广　西	**18273**	**11798**	**1953**	**1769**	**14170**	**8756**
南　宁	3451	2646	198	189	3114	2368
柳　州	3546	2563	463	448	2950	2070
桂　林	1056	704	148	103	906	601
梧　州	1204	371			982	245
北　海	1429	1039	133	133	1229	850
玉　林	2303	1018	271	156	1982	862
钦　州	1504	791	34	34	1183	739
贵　港	1882	1068	65	65	1036	533
防城港	1898	1598	641	641	788	488
海　南	**2801**	**2801**	**9**	**9**	**1217**	**1217**
海　口	2209	2209			638	638
三　亚	592	592	9	9	579	579
重　庆	**23979**	**12374**	**1623**	**1200**	**20626**	**10174**
四　川	**37884**	**16898**	**5022**	**3775**	**31984**	**12741**
成　都	14342	7009	1753	1640	12551	5363
自　贡	1705	1319	143	143	1427	1135
攀枝花	3197	2719	1450	1428	1747	1291
泸　州	1612	939	59	59	1482	849
德　阳	2861	792	428	73	2433	719
绵　阳	2544	781	270	88	2134	600
广　元	1729	488	505	255	1207	222
遂　宁	738	268			684	250
内　江	3408	560	147	13	3066	466
乐　山	2853	1289	245	54	2567	1212
宜　宾	1578	303	22	22	1435	212
南　充	1317	431			1251	422

续表 7

城市	货运总量(万吨)		铁路货运量(万吨)		公路货运量(万吨)	
	地区	市区	地区	市区	地区	市区
贵州	**8898**	**4508**	**2751**	**1889**	**6075**	**2618**
贵阳	3949	1584	1415	702	2528	881
六盘水	2875	2572	1126	1126	1749	1446
遵义	2074	352	210	61	1798	291
云南	**18706**	**10896**	**1662**	**1370**	**17035**	**9517**
昆明	14568	9546	1265	973	13294	8564
东川	271	271	8	8	263	263
曲靖	3867	1079	389	389	3478	690
陕西	**20103**	**11932**	**5620**	**4255**	**14477**	**7671**
西安	9357	7699	3184	3184	6167	4509
铜川	1150	795	746	565	404	230
宝鸡	1493	723	333	206	1160	517
咸阳	3249	1101	165	80	3084	1021
延安	575	330	64	64	511	266
汉中	426	118	228	86	198	32
渭南	3853	1166	900	70	2953	1096
甘肃	**6668**	**4827**	**1660**	**1305**	**5008**	**3522**
兰州	3932	2965	742	560	3190	2405
嘉峪关	705	705	125	125	580	580
金昌	518	271	93		425	271
白银	1209	632	492	434	717	198
天水	304	254	208	186	96	68
青海	**2037**	**1376**	**147**	**147**	**1890**	**1229**
西宁	2037	1376	147	147	1890	1229
宁夏	**3255**	**2490**	**1192**	**1015**	**2063**	**1475**
银川	1165	1008	160	156	1005	852
石嘴山	2090	1482	1032	859	1058	623
新疆	**7734**	**7734**	**1826**	**1826**	**5904**	**5904**
乌鲁木齐	6532	6532	1826	1826	4702	4702
克拉玛依	1202	1202			1202	1202

32. 邮　电

城市	年末邮电局(所)		人均邮电业务总量(元)(1990年不变价)		每百人拥有电话机数(部)	
	地区	市区	地区	市区	地区	市区
城市合计	**59399**	**18347**	**178**	**423**	**9**	**21**
超大城市	**8042**	**4267**	**369**	**529**	**16**	**29**
特大城市	**8233**	**4184**	**223**	**470**	**11**	**23**
大 城 市	**10365**	**3572**	**183**	**499**	**9**	**22**
中等城市	**29240**	**5468**	**120**	**296**	**6**	**14**
小 城 市	**3519**	**856**	**111**	**296**	**5**	**12**
东部城市	**23397**	**8369**	**257**	**570**	**12**	**26**
中部城市	**24579**	**5256**	**105**	**283**	**6**	**16**
西部城市	**11423**	**4722**	**91**	**241**	**5**	**12**
北　　京	**701**	**500**	**764**		**21**	**20**
天　　津	**328**	**216**	**381**	**526**	**20**	**27**
河　　北	**2471**	**453**	**84**	**332**	**6**	**20**
石 家 庄	339	124	134	581	8	22
唐　　山	192	37	92	215	7	14
秦 皇 岛	107	38	148	448	10	28
邯　　郸	258	46	65	221	5	20
邢　　台	213	25	51	308	4	19
保　　定	338	24	81	585	5	51
张 家 口	193	21	62	139	6	11
承　　德	131	25	59	259	5	18
沧　　州	325	63	73	335	5	15
廊　　坊	135	27	118	237	7	11
衡　　水	240	23	59	218	4	11
山　　西	**833**	**372**	**128**	**262**	**7**	**14**
太　　原	226	174	297	374	14	18
大　　同	152	61	117	212	7	13
阳　　泉	88	35	104	143	7	11
长　　治	193	38	58	179	4	12
晋　　城	108	35	62	373	4	23
朔　　州	66	29	59	92	4	5

注:表中所有的分类及分省(区)合计数的统计范围均是地级及地级以上城市。

续表 1

城市	年末邮电局(所)		人均邮电业务总量(元)(1990年不变价)		每百人拥有电话机数(部)	
	地区	市区	地区	市区	地区	市区
内蒙古	**589**	**220**	**103**	**209**	**8**	**14**
呼和浩特	135	58	160	303	9	17
包头	124	70	149	214	12	17
乌海	30	30	140	140	12	12
赤峰	300	62	54	143	4	10
辽宁	**2341**	**837**	**163**	**301**	**12**	**21**
沈阳	391	229	255	334	18	22
大连	321	191	357	651	19	31
鞍山	123	34	144	235	16	28
抚顺	119	37	129	168	12	15
本溪	87	38	133	175	12	15
丹东	139	44	179	349	10	18
锦州	135	32	92	188	8	16
营口	105	35	115	211	8	16
阜新	124	40	64	104	9	13
辽阳	110	35	119	213	7	16
盘锦	132	29	157	208	17	28
铁岭	144	21	69	220	6	15
朝阳	268	25	50	125	6	13
葫芦岛	143	47	64	114	5	9
吉林	**1192**	**360**	**133**	**330**	**8**	**19**
长春	266	131	204	436	10	21
吉林	188	60	152	336	10	22
四平	157	27	85	287	6	16
辽源	68	16	90	177	6	11
通化	160	27	113	236	8	17
白山	99	21	125	213	10	13
白城	131	31	80	168	7	12
松原	123	47	60	208	5	19
黑龙江	**1918**	**685**	**175**	**351**	**9**	**19**
哈尔滨	475	164	247	591	11	27
齐齐哈尔	258	71	102	247	6	15
鸡西	150	54	130	165	8	9

续表 2

城市	年末邮电局(所)		人均邮电业务总量(元)(1990年不变价)		每百人拥有电话机数(部)	
	地区	市区	地区	市区	地区	市区
鹤岗	73	36	119	135	8	7
双鸭山	104	21	100	147	5	9
大庆	161	93	221	458	17	36
伊春	78	49	140	154	10	10
佳木斯	201	64	183	339	10	17
七台河	44	26	139	178	6	8
牡丹江	229	81	193	373	9	16
黑河	145	26	114	313	5	15
上海	**714**	**714**	**765**	**981**	**39**	**50**
江苏	**3384**	**940**	**191**	**621**	**13**	**37**
南京	280	157	389	659	24	43
无锡	246	129	420	1006	24	53
徐州	323	93	85	309	6	22
常州	233	159	318	1016	21	63
苏州	335	102	460	1041	28	45
南通	417	22	145	542	10	31
连云港	163	39	85	332	6	18
淮阴	242	24	73	294	6	22
盐城	403	68	86	400	6	20
扬州	226	54	186	733	15	46
镇江	146	36	259	536	23	46
泰州	207	16	136	196	12	19
宿迁	163	41	35	227	3	17
浙江	**2834**	**803**	**264**	**623**	**15**	**30**
杭州	500	137	390	962	17	38
宁波	407	138	350	907	19	40
温州	443	48	293	724	18	45
嘉兴	172	42	278	344	18	20
湖州	145	59	193	246	11	15
绍兴	293	86	235	1748	12	79
金华	320	66	171	551	9	24
衢州	180	74	105	449	6	23
舟山	90	58	252	294	12	13

续表 3

城市	年末邮电局(所)		人均邮电业务总量(元)(1990 年不变价)		每百人拥有电话机数(部)	
	地区	市区	地区	市区	地区	市区
台　州	284	95	196	285	13	17
安　徽	**1873**	**495**	**80**	**242**	**5**	**14**
合　肥	222	78	184	530	9	24
芜　湖	107	44	134	348	9	24
蚌　埠	107	26	96	291	6	19
淮　南	93	70	112	142	8	10
马鞍山	61	30	168	311	11	19
淮　北	72	36	66	127	4	8
铜　陵	44	25	157	303	11	20
安　庆	276	28	57	274	4	15
黄　山	174	44	92	211	5	12
阜　阳	433	81	37	89	2	4
滁　州	284	33	63	175	4	10
福　建	**1831**	**469**	**326**	**1010**	**11**	**26**
福　州	374	157	416	1143	14	34
厦　门	90	90	1289	1289	32	32
莆　田	137	26	207	1502	8	23
三　明	218	25	180	610	9	25
泉　州	359	33	444	1026	10	20
漳　州	210	58	173	1038	9	24
南　平	245	40	148	294	6	11
龙　岩	198	40	134	398	9	17
江　西	**707**	**305**	**112**	**180**	**6**	**12**
南　昌	236	131	204	261	11	22
景德镇	76	46	82	229	5	14
萍　乡	71	56	63	73	3	4
九　江	221	26	63	252	4	15
新　余	57	38	102	117	5	6
鹰　潭	46	8	85	323	5	18
山　东	**3986**	**1241**	**125**	**273**	**7**	**13**
济　南	1084	455	259	498	12	21
青　岛	551	109	275	618	11	24
淄　博	145	99	161	206	9	12

续表 4

城市	年末邮电局(所)		人均邮电业务总量(元)(1990年不变价)		每百人拥有电话机数(部)	
	地区	市区	地区	市区	地区	市区
枣庄	172	129	78	94	4	5
东营	100	50	154	278	8	15
烟台	436	68	164	333	11	21
潍坊	295	53	92	232	5	12
济宁	247	55	71	179	4	9
泰安	167	53	63	110	5	7
德州	241	18	64	212	4	13
威海	126	38	233	627	14	36
临沂	296	42	46	114	3	6
莱芜	45	45	97	97	6	6
日照	81	27	70	108	4	7
河南	**3357**	**671**	**83**	**273**	**5**	**17**
郑州	404	114	267	592	14	32
开封	178	59	61	236	4	16
洛阳	381	123	96	298	7	20
平顶山	206	41	68	206	4	15
安阳	167	19	71	265	4	22
鹤壁	100	16	80	151	5	8
新乡	255	23	88	293	5	16
焦作	228	42	95	184	7	13
濮阳	129	35	52	220	4	24
许昌	130	20	59	332	3	17
漯河	128	12	75	301	4	17
三门峡	115	22	100	320	6	20
商丘	227	40	34	89	2	4
南阳	709	105	41	120	3	8
湖北	**2067**	**572**	**117**	**300**	**8**	**18**
武汉	344	276	345	457	21	28
黄石	91	21	99	260	8	19
十堰	190	23	68	285	6	26
荆州	249	51	76	154	6	10
宜昌	203	27	102	381	7	19
襄樊	241	47	79	316	6	17

续表 5

城　市	年末邮电局(所)		人均邮电业务总量(元)(1990年不变价)		每百人拥有电话机数(部)	
	地区	市区	地区	市区	地区	市区
鄂　州	37	37	104	104	7	7
荆　门	108	43	63	93	5	6
孝　感	183	17	58	96	4	5
黄　冈	421	30	59	229	4	10
湖　南	**12043**	**1576**	**86**	**292**	**4**	**12**
长　沙	745	334	249	693	10	26
株　洲	221	78	109	380	6	18
湘　潭	175	55	97	272	6	16
衡　阳	961	52	61	369	4	12
邵　阳	2500	29	51	207	3	12
岳　阳	205	50	100	324	5	11
益　阳	1100	347	56	83	4	5
常　德	2108	248	80	155	5	7
郴　州	1595	92	61	201	3	11
永　州	1282	226	48	102	3	4
怀　化	1042	18	53	391	4	22
张家界	109	47	61	124	3	5
广　东	**4004**	**1795**	**473**	**1319**	**15**	**37**
广　州	626	490	1068	1457	33	48
韶　关	181	16	166	482	9	25
深　圳	434	434	5574	5574	131	131
珠　海	95		1541		37	
汕　头	172	82	492	1168	19	43
佛　山	239	56	927	1755	29	43
江　门	172	16	364	957	15	28
湛　江	216	52	171	418	7	14
茂　名	140	22	116	417	7	22
惠　州	169	36	492	1306	12	34
肇　庆	146	19	182	749	4	18
潮　州	74	15	258	834	10	30
梅　州	187	17	121	527	7	25
中　山	123	123	1007	1007	27	27
东　莞	339	339	1960	1960	32	32

续表 6

城市	年末邮电局(所)		人均邮电业务总量(元)(1990年不变价)		每百人拥有电话机数(部)	
	地区	市区	地区	市区	地区	市区
汕尾	79	15	235	675	8	11
河源	123	12	93	431	4	24
阳江	82	6	140	343	6	14
清远	170	21	107	316	4	12
揭阳	147	10	198	393	7	14
云浮	90	14	123	391	7	18
广西	**700**	**298**	**123**	**295**	**5**	**12**
南宁	123	76	306	630	13	26
柳州	92	57	244	445	9	16
桂林	49	25	240	476	12	24
梧州	79	14	90	469	4	22
北海	40	19	213	423	8	17
玉林	120	19	60	174	2	6
钦州	75	35	48	85	2	4
贵港	86	34	42	50	2	2
防城港	36	19	151	174	5	6
海南	**103**	**103**	**1072**	**1072**	**30**	**30**
海口	70	70	1716	1716	47	47
三亚	33	33	320	320	11	11
重庆	**2655**	**809**	**77**	**262**	**4**	**13**
四川	**3950**	**994**	**73**	**175**	**4**	**8**
成都	851	355	199	465	10	21
自贡	183	41	55	115	3	7
攀枝花	60	36	140	202	7	9
泸州	269	55	38	81	2	4
德阳	227	24	91	219	5	11
绵阳	379	55	62	177	3	7
广元	248	37	37	71	2	4
遂宁	158	63	33	44	2	2
内江	497	97	33	75	2	3
乐山	244	71	67	116	3	5
宜宾	241	36	36	125	2	7
南充	593	124	35	18	2	3

续表 7

城市	年末邮电局(所)		人均邮电业务总量(元)(1990年不变价)		每百人拥有电话机数(部)	
	地区	市区	地区	市区	地区	市区
贵州	**1291**	**922**	**69**	**170**	**3**	**6**
贵阳	890	828	185	316	6	10
六盘水	99	68	24	27	1	2
遵义	302	26	32	244	2	11
云南	**499**	**261**	**155**	**440**	**7**	**19**
昆明	322	215	342	702	15	29
东川	18	18	62	62	4	4
曲靖	159	28	33	88	2	4
陕西	**1492**	**446**	**94**	**253**	**5**	**14**
西安	411	226	212	350	11	18
铜川	48	24	58	78	4	6
宝鸡	177	29	63	255	3	13
咸阳	213	51	67	216	4	10
延安	172	29	54	124	4	7
汉中	243	31	50	142	4	10
渭南	228	56	40	63	3	7
甘肃	**412**	**222**	**119**	**249**	**7**	**15**
兰州	176	121	251	392	14	22
嘉峪关	10	10	343	343	22	22
金昌	23	12	119	249	10	20
白银	72	25	43	123	3	10
天水	131	54	35	74	2	5
青海	**348**	**337**	**183**	**274**	**10**	**15**
西宁	348	337	183	274	10	15
宁夏	**144**	**99**	**205**	**333**	**16**	**26**
银川	94	73	272	420	20	31
石嘴山	50	26	114	178	11	19
新疆	**632**	**632**	**428**	**469**	**25**	**27**
乌鲁木齐	593	593	457	510	23	26
克拉玛依	39	39	253	253	33	33

33. 供水、供电、供气(不包括市辖县)

城市	全年供水总量(万吨)	人均生活用水量(吨)	全年用电总量(万千瓦时)	人均生活用电量(千瓦小时)	煤气家庭用量(万立方米)	液化石油气家庭用量(吨)
城市合计	**3935154**	**86.5**	**54272807**	**247.0**	**650443**	**3244847**
超大城市	**1103149**	**103.9**	**12735842**	**287.0**	**335243**	**743758**
特大城市	**710698**	**73.6**	**12611676**	**313.1**	**107968**	**499149**
大城市	**956479**	**87.8**	**13014612**	**266.1**	**81690**	**931432**
中等城市	**1035530**	**78.5**	**14396379**	**186.6**	**111410**	**928462**
小城市	**129298**	**70.5**	**1589276**	**158.7**	**14132**	**142046**
东部城市	**2128886**	**92.1**	**30877181**	**285.1**	**410134**	**2262969**
中部城市	**1322206**	**82.4**	**15466046**	**215.8**	**141490**	**738514**
西部城市	**484062**	**74.1**	**8004558**	**189.3**	**98819**	**243364**
北京	**111820**	**90.1**		**213.7**	**39872**	**148025**
天津	**71697**	**49.5**	**1640863**	**234.3**	**25385**	**41952**
河北	**198073**	**72.9**	**2990350**	**225.5**	**24032**	**106218**
石家庄	66137	109.1	545237	236.4	4481	34923
唐山	26170	48.5	668181	169.3	8025	13985
秦皇岛	17913	78.1	208923	365.3	1369	5238
邯郸	33741	78.9	611589	255.1	5819	8596
邢台	10036	82.8	185500	311.7	657	4101
保定	16882	82.1	203321	431.6	1079	10353
张家口	12000	48.4	325490	101.3	2392	4082
承德	6561	69.7	41349	217.5		6255
沧州	2906	34.2	80876	200.8		11275
廊坊	3169	70.3	40287	100.3	210	4900
衡水	2558	62.1	79597	124.7		2510
山西	**63065**	**57.0**	**1630860**	**140.9**	**32130**	**13857**
太原	29723	61.5	746659	185.6	15207	5376
大同	13250	41.2	384193	92.3	5872	3306
阳泉	4764	33.4	176278	98.0	5054	844
长治	8977	86.2	140276	95.7	2241	2151
晋城	5072	102.6	99854	392.4	2290	680
朔州	1279	43.5	83600	56.4	1466	1500

注:表中所有的分类及分省(区)合计数的统计范围均是地级及地级以上城市。

续表 1

城　市	全年供水总量（万吨）	人均生活用水量（吨）	全年用电总量（万千瓦时）	人均生活用电量（千瓦小时）	煤　气家庭用量（万立方米）	液化石油气家庭用量（吨）
内 蒙 古	**48462**	**64.3**	**969019**	**147.6**	**6746**	**21606**
呼和浩特	11152	92.2	161494	156.5	2154	6840
包　头	24826	38.1	566693	125.7	4592	4075
乌　海	8387	89.3	116532	125.9		2970
赤　峰	4097	69.5	124300	173.7		7721
辽　宁	**291410**	**69.7**	**4915427**	**234.9**	**67095**	**198154**
沈　阳	62777	94.6	774091	187.5	16916	52919
大　连	32784	56.3	774759	275.5	14851	23450
鞍　山	46112	59.9	680732	270.6	9536	7997
抚　顺	24814	44.2	681225	221.5	6626	28012
本　溪	32709	79.5	430254	199.5	3970	1187
丹　东	14090	61.3	141027	221.5	3327	7816
锦　州	19010	87.2	159374	258.6	2989	19653
营　口	6811	43.6	144841	195.9	232	11622
阜　新	6188	36.2	159993	362.0	1032	5273
辽　阳	20811	81.4	358842	308.6	463	11084
盘　锦	7705	88.4	265042	206.6	4518	16021
铁　岭	4386	69.3	77331	322.8	1025	2650
朝　阳	5894	55.8	45042	303.2	1375	2010
葫芦岛	7319	53.3	222874	166.9	235	8460
吉　林	**126992**	**62.1**	**1659419**	**313.6**	**15440**	**84874**
长　春	30132	94.5	488907	443.8	9847	13418
吉　林	83482	48.1	686977	208.3	4036	43876
四　平	3170	43.5	80423	544.6	535	4000
辽　源	2823	28.3	55008	156.5		4080
通　化	1502	17.8	129187	206.5	1022	2800
白　山	1993	37.0	137483	106.3		1485
白　城	2920	54.3	32032	102.6		4215
松　原	970	34.9	49402	240.2		11000
黑 龙 江	**140551**	**57.9**	**2867517**	**319.6**	**13431**	**139523**
哈尔滨	35634	68.2	447408	486.4	10062	59728
齐齐哈尔	12492	68.3	316646	298.5	1648	14451
鸡　西	6500	43.9	159452	121.5	990	800

城　市	全年供水总量（万吨）	人均生活用水量（吨）	全年用电总量（万千瓦时）	人均生活用电量（千瓦小时）	煤　气家庭用量（万立方米）	液化石油气家庭用量（吨）
鹤　岗	7353	36.3	111006	278.0	444	2000
双鸭山	2761	27.9	92522	280.2		910
大　庆	46810	77.7	1204309	273.9		37008
伊　春	3188	37.4	93118	124.0		5838
佳木斯	7681	29.5	118307	294.2	240	6588
七台河	3075	48.9	78166	128.2		280
牡丹江	14589	72.3	237502	438.1	47	11198
黑　河	468	39.9	9081	304.9		722
上　海	**288182**	**109.0**	**4542600**	**372.0**	**137049**	**135617**
江　苏	**278030**	**109.8**	**3276898**	**258.8**	**38636**	**272261**
南　京	134608	190.3	934407	296.7	18255	75846
无　锡	24012	82.0	387699	342.4	3502	26564
徐　州	13677	75.8	477075	160.1	2754	2870
常　州	14870	87.5	235768	337.7	2651	28923
苏　州	22608	99.5	275313	288.2	4059	57533
南　通	9531	60.9	228515	344.7	2518	13008
连云港	8126	70.0	134214	189.3	520	13769
淮　阴	6634	54.7	131959	160.7	377	7087
盐　城	7168	78.6	76853	231.2		12474
扬　州	10194	68.4	111985	358.8	1599	9201
镇　江	13550	81.2	207051	197.7	2401	9336
泰　州	11774	69.7	73317	176.1		14976
宿　迁	1278	57.9	2742			674
浙　江	**135556**	**85.6**	**1825845**	**253.1**	**5049**	**327871**
杭　州	31562	119.0	479876	373.6	3129	31400
宁　波	29881	134.3	312930	316.3		137597
温　州	16979	65.8	232986	326.4	287	48114
嘉　兴	7716	70.9	142518	172.8		30784
湖　州	5995	82.9	156060	153.5		12959
绍　兴	8026	94.7	79911	190.0	238	17489
金　华	4905	120.8	74487	306.0		5893
衢　州	[illegible]	84.0	171370	172.5	610	5636
舟　山	2810	29.1	50380	130.5	762	14191

续表 3

城市	全年供水总量（万吨）	人均生活用水量（吨）	全年用电总量（万千瓦时）	人均生活用电量（千瓦小时）	煤气家庭用量（万立方米）	液化石油气家庭用量（吨）
台州	6129	26.1	125327	190.3	23	23808
安徽	**173777**	**89.8**	**1501259**	**175.0**	**20195**	**97900**
合肥	18815	103.6	268679	303.1	3414	16602
芜湖	18959	76.0	85030	192.0	2145	12138
蚌埠	11735	69.8	86921	225.3		23909
淮南	18928	94.7	248141	176.9	4679	8598
马鞍山	45563	105.7	274154	196.1	3666	4500
淮北	9723	54.7	131484	51.1	1295	6215
铜陵	16987	124.1	127816	159.6	3311	2273
安庆	23692	99.4	141764	335.2	1294	14221
黄山	2809	87.2	19626	121.5		3237
阜阳	4176	96.8	60899	39.6	56	3297
滁州	2390	67.6	56745	270.3	335	2910
福建	**88451**	**95.9**	**1289884**	**401.7**	**3914**	**81080**
福州	30685	124.7	362633	778.3		31006
厦门	16078	94.2	284348	317.8	1945	14179
莆田	1913	39.4	30764	254.4		4560
三明	18498	105.9	172678	403.3	1969	5500
泉州	5682	64.0	137230	194.0		8121
漳州	4742	58.9	102895	236.4		7561
南平	6081	107.1	121828	264.1		4269
龙岩	4772	74.7	77508	174.2		5884
江西	**85706**	**83.9**	**712941**	**152.5**	**7903**	**42620**
南昌	34412	92.4	274735	284.1	2173	31740
景德镇	5808	65.3	27104	213.3	684	400
萍乡	4847	68.2	107281	37.2	720	2290
九江	31549	85.4	147552	201.3	370	6285
新余	6654	86.8	139836	33.3	3956	425
鹰潭	2436	50.8	16433	170.7		1480
山东	**179678**	**55.3**	**4310518**	**212.2**	**53882**	**128380**
济南	30665	60.8	530482	370.1	4908	22175
青岛	24130	57.6	501271	358.9	4602	29848
淄博	27687	46.9	886555	205.4	1416	25621

续表 4

城　市	全年供水总量(万吨)	人均生活用水量(吨)	全年用电总量(万千瓦时)	人均生活用电量(千瓦小时)	煤　气家庭用量(万立方米)	液化石油气家庭用量(吨)
枣　庄	11650	44.8	211204	98.8	1611	1705
东　营	25197	65.0	641557	227.6	30000	7451
烟　台	11626	46.7	252434	202.6	3368	11389
潍　坊	8152	51.8	212200	280.6	2771	5966
济　宁	9492	76.0	237470	165.8	2143	269
泰　安	5989	51.9	221111	128.4	1727	2798
德　州	4735	61.1	99544	119.5	21	3600
威　海	3720	66.1	82112	258.7	795	7177
临　沂	8471	54.0	185407	144.5		2842
莱　芜	4746	69.0	186477	105.3	520	2520
日　照	3418	56.6	62694	94.8		5019
河　南	**169155**	**69.6**	**2950731**	**221.8**	**18510**	**79226**
郑　州	33719	84.9	736825	536.5	4519	17645
开　封	13457	49.0	112711	113.0	796	2188
洛　阳	22042	89.4	334020	283.6	2657	17858
平顶山	13794	81.2	249074	164.2	4152	720
安　阳	23632	68.2	289001	362.8	2703	6166
鹤　壁	5639	55.4	109208	217.9	564	1050
新　乡	16834	37.9	170368	339.0	867	712
焦　作	11700	48.5	289583	65.7	503	5374
濮　阳	4754	88.4	223009	90.6	994	14094
许　昌	4082	54.0	54498	240.6		2739
漯　河	7562	67.8	48615	126.0	9	1942
三门峡	2669	68.2	96402	143.4		1408
商　丘	162	70.0	54763	52.2		2750
南　阳	9109	63.7	182654	25.7	746	4580
湖　北	**281982**	**111.4**	**2042238**	**185.1**	**21244**	**143557**
武　汉	103048	112.9	1026406	231.0	15264	68667
黄　石	62141	143.9	287565	249.3	742	15400
十　堰	12943	123.2	65242	127.4	2210	2703
荆　州	24226	78.9	129730	122.0	1260	10380
宜　昌	19208	128.5	113056	284.1	1562	8738
襄　樊	22547	126.9	100802	224.9	205	12657

续表 5

城　市	全年供水总量(万吨)	人均生活用水量(吨)	全年用电总量(万千瓦时)	人均生活用电量(千瓦小时)	煤　气家庭用量(万立方米)	液化石油气家庭用量(吨)
鄂　州	22587	111.5	114183	106.3	1	6466
荆　门	10356	101.9	160991	78.1		12366
孝　感	1826	71.3	28359	141.3		3100
黄　冈	3100	64.0	15904	166.0		3080
湖　南	**232516**	**126.9**	**1132062**	**201.6**	**5891**	**115351**
长　沙	34600	133.1	208492	477.2	1137	31609
株　洲	45895	120.4	233986	165.0	1906	18608
湘　潭	50763	154.0	140092	235.0	1805	11922
衡　阳	33365	189.9	127921	238.1	774	10060
邵　阳	11818	88.3	47583	163.3	167	4530
岳　阳	17277	98.9	117181	215.6	24	11474
益　阳	4834	46.0	43946	55.4		4422
常　德	10481	105.5	62645	100.4		5568
郴　州	7507	163.2	59125	285.5		5800
永　州	8590	112.6	48352	80.5		5283
怀　化	5876	167.0	37205	100.0	78	4700
张家界	1510	78.2	5534	81.3		1375
广　东	**350937**	**144.9**	**5056942**	**506.2**	**13230**	**657668**
广　州	122953	203.9	1100404	563.6	7326	92244
韶　关	10783	108.4	190367	305.8	509	12296
深　圳	37540	152.0	1125781	1594.9		228211
珠　海	19205	217.1	174544	537.0		31880
汕　头	17652	107.0	167324	466.5		48550
佛　山	22671	215.3	254459	472.1		32918
江　门	13188	116.0	109352	325.9		10999
湛　江	10097	115.3	104358	115.3		15402
茂　名	27902	98.0	159822	139.5		20000
惠　州	6232	113.2	83322	367.3	327	42000
肇　庆	5534	101.9	65890	201.5		14626
潮　州	3077	51.7	31148	313.9		15236
梅　州	5332	78.8	33133	289.0	32	6174
中　山	9386	167.9	353089	525.4	116	4746
东　莞	25697	163.6	866456	940.8		34744

续表 6

城 市	全年供水总量（万吨）	人均生活用水量（吨）	全年用电总量（万千瓦时）	人均生活用电量（千瓦小时）	煤 气家庭用量（万立方米）	液化石油气家庭用量（吨）
汕 尾	1565	52.0	12243	133.3	4920	
河 源	1409	47.3	17792	132.4		5613
阳 江	2418	55.5	64506	202.2		3988
清 远	3113	36.7	44657	189.6		14621
揭 阳	3183	50.7	59100	226.6		11060
云 浮	2000	42.8	39195	240.3		12360
广 西	**115083**	**112.6**	**871284**	**199.8**	**1456**	**119403**
南 宁	28810	143.2	255643	280.3		33830
柳 州	42191	135.2	293481	480.0	1456	22661
桂 林	14713	136.0	93294	512.3		14183
梧 州	5738	112.0	47956	195.6		12183
北 海	4066	54.2	42540	199.7		9400
玉 林	3274	97.7	58058	72.3		8377
钦 州	3203	47.7	19702	53.4		4620
贵 港	11754	64.4	39178	68.4		8032
防城港	1334	60.2	21432	95.4		6117
海 南	**19969**	**137.6**	**156570**	**188.3**	**534**	**46340**
海 口	12914	116.8	127272	193.3	534	43200
三 亚	7055	190.6	29298	182.4		3140
重 庆	**58735**	**71.4**	**884830**	**227.1**	**33704**	**3438**
四 川	**163651**	**78.3**	**1565606**	**139.0**	**42138**	**40229**
成 都	46198	98.3	317039	96.9	17522	24411
自 贡	4875	46.8	148313	189.2	4552	
攀枝花	13169	108.6	276820	243.9	4184	3090
泸 州	12468	75.7	79189	95.0	4334	156
德 阳	4055	53.3	67873	143.9	1777	470
绵 阳	5691	67.1	162200	299.0	1974	342
广 元	5354	61.6	10463	75.8	266	5934
遂 宁	2403	66.6	30618	67.7	1230	
内 江	40098	57.6	41300	76.5	1374	3900
乐 山	10743	48.1	105037	197.3	1425	60
宜 宾	11555	67.4	142846	224.7	1290	256
南 充	7042	88.5	183908	152.4	2210	1610

续表 7

城市	全年供水总量（万吨）	人均生活用水量（吨）	全年用电总量（万千瓦时）	人均生活用电量（千瓦小时）	煤气家庭用量（万立方米）	液化石油气家庭用量（吨）
贵州	**34064**	**86.4**	**924854**	**198.6**	**3362**	**13980**
贵阳	28448	115.6	593707	370.1	2956	12000
六盘水	3243	31.9	106024	41.5	381	
遵义	2373	55.2	225123	235.6	25	1980
云南	**34506**	**52.3**	**671353**	**217.3**	**8386**	**29506**
昆明	22096	52.3	569084	308.2	8386	25496
东川	9000	46.9	65222	270.1		110
曲靖	3410	54.3	37047	37.8		3900
陕西	**67258**	**79.6**	**975679**	**172.9**	**4794**	**59796**
西安	37365	84.3	578887	203.2	4041	27493
铜川	1837	26.2	164285	117.8	1	804
宝鸡	7657	53.3	102288	117.8	740	4503
咸阳	13418	118.4	124824	184.0	12	9776
延安	1033	61.5	11673	156.3		3200
汉中	2148	71.3	43289	105.4		520
渭南	3800	59.7	25411	59.6		13500
甘肃	**69034**	**71.3**	**1569979**	**215.0**	**4771**	**13277**
兰州	38342	62.2	982243	292.8	2986	12780
嘉峪关	9358	232.0	124415	343.8	1780	162
金昌	6315	84.0	128842	358.5		
白银	11936	83.5	286641	232.7	5	335
天水	3083	33.6	47838	54.3		
青海	**13036**	**89.1**	**517183**	**379.0**	**24**	**8200**
西宁	13036	89.1	517183	379.0	24	8200
宁夏	**20807**	**76.5**	**307914**	**288.4**	**1140**	**13005**
银川	11040	74.8	147923	360.2		11688
石嘴山	9767	79.0	159991	160.1	1140	1317
新疆	**22971**	**55.9**	**512182**	**371.0**	**500**	**61933**
乌鲁木齐	14135	56.1	341589	396.3		48814
克拉玛依	8836	54.9	170593	235.0	500	13119

34. 城市道路与交通(不包括市辖县)

城　市	年末实有铺装道路面积(万平方米)	人均铺装道路面积(平方米)	年末实有公共营运汽电车(辆)	每万人拥有公共汽电车(辆)	公共汽电车客运总数(万人次)	年末实有出租汽车(辆)
城市合计	**107981**	**4.5**	**133652**	**5.6**	**2557448**	**601757**
超大城市	**25782**	**4.3**	**50997**	**8.5**	**1197390**	**232985**
特大城市	**19344**	**5.0**	**29216**	**7.5**	**641145**	**125564**
大 城 市	**23968**	**5.1**	**21264**	**4.5**	**361090**	**110287**
中等城市	**32263**	**4.0**	**30883**	**3.8**	**332626**	**122311**
小 城 市	**6624**	**5.5**	**3092**	**2.6**	**25196**	**10610**
东部城市	**66152**	**5.4**	**75664**	**6.2**	**1593802**	**359799**
中部城市	**28422**	**3.8**	**37261**	**5.0**	**609110**	**168573**
西部城市	**13407**	**3.2**	**22527**	**5.4**	**354536**	**73385**
北　　京	**3761**	**4.1**	**7927**	**8.6**	**375438**	**65035**
天　　津	**3626**	**6.1**	**2835**	**4.8**	**53613**	**33006**
河　　北	**4889**	**5.4**	**4538**	**5.0**	**42901**	**27893**
石 家 庄	933	6.0	1074	6.9	12100	6900
唐　　山	881	5.4	1387	8.5	10844	2339
秦 皇 岛	511	7.7	306	4.6	2432	2925
邯　　郸	690	5.4	747	5.9	5192	3783
邢　　台	263	5.5	139	2.9	1717	1746
保　　定	322	4.7	214	3.1	3809	2648
张 家 口	275	3.3	403	4.9	3356	1578
承　　德	211	5.1	115	2.8	1868	1711
沧　　州	234	5.6	30	0.7	838	2535
廊　　坊	321	4.8	110	1.6	700	974
衡　　水	248	6.4	13	0.3	45	754
山　　西	**3041**	**5.6**	**2249**	**4.2**	**39932**	**15231**
太　　原	1268	5.7	1308	5.9	22237	6494
大　　同	750	6.1	288	2.3	6189	4500
阳　　泉	310	5.1	297	4.8	7407	1580
长　　治	240	4.1	191	3.3	3408	1536
晋　　城	283	12.4	87	3.8	597	1003
朔　　州	190	3.6	78	1.5	94	118

注:表中所有的分类及分省(区)合计数的统计范围均是地级及地级以上城市。

续表 1

城市	年末实有铺装道路面积（万平方米）	人均铺装道路面积（平方米）	年末实有公共营运汽电车（辆）	每万人拥有公共汽电车（辆）	公共汽电车客运总数（万人次）	年末实有出租汽车（辆）
内蒙古	**1344**	**3.6**	**1366**	**3.6**	**13492**	**9229**
呼和浩特	357	3.6	326	3.3	4234	3300
包头	485	3.7	540	4.1	6343	3600
乌海	249	6.5	362	9.5	1725	188
赤峰	253	2.3	138	1.3	1190	2141
辽宁	**8023**	**4.7**	**9705**	**5.7**	**276821**	**57339**
沈阳	2865	6.0	2359	4.9	62505	14325
大连	1162	4.5	2567	9.9	108000	12497
鞍山	658	4.5	1197	8.2	29587	4759
抚顺	560	4.0	1477	10.5	32041	2546
本溪	277	2.9	396	4.1	21600	2200
丹东	287	4.1	289	4.1	8116	1912
锦州	437	5.4	221	2.7	2343	3521
营口	267	4.2	151	2.4	1645	2485
阜新	245	3.2	310	4.0	2774	3100
辽阳	360	5.2	200	2.9	3500	2000
盘锦	304	5.8	221	4.2	2014	3206
铁岭	131	3.5	74	2.0	381	582
朝阳	193	4.4	59	1.3	193	3020
葫芦岛	277	3.1	184	2.1	2122	1186
吉林	**2348**	**3.4**	**4597**	**6.7**	**65223**	**27921**
长春	1007	3.6	2249	8.1	34066	12967
吉林	574	4.1	762	5.4	17470	6301
四平	163	3.5	178	3.9	2981	3150
辽源	154	3.4	248	5.5	1215	1501
通化	127	2.9	566	13.0	6085	1019
白山	71	2.2	125	3.8	1307	507
白城	124	2.6	51	1.1	299	700
松原	128	2.6	418	8.4	1800	1776
黑龙江	**5128**	**4.8**	**6260**	**5.9**	**96407**	**25707**
哈尔滨	939	3.2	3139	10.6	54274	7318
齐齐哈尔	428	3.0	453	3.2	5995	4839
鸡西	264	2.9	594	6.5	2946	2712

续表 2

城　市	年末实有铺装道路面积(万平方米)	人均铺装道路面积(平方米)	年末实有公共营运汽电车(辆)	每万人拥有公共汽电车(辆)	公共汽电车客运总数(万人次)	年末实有出租汽车(辆)
鹤　岗	217	3.1	377	5.4	7452	542
双鸭山	198	3.9	112	2.2	2851	950
大　庆	1607	15.2	665	6.3	8500	3264
伊　春	356	4.2	53	0.6	738	1108
佳木斯	242	3.0	415	5.2	4475	1770
七台河	288	6.1	138	2.9	3100	409
牡丹江	520	6.6	283	3.6	5886	2083
黑　河	69	3.9	31	1.7	190	712
上　海	**4268**	**4.2**	**16237**	**15.9**	**263679**	**40997**
江　苏	**6787**	**5.9**	**7772**	**6.8**	**111375**	**24343**
南　京	1694	6.2	2360	8.6	46003	8370
无　锡	742	6.8	839	7.7	13253	2292
徐　州	846	5.7	903	6.0	11280	2479
常　州	662	7.8	371	4.4	9199	1209
苏　州	786	7.3	694	6.5	11077	2354
南　通	167	2.6	155	2.5	4591	832
连云港	447	7.5	615	10.4	3673	2022
淮　阴	217	4.3	822	16.3	1061	759
盐　城	160	2.7	227	3.9	2250	576
扬　州	355	7.0	484	9.5	3585	1497
镇　江	461	7.9	191	3.3	4756	1189
泰　州	181	3.1	96	1.7	438	566
宿　迁	69	3.0	15	0.6	209	198
浙　江	**5807**	**6.6**	**4982**	**5.6**	**84140**	**14255**
杭　州	871	5.1	1182	7.0	47900	4965
宁　波	569	4.8	1455	12.3	14713	1829
温　州	935	8.1	639	5.5	10367	3265
嘉　兴	217	2.8	214	2.8	1154	525
湖　州	335	3.2	277	2.6	1205	650
绍　兴	165	5.2	245	7.7	1462	703
金　华	178	5.4	205	6.2	2650	551
衢　州	1447	56.3	215	8.4	2286	296
舟　山	253	3.7	305	4.5	810	1063

续表 3

城 市	年末实有铺装道路面积（万平方米）	人均铺装道路面积（平方米）	年末实有公共营运汽电车（辆）	每万人拥有公共汽电车（辆）	公共汽电车客运总数（万人次）	年末实有出租汽车（辆）
台 州	837	6.0	245	1.8	1593	408
安 徽	**3936**	**4.6**	**3928**	**4.5**	**73333**	**20919**
合 肥	1027	8.4	882	7.2	29039	6039
芜 湖	313	5.0	369	5.9	5119	2330
蚌 埠	367	5.0	318	4.3	9359	1936
淮 南	540	4.0	587	4.4	8714	2850
马鞍山	273	5.5	346	6.9	7922	2109
淮 北	264	3.5	634	8.4	4715	1382
铜 陵	210	6.5	221	6.8	1714	993
安 庆	281	5.0	179	3.2	1561	1522
黄 山	156	3.9	80	2.0	91	300
阜 阳	318	1.9	243	1.4	4371	1283
滁 州	187	4.0	69	1.5	728	175
福 建	**2354**	**4.4**	**2369**	**4.5**	**55116**	**9771**
福 州	718	5.1	776	5.5	21650	3480
厦 门	780	6.3	577	4.6	23892	3377
莆 田	128	3.7	158	4.6	1050	498
三 明	128	4.8	181	6.8	3863	350
泉 州	203	3.2	201	3.2	1648	830
漳 州	155	3.2	72	1.5	207	609
南 平	87	1.8	85	1.8	2200	473
龙 岩	155	3.5	319	7.1	606	154
江 西	**1349**	**2.8**	**1940**	**4.0**	**41140**	**5680**
南 昌	558	3.6	604	3.8	20500	3085
景德镇	129	3.3	81	2.0	5535	583
萍 乡	189	1.3	264	1.8	2438	98
九 江	233	4.8	704	14.4	9609	1549
新 余	175	2.4	130	1.8	2028	290
鹰 潭	65	4.0	157	9.6	1030	75
山 东	**11888**	**5.8**	**7349**	**3.6**	**119297**	**34864**
济 南	1809	7.1	1122	4.4	29550	13766
青 岛	1436	6.3	2148	9.5	55642	6861
淄 博	1309	5.0	997	3.8	5384	4253

续表 4

城 市	年末实有铺装道路面积(万平方米)	人均铺装道路面积(平方米)	年末实有公共营运汽电车(辆)	每万人拥有公共汽电车(辆)	公共汽电车客运总数(万人次)	年末实有出租汽车(辆)
枣 庄	1381	7.0	590	3.0	2410	375
东 营	1044	14.8	303	4.3	3435	453
烟 台	982	6.4	1044	6.8	11521	2181
潍 坊	921	7.3	183	1.5	1907	2117
济 宁	400	4.0	86	0.9	741	585
泰 安	522	3.5	185	1.2	1300	1250
德 州	217	4.3	55	1.1	610	767
威 海	601	12.4	274	5.7	4324	1379
临 沂	464	2.6	82	0.5	442	300
莱 芜	257	2.1	194	1.6	671	429
日 照	545	4.9	86	0.8	1360	148
河 南	**3432**	**2.9**	**3820**	**3.2**	**64797**	**29736**
郑 州	747	3.7	866	4.3	27599	10449
开 封	266	3.5	173	2.3	1979	2000
洛 阳	288	2.1	484	3.5	12403	3100
平顶山	132	1.6	316	3.8	4876	2106
安 阳	310	4.4	139	2.0	1347	1800
鹤 壁	158	3.8	241	5.8	1820	554
新 乡	222	3.1	159	2.2	2706	2500
焦 作	200	2.8	416	5.9	3778	912
濮 阳	190	4.2	199	4.4	713	2300
许 昌	141	4.1	149	4.4	890	180
漯 河	197	6.1	349	10.7	1990	786
三门峡	84	3.4	104	4.2	2235	885
商 丘	241	1.7	119	0.8	1411	1046
南 阳	256	1.6	106	0.7	1050	1118
湖 北	**4855**	**3.9**	**7340**	**5.9**	**135620**	**20567**
武 汉	1431	2.7	4355	8.3	94349	12600
黄 石	308	4.8	514	8.1	6626	518
十 堰	384	8.4	294	6.4	7423	845
荆 州	629	4.4	456	3.2	3419	1650
宜 昌	482	8.1	369	6.2	6675	1471
襄 樊	403	5.9	421	6.1	7837	1310

续表 5

城　市	年末实有铺装道路面积（万平方米）	人均铺装道路面积（平方米）	年末实有公共营运汽电车（辆）	每万人拥有公共汽电车（辆）	公共汽电车客运总数（万人次）	年末实有出租汽车（辆）
鄂　州	373	3.7	397	3.9	3563	363
荆　门	381	3.2	311	2.6	3589	250
孝　感	326	3.8	87	1.0	381	1020
黄　冈	138	3.9	136	3.9	1758	540
湖　南	**2989**	**3.0**	**5761**	**5.7**	**79166**	**13583**
长　沙	771	4.7	1832	11.2	31156	4800
株　洲	305	4.3	574	8.1	7835	1531
湘　潭	222	3.4	350	5.4	4873	542
衡　阳	279	3.6	233	3.0	4806	1266
邵　阳	129	2.2	259	4.5	3261	728
岳　阳	269	3.2	614	7.4	6370	2287
益　阳	150	1.2	271	2.2	4083	198
常　德	253	1.9	282	2.1	2302	952
郴　州	133	2.2	401	6.5	3818	330
永　州	202	2.0	525	5.1	4223	208
怀　化	165	7.7	301	14.1	5672	347
张家界	111	2.5	119	2.7	767	394
广　东	**10945**	**6.6**	**8267**	**5.0**	**163436**	**40190**
广　州	2229	5.6	4021	10.2	103942	15571
韶　关	348	7.3	61	1.3	908	402
深　圳	1287	11.8	1114	10.2	23944	10718
珠　海	1293	33.8	432	11.3	4279	1688
汕　头	683	6.3	189	1.7	3246	3065
佛　山	313	6.8	228	4.9	1965	360
江　门	518	12.3	94	2.2	2076	338
湛　江	201	1.6	330	2.6	2890	715
茂　名	128	2.0	56	0.9	880	786
惠　州	261	7.6	116	3.4	1965	2188
肇　庆	361	8.0	245	5.4	311	483
潮　州	242	7.3	68	2.1	85	380
梅　州	272	8.4	39	1.2	283	106
中　山	264	2.1	315	2.5	5214	625
东　莞	1871	12.7	433	2.9	9326	2353

续表 6

城市	年末实有铺装道路面积(万平方米)	人均铺装道路面积(平方米)	年末实有公共营运汽电车(辆)	每万人拥有公共汽电车(辆)	公共汽电车客运总数(万人次)	年末实有出租汽车(辆)
汕尾	1				100	0
河源	101	4.4	283	12.3	738	234
阳江	65	1.3	85	1.6	38	78
清远	144	2.8	70	1.4	773	72
揭阳	191	3.1	61	1.0	392	19
云浮	172	6.3	27	1.0	80	9
广西	**3042**	**4.0**	**1779**	**2.3**	**40356**	**7546**
南宁	621	4.9	683	5.3	13893	3714
柳州	496	5.7	399	4.6	13725	1028
桂林	348	5.8	247	4.1	7490	1509
梧州	129	3.9	119	3.6	2122	376
北海	418	8.5	148	3.0	1424	580
玉林	194	2.3	36	0.4	562	252
钦州	421	3.7	25	0.2	262	20
贵港	263	1.6	87	0.5	490	67
防城港	152	3.3	35	0.8	388	0
海南	**762**	**8.0**	**1904**	**19.9**	**7630**	**4560**
海口	578	11.2	1674	32.6	6407	4100
三亚	184	4.2	230	5.2	1223	460
重庆	**1673**	**3.0**	**2479**	**4.4**	**50249**	**6885**
四川	**3398**	**2.3**	**5216**	**3.5**	**81217**	**14424**
成都	1147	3.6	1618	5.0	29337	6093
自贡	274	2.6	571	5.5	8857	1051
攀枝花	280	4.5	828	13.3	9448	2040
泸州	188	1.4	584	4.3	6354	886
德阳	217	3.7	63	1.1	2150	525
绵阳	223	2.2	334	3.3	8611	832
广元	225	2.6	107	1.2	3326	457
遂宁	98	0.7	81	0.6	965	354
内江	137	1.0	409	3.0	5284	619
乐山	251	2.3	380	3.4	1581	588
宜宾	114	1.6	121	1.7	1849	295
南充	244	1.4	120	0.7	3455	684

续表 7

城市	年末实有铺装道路面积(万平方米)	人均铺装道路面积(平方米)	年末实有公共营运汽电车(辆)	每万人拥有公共汽电车(辆)	公共汽电车客运总数(万人次)	年末实有出租汽车(辆)
贵　州	**913**	**2.2**	**2851**	**6.8**	**46281**	**3459**
贵　阳	566	3.3	2365	13.7	41964	1844
六盘水	147	0.7	286	1.4	464	940
遵　义	200	4.3	2000	43.3	3853	675
云　南	**2008**	**6.8**	**2265**	**7.7**	**24035**	**8348**
昆　明	876	5.2	1881	11.1	21955	6897
东　川	949	32.4	90	3.1	42	29
曲　靖	183	1.9	294	3.1	2038	1422
陕　西	**1836**	**2.5**	**2161**	**3.0**	**44135**	**15940**
西　安	1142	3.1	1418	3.8	29935	9818
铜　川	69	1.6	209	4.8	2158	420
宝　鸡	189	3.5	180	3.3	6463	2043
咸　阳	196	2.3	146	1.7	2495	1200
延　安	91	2.8	95	2.9	1864	518
汉　中	91	1.9	53	1.1	720	841
渭　南	58	0.7	60	0.7	500	1100
甘　肃	**1434**	**3.9**	**1588**	**4.4**	**35314**	**8970**
兰　州	898	5.2	1278	7.4	32375	6680
嘉峪关	96	7.3	51	3.9	125	241
金　昌	104	5.6	77	4.2	123	458
白　银	221	5.0	68	1.5	1312	762
天　水	115	1.0	114	1.0	1379	829
青　海	**270**	**3.8**	**410**	**5.8**	**17615**	**4236**
西　宁	270	3.8	410	5.8	17615	4236
宁　夏	**541**	**6.0**	**991**	**11.1**	**5059**	**4069**
银　川	331	5.8	555	9.7	3811	3589
石嘴山	210	6.5	436	13.6	1248	480
新　疆	**1334**	**8.3**	**2766**	**17.1**	**50631**	**7054**
乌鲁木齐	990	7.3	2497	18.3	49573	5730
克拉玛依	344	13.6	269	10.6	1058	1324

35. 环境状况(不包括市辖县)

城　市	每平方公里二氧化硫排放量(吨)	工业废水排放达标率(%)	环境噪声达标面积(平方公里)
城市合计	**25**	**38.4**	**6472**
超大城市	**48**	**33.8**	**1532**
特大城市	**66**	**51.1**	**1388**
大 城 市	**25**	**34.1**	**1695**
中等城市	**18**	**38.5**	**1703**
小 城 市	**6**	**36.8**	**154**
东部城市	**41**	**40.1**	**3419**
中部城市	**14**	**36.1**	**2205**
西部城市	**22**	**36.9**	**848**
北　京	**34**	**31.7**	**280**
天　津	**61**	**72.8**	**134**
河　北	**132**	**56.3**	**233**
石家庄	174	81.1	44
唐　山	170	47.7	39
秦皇岛	126	32.0	19
邯　郸	339		30
邢　台	681	27.5	5
保　定	332	62.7	27
张家口	129	16.1	24
承　德	75	64.3	17
沧　州	41	77.0	15
廊　坊	8	18.9	13
衡　水	35	6.3	0
山　西	**38**	**41.5**	**134**
太　原	117	50.9	108
大　同	50	14.9	7
阳　泉	33	4.5	0
长　治	100	37.2	5
晋　城	3	68.4	5
朔　州	1	51.0	9

注:表中所有的分类及分省(区)合计数的统计范围均是地级及地级以上城市。

续表 1

城　市	每平方公里二氧化硫排放量(吨)	工业废水排放达标率(%)	环境噪声达标面积(平方公里)
内 蒙 古	**23**	**56.9**	**126**
呼和浩特	11	8.7	40
包　头	57	72.9	54
乌　海	23	8.1	0
赤　峰	13	57.4	32
辽　宁	**55**	**38.2**	**572**
沈　阳	34	18.7	113
大　连	39	53.1	138
鞍　山	135	53.9	41
抚　顺	101	29.0	56
本　溪	73	23.2	48
丹　东	37	47.5	0
锦　州	135	24.3	38
营　口	65	20.5	16
阜　新	129	21.1	37
辽　阳	60	44.1	19
盘　锦	23	9.6	12
铁　岭	194	65.0	36
朝　阳	58	11.7	18
葫 芦 岛	11	38.5	0
吉　林	**11**	**45.4**	**197**
长　春	12	33.2	72
吉　林	20	49.2	60
四　平	10	11.4	10
辽　源	37	1.1	13
通　化	21	53.2	0
白　山	11	48.0	18
白　城	1	27.5	11
松　原	2	52.3	13
黑 龙 江	**3**	**25.8**	**441**
哈 尔 滨	13	21.1	57
齐齐哈尔	9	19.5	58
鸡　西	5	47.3	32

续表 2

城市	每平方公里二氧化硫排放量(吨)	工业废水排放达标率(%)	环境噪声达标面积(平方公里)
鹤岗	1	34.4	19
双鸭山	7	82.6	27
大庆	6	26.5	60
伊春		27.2	77
佳木斯	7	6.1	43
七台河	2	48.6	31
牡丹江	15	54.4	31
黑河	1	15.8	6
上海	**165**	**39.4**	**249**
江苏	**79**	**34.9**	**530**
南京	164	27.1	106
无锡	7	28.6	57
徐州	18	19.7	58
常州	156	19.3	44
苏州	21	84.7	58
南通	229	66.6	36
连云港	63	38.7	27
淮阴	19	67.0	52
盐城	33	9.0	18
扬州	44	80.7	35
镇江	353	26.7	33
泰州	9	32.0	6
宿迁	36	14.7	0
浙江	**35**	**44.0**	**203**
杭州	81	78.5	61
宁波	102	51.1	34
温州	26	15.6	31
嘉兴	2	39.7	13
湖州	9	68.2	7
绍兴	96	53.0	17
金华	18	26.0	12
衢州	50	13.8	9
舟山	7	9.6	7

续表 3

城　市	每平方公里二氧化硫排放量（吨）	工业废水排放达标率（%）	环境噪声达标面积（平方公里）
台　州	39	35.6	12
安　徽	**37**	**34.9**	**161**
合　肥	38	16.9	44
芜　湖	56	12.8	18
蚌　埠	16	32.3	20
淮　南	109	64.4	27
马鞍山	161	40.7	15
淮　北	64	0.8	18
铜　陵	170	38.6	9
安　庆	23	42.3	10
黄　山	3	2.3	0
阜　阳	10	21.1	0
滁　州	2	22.3	0
福　建	**5**	**37.5**	**113**
福　州	4	19.3	49
厦　门	15	68.2	41
莆　田	8	42.1	4
三　明	8	37.6	6
泉　州	2	33.0	0
漳　州	7	31.2	3
南　平	2	23.9	0
龙　岩	3	60.8	10
江　西	**26**	**68.2**	**123**
南　昌	63	53.1	35
景德镇	43	94.3	26
萍　乡	6	55.9	17
九　江	65	55.7	16
新　余	14	64.6	20
鹰　潭	125	93.7	9
山　东	**41**	**41.4**	**463**
济　南	57	33.5	81
青　岛	178	40.6	74
淄　博	87	64.9	31

续表 4

城市	每平方公里二氧化硫排放量(吨)	工业废水排放达标率(%)	环境噪声达标面积(平方公里)
枣庄	20	52.7	18
东营	20	38.9	30
烟台	22	79.7	67
潍坊	45	17.0	50
济宁	19	24.4	10
泰安	9	22.6	25
德州	167	26.0	25
威海	26	59.4	26
临沂	12	10.0	5
莱芜	42	56.9	11
日照	3	36.9	10
河南	**38**	**24.6**	**399**
郑州	25	27.8	52
开封	37	21.3	37
洛阳	72	23.2	76
平顶山	96	62.1	28
安阳	102	20.3	29
鹤壁	67	39.2	12
新乡	156	6.8	58
焦作	162	7.8	15
濮阳	8	55.4	9
许昌	53	23.1	6
漯河	27	49.3	24
三门峡	6	6.7	12
商丘	7	4.4	23
南阳	3	15.5	18
湖北	**14**	**26.9**	**395**
武汉	23	25.2	134
黄石	249	8.9	34
十堰	8	43.4	33
荆州	6	38.2	19
宜昌	23	15.8	32
襄樊	4	30.6	51

续表 5

城市	每平方公里二氧化硫排放量(吨)	工业废水排放达标率(%)	环境噪声达标面积(平方公里)
鄂州	6	35.7	23
荆门	9	90.0	28
孝感		28.7	27
黄冈		50.0	14
湖南	**12**	**38.0**	**229**
长沙	34	86.7	72
株洲	12	66.4	28
湘潭	85	8.9	9
衡阳	31	72.5	48
邵阳	11	11.7	14
岳阳	19	46.6	10
益阳	25	22.6	8
常德	5	12.2	5
郴州	2	80.2	20
永州	1	30.4	5
怀化	321	26.2	6
张家界	4	25.1	4
广东	**21**	**42.5**	**510**
广州	61	37.6	141
韶关	24	18.2	18
深圳	9	43.6	67
珠海	2	90.4	36
汕头	48	87.4	52
佛山	348	44.3	17
江门	56	10.2	13
湛江	11	6.2	22
茂名	33	66.0	24
惠州		29.2	23
肇庆	4	13.8	12
潮州	6	31.0	20
梅州	1	76.3	2
中山	4	64.0	18
东莞	42	43.0	25

续表 6

城　市	每平方公里二氧化硫排放量（吨）	工业废水排放达标率（%）	环境噪声达标面积（平方公里）
汕　尾	2	1.3	0
河　源	1	60.4	5
阳　江			0
清　远	1	41.3	6
揭　阳	16	32.9	0
云　浮	17	62.9	9
广　西	**9**	**22.6**	**111**
南　宁	16	19.3	50
柳　州	60	26.0	17
桂　林	27	67.4	31
梧　州	93	8.8	11
北　海	2	55.4	2
玉　林	2	4.0	0
钦　州	4	3.6	0
贵　港	4	21.3	0
防城港		43.2	0
海　南	**1**	**28.7**	**21**
海　口	9	30.0	21
三　亚			0
重　庆	**31**	**31.9**	**96**
四　川	**11**	**28.7**	**199**
成　都	27	26.0	69
自　贡	25	4.2	18
攀枝花	34	82.7	0
泸　州	2	12.6	15
德　阳	3	81.7	0
绵　阳	6	63.2	62
广　元		29.7	0
遂　宁	5	6.5	0
内　江	39	10.6	5
乐　山	13	20.1	18
宜　宾	14	8.8	5
南　充	1	50.7	7

续表 7

城市	每平方公里二氧化硫排放量(吨)	工业废水排放达标率(%)	环境噪声达标面积(平方公里)
贵州	**60**	**55.9**	**69**
贵阳	168	73.2	69
六盘水	12	28.5	0
遵义	201	73.8	0
云南	**6**	**44.8**	**106**
昆明	21	46.8	106
东川		36.3	0
曲靖	1	21.8	0
陕西	**39**	**28.8**	**127**
西安	101	13.0	81
铜川	10	46.3	5
宝鸡	57	74.4	17
咸阳	260	11.2	14
延安	2		0
汉中	5	7.3	7
渭南	6	87.5	3
甘肃	**19**	**39.7**	**109**
兰州	37	37.3	52
嘉峪关	4	42.2	4
金昌	89	43.6	42
白银	15	29.4	5
天水	1	74.4	6
青海	**36**	**84.0**	**35**
西宁	36	84.0	35
宁夏	**69**	**29.0**	**37**
银川	16	36.1	21
石嘴山	198	19.8	16
新疆	**6**	**60.8**	**70**
乌鲁木齐	70	68.9	50
克拉玛依		30.5	20

四、城市主要指标排序资料

1. 年末总人口(不包括市辖县)

单位: 万人

序号	城市名称	数值	序号	城市名称	数值
001	上海	1018.59	036	泰安	149.15
002	北京	920.12	037	东莞	147.12
003	天津	593.75	038	萍乡	147.02
004	重庆	558.4	039	鞍山	145.46
005	武汉	524.13	040	荆州	143.04
006	沈阳	479.10	041	齐齐哈尔	142.98
007	广州	395.65	042	商丘	142.26
008	西安	373.49	043	福州	141.68
009	成都	321.92	044	抚顺	140.90
010	哈尔滨	296.52	045	吉林	140.81
011	长春	278.81	046	台州	139.67
012	南京	273.26	047	洛阳	138.52
013	淄博	263.03	048	遂宁	137.95
014	大连	259.71	049	内江	136.21
015	济南	254.82	050	乌鲁木齐	136.12
016	青岛	227.23	051	泸州	134.43
017	太原	221.77	052	淮南	133.53
018	郑州	200.00	053	常德	131.45
019	六盘水	199.43	054	包头	130.84
020	枣庄	197.65	055	湛江	128.38
021	南充	177.31	056	中山	128.36
022	临沂	176.50	057	南宁	128.03
023	贵阳	172.69	058	邯郸	126.96
024	兰州	172.44	059	潍坊	125.89
025	阜阳	171.25	060	厦门	124.67
026	昆明	169.71	061	益阳	124.25
027	杭州	169.29	062	大同	123.44
028	长沙	163.44	063	合肥	122.85
029	唐山	162.84	064	莱芜	121.01
030	贵港	161.94	065	荆门	119.39
031	南阳	159.63	066	宁波	117.87
032	南昌	157.01	067	天水	115.38
033	石家庄	154.63	068	温州	115.28
034	烟台	154.41	069	钦州	112.86
035	徐州	149.34	070	日照	112.31

续表 1 单位: 万人

序号	城市名称	数值	序号	城市名称	数值
071	乐山	111.53	106	淮北	75.29
072	无锡	109.56	107	开封	75.16
073	深圳	109.46	108	蚌埠	73.96
074	汕头	109.23	109	新余	73.66
075	赤峰	108.10	110	宜宾	73.31
076	苏州	107.07	111	新乡	71.44
077	湖州	106.24	112	株洲	71.19
078	大庆	106.01	113	安阳	70.95
079	自贡	104.26	114	东营	70.62
080	永州	103.28	115	焦作	70.32
081	鄂州	101.37	116	西宁	70.16
082	绵阳	100.62	117	丹东	69.71
083	济宁	98.79	118	鹤岗	69.38
084	呼和浩特	98.68	119	辽阳	69.37
085	本溪	95.86	120	保定	69.24
086	曲靖	94.61	121	襄樊	68.66
087	鸡西	91.15	122	舟山	68.22
088	葫芦岛	89.18	123	廊坊	67.37
089	柳州	87.54	124	秦皇岛	66.42
090	咸阳	86.01	125	湘潭	64.62
091	广元	85.93	126	茂名	64.61
092	玉林	85.59	127	营口	64.06
093	伊春	85.44	128	黄石	63.80
094	渭南	85.30	129	南通	63.23
095	孝感	84.78	130	泉州	62.71
096	常州	84.76	131	攀枝花	62.31
097	岳阳	82.95	132	芜湖	62.02
098	张家口	82.75	133	揭阳	61.35
099	平顶山	82.65	134	阳泉	61.30
100	锦州	80.88	135	郴州	61.24
101	佳木斯	79.98	136	桂林	60.35
102	牡丹江	78.92	137	宜昌	59.43
103	嘉兴	77.76	138	连云港	59.39
104	阜新	77.62	139	德阳	58.78
105	衡阳	77.50	140	长治	58.41

续表 2　　　　单位:万人

序　号	城市名称	数　值	序　号	城市名称	数　值
141	盐　城	58.28	183	铜　川	43.64
142	镇　江	58.15	184	通　化	43.42
143	邵　阳	58.11	185	汕　尾	42.24
144	泰　州	58.05	186	沧　州	42.15
145	银　川	57.34	187	江　门	41.97
146	安　庆	55.93	188	鹤　壁	41.57
147	宝　鸡	53.90	189	承　德	41.23
148	盘　锦	52.77	190	黄　山	40.09
149	朔　州	52.26	191	景德镇	39.60
150	阳　江	51.57	192	衡　水	38.91
151	海　口	51.41	193	乌　海	38.29
152	清　远	50.92	194	珠　海	38.22
153	扬　州	50.82	195	铁　岭	37.52
154	双鸭山	50.7	196	黄　冈	35.20
155	淮　阴	50.56	197	惠　州	34.54
156	德　州	50.48	198	莆　田	34.45
157	马鞍山	50.02	199	许　昌	34.24
158	松　原	49.68	200	金　华	33.14
159	北　海	49.24	201	潮　州	33.05
160	九　江	48.90	202	延　安	32.93
161	汉　中	48.73	203	梧　州	32.78
162	威　海	48.49	204	白　山	32.63
163	漳　州	48.35	205	漯　河	32.49
164	南　平	48.29	206	铜　陵	32.42
165	韶　关	47.97	207	梅　州	32.27
166	邢　台	47.96	208	石嘴山	32.14
167	七台河	47.24	209	绍　兴	31.90
168	白　城	47.01	210	东　川	29.29
169	滁　州	46.40	211	云　浮	27.16
170	佛　山	46.18	212	三　明	26.43
171	遵　义	46.15	213	衢　州	25.70
172	防城港	46.09	214	克拉玛依	25.36
173	四　平	45.97	215	三门峡	24.78
174	十　堰	45.96	216	宿　迁	23.31
175	辽　源	45.39	217	河　源	22.97
176	肇　庆	45.31	218	晋　城	22.90
177	濮　阳	45.18	219	怀　化	21.41
178	龙　岩	44.91	220	金　昌	18.44
179	张家界	44.60	221	黑　河	17.87
180	朝　阳	44.36	222	鹰　潭	16.33
181	三　亚	44.06	223	嘉峪关	13.09
182	白　银	43.92			

2. 非农业人口(不包括市辖县)

单位:万人

序号	城市名称	数值	序号	城市名称	数值
001	上海	868.79	036	洛阳	97.84
002	北京	653.27	037	合肥	97.06
003	天津	476.92	038	无锡	92.73
004	武汉	387.69	039	南宁	92.12
005	沈阳	386.30	040	大同	90.88
006	广州	326.73	041	深圳	84.80
007	重庆	288.88	042	苏州	82.80
008	哈尔滨	256.70	043	本溪	82.15
009	西安	236.21	044	淮南	81.23
010	南京	234.77	045	汕头	80.87
011	成都	209.49	046	伊春	80.29
012	长春	203.15	047	烟台	80.06
013	大连	195.19	048	大庆	79.85
014	太原	175.90	049	柳州	76.60
015	青岛	171.16	050	常州	76.14
016	济南	170.53	051	鸡西	74.57
017	淄博	146.02	052	呼和浩特	72.61
018	郑州	143.18	053	枣庄	72.39
019	兰州	140.25	054	阜新	68.10
020	长沙	132.43	055	宁波	67.53
021	杭州	131.76	056	荆州	65.94
022	昆明	131.73	057	张家口	65.28
023	石家庄	129.64	058	锦州	65.25
024	鞍山	128.32	059	牡丹江	63.55
025	抚顺	126.90	060	潍坊	61.87
026	南昌	124.31	061	平顶山	59.56
027	乌鲁木齐	121.91	062	西宁	59.52
028	唐山	119.05	063	鹤岗	58.67
029	贵阳	118.00	064	襄樊	57.97
030	吉林	116.11	065	新乡	57.67
031	齐齐哈尔	111.87	066	衡阳	57.59
032	包头	107.64	067	丹东	57.52
033	福州	103.42	068	佳木斯	57.13
034	徐州	102.22	069	厦门	57.01
035	邯郸	98.32	070	湛江	56.74

续表 1

单位:万人

序　号	城市名称	数　值	序　号	城市名称	数　值
071	辽　阳	56.60	106	双鸭山	42.97
072	黄　石	56.61	107	济　宁	42.58
073	临　沂	56.58	108	海　口	42.28
074	保　定	56.26	109	韶　关	41.70
075	淮　北	56.24	110	佛　山	40.50
076	开　封	56.07	111	乐　山	40.16
077	焦　作	52.54	112	辽　源	39.32
078	泰　安	52.24	113	扬　州	38.89
079	安　阳	51.69	114	绵　阳	38.89
080	株　洲	51.67	115	马鞍山	38.73
081	湘　潭	50.58	116	中　山	37.95
082	温　州	49.74	117	四　平	37.91
083	蚌　埠	49.65	118	南　充	37.86
084	营　口	49.18	119	莱　芜	37.71
085	芜　湖	48.82	120	长　治	37.71
086	萍　乡	48.34	121	常　德	37.47
087	东　营	48.31	122	邢　台	37.35
088	攀枝花	47.70	123	荆　门	37.19
089	六盘水	47.63	124	十　堰	37.01
090	秦皇岛	47.10	125	东　莞	36.97
091	宜　昌	47.01	126	泸　州	36.36
092	南　阳	45.92	127	通　化	36.31
093	自　贡	45.89	128	珠　海	35.60
094	盘　锦	45.86	129	九　江	35.48
095	南　通	45.82	130	安　庆	35.00
096	镇　江	45.46	131	遵　义	33.13
097	银　川	45.44	132	江　门	32.69
098	桂　林	45.01	133	内　江	31.69
099	咸　阳	44.81	134	乌　海	31.56
100	葫芦岛	44.01	135	日　照	31.35
101	阳　泉	43.93	136	石嘴山	31.09
102	连云港	43.91	137	盐　城	31.05
103	赤　峰	43.87	138	商　丘	30.99
104	岳　阳	43.47	139	淮　阴	30.93
105	宝　鸡	43.29	140	景德镇	30.92

续表 2

单位:万人

序号	城市名称	数值	序号	城市名称	数值
141	铁岭	30.82	183	南平	22.89
142	阜阳	30.77	184	绍兴	22.82
143	沧州	30.71	185	廊坊	22.49
144	肇庆	30.66	186	漳州	22.40
145	漯河	30.39	187	克拉玛依	22.22
146	德州	30.32	188	台州	21.85
147	邵阳	30.19	189	遂宁	21.63
148	铜川	30.03	190	汉中	21.19
149	松原	30.02	191	衡水	21.16
150	天水	29.57	192	泰州	21.08
151	贵港	29.53	193	孝感	20.97
152	茂名	29.27	194	怀化	20.93
153	承德	29.23	195	揭阳	19.87
154	益阳	29.20	196	三明	19.28
155	鄂州	29.12	197	渭南	19.19
156	阳江	29.11	198	金华	19.13
157	朝阳	28.95	199	北海	18.99
158	铜陵	28.63	200	清远	18.84
159	七台河	28.35	201	玉林	18.83
160	泉州	28.24	202	舟山	18.56
161	梅州	28.13	203	滁州	18.47
162	宜宾	28.05	204	三门峡	18.26
163	濮阳	27.72	205	钦州	16.78
164	惠州	27.37	206	云浮	16.60
165	威海	27.32	207	汕尾	16.30
166	永州	26.94	208	河源	16.22
167	白城	26.89	209	三亚	15.53
168	郴州	26.88	210	衢州	14.38
169	湖州	26.82	211	晋城	14.27
170	许昌	26.32	212	金昌	13.79
171	鹤壁	26.25	213	莆田	13.69
172	白银	25.41	214	延安	13.08
173	梧州	25.28	215	朔州	13.05
174	嘉兴	25.28	216	黄山	12.83
175	潮州	25.28	217	防城港	11.62
176	白山	25.16	218	张家界	11.24
177	广元	24.80	219	宿迁	11.10
178	新余	24.65	220	黑河	11.03
179	曲靖	24.60	221	鹰潭	10.83
180	黄冈	24.20	222	嘉峪关	10.79
181	德阳	23.97	223	东川	6.77
182	龙岩	23.40			

3. 建成区面积

单位:平方公里

序　号	城市名称	数　值	序　号	城市名称	数　值
001	北　京	488	036	贵　阳	98
002	上　海	412	037	洛　阳	91
003	天　津	380	038	无　锡	90
004	广　州	267	039	汕　头	90
005	大　连	227	040	南　宁	87
006	哈尔滨	220	041	南　昌	85
007	沈　阳	202	042	柳　州	84
008	武　汉	202	043	乌鲁木齐	83
009	重　庆	190	044	秦皇岛	81
010	南　京	177	045	呼和浩特	78
011	太　原	168	046	通　化	78
012	兰　州	163	047	邯　郸	77
013	西　安	162	048	苏　州	77
014	伊　春	158	049	淮　南	75
015	包　头	147	050	福　州	75
016	长　春	145	051	辽　阳	74
017	成　都	144	052	温　州	74
018	大　庆	136	053	张家口	70
019	淄　博	128	054	本　溪	69
020	昆　明	125	055	七台河	67
021	深　圳	124	056	常　州	67
022	合　肥	120	057	荆　州	67
023	唐　山	119	058	厦　门	66
024	郑　州	116	059	潍　坊	65
025	济　南	115	060	大　同	64
026	抚　顺	113	061	鸡　西	64
027	青　岛	112	062	宁　波	64
028	烟　台	111	063	枣　庄	63
029	东　莞	111	064	克拉玛依	63
030	长　沙	110	065	营　口	62
031	鞍　山	107	066	徐　州	62
032	吉　林	107	067	东　营	62
033	杭　州	105	068	泰　安	60
034	石家庄	103	069	湛　江	60
035	齐齐哈尔	102	070	西　宁	60

续表1　　　　单位:平方公里

序号	城市名称	数值	序号	城市名称	数值
071	双鸭山	59	106	盘锦	44
072	南通	59	107	蚌埠	44
073	鹤岗	58	108	湘潭	44
074	牡丹江	58	109	威海	43
075	珠海	58	110	黄石	43
076	株洲	57	111	石嘴山	43
077	乌海	56	112	安阳	42
078	保定	55	113	攀枝花	42
079	锦州	55	114	绵阳	42
080	镇江	55	115	广元	42
081	衡阳	55	116	阜阳	41
082	钦州	55	117	咸阳	41
083	岳阳	54	118	赤峰	40
084	桂林	54	119	宜昌	40
085	襄樊	53	120	自贡	40
086	乐山	53	121	长治	38
087	佳木斯	51	122	潮州	38
088	新乡	51	123	六盘水	38
089	白银	51	124	嘉兴	37
090	连云港	50	125	淮北	37
091	台州	50	126	贵港	37
092	开封	50	127	阳泉	36
093	阜新	49	128	芜湖	36
094	葫芦岛	49	129	马鞍山	36
095	十堰	49	130	平顶山	36
096	九江	48	131	商丘	36
097	韶关	47	132	景德镇	35
098	遵义	47	133	临沂	35
099	丹东	46	134	南阳	35
100	湖州	46	135	金昌	35
101	银川	46	136	邢台	34
102	扬州	45	137	承德	34
103	舟山	45	138	日照	34
104	焦作	45	139	常德	34
105	梅州	45	140	佛山	34

续表 2　　　　　　单位：平方公里

序　号	城市名称	数　值	序　号	城市名称	数　值
141	海　口	34	183	金　华	24
142	德　阳	34	184	莆　田	24
143	沧　州	33	185	龙　岩	24
144	四　平	33	186	濮　阳	24
145	淮　阴	33	187	漯　河	24
146	永　州	33	188	郴　州	24
147	清　远	33	189	肇　庆	24
148	宝　鸡	33	190	衡　水	23
149	玉　林	32	191	鄂　州	23
150	天　水	32	192	惠　州	23
151	铁　岭	31	193	梧　州	23
152	松　原	31	194	内　江	23
153	铜　陵	31	195	许　昌	22
154	德　州	31	196	怀　化	22
155	鹤　壁	31	197	泸　州	22
156	渭　南	31	198	曲　靖	22
157	晋　城	30	199	黑　河	21
158	辽　源	30	200	衢　州	20
159	萍　乡	30	201	新　余	20
160	北　海	30	202	三门峡	20
161	嘉峪关	30	203	铜　川	20
162	泰　州	29	204	滁　州	19
163	白　城	28	205	莱　芜	19
164	荆　门	28	206	延　安	19
165	益　阳	28	207	黄　山	18
166	茂　名	28	208	三　明	18
167	汉　中	28	209	泉　州	18
168	安　庆	27	210	黄　冈	18
169	孝　感	27	211	阳　江	18
170	江　门	27	212	云　浮	18
171	南　充	27	213	防城港	17
172	绍　兴	26	214	宜　宾	17
173	济　宁	26	215	朔　州	16
174	邵　阳	26	216	遂　宁	16
175	中　山	25	217	张家界	14
176	三　亚	26	218	宿　迁	13
177	白　山	25	219	漳　州	12
178	盐　城	25	220	鹰　潭	12
179	南　平	25	221	汕　尾	10
180	揭　阳	25	222	河　源	6
181	廊　坊	24	223	东　川	4
182	朝　阳	24			

4. 人均园林绿地面积(不包括市辖县)

单位:平方米/人

序号	城市名称	数值	序号	城市名称	数值
001	柳州	28.19	036	舟山	3.33
002	连云港	25.39	037	杭州	3.30
003	十堰	24.90	038	伊春	3.27
004	深圳	16.82	039	威海	3.26
005	江门	16.04	040	韶关	3.25
006	九江	11.70	041	延安	3.21
007	广州	8.13	042	牡丹江	3.16
008	马鞍山	7.98	043	双鸭山	3.01
009	安庆	7.01	044	扬州	2.97
010	北海	6.98	045	绍兴	2.97
011	湘潭	6.04	046	克拉玛依	2.97
012	珠海	6.04	047	辽阳	2.96
013	襄樊	5.35	048	桂林	2.96
014	梧州	5.10	049	海口	2.96
015	蚌埠	5.02	050	齐齐哈尔	2.95
016	滁州	4.43	051	朝阳	2.73
017	潮州	4.42	052	无锡	2.73
018	大庆	4.40	053	铜川	2.73
019	铜陵	4.40	054	银川	2.73
020	乌鲁木齐	4.32	055	株洲	2.65
021	秦皇岛	4.23	056	岳阳	2.65
022	本溪	4.19	057	长沙	2.63
023	邢台	3.90	058	锦州	2.62
024	镇江	3.88	059	金昌	2.60
025	沈阳	3.85	060	嘉峪关	2.51
026	大连	3.75	061	汕头	2.48
027	南京	3.54	062	合肥	2.46
028	肇庆	3.51	063	梅州	2.42
029	铁岭	3.46	064	攀枝花	2.4
030	淄博	3.45	065	抚顺	2.33
031	包头	3.41	066	云浮	2.28
032	景德镇	3.40	067	南宁	2.27
033	宜昌	3.38	068	丹东	2.25
034	怀化	3.36	069	许昌	2.25
035	吉林	3.34	070	佛山	2.24

续表 1 单位:平方米/人

序号	城市名称	数值	序号	城市名称	数值
071	佳木斯	2.23	106	太原	1.63
072	呼和浩特	2.22	107	黄石	1.63
073	承德	2.21	108	新乡	1.56
074	三亚	2.21	109	三门峡	1.56
075	莆田	2.14	110	东营	1.55
076	鞍山	2.09	111	安阳	1.52
077	青岛	2.08	112	贵阳	1.52
078	石家庄	2.07	113	河源	1.50
079	黄山	2.06	114	芜湖	1.49
080	衢州	2.02	115	张家口	1.48
081	南昌	2.01	116	茂名	1.48
082	徐州	1.97	117	金华	1.46
083	厦门	1.96	118	焦作	1.46
084	烟台	1.95	119	辽源	1.45
085	三明	1.91	120	张家界	1.45
086	惠州	1.91	121	潍坊	1.44
087	淮南	1.88	122	湛江	1.44
088	衡阳	1.88	123	乌海	1.41
089	营口	1.86	124	常州	1.40
090	龙岩	1.85	125	洛阳	1.40
091	德州	1.85	126	北京	1.39
092	遵义	1.82	127	哈尔滨	1.33
093	漯河	1.81	128	重庆	1.33
094	盘锦	1.80	129	白城	1.32
095	长春	1.80	130	松原	1.31
096	苏州	1.80	131	宁波	1.31
097	淮阴	1.80	132	温州	1.31
098	鸡西	1.78	133	唐山	1.30
099	阜新	1.74	134	邯郸	1.30
100	鹤岗	1.73	135	白山	1.26
101	泉州	1.73	136	淮北	1.25
102	昆明	1.73	137	南通	1.24
103	福州	1.70	138	济南	1.24
104	四平	1.65	139	绵阳	1.22
105	濮阳	1.64	140	揭阳	1.21

续表 2　　　　单位:平方米/人

序　号	城市名称	数　值	序　号	城市名称	数　值
141	七台河	1.19	183	益阳	0.72
142	荆州	1.19	184	鄂州	0.69
143	白银	1.14	185	宜宾	0.68
144	鹤壁	1.13	186	中山	0.67
145	通化	1.11	187	清远	0.67
146	济宁	1.11	188	上海	0.66
147	南平	1.09	189	泰安	0.66
148	郴州	1.09	190	永州	0.66
149	西宁	1.08	191	长治	0.63
150	玉林	1.06	192	日照	0.62
151	郑州	1.05	193	商丘	0.59
152	衡水	1.04	194	阳泉	0.58
153	成都	1.03	195	黄冈	0.58
154	保定	1.01	196	汉中	0.58
155	武汉	1.01	197	泸州	0.57
156	荆门	1.01	198	天津	0.56
157	赤峰	1.00	199	钦州	0.54
158	漳州	1.00	200	南阳	0.52
159	阳江	0.99	201	孝感	0.51
160	西安	0.99	202	台州	0.49
161	葫芦岛	0.98	203	莱芜	0.49
162	阜阳	0.97	204	开封	0.46
163	平顶山	0.97	205	咸阳	0.46
164	邵阳	0.95	206	贵港	0.42
165	黑河	0.94	207	曲靖	0.42
166	新余	0.94	208	石嘴山	0.41
167	盐城	0.93	209	晋城	0.35
168	宝鸡	0.92	210	南充	0.35
169	沧州	0.88	211	临沂	0.31
170	泰州	0.86	212	萍乡	0.30
171	鹰潭	0.83	213	内江	0.27
172	广元	0.81	214	东川	0.27
173	自贡	0.80	215	宿迁	0.26
174	德阳	0.80	216	东莞	0.25
175	湖州	0.78	217	防城港	0.25
176	兰州	0.77	218	朔州	0.24
177	乐山	0.76	219	天水	0.24
178	嘉兴	0.75	220	大同	0.23
179	常德	0.75	221	遂宁	0.19
180	汕尾	0.73	222	渭南	0.14
181	廊坊	0.72	223	六盘水	0.11
182	枣庄	0.72			

5. 市区人口密度

单位:人/平方公里

序　号	城市名称	数　值	序　号	城市名称	数　值
001	佛　山	5997	036	镇　江	2130
002	保　定	5495	037	无　锡	2119
003	石家庄	5037	038	沧　州	2087
004	漯　河	4219	039	抚　顺	2087
005	怀　化	4117	040	开　封	2076
006	上　海	3854	041	襄　樊	2031
007	新　乡	3820	042	西　宁	2005
008	汕　头	3665	043	盘　锦	1984
009	邢　台	3633	044	郑　州	1980
010	许　昌	3530	045	湘　潭	1935
011	西　安	3504	046	潮　州	1922
012	扬　州	3434	047	青　岛	1872
013	揭　阳	3390	048	焦　作	1851
014	绍　兴	3158	049	锦　州	1838
015	常　州	3027	050	秦皇岛	1830
016	南　昌	2946	051	平顶山	1801
017	长　沙	2940	052	哈尔滨	1788
018	邯　郸	2925	053	濮　阳	1772
019	安　阳	2872	054	长　治	1749
020	南　通	2823	055	宿　迁	1714
021	南　京	2800	056	北　京	1681
022	广　州	2740	057	株　洲	1663
023	苏　州	2731	058	蚌　埠	1662
024	黄　石	2726	059	马鞍山	1662
025	芜　湖	2697	060	乌鲁木齐	1630
026	合　肥	2682	061	阜　新	1584
027	洛　阳	2546	062	晋　城	1558
028	杭　州	2479	063	徐　州	1551
029	莆　田	2478	064	太　原	1519
030	江　门	2332	065	唐　山	1494
031	鞍　山	2331	066	淮　阴	1457
032	淮　北	2310	067	遵　义	1447
033	成　都	2270	068	铜　陵	1428
034	辽　源	2203	069	邵　阳	1421
035	海　口	2178	070	韶　关	1390

续表 1　　单位:人/平方公里

序　号	城市名称	数　值	序　号	城市名称	数　值
071	咸　阳	1389	106	梅　州	999
072	衡　阳	1386	107	营　口	989
073	盐　城	1378	108	张家口	979
074	沈　阳	1371	109	景德镇	971
075	天　津	1370	110	宝　鸡	971
076	福　州	1358	111	阜　阳	954
077	泰　州	1356	112	阳　泉	926
078	柳　州	1345	113	重　庆	919
079	三门峡	1339	114	台　州	909
080	宜　昌	1327	115	孝　感	896
081	茂　名	1327	116	长　春	895
082	自　贡	1282	117	湛　江	879
083	辽　阳	1239	118	淄　博	878
084	丹　东	1238	119	汉　中	876
085	漳　州	1233	120	德　州	870
086	淮　南	1224	121	内　江	869
087	济　南	1221	122	商　丘	859
088	安　庆	1200	123	潍　坊	827
089	铁　岭	1199	124	惠　州	824
090	鹰　潭	1192	125	昆　明	816
091	泉　州	1183	126	南　阳	806
092	阳　江	1180	127	嘉　兴	803
093	宁　波	1141	128	吉　林	802
094	四　平	1129	129	厦　门	797
095	武　汉	1109	130	朝　阳	796
096	金　华	1101	131	岳　阳	795
097	大　连	1075	132	遂　宁	745
098	衢　州	1071	133	本　溪	733
099	桂　林	1068	134	贵　阳	719
100	梧　州	1068	135	泰　安	715
101	温　州	1065	136	中　山	713
102	济　宁	1059	137	九　江	700
103	兰　州	1057	138	渭　南	699
104	汕　尾	1053	139	南　宁	698
105	临　沂	1007	140	舟　山	696

续表 2　　　　单位：人/平方公里

序　号	城市名称	数　值	序　号	城市名称	数　值
141	肇　庆	689	183	鸡　西	396
142	玉　林	684	184	葫芦岛	388
143	鹤　壁	683	185	十　堰	385
144	湖　州	678	186	云　浮	356
145	连云港	675	187	滁　州	332
146	鄂　州	674	188	齐齐哈尔	328
147	廊　坊	670	189	永　州	324
148	南　充	670	190	黄　冈	320
149	衡　水	659	191	六盘水	318
150	宜　宾	653	192	攀枝花	311
151	益　阳	642	193	双鸭山	287
152	绵　阳	641	194	郴　州	281
153	枣　庄	632	195	荆　门	271
154	泸　州	631	196	七台河	269
155	河　源	629	197	白　城	259
156	新　余	626	198	白　山	238
157	石嘴山	608	199	钦　州	237
158	东　莞	597	200	三　亚	230
159	大　同	593	201	乌　海	227
160	烟　台	590	202	三　明	224
161	日　照	586	203	曲　靖	218
162	承　德	585	204	大　庆	208
163	牡丹江	584	205	东　营	206
164	通　化	571	206	天　水	197
165	铜　川	559	207	广　元	189
166	清　远	549	208	南　平	182
167	莱　芜	543	209	黄　山	171
168	荆　州	543	210	龙　岩	168
169	深　圳	542	211	张家界	163
170	珠　海	542	212	防城港	163
171	德　阳	538	213	赤　峰	154
172	萍　乡	532	214	鹤　岗	152
173	威　海	529	215	东　川	150
174	北　海	515	216	朔　州	128
175	包　头	505	217	白　银	126
176	呼和浩特	480	218	延　安	93
177	常　德	478	219	金　昌	89
178	贵　港	458	220	嘉峪关	45
179	银　川	449	221	伊　春	44
180	乐　山	444	222	克拉玛依	27
181	佳木斯	427	223	黑　河	12
182	松　原	425			

6. 建成区绿化覆盖率

单位: %

序号	城市名称	数值	序号	城市名称	数值
001	北海	54.8	036	扬州	36.0
002	牡丹江	44.4	037	中山	36.0
003	深圳	44.1	038	茂名	35.8
004	阜阳	43.1	039	河源	35.7
005	黄山	42.7	040	桂林	35.7
006	绍兴	42.4	041	佛山	35.5
007	梧州	41.8	042	丹东	35.2
008	景德镇	41.1	043	厦门	35.2
009	滁州	40.2	044	济宁	35.2
010	南京	40.0	045	湛江	35.1
011	珠海	39.9	046	北京	35.0
012	湘潭	39.7	047	舟山	34.7
013	海口	39.6	048	三明	34.7
014	本溪	39.4	049	莱芜	34.7
015	大连	39.2	050	安阳	34.7
016	襄樊	39.0	051	铁岭	34.6
017	锦州	38.9	052	漯河	34.6
018	马鞍山	38.9	053	惠州	34.6
019	濮阳	38.9	054	无锡	33.9
020	攀枝花	38.8	055	常德	33.9
021	郴州	38.5	056	怀化	33.9
022	株洲	38.2	057	柳州	33.7
023	铜陵	38.0	058	徐州	33.3
024	石嘴山	38.0	059	淄博	33.3
025	南昌	37.9	060	韶关	33.3
026	三亚	37.9	061	芜湖	33.2
027	长春	37.4	062	淮阴	32.9
028	佳木斯	37.4	063	潮州	32.9
029	宜昌	37.4	064	益阳	32.8
030	威海	37.3	065	焦作	32.6
031	云浮	37.3	066	江门	32.5
032	岳阳	36.9	067	日照	32.4
033	南宁	36.4	068	镇江	32.3
034	许昌	36.3	069	吉林	32.1
035	西安	36.1	070	秦皇岛	32.0

续表 1

单位: %

序号	城市名称	数值	序号	城市名称	数值
071	鞍山	32.0	106	九江	29.0
072	莆田	31.9	107	郑州	29.0
073	葫芦岛	31.8	108	泰州	28.8
074	安庆	31.8	109	枣庄	28.8
075	汕头	31.8	110	泰安	28.6
076	龙岩	31.6	111	双鸭山	28.4
077	青岛	31.4	112	洛阳	28.4
078	石家庄	31.2	113	长沙	28.4
079	阜新	31.2	114	绵阳	28.4
080	武汉	31.2	115	大庆	28.2
081	汕尾	31.2	116	衢州	28.2
082	辽阳	31.1	117	承德	28.0
083	新余	31.1	118	通化	27.7
084	合肥	31.0	119	玉林	27.7
085	泉州	30.9	120	泸州	27.7
086	济南	30.9	121	宜宾	27.7
087	肇庆	30.9	122	黄石	27.6
088	潍坊	30.8	123	平顶山	27.5
089	新乡	30.7	124	商丘	27.5
090	烟台	30.5	125	广州	27.5
091	抚顺	30.4	126	鹤壁	27.2
092	德州	30.3	127	呼和浩特	27.0
093	衡阳	30.3	128	成都	26.9
094	沈阳	30.1	129	廊坊	26.6
095	连云港	30.0	130	南通	26.6
096	邯郸	29.9	131	福州	26.5
097	淮北	29.9	132	漳州	26.2
098	南阳	29.9	133	朝阳	25.9
099	赤峰	29.8	134	宁波	25.9
100	常州	29.7	135	永州	25.7
101	蚌埠	29.7	136	苏州	25.5
102	揭阳	29.6	137	宿迁	25.5
103	唐山	29.4	138	盐城	25.2
104	包头	29.1	139	太原	25.1
105	阳江	29.1	140	贵阳	25.1

续表 2 单位: %

序号	城市名称	数值	序号	城市名称	数值
141	齐齐哈尔	24.6	183	开封	17.3
142	鸡西	24.6	184	嘉兴	17.0
143	鄂州	24.3	185	白山	16.9
144	萍乡	24.2	186	乐山	16.7
145	昆明	24.1	187	德阳	16.4
146	大同	24.0	188	张家口	16.3
147	东莞	23.6	189	荆门	16.1
148	南平	23.4	190	沧州	15.9
149	宝鸡	23.2	191	汉中	15.8
150	保定	23.1	192	南充	15.5
151	重庆	23.1	193	临沂	14.9
152	淮南	22.9	194	朔州	14.2
153	邵阳	22.9	195	东营	14.0
154	金华	22.8	196	内江	14.0
155	自贡	22.8	197	金昌	13.8
156	辽源	22.7	198	孝感	13.4
157	白城	22.7	199	西宁	13.2
158	三门峡	22.6	200	东川	13.0
159	盘锦	22.4	201	长治	12.8
160	乌鲁木齐	22.4	202	乌海	12.7
161	邢台	22.3	203	白银	12.1
162	天津	21.0	204	克拉玛依	12.0
163	营口	21.0	205	嘉峪关	11.9
164	贵港	21.0	206	台州	11.4
165	四平	20.8	207	咸阳	11.3
166	银川	20.8	208	黄冈	11.1
167	松原	20.7	209	兰州	11.0
168	衡水	20.5	210	钦州	10.9
169	哈尔滨	20.5	211	七台河	9.2
170	杭州	20.5	212	渭南	9.0
171	湖州	20.4	213	黑河	8.5
172	温州	19.9	214	曲靖	8.4
173	铜川	19.4	215	鹤岗	8.2
174	晋城	18.8	216	张家界	7.9
175	上海	18.6	217	防城港	7.5
176	梅州	18.6	218	延安	6.9
177	遵义	18.5	219	六盘水	6.2
178	遂宁	18.1	220	清远	4.8
179	伊春	17.6	221	鹰潭	4.1
180	广元	17.6	222	天水	3.8
181	阳泉	17.5			
182	荆州	17.5			

7. 全部从业人员(不包括市辖县)

单位:万人

序号	城市名称	数值	序号	城市名称	数值
001	上海	591.69	036	枣庄	94.03
002	北京	457.90	037	荆州	93.06
003	天津	361.25	038	贵港	92.45
004	重庆	346.19	039	台州	92.16
005	沈阳	325.80	040	长沙	91.32
006	武汉	320.40	041	日照	90.64
007	深圳	272.00	042	合肥	90.47
008	广州	249.53	043	抚顺	88.90
009	西安	209.69	044	东莞	87.61
010	哈尔滨	204.31	045	洛阳	86.25
011	济南	179.48	046	鞍山	85.28
012	成都	168.43	047	遂宁	84.73
013	长春	160.18	048	徐州	82.85
014	南京	158.72	049	齐齐哈尔	82.50
015	贵阳	146.30	050	吉林	82.36
016	宁波	146.11	051	温州	82.03
017	太原	141.06	052	泸州	81.78
018	六盘水	136.69	053	南阳	81.33
019	青岛	135.12	054	包头	81.29
020	淄博	132.60	055	内江	80.76
021	兰州	129.45	056	呼和浩特	80.26
022	大连	129.30	057	淮南	79.13
023	郑州	117.70	058	商丘	78.58
024	杭州	114.25	059	邯郸	78.56
025	昆明	108.03	060	大同	74.78
026	石家庄	105.22	061	泰安	74.68
027	南充	104.36	062	益阳	74.44
028	中山	102.77	063	萍乡	73.52
029	唐山	100.16	064	乌鲁木齐	72.34
030	烟台	98.46	065	常德	72.28
031	南昌	96.79	066	潍坊	72.12
032	临沂	96.47	067	大庆	70.06
033	厦门	96.15	068	南宁	68.74
034	阜阳	95.78	069	钦州	68.72
035	福州	95.05	070	张家口	68.02

续表 1 单位:万人

序　号	城市名称	数　值	序　号	城市名称	数　值
071	湛　江	67.81	106	株　洲	43.83
072	莱　芜	67.38	107	辽　阳	43.78
073	乐　山	64.03	108	阜　新	43.77
074	荆　门	62.24	109	玉　林	42.98
075	汕　头	61.06	110	焦　作	42.55
076	自　贡	60.88	111	安　阳	42.01
077	无　锡	60.28	112	南　通	41.90
078	苏　州	59.74	113	牡丹江	41.69
079	永　州	59.00	114	安　庆	41.62
080	本　溪	57.29	115	伊　春	41.53
081	湖　州	57.07	116	秦皇岛	41.45
082	咸　阳	56.57	117	保　定	41.02
083	赤　峰	56.10	118	攀枝花	40.67
084	开　封	56.03	119	西　宁	40.54
085	岳　阳	55.56	120	新　乡	40.52
086	锦　州	55.53	121	芜　湖	40.33
087	济　宁	54.33	122	蚌　埠	39.93
088	鄂　州	54.18	123	孝　感	39.61
089	曲　靖	54.11	124	海　口	39.35
090	绵　阳	54.10	125	新　余	39.19
091	天　水	53.40	126	襄　樊	38.20
092	平顶山	52.84	127	鸡　西	37.31
093	常　州	51.81	128	德　阳	37.25
094	柳　州	51.00	129	邵　阳	37.12
095	宜　宾	48.40	130	银　川	37.01
096	舟　山	47.94	131	邢　台	36.62
097	广　元	47.81	132	宝　鸡	36.46
098	衡　阳	46.93	133	马鞍山	36.21
099	嘉　兴	46.60	134	宜　昌	36.13
100	东　营	46.58	135	佳木斯	35.69
101	渭　南	45.97	136	廊　坊	35.33
102	湘　潭	45.82	137	泉　州	35.31
103	葫芦岛	45.54	138	连云港	35.22
104	淮　北	45.06	139	营　口	35.07
105	黄　石	43.88	140	阳　泉	34.75

续表 2

单位：万人

序号	城市名称	数值	序号	城市名称	数值
141	鹤岗	33.77	183	铜陵	22.74
142	丹东	33.76	184	朝阳	22.66
143	盘锦	33.62	185	四平	22.65
144	郴州	33.59	186	韶关	22.62
145	佛山	33.21	187	珠海	22.47
146	威海	33.00	188	松原	22.45
147	茂名	32.55	189	金华	22.31
148	惠州	32.45	190	许昌	21.93
149	泰州	32.42	191	绍兴	21.75
150	遵义	32.27	192	三亚	21.73
151	九江	31.95	193	汕尾	21.32
152	揭阳	31.50	194	衢州	21.29
153	镇江	30.95	195	白城	21.18
154	长治	30.47	196	张家界	20.93
155	扬州	30.05	197	通化	20.91
156	桂林	29.68	198	黄冈	20.89
157	北海	29.60	199	沧州	20.02
158	濮阳	29.54	200	怀化	19.82
159	防城港	29.15	201	七台河	19.51
160	盐城	28.80	202	莆田	19.17
161	淮阴	28.45	203	梧州	18.55
162	汉中	28.08	204	乌海	18.43
163	滁州	27.90	205	铁岭	17.29
164	十堰	27.79	206	晋城	17.14
165	阳江	27.54	207	潮州	17.02
166	朔州	27.20	208	东川	16.92
167	江门	26.90	209	延安	16.76
168	南平	26.43	210	克拉玛依	16.72
169	龙岩	26.40	211	白山	16.55
170	白银	26.40	212	三明	16.30
171	黄山	26.05	213	石嘴山	16.21
172	铜川	25.67	214	云浮	15.16
173	清远	25.14	215	三门峡	14.38
174	承德	24.79	216	漯河	14.16
175	双鸭山	24.69	217	金昌	13.61
176	辽源	24.46	218	河源	12.72
177	景德镇	24.11	219	梅州	11.75
178	漳州	24.02	220	宿迁	8.81
179	衡水	23.90	221	黑河	7.69
180	鹤壁	23.57	222	嘉峪关	7.62
181	肇庆	23.37	223	鹰潭	6.90
182	德州	23.31			

8. 第三产业从业人员比重(不包括市辖县)

单位: %

序 号	城市名称	数 值	序 号	城市名称	数 值
001	怀 化	86.3	036	舟 山	44.6
002	海 口	67.0	037	沈 阳	44.5
003	铁 岭	65.6	038	长 春	44.2
004	黑 河	62.5	039	肇 庆	44.2
005	河 源	58.6	040	洛 阳	44.0
006	长 沙	57.8	041	张 家 口	43.7
007	北 京	57.7	042	营 口	43.6
008	衡 阳	57.0	043	三 亚	43.6
009	乌鲁木齐	56.0	044	衡 水	43.5
010	广 州	53.8	045	北 海	43.5
011	梅 州	53.5	046	银 川	43.4
012	大 连	53.4	047	青 岛	43.3
013	九 江	52.2	048	哈 尔 滨	43.0
014	桂 林	50.7	049	郑 州	43.0
015	惠 州	50.4	050	天 津	42.5
016	石 家 庄	49.0	051	珠 海	42.5
017	西 宁	47.9	052	贵 阳	42.5
018	昆 明	47.4	053	大 同	42.4
019	西 安	47.4	054	济 南	42.2
020	杭 州	47.0	055	保 定	42.0
021	福 州	47.0	056	邢 台	41.9
022	上 海	46.9	057	承 德	41.8
023	南 宁	46.9	058	呼和浩特	41.8
024	梧 州	46.8	059	锦 州	41.7
025	武 汉	46.5	060	滁 州	41.6
026	合 肥	46.2	061	黄 冈	41.0
027	兰 州	45.9	062	太 原	40.9
028	南 京	45.6	063	吉 林	40.9
029	镇 江	45.2	064	柳 州	40.9
030	芜 湖	45.2	065	许 昌	40.7
031	汕 头	45.1	066	淮 阴	40.5
032	秦 皇 岛	44.8	067	湛 江	40.1
033	阜 新	44.8	068	南 昌	39.9
034	江 门	44.7	069	盐 城	39.8
035	沧 州	44.6	070	湘 潭	39.8

续表 1

单位: %

序号	城市名称	数值	序号	城市名称	数值
071	中山	39.2	106	包头	35.8
072	三门峡	39.0	107	朝阳	35.8
073	辽阳	38.9	108	绍兴	35.5
074	南通	38.9	109	长治	35.4
075	莆田	38.6	110	鹰潭	35.1
076	齐齐哈尔	38.5	111	烟台	34.9
077	宝鸡	38.5	112	漯河	34.9
078	蚌埠	38.3	113	潮州	34.5
079	盘锦	38.2	114	延安	34.5
080	常州	38.2	115	丹东	34.4
081	四平	38.1	116	白山	34.3
082	温州	38.1	117	龙岩	34.1
083	金华	38.1	118	通化	34.0
084	襄樊	37.8	119	漳州	33.9
085	大庆	37.6	120	揭阳	33.9
086	赤峰	37.5	121	扬州	33.8
087	威海	37.5	122	汉中	33.6
088	黄石	37.4	123	徐州	33.4
089	苏州	37.1	124	宜昌	33.4
090	连云港	37.1	125	厦门	33.2
091	宁波	37.0	126	张家界	33.1
092	无锡	36.9	127	潍坊	33.0
093	铜陵	36.7	128	重庆	32.6
094	深圳	36.7	129	安阳	32.5
095	佳木斯	36.5	130	金昌	32.5
096	开封	36.5	131	防城港	32.4
097	清远	36.5	132	乌海	32.3
098	成都	36.5	133	荆门	32.2
099	白城	36.4	134	宿迁	31.9
100	邵阳	36.4	135	平顶山	31.9
101	佛山	36.4	136	茂名	31.9
102	牡丹江	36.3	137	株洲	31.6
103	新乡	36.3	138	邯郸	31.4
104	韶关	36.2	139	日照	31.4
105	岳阳	35.9	140	晋城	31.1

续表 2 单位:%

序 号	城市名称	数 值	序 号	城市名称	数 值
141	荆州	31.1	183	泰州	25.9
142	东莞	31.0	184	贵港	25.9
143	石嘴山	30.7	185	自贡	25.9
144	七台河	30.5	186	遂宁	25.7
145	抚顺	30.4	187	朔州	25.6
146	辽源	30.4	188	鸡西	25.3
147	三明	30.2	189	广元	24.8
148	本溪	29.9	190	衢州	24.6
149	咸阳	29.8	191	白银	24.6
150	濮阳	29.6	192	泸州	24.5
151	德州	29.5	193	嘉兴	24.4
152	绵阳	29.3	194	焦作	24.4
153	廊坊	29.1	195	阳泉	24.0
154	郴州	29.1	196	鹤壁	23.8
155	葫芦岛	28.8	197	松原	23.7
156	云浮	28.8	198	阜阳	23.7
157	马鞍山	28.3	199	钦州	23.5
158	泉州	28.3	200	伊春	23.4
159	阳江	28.3	201	淄博	23.4
160	益阳	28.2	202	南平	23.2
161	双鸭山	28.1	203	嘉峪关	23.0
162	淮南	28.1	204	新余	22.9
163	泰安	27.7	205	湖州	22.8
164	鞍山	27.6	206	玉林	22.7
165	安庆	27.3	207	内江	22.7
166	孝感	27.3	208	东营	22.6
167	常德	27.3	209	商丘	22.6
168	黄山	27.2	210	攀枝花	22.3
169	十堰	27.2	211	临沂	22.1
170	济宁	27.1	212	南阳	20.6
171	铜川	27.1	213	曲靖	20.5
172	汕尾	27.0	214	台州	20.4
173	唐山	26.9	215	乐山	19.9
174	淮北	26.8	216	六盘水	19.5
175	景德镇	26.8	217	萍乡	19.3
176	鄂州	26.8	218	渭南	17.9
177	永州	26.5	219	莱芜	17.2
178	鹤岗	26.4	220	克拉玛依	16.9
179	宜宾	26.4	221	枣庄	15.9
180	德阳	26.3	222	东川	15.4
181	遵义	26.2	223	南充	14.8
182	天水	26.0			

9. 国内生产总值(不包括市辖县)

单位:亿元

序 号	城市名称	数 值	序 号	城市名称	数 值
001	上海	2699.47	036	东营	225.27
002	北京	1288.84	037	中山	220.95
003	广州	1161.61	038	兰州	207.13
004	深圳	1130.01	039	乌鲁木齐	201.93
005	天津	950.70	040	珠海	201.00
006	武汉	789.25	041	苏州	197.95
007	沈阳	725.66	042	汕头	197.78
008	大连	586.12	043	潍坊	197.27
009	重庆	572.06	044	台州	181.48
010	南京	570.83	045	盘锦	174.82
011	大庆	539.55	046	合肥	170.68
012	成都	536.54	047	洛阳	167.35
013	杭州	523.88	048	包头	166.07
014	济南	479.16	049	南宁	161.75
015	青岛	450.42	050	贵阳	155.58
016	西安	418.67	051	吉林	154.17
017	淄博	402.17	052	抚顺	151.81
018	哈尔滨	392.80	053	湛江	144.36
019	昆明	374.98	054	佛山	143.53
020	厦门	371.82	055	常州	141.58
021	福州	363.11	056	湖州	137.43
022	长春	341.06	057	荆门	137.25
023	宁波	329.17	058	绵阳	127.85
024	无锡	315.00	059	柳州	126.11
025	长沙	302.18	060	邯郸	123.33
026	石家庄	299.72	061	秦皇岛	122.97
027	东莞	294.70	062	泉州	122.09
028	南昌	265.13	063	江门	119.83
029	太原	253.34	064	泰安	118.97
030	郑州	251.92	065	南通	118.47
031	鞍山	243.34	066	枣庄	118.26
032	唐山	240.90	067	株洲	118.15
033	烟台	234.43	068	威海	118.07
034	温州	232.04	069	大同	116.26
035	徐州	226.48	070	南阳	112.62

续表 1　　　　单位:亿元

序号	城市名称	数值
071	岳阳	111.22
072	镇江	110.00
073	扬州	108.02
074	海口	104.58
075	保定	102.23
076	鄂州	100.84
077	荆州	98.43
078	张家口	97.35
079	本溪	95.65
080	齐齐哈尔	94.97
081	莱芜	94.52
082	克拉玛依	94.37
083	惠州	93.11
084	济宁	92.63
085	嘉兴	92.57
086	葫芦岛	92.05
087	湘潭	91.85
088	咸阳	91.08
089	呼和浩特	90.95
090	临沂	90.15
091	平顶山	88.55
092	襄樊	88.44
093	淮南	88.26
094	马鞍山	87.82
095	茂名	86.14
096	九江	85.36
097	攀枝花	85.12
098	泰州	84.83
099	营口	81.54
100	濮阳	81.42
101	芜湖	81.24
102	连云港	81.15
103	日照	79.00
104	宜昌	78.96
105	安阳	78.02
106	肇庆	77.42
107	常德	77.22
108	锦州	77.14
109	曲靖	76.01
110	桂林	74.88
111	辽阳	73.99
112	丹东	72.85
113	阜阳	71.08
114	自贡	70.62
115	绍兴	69.94
116	萍乡	69.44
117	韶关	69.11
118	漳州	68.90
119	黄石	68.07
120	衡阳	67.67
121	蚌埠	67.02
122	德州	65.47
123	新乡	64.35
124	北海	63.88
125	长治	63.75
126	十堰	63.68
127	阳泉	63.06
128	淮北	62.50
129	舟山	61.21
130	牡丹江	60.52
131	安庆	60.50
132	宝鸡	60.06
133	银川	59.42
134	商丘	58.47
135	永州	57.91
136	赤峰	57.20
137	泸州	56.96
138	六盘水	56.86
139	玉林	56.16
140	乐山	54.94

续表 2

单位:亿元

序 号	城市名称	数 值	序 号	城市名称	数 值
141	焦 作	54.52	183	许 昌	35.34
142	龙 岩	53.65	184	晋 城	35.09
143	廊 坊	52.63	185	鸡 西	34.78
144	开 封	52.04	186	双鸭山	34.75
145	内 江	51.54	187	鹤 壁	33.93
146	揭 阳	51.22	188	清 远	33.92
147	沧 州	50.78	189	朝 阳	32.80
148	钦 州	50.74	190	衢 州	31.85
149	宜 宾	50.58	191	承 德	30.65
150	南 充	50.19	192	防城港	30.39
151	滁 州	49.89	193	鹤 岗	29.40
152	佳木斯	49.72	194	漯 河	29.32
153	盐 城	49.12	195	邵 阳	29.31
154	淮 阴	49.03	196	铁 岭	29.02
155	南 平	48.71	197	渭 南	28.63
156	阳 江	48.52	198	怀 化	28.15
157	西 宁	46.50	199	黄 山	27.95
158	三 明	45.83	200	七台河	27.28
159	金 华	45.16	201	石嘴山	27.17
160	郴 州	45.14	202	云 浮	27.14
161	衡 水	43.97	203	铜 川	26.76
162	德 阳	43.65	204	乌 海	26.19
163	贵 港	43.47	205	梅 州	25.58
164	益 阳	42.88	206	黄 冈	23.55
165	遂 宁	42.73	207	金 昌	22.79
166	遵 义	42.71	208	白 城	22.51
167	新 余	42.18	209	辽 源	22.23
168	景德镇	41.84	210	三 亚	22.11
169	铜 陵	41.60	211	广 元	21.10
170	伊 春	41.43	212	三门峡	20.89
171	孝 感	41.04	213	汉 中	20.62
172	莆 田	40.94	214	汕 尾	19.31
173	阜 新	40.73	215	白 山	18.55
174	梧 州	40.41	216	嘉峪关	16.17
175	四 平	40.26	217	延 安	13.31
176	朔 州	39.32	218	黑 河	12.12
177	邢 台	38.88	219	河 源	11.38
178	潮 州	38.74	220	宿 迁	11.15
179	白 银	36.46	221	张家界	11.01
180	通 化	35.98	222	鹰 潭	7.52
181	天 水	35.86	223	东 川	5.68
182	松 原	35.82			

10. 第三产业增加值占GDP比重(不包括市辖县)

单位: %

序号	城市名称	数值	序号	城市名称	数值
001	怀化	72.0	036	上海	48.4
002	海口	72.0	037	宁波	48.4
003	鹰潭	68.8	038	南京	48.2
004	南宁	61.2	039	保定	48.1
005	乌鲁木齐	60.5	040	南充	47.8
006	北京	59.6	041	武汉	47.7
007	哈尔滨	58.9	042	吉林	47.6
008	西宁	58.9	043	北海	47.6
009	四平	58.4	044	济南	47.4
010	三门峡	56.7	045	锦州	47.3
011	秦皇岛	56.5	046	泉州	46.9
012	郑州	56.2	047	宿迁	46.7
013	梧州	56.2	048	通化	46.4
014	福州	55.8	049	廊坊	46.0
015	广州	55.1	050	阜新	45.7
016	佳木斯	54.9	051	昆明	45.7
017	长沙	53.9	052	天津	45.6
018	丹东	53.7	053	牡丹江	45.4
019	西安	52.6	054	银川	45.4
020	辽源	52.3	055	铁岭	45.2
021	沈阳	52.1	056	齐齐哈尔	45.0
022	黑河	52.1	057	白城	44.9
023	汕头	51.7	058	长春	44.6
024	江门	51.5	059	绍兴	44.5
025	太原	51.3	060	新乡	44.4
026	成都	51.1	061	金华	44.2
027	邵阳	51.0	062	南昌	44.2
028	大连	50.7	063	珠海	44.0
029	遵义	50.7	064	漳州	43.9
030	黄山	50.3	065	青岛	43.9
031	呼和浩特	49.8	066	开封	43.9
032	衡阳	49.5	067	黄石	43.9
033	深圳	49.3	068	桂林	43.7
034	杭州	49.1	069	无锡	43.6
035	石家庄	48.9	070	河源	43.6

续表 1

单位: %

序号	城市名称	数值	序号	城市名称	数值
071	张家口	43.5	106	辽阳	38.6
072	九江	43.4	107	蚌埠	38.6
073	岳阳	43.1	108	莆田	38.6
074	贵港	42.9	109	鞍山	38.5
075	徐州	42.5	110	中山	38.5
076	扬州	42.5	111	渭南	38.5
077	厦门	42.5	112	新余	38.4
078	镇江	42.3	113	张家界	38.4
079	洛阳	42.2	114	朝阳	37.7
080	贵阳	42.0	115	双鸭山	37.7
081	鸡西	41.9	116	淮阴	37.5
082	合肥	41.7	117	舟山	37.4
083	湘潭	41.4	118	烟台	37.2
084	潮州	41.3	119	株洲	37.2
085	盐城	41.0	120	漯河	37.1
086	赤峰	40.9	121	南通	37.0
087	伊春	40.8	122	东莞	36.9
088	芜湖	40.7	123	连云港	36.8
089	湛江	40.7	124	商丘	36.8
090	内江	40.7	125	襄樊	36.8
091	济宁	40.6	126	铜川	36.7
092	柳州	40.6	127	常州	36.6
093	铜陵	40.4	128	本溪	36.5
094	汕尾	40.2	129	温州	36.5
095	郴州	39.9	130	德州	36.5
096	沧州	39.8	131	孝感	36.5
097	晋城	39.6	132	天水	36.3
098	黄冈	39.6	133	重庆	36.2
099	肇庆	39.4	134	宝鸡	35.9
100	景德镇	39.3	135	兰州	35.6
101	苏州	39.2	136	白山	35.5
102	衢州	39.2	137	龙岩	35.5
103	安庆	38.8	138	泰安	35.5
104	衡水	38.7	139	葫芦岛	35.2
105	自贡	38.7	140	阳江	35.2

续表 2 单位：%

序　号	城市名称	数　值	序　号	城市名称	数　值
141	营口	35.1	183	萍乡	30.0
142	茂名	35.0	184	唐山	29.7
143	德阳	34.9	185	包头	29.7
144	威海	34.7	186	泰州	29.6
145	汉中	34.7	187	梅州	29.6
146	鹤岗	34.5	188	永州	29.5
147	三亚	34.3	189	乌海	29.4
148	曲靖	34.2	190	石嘴山	29.4
149	潍坊	34.1	191	临沂	29.3
150	滁州	33.9	192	平顶山	29.3
151	三明	33.9	193	揭阳	29.1
152	荆州	33.9	194	枣庄	29.0
153	玉林	33.8	195	云浮	29.0
154	防城港	33.8	196	南平	28.7
155	日照	33.5	197	抚顺	28.6
156	乐山	33.5	198	淮北	28.4
157	安阳	32.8	199	湖州	28.2
158	阜阳	32.7	200	嘉兴	27.7
159	广元	32.7	201	台州	27.4
160	七台河	32.6	202	咸阳	27.4
161	莱芜	32.3	203	钦州	26.8
162	绵阳	32.1	204	南阳	26.6
163	朔州	31.9	205	马鞍山	26.1
164	长治	31.8	206	延安	24.9
165	佛山	31.8	207	邯郸	24.6
166	泸州	31.8	208	攀枝花	24.6
167	阳泉	31.7	209	焦作	24.1
168	十堰	31.7	210	惠州	23.6
169	遂宁	31.7	211	荆门	23.5
170	许昌	31.6	212	濮阳	23.0
171	东川	31.6	213	清远	21.8
172	益阳	31.4	214	邢台	20.8
173	大同	31.2	215	承德	20.7
174	韶关	31.2	216	松原	19.9
175	鄂州	31.1	217	克拉玛依	19.3
176	六盘水	30.7	218	嘉峪关	18.9
177	淮南	30.6	219	白银	18.4
178	常德	30.6	220	盘锦	16.0
179	宜宾	30.6	221	金昌	15.0
180	鹤壁	30.5	222	大庆	10.4
181	淄博	30.3	223	东营	8.6
182	宜昌	30.2			

11. 农业牧渔业产值(不包括市辖县)

单位:亿元

序号	城市名称	数值	序号	城市名称	数值
001	上海	81.44	036	济南	27.43
002	重庆	74.01	037	贵港	27.18
003	大连	72.92	038	深圳	27.09
004	武汉	68.67	039	潍坊	25.69
005	荆门	53.94	040	北海	25.66
006	北京	51.90	041	鄂州	24.83
007	东莞	51.44	042	永州	24.70
008	淄博	48.06	043	湛江	24.03
009	广州	47.46	044	嘉兴	22.16
010	钦州	46.14	045	益阳	21.27
011	日照	42.22	046	玉林	20.30
012	荆州	41.00	047	杭州	19.87
013	天津	39.38	048	泸州	18.94
014	枣庄	37.72	049	防城港	18.93
015	青岛	37.65	050	内江	18.85
016	舟山	37.53	051	萍乡	18.79
017	临沂	37.42	052	南充	18.74
018	阜阳	36.92	053	阳江	18.36
019	哈尔滨	36.54	054	曲靖	18.29
020	莱芜	36.25	055	宁波	18.13
021	泰安	34.81	056	唐山	17.52
022	常德	34.69	057	岳阳	17.11
023	厦门	34.04	058	济宁	16.85
024	南阳	33.33	059	廊坊	16.66
025	成都	33.22	060	孝感	15.64
026	湖州	33.00	061	赤峰	15.31
027	烟台	32.82	062	福州	14.97
028	中山	32.76	063	南宁	14.94
029	西安	32.37	064	昆明	14.90
030	商丘	32.07	065	大庆	14.47
031	台州	31.55	066	汕尾	14.38
032	沈阳	30.18	067	乐山	14.36
033	遂宁	28.88	068	贵阳	14.17
034	威海	28.66	069	绵阳	14.02
035	长春	28.41	070	南京	13.92

续表 1　　　　　　　　　　　　　　　　　　　　　　　　　单位:亿元

序号	城市名称	数值	序号	城市名称	数值
071	新余	13.76	106	黄山	8.79
072	东营	13.73	107	汕头	8.72
073	葫芦岛	12.93	108	白城	8.54
074	德阳	12.64	109	鞍山	8.35
075	六盘水	12.32	110	石家庄	8.26
076	齐齐哈尔	12.31	111	张家界	8.21
077	清远	12.27	112	合肥	8.11
078	咸阳	12.27	113	泰州	7.81
079	广元	12.23	114	宜宾	7.51
080	渭南	12.14	115	营口	7.31
081	呼和浩特	12.06	116	莆田	7.29
082	连云港	11.86	117	揭阳	7.25
083	茂名	11.78	118	佳木斯	7.21
084	徐州	11.75	119	伊春	7.21
085	南平	11.73	120	锦州	7.18
086	龙岩	11.69	121	包头	7.03
087	德州	11.24	122	常州	7.00
088	苏州	10.80	123	秦皇岛	6.87
089	长沙	10.49	124	泉州	6.75
090	三亚	10.44	125	襄樊	6.60
091	温州	10.35	126	无锡	6.55
092	兰州	10.19	127	本溪	6.44
093	云浮	10.05	128	天水	6.36
094	郴州	9.92	129	衡水	6.29
095	淮南	9.76	130	南昌	6.28
096	太原	9.72	131	株洲	6.25
097	抚顺	9.58	132	衡阳	6.16
098	肇庆	9.56	133	鹤岗	6.16
099	自贡	9.49	134	桂林	5.97
100	滁州	9.42	135	银川	5.81
101	郑州	9.40	136	黄冈	5.79
102	吉林	9.06	137	柳州	5.78
103	朔州	9.05	138	开封	5.61
104	漳州	9.01	139	淮阴	5.60
105	盐城	8.83	140	南通	5.58

续表 2

单位:亿元

序号	城市名称	数值	序号	城市名称	数值
141	濮阳	5.41	183	平顶山	3.06
142	洛阳	5.15	184	镇江	3.03
143	黑河	5.15	185	铁岭	2.97
144	汉中	4.97	186	通化	2.87
145	宜昌	4.95	187	承德	2.81
146	鸡西	4.95	188	遵义	2.76
147	三明	4.87	189	东川	2.62
148	金华	4.73	190	安阳	2.62
149	邯郸	4.62	191	马鞍山	2.58
150	湘潭	4.40	192	九江	2.55
151	大同	4.36	193	梧州	2.54
152	江门	4.27	194	长治	2.54
153	蚌埠	4.25	195	梅州	2.53
154	海口	4.20	196	延安	2.44
155	珠海	4.14	197	河源	2.29
156	牡丹江	4.05	198	沧州	2.28
157	松原	4.01	199	黄石	2.26
158	辽阳	4.00	200	十堰	2.21
159	扬州	3.97	201	西宁	2.19
160	安庆	3.97	202	金昌	2.18
161	邵阳	3.96	203	潮州	2.13
162	双鸭山	3.95	204	佛山	2.08
163	朝阳	3.95	205	景德镇	2.00
164	绍兴	3.88	206	四平	1.89
165	乌鲁木齐	3.85	207	宿迁	1.86
166	白山	3.71	208	邢台	1.76
167	鹤壁	3.58	209	许昌	1.70
168	攀枝花	3.57	210	乌海	1.63
169	张家口	3.57	211	铜川	1.55
170	衢州	3.45	212	宝鸡	1.55
171	焦作	3.45	213	鹰潭	1.48
172	丹东	3.41	214	铜陵	1.39
173	白银	3.40	215	阳泉	1.30
174	盘锦	3.35	216	克拉玛依	1.22
175	七台河	3.30	217	辽源	1.19
176	保定	3.29	218	漯河	1.16
177	韶关	3.28	219	嘉峪关	1.06
178	阜新	3.27	220	三门峡	0.96
179	芜湖	3.20	221	晋城	0.69
180	惠州	3.15	222	石嘴山	0.40
181	新乡	3.13	223	怀化	0.00
182	淮北	3.09			

12. 全部工业总产值(不包括市辖县)

单位:亿元

序 号	城市名称	数 值	序 号	城市名称	数 值
001	上 海	3942.78	036	烟 台	378.76
002	天 津	1995.88	037	抚 顺	376.75
003	深 圳	1664.45	038	兰 州	368.42
004	北 京	1575.22	039	合 肥	367.85
005	广 州	1386.57	040	徐 州	366.08
006	大 连	1229.82	041	唐 山	346.39
007	沈 阳	997.78	042	潍 坊	336.31
008	武 汉	980.58	043	湖 州	330.46
009	南 京	929.12	044	南 昌	328.03
010	重 庆	834.18	045	吉 林	326.78
011	青 岛	795.26	046	惠 州	320.34
012	大 庆	728.53	047	枣 庄	316.06
013	淄 博	726.70	048	佛 山	305.45
014	杭 州	670.60	049	东 营	293.16
015	成 都	655.62	050	洛 阳	286.79
016	东 莞	600.92	051	包 头	275.98
017	济 南	577.45	052	绵 阳	266.52
018	长 春	575.81	053	郑 州	266.42
019	无 锡	555.20	054	长 沙	260.23
020	宁 波	548.78	055	汕 头	245.75
021	厦 门	525.83	056	荆 门	242.01
022	西 安	523.89	057	盘 锦	228.60
023	台 州	518.43	058	柳 州	226.86
024	中 山	510.95	059	临 沂	218.32
025	温 州	475.52	060	南 通	211.19
026	昆 明	431.58	061	威 海	207.50
027	石 家 庄	430.39	062	江 门	206.83
028	哈 尔 滨	427.13	063	湛 江	206.07
029	苏 州	415.23	064	贵 阳	200.91
030	福 州	414.02	065	岳 阳	198.41
031	邯 郸	396.41	066	扬 州	196.42
032	珠 海	393.08	067	鄂 州	190.78
033	鞍 山	389.47	068	本 溪	189.75
034	太 原	385.88	069	株 洲	186.55
035	常 州	381.96	070	乌鲁木齐	186.46

续表 1　　单位:亿元

序号	城市名称	数值	序号	城市名称	数值
071	十堰	183.44	106	呼和浩特	111.95
072	泰州	182.69	107	蚌埠	111.72
073	咸阳	182.51	108	韶关	110.80
074	嘉兴	179.40	109	襄樊	109.55
075	茂名	178.14	110	南阳	109.49
076	克拉玛依	178.03	111	桂林	109.31
077	辽阳	174.73	112	黄石	109.17
078	葫芦岛	164.94	113	焦作	108.21
079	泰安	163.99	114	莆田	104.01
080	镇江	154.68	115	衡阳	103.48
081	淮南	151.15	116	长治	102.31
082	泉州	149.03	117	萍乡	102.12
083	连云港	147.54	118	揭阳	100.59
084	荆州	140.10	119	漳州	98.92
085	马鞍山	139.80	120	自贡	97.32
086	秦皇岛	137.20	121	德州	96.90
087	芜湖	136.79	122	濮阳	95.93
088	保定	135.66	123	济宁	95.91
089	莱芜	134.67	124	日照	92.84
090	大同	133.67	125	邢台	92.83
091	张家口	132.39	126	阜阳	92.00
092	锦州	131.17	127	盐城	91.64
093	攀枝花	129.40	128	孝感	91.16
094	安阳	126.14	129	牡丹江	90.10
095	平顶山	126.05	130	淮阴	89.67
096	齐齐哈尔	125.47	131	滁州	88.61
097	常德	124.57	132	宝鸡	87.67
098	营口	124.40	133	九江	87.47
099	淮北	124.16	134	宜昌	85.85
100	湘潭	124.06	135	阳泉	85.74
101	南宁	119.68	136	永州	82.69
102	绍兴	117.72	137	宜宾	82.58
103	新乡	113.98	138	玉林	79.22
104	肇庆	112.93	139	潮州	76.71
105	安庆	112.43	140	佳木斯	74.14

续表 2　　单位:亿元

序　号	城市名称	数　值	序　号	城市名称	数　值
141	郴　州	74.13	183	四　平	43.51
142	白　银	74.12	184	内　江	43.12
143	开　封	73.58	185	鸡　西	42.45
144	三　明	73.48	186	晋　城	42.35
145	铜　陵	72.03	187	石嘴山	41.83
146	银　川	71.17	188	贵　港	39.78
147	丹　东	71.12	189	鹤　岗	38.58
148	松　原	70.47	190	天　水	38.39
149	南　平	69.07	191	阳　江	38.34
150	龙　岩	67.58	192	南　充	36.49
151	泸　州	66.73	193	双鸭山	36.02
152	舟　山	66.58	194	乌　海	34.30
153	德　阳	66.40	195	铜　川	34.09
154	赤　峰	65.88	196	邵　阳	33.73
155	海　口	65.81	197	金　昌	33.40
156	朝　阳	65.27	198	清　远	32.87
157	景德镇	65.20	199	黄　冈	32.86
158	益　阳	63.88	200	七台河	32.38
159	乐　山	63.31	201	广　元	31.91
160	金　华	62.49	202	遂　宁	31.37
161	新　余	61.68	203	钦　州	31.02
162	朔　州	60.96	204	嘉峪关	30.62
163	廊　坊	59.75	205	辽　源	30.12
164	沧　州	59.25	206	三门峡	27.06
165	漯　河	58.75	207	黄　山	25.58
166	北　海	58.56	208	怀　化	25.45
167	阜　新	57.97	209	防城港	24.94
168	曲　靖	57.11	210	白　山	23.80
169	承　德	56.59	211	汉　中	22.75
170	许　昌	56.14	212	渭　南	21.97
171	六盘水	53.73	213	梅　州	21.80
172	梧　州	52.87	214	白　城	20.34
173	通　化	52.74	215	汕　尾	19.94
174	遵　义	52.70	216	延　安	18.97
175	铁　岭	52.30	217	宿　迁	18.24
176	鹤　壁	51.28	218	河　源	9.87
177	衡　水	51.05	219	鹰　潭	9.25
178	衢　州	47.95	220	东　川	8.12
179	西　宁	46.91	221	张家界	8.09
180	商　丘	44.49	222	三　亚	7.40
181	伊　春	44.05	223	黑　河	5.25
182	云　浮	44.01			

13. 产品销售收入(不包括市辖县)

单位:亿元

序　号	城市名称	数　值	序　号	城市名称	数　值
001	上　海	4550.27	036	东　营	250.83
002	北　京	1470.42	037	吉　林	249.93
003	天　津	1460.41	038	兰　州	239.96
004	深　圳	1364.33	039	太　原	229.36
005	广　州	1148.34	040	绵　阳	225.69
006	南　京	777.88	041	洛　阳	219.89
007	大　庆	704.41	042	包　头	212.47
008	青　岛	698.74	043	盘　锦	211.29
009	武　汉	669.68	044	邯　郸	204.75
010	大　连	648.24	045	汕　头	202.98
011	沈　阳	607.42	046	徐　州	201.46
012	重　庆	575.71	047	柳　州	200.78
013	杭　州	493.85	048	郑　州	198.46
014	长　春	464.33	049	合　肥	193.48
015	济　南	457.06	050	长　沙	192.35
016	厦　门	421.03	051	温　州	187.30
017	无　锡	416.21	052	十　堰	182.57
018	淄　博	392.76	053	烟　台	181.20
019	成　都	365.18	054	江　门	180.31
020	东　莞	347.40	055	乌鲁木齐	169.65
021	中　山	344.41	056	南　通	168.20
022	抚　顺	333.74	057	南　昌	165.37
023	珠　海	329.50	058	克拉玛依	164.99
024	石家庄	321.43	059	湛　江	160.90
025	西　安	321.00	060	茂　名	159.42
026	宁　波	317.72	061	枣　庄	158.70
027	哈尔滨	317.15	062	本　溪	155.52
028	苏　州	309.11	063	贵　阳	153.89
029	惠　州	296.95	064	泰　州	153.58
030	佛　山	290.67	065	葫芦岛	153.12
031	鞍　山	279.84	066	岳　阳	151.80
032	常　州	278.54	067	株　洲	144.91
033	福　州	264.82	068	湖　州	144.24
034	唐　山	262.11	069	潍　坊	142.89
035	昆　明	256.46	070	威　海	137.32

续表 1

单位：亿元

序　号	城市名称	数　值	序　号	城市名称	数　值
071	扬　州	137.08	106	襄　樊	77.66
072	攀枝花	135.00	107	鄂　州	76.80
073	辽　阳	128.19	108	牡丹江	76.05
074	大　同	123.96	109	九　江	74.15
075	秦皇岛	123.84	110	淮　阴	73.20
076	张家口	123.82	111	泰　安	72.63
077	锦　州	113.24	112	淮　南	72.25
078	马鞍山	112.10	113	湘　潭	71.88
079	韶　关	111.15	114	宝　鸡	71.34
080	咸　阳	110.34	115	丹　东	71.28
081	荆　门	107.87	116	德　州	69.85
082	平顶山	104.07	117	淮　北	69.76
083	保　定	103.95	118	宜　宾	68.14
084	安　阳	100.34	119	宜　昌	67.38
085	肇　庆	98.73	120	盐　城	67.38
086	台　州	95.93	121	常　德	66.83
087	齐齐哈尔	93.16	122	焦　作	66.02
088	临　沂	92.97	123	三　明	66.00
089	濮　阳	92.68	124	自　贡	65.46
090	芜　湖	91.29	125	松　原	65.21
091	新　乡	90.59	126	银　川	63.57
092	南　宁	90.33	127	长　治	63.39
093	嘉　兴	90.23	128	白　银	62.62
094	安　庆	90.03	129	呼和浩特	60.60
095	镇　江	89.25	130	南　阳	59.62
096	黄　石	88.58	131	海　口	58.96
097	连云港	87.66	132	漯　河	56.64
098	营　口	87.06	133	阜　新	56.24
099	邢　台	87.00	134	开　封	55.36
100	桂　林	85.00	135	衡　阳	55.02
101	莱　芜	82.18	136	阳　泉	54.50
102	济　宁	79.88	137	通　化	53.92
103	绍　兴	79.83	138	新　余	53.42
104	荆　州	79.49	139	景德镇	53.03
105	蚌　埠	78.19	140	漳　州	52.67

续表 2　　　　　　　　　　　　　　　　　　　　　　　　　　　　单位：亿元

序 号	城市名称	数 值	序 号	城市名称	数 值
141	阜　阳	51.89	183	金　昌	26.74
142	承　德	50.77	184	晋　城	26.22
143	沧　州	50.47	185	商　丘	25.4
144	曲　靖	50.31	186	孝　感	25.19
145	佳木斯	50.27	187	清　远	25.15
146	朔　州	50.04	188	天　水	24.82
147	南　平	49.82	189	三门峡	24.74
148	铜　陵	49.76	190	北　海	24.55
149	舟　山	48.79	191	乌　海	23.59
150	泉　州	48.19	192	揭　阳	22.69
151	龙　岩	48.11	193	七台河	22.29
152	朝　阳	47.72	194	南　充	22.16
153	乐　山	47.24	195	益　阳	21.55
154	滁　州	45.76	196	双鸭山	21.45
155	赤　峰	44.18	197	辽　源	20.66
156	石嘴山	44.11	198	邵　阳	20.36
157	德　阳	43.59	199	白　山	19.53
158	郴　州	42.87	200	汉　中	18.97
159	许　昌	42.02	201	阳　江	18.86
160	永　州	41.02	202	梅　州	18.71
161	鸡　西	40.06	203	铜　川	18.64
162	遵　义	39.5	204	云　浮	17.65
163	泸　州	39.34	205	贵　港	17.19
164	衢　州	38.60	206	黄　冈	16.58
165	铁　岭	37.90	207	渭　南	16.14
166	潮　州	37.48	208	广　元	15.99
167	六盘水	37.47	209	鹰　潭	14.99
168	四　平	37.42	210	怀　化	14.17
169	莆　田	35.56	211	白　城	13.98
170	玉　林	35.54	212	遂　宁	12.55
171	萍　乡	35.46	213	宿　迁	11.13
172	衡　水	35.28	214	钦　州	10.56
173	伊　春	34.59	215	黄　山	10.13
174	鹤　壁	34.07	216	防城港	10.03
175	西　宁	33.73	217	汕　尾	9.47
176	内　江	32.32	218	河　源	9.30
177	梧　州	30.03	219	延　安	6.50
178	鹤　岗	29.86	220	三　亚	6.42
179	金　华	29.47	221	东　川	6.16
180	嘉峪关	29.08	222	张家界	3.82
181	廊　坊	29.00	223	黑　河	3.15
182	日　照	28.21			

14. 利税总额(不包括市辖县)

单位:亿元

序　号	城市名称	数　值	序　号	城市名称	数　值
001	上　海	464.01	036	洛　阳	20.75
002	大　庆	250.93	037	徐　州	20.62
003	广　州	171.75	038	鞍　山	20.50
004	深　圳	146.27	039	珠　海	20.21
005	北　京	130.34	040	克拉玛依	19.25
006	天　津	114.92	041	哈 尔 滨	19.12
007	昆　明	74.52	042	大　同	18.55
008	南　京	71.90	043	包　头	18.27
009	杭　州	61.59	044	常　德	17.62
010	武　汉	61.15	045	南　通	17.10
011	青　岛	52.19	046	湛　江	17.05
012	济　南	46.93	047	烟　台	16.81
013	大　连	43.41	048	惠　州	16.69
014	东　莞	42.54	049	柳　州	16.23
015	长　沙	42.23	050	太　原	15.64
016	沈　阳	41.90	051	常　州	15.49
017	绵　阳	41.57	052	张 家 口	15.12
018	宁　波	40.94	053	温　州	14.92
019	石 家 庄	40.23	054	合　肥	14.87
020	无　锡	38.90	055	兰　州	14.80
021	淄　博	38.61	056	德　州	14.28
022	东　营	37.62	057	威　海	14.13
023	长　春	31.92	058	抚　顺	14.06
024	唐　山	30.71	059	蚌　埠	13.96
025	成　都	30.39	060	宜　宾	13.75
026	盘　锦	29.70	061	苏　州	13.31
027	厦　门	28.22	062	西　安	13.29
028	重　庆	27.57	063	荆　门	13.25
029	贵　阳	26.18	064	江　门	13.22
030	泰　州	25.99	065	茂　名	13.07
031	佛　山	25.39	066	营　口	12.89
032	福　州	25.16	067	枣　庄	12.78
033	郑　州	23.68	068	芜　湖	12.55
034	曲　靖	23.46	069	株　洲	12.38
035	邯　郸	22.58	070	马 鞍 山	12.36

续表 1

单位: 亿元

序 号	城市名称	数 值	序 号	城市名称	数 值
071	平顶山	12.21	106	新 乡	7.78
072	安 阳	12.02	107	秦皇岛	7.57
073	泸 州	11.97	108	台 州	7.51
074	中 山	11.84	109	济 宁	7.46
075	南 昌	11.55	110	银 川	7.39
076	韶 关	11.53	111	吉 林	7.35
077	乌鲁木齐	11.09	112	天 水	7.25
078	保 定	10.86	113	南 宁	7.17
079	永 州	10.37	114	扬 州	7.15
080	龙 岩	10.35	115	呼和浩特	7.03
081	松 原	10.32	116	岳 阳	7.00
082	攀枝花	10.04	117	嘉 兴	6.91
083	潍 坊	9.92	118	锦 州	6.78
084	郴 州	9.82	119	桂 林	6.78
085	临 沂	9.75	120	湘 潭	6.66
086	十 堰	9.71	121	西 宁	6.60
087	淮 阴	9.61	122	遵 义	6.55
088	辽 阳	9.52	123	淮 北	6.53
089	湖 州	9.28	124	安 庆	6.48
090	牡丹江	9.14	125	莱 芜	6.47
091	漯 河	9.08	126	葫芦岛	6.46
092	长 治	8.76	127	黄 石	6.33
093	肇 庆	8.71	128	南 平	6.32
094	南 阳	8.68	129	连云港	5.92
095	焦 作	8.67	130	三 明	5.89
096	许 昌	8.65	131	襄 樊	5.88
097	汕 头	8.65	132	绍 兴	5.85
098	咸 阳	8.57	133	自 贡	5.68
099	本 溪	8.55	134	镇 江	5.43
100	宜 昌	8.44	135	内 江	5.41
101	濮 阳	8.37	136	盐 城	5.35
102	宝 鸡	8.01	137	泰 安	5.29
103	朔 州	7.93	138	白 银	5.03
104	邢 台	7.92	139	通 化	4.96
105	阜 阳	7.80	140	开 封	4.69

续表 2　　　　单位:亿元

序　号	城市名称	数　值	序　号	城市名称	数　值
141	阳　泉	4.49	183	铜　川	1.71
142	沧　州	4.40	184	铜　陵	1.70
143	漳　州	4.39	185	揭　阳	1.63
144	九　江	4.32	186	四　平	1.33
145	梅　州	4.30	187	萍　乡	1.27
146	嘉峪关	4.18	188	延　安	1.23
147	泉　州	4.14	189	双鸭山	1.22
148	朝　阳	4.08	190	东　川	1.19
149	赤　峰	3.91	191	辽　源	1.14
150	鹤　壁	3.89	192	滁　州	0.89
151	鄂　州	3.86	193	佳木斯	0.84
152	鹤　岗	3.77	194	白　城	0.78
153	乌　海	3.72	195	孝　感	0.70
154	乐　山	3.67	196	三　亚	0.67
155	晋　城	3.51	197	汕　尾	0.55
156	承　德	3.48	198	河　源	0.48
157	六盘水	3.46	199	宿　迁	0.43
158	三门峡	3.38	200	梧　州	0.40
159	新　余	3.36	201	遂　宁	0.36
160	石嘴山	3.19	202	黑　河	0.34
161	黄　冈	3.14	203	汉　中	0.31
162	金　华	3.04	204	丹　东	0.31
163	景德镇	3.01	205	张家界	0.29
164	荆　州	2.99	206	邵　阳	0.26
165	铁　岭	2.89	207	北　海	0.25
166	阜　新	2.86	208	黄　山	0.24
167	德　阳	2.75	209	贵　港	0.17
168	衡　水	2.65	210	衡　阳	0.00
169	鹰　潭	2.64	211	钦　州	−0.02
170	衢　州	2.62	212	怀　化	−0.05
171	莆　田	2.58	213	清　远	−0.05
172	金　昌	2.46	214	防城港	−0.08
173	舟　山	2.37	215	伊　春	−0.11
174	齐齐哈尔	2.24	216	鸡　西	−0.14
175	淮　南	2.11	217	云　浮	−0.18
176	潮　州	2.03	218	渭　南	−0.31
177	七台河	1.99	219	白　山	−0.67
178	商　丘	1.96	220	海　口	−0.74
179	廊　坊	1.93	221	益　阳	−1.07
180	日　照	1.90	222	广　元	−1.22
181	阳　江	1.88	223	南　充	−1.37
182	玉　林	1.82			

15. 本年应交增值税(不包括市辖县)

单位:亿元

序　号	城市名称	数　值	序　号	城市名称	数　值
001	上　海	195.21	036	吉　林	11.93
002	大　庆	72.46	037	邯　郸	11.62
003	北　京	67.23	038	洛　阳	11.36
004	天　津	55.35	039	厦　门	10.78
005	广　州	54.96	040	常　州	10.6
006	武　汉	35.57	041	柳　州	10.43
007	南　京	35.56	042	苏　州	10.03
008	杭　州	27.09	043	贵　阳	9.93
009	东　营	26.53	044	克拉玛依	9.21
010	沈　阳	26.16	045	南　通	8.98
011	昆　明	26.02	046	福　州	8.92
012	大　连	25.99	047	中　山	8.92
013	深　圳	25.82	048	珠　海	8.84
014	重　庆	24.53	049	株　洲	8.65
015	青　岛	23.58	050	兰　州	8.65
016	淄　博	22.46	051	大　同	8.43
017	长　春	22.39	052	烟　台	8.30
018	无　锡	18.16	053	绵　阳	8.17
019	鞍　山	17.51	054	乌鲁木齐	8.05
020	东　莞	17.44	055	攀枝花	8.01
021	石家庄	17.40	056	本　溪	7.99
022	唐　山	16.69	057	平顶山	7.94
023	宁　波	16.67	058	枣　庄	7.93
024	济　南	16.59	059	葫芦岛	7.89
025	盘　锦	15.98	060	张家口	7.63
026	佛　山	15.65	061	岳　阳	7.62
027	抚　顺	14.81	062	十　堰	7.54
028	成　都	14.10	063	合　肥	7.48
029	太　原	13.18	064	马鞍山	7.46
030	哈尔滨	12.90	065	温　州	7.42
031	包　头	12.87	066	潍　坊	7.35
032	西　安	12.51	067	辽　阳	7.30
033	徐　州	12.43	068	安　阳	6.59
034	长　沙	12.25	069	泰　州	6.56
035	郑　州	12.15	070	南　昌	6.21

续表 1　　　　单位:亿元

序　号	城市名称	数　值	序　号	城市名称	数　值
071	茂　　名	6.04	106	南　　宁	4.29
072	保　　定	6.04	107	惠　　州	4.28
073	咸　　阳	5.95	108	襄　　樊	4.17
074	嘉　　兴	5.85	109	宜　　宾	4.14
075	焦　　作	5.82	110	临　　沂	4.11
076	湛　　江	5.81	111	桂　　林	4.11
077	济　　宁	5.68	112	自　　贡	4.11
078	江　　门	5.66	113	阜　　新	4.09
079	汕　　头	5.66	114	宜　　昌	4.07
080	扬　　州	5.65	115	淮　　南	4.07
081	湖　　州	5.62	116	肇　　庆	4.03
082	营　　口	5.56	117	盐　　城	3.99
083	松　　原	5.49	118	阳　　泉	3.92
084	韶　　关	5.47	119	连 云 港	3.83
085	秦 皇 岛	5.44	120	三　　明	3.83
086	牡 丹 江	5.41	121	佳 木 斯	3.81
087	镇　　江	5.30	122	台　　州	3.77
088	威　　海	5.20	123	银　　川	3.69
089	锦　　州	5.14	124	莱　　芜	3.64
090	荆　　门	5.10	125	白　　银	3.63
091	曲　　靖	5.03	126	呼和浩特	3.60
092	芜　　湖	4.98	127	丹　　东	3.54
093	绍　　兴	4.95	128	淮　　阴	3.48
094	德　　州	4.93	129	宝　　鸡	3.42
095	齐齐哈尔	4.86	130	龙　　岩	3.33
096	长　　治	4.86	131	湘　　潭	3.20
097	濮　　阳	4.77	132	泰　　安	3.19
098	蚌　　埠	4.76	133	南　　阳	3.13
099	常　　德	4.73	134	新　　余	3.09
100	淮　　北	4.65	135	赤　　峰	3.05
101	邢　　台	4.62	136	六 盘 水	2.99
102	新　　乡	4.57	137	嘉 峪 关	2.95
103	九　　江	4.45	138	海　　口	2.87
104	黄　　石	4.36	139	朝　　阳	2.85
105	安　　庆	4.35	140	泸　　州	2.79

续表 2　　单位:亿元

序号	城市名称	数值	序号	城市名称	数值
141	许昌	2.78	183	铜川	1.51
142	遵义	2.76	184	舟山	1.48
143	铁岭	2.73	185	七台河	1.45
144	承德	2.69	186	滁州	1.44
145	鹤岗	2.69	187	邵阳	1.36
146	鹤壁	2.68	188	阳江	1.30
147	通化	2.63	189	双鸭山	1.30
148	荆州	2.58	190	北海	1.24
149	鸡西	2.57	191	云浮	1.20
150	四平	2.55	192	辽源	1.20
151	永州	2.55	193	伊春	1.16
152	开封	2.49	194	日照	1.10
153	南平	2.45	195	廊坊	1.09
154	景德镇	2.42	196	商丘	1.04
155	泉州	2.39	197	汉中	1.02
156	萍乡	2.39	198	莆田	1.01
157	石嘴山	2.37	199	益阳	1.00
158	衢州	2.35	200	揭阳	0.94
159	衡水	2.34	201	梅州	0.94
160	郴州	2.31	202	贵港	0.90
161	金昌	2.31	203	南充	0.86
162	晋城	2.27	204	孝感	0.76
163	铜陵	2.19	205	白城	0.67
164	漳州	2.17	206	鹰潭	0.66
165	沧州	2.16	207	黄冈	0.61
166	阜阳	2.13	208	清远	0.60
167	乌海	2.08	209	渭南	0.58
168	朔州	2.06	210	延安	0.57
169	德阳	2.01	211	广元	0.57
170	乐山	2.00	212	怀化	0.54
171	天水	1.98	213	宿迁	0.48
172	金华	1.91	214	黄山	0.41
173	内江	1.90	215	汕尾	0.39
174	漯河	1.90	216	钦州	0.31
175	三门峡	1.72	217	河源	0.31
176	梧州	1.65	218	东川	0.29
177	玉林	1.63	219	三亚	0.25
178	西宁	1.63	220	遂宁	0.23
179	衡阳	1.58	221	张家界	0.21
180	白山	1.56	222	黑河	0.14
181	鄂州	1.56	223	防城港	0.14
182	潮州	1.53			

16. 百元资金实现利税(不包括市辖县)

单位:元

序　号	城市名称	数　值	序　号	城市名称	数　值
001	鹰　潭	45.0	036	福　州	9.1
002	大　庆	38.0	037	茂　名	9.1
003	曲　靖	32.1	038	遵　义	9.1
004	常　德	23.2	039	上　海	9.0
005	永　州	22.7	040	延　安	8.8
006	昆　明	21.2	041	惠　州	8.7
007	泸　州	21.1	042	贵　阳	8.5
008	泰　州	19.1	043	大　同	8.2
009	阜　阳	18.4	044	三　明	8.2
010	漯　河	17.4	045	石家庄	8.1
011	郴　州	17.4	046	朔　州	8.1
012	长　沙	16.9	047	无　锡	8.0
013	龙　岩	16.1	048	济　南	8.0
014	绵　阳	16.1	049	临　沂	8.0
015	蚌　埠	16.0	050	温　州	7.9
016	德　州	15.8	051	南　通	7.8
017	宜　宾	15.1	052	阳　江	7.8
018	许　昌	15.0	053	营　口	7.7
019	荆　门	14.9	054	南　京	7.7
020	黄　冈	13.8	055	肇　庆	7.7
021	天　水	12.6	056	东　莞	7.7
022	广　州	12.1	057	保　定	7.6
023	南　阳	11.4	058	泉　州	7.6
024	内　江	10.9	059	漳　州	7.6
025	东　川	10.9	060	鹤　壁	7.5
026	淮　阴	10.6	061	邯　郸	7.4
027	杭　州	10.5	062	莆　田	7.4
028	芜　湖	10.4	063	济　宁	7.4
029	东　营	10.4	064	唐　山	7.3
030	盘　锦	10.3	065	郑　州	7.3
031	梅　州	10.3	066	张家口	7.2
032	威　海	10.0	067	淄　博	7.2
033	宁　波	9.7	068	徐　州	7.1
034	深　圳	9.6	069	枣　庄	7.1
035	南　平	9.3	070	长　治	7.0

续表 1

单位：元

序号	城市名称	数值	序号	城市名称	数值
071	安庆	7.0	106	通化	5.7
072	韶关	7.0	107	厦门	5.7
073	湛江	7.0	108	新乡	5.7
074	沧州	6.9	109	珠海	5.7
075	呼和浩特	6.9	110	牡丹江	5.6
076	松原	6.9	111	武汉	5.6
077	台州	6.9	112	成都	5.6
078	青岛	6.9	113	朝阳	5.5
079	平顶山	6.9	114	淮北	5.5
080	安阳	6.9	115	包头	5.4
081	江门	6.9	116	日照	5.4
082	宝鸡	6.7	117	柳州	5.4
083	邢台	6.6	118	天津	5.3
084	泰安	6.6	119	开封	5.3
085	西宁	6.6	120	自贡	5.2
086	克拉玛依	6.6	121	鄂州	5.1
087	湖州	6.5	122	南宁	5.1
088	乌海	6.4	123	常州	5.0
089	烟台	6.4	124	马鞍山	5.0
090	株洲	6.4	125	连云港	4.9
091	嘉峪关	6.3	126	绍兴	4.9
092	晋城	6.2	127	宜昌	4.9
093	揭阳	6.2	128	攀枝花	4.9
094	银川	6.2	129	赤峰	4.8
095	金华	6.1	130	大连	4.8
096	焦作	6.1	131	潍坊	4.8
097	咸阳	6.1	132	三门峡	4.8
098	合肥	6.0	133	汕尾	4.8
099	莱芜	6.0	134	湘潭	4.7
100	洛阳	6.0	135	商丘	4.6
101	佛山	6.0	136	衡水	4.5
102	盐城	5.9	137	襄樊	4.5
103	嘉兴	5.9	138	长春	4.4
104	北京	5.8	139	兰州	4.4
105	桂林	5.8	140	鹤岗	4.3

续表 2 单位:元

序号	城市名称	数值	序号	城市名称	数值
141	舟山	4.2	183	抚顺	3.0
142	十堰	4.2	184	葫芦岛	3.0
143	锦州	4.1	185	本溪	2.8
144	三亚	4.1	186	孝感	2.6
145	辽阳	4.0	187	阜新	2.5
146	镇江	4.0	188	白城	2.5
147	岳阳	4.0	189	河源	2.5
148	潮州	4.0	190	荆州	2.3
149	玉林	4.0	191	铜陵	2.2
150	铜川	4.0	192	西安	2.2
151	衢州	3.9	193	萍乡	2.0
152	石嘴山	3.9	194	辽源	1.8
153	承德	3.8	195	滁州	1.7
154	铁岭	3.8	196	遂宁	1.7
155	黑河	3.8	197	四平	1.6
156	扬州	3.8	198	淮南	1.6
157	南昌	3.8	199	吉林	1.4
158	乌鲁木齐	3.8	200	黄山	1.4
159	景德镇	3.7	201	双鸭山	1.3
160	黄石	3.7	202	齐齐哈尔	1.0
161	秦皇岛	3.6	203	佳木斯	0.9
162	沈阳	3.6	204	汉中	0.9
163	濮阳	3.6	205	梧州	0.8
164	宿迁	3.5	206	邵阳	0.6
165	新余	3.5	207	北海	0.6
166	汕头	3.5	208	贵港	0.6
167	阳泉	3.4	209	丹东	0.3
168	七台河	3.4	210	衡阳	0.0
169	金昌	3.4	211	鸡西	−0.1
170	廊坊	3.3	212	伊春	−0.1
171	苏州	3.3	213	清远	−0.1
172	张家界	3.3	214	钦州	−0.1
173	中山	3.3	215	怀化	−0.2
174	乐山	3.3	216	云浮	−0.4
175	六盘水	3.3	217	海口	−0.7
176	哈尔滨	3.2	218	防城港	−0.8
177	九江	3.2	219	渭南	−1.2
178	白银	3.2	220	白山	−1.6
179	鞍山	3.1	221	益阳	−2.3
180	重庆	3.1	222	广元	−3.5
181	德阳	3.1	223	南充	−3.8
182	太原	3.0			

17. 固定资产投资总额(不包括市辖县)

单位:亿元

序　号	城市名称	数　值	序　号	城市名称	数　值
001	上　　海	1938.11	036	汕　　头	75.78
002	广　　州	541.51	037	乌鲁木齐	74.55
003	北　　京	533.15	038	郑　　州	72.74
004	天　　津	465.22	039	嘉　　兴	69.91
005	武　　汉	374.85	040	吉　　林	69.37
006	深　　圳	374.37	041	常　　州	66.05
007	南　　京	299.07	042	东　　莞	65.98
008	杭　　州	182.20	043	扬　　州	63.42
009	成　　都	180.33	044	秦 皇 岛	62.13
010	宁　　波	178.70	045	克拉玛依	60.35
011	大　　庆	174.08	046	中　　山	59.89
012	苏　　州	162.87	047	青　　岛	58.49
013	厦　　门	153.40	048	济　　南	55.51
014	大　　连	149.49	049	贵　　阳	54.91
015	重　　庆	148.07	050	海　　口	54.48
016	沈　　阳	146.63	051	南　　宁	54.33
017	石 家 庄	130.65	052	鞍　　山	52.85
018	福　　州	127.58	053	南　　昌	52.71
019	哈 尔 滨	122.06	054	台　　州	47.94
020	宜　　昌	113.89	055	南　　阳	46.04
021	昆　　明	112.17	056	淄　　博	45.19
022	无　　锡	110.39	057	合　　肥	44.35
023	兰　　州	102.40	058	珠　　海	43.38
024	东　　营	97.08	059	湛　　江	41.44
025	唐　　山	94.34	060	张 家 口	41.13
026	温　　州	93.16	061	洛　　阳	39.55
027	太　　原	90.95	062	泉　　州	39.32
028	西　　安	89.96	063	镇　　江	39.07
029	长　　春	89.43	064	包　　头	37.68
030	盘　　锦	84.15	065	阳　　泉	35.95
031	长　　沙	80.92	066	淮　　南	35.83
032	徐　　州	78.89	067	佛　　山	35.73
033	攀 枝 花	77.79	068	湖　　州	35.37
034	邯　　郸	77.77	069	襄　　樊	34.41
035	南　　通	77.50	070	岳　　阳	34.13

续表 1 单位:亿元

序号	城市名称	数值	序号	城市名称	数值
071	丹东	33.84	106	宝鸡	21.73
072	濮阳	33.08	107	金华	21.07
073	平顶山	32.94	108	柳州	21.01
074	茂名	32.63	109	咸阳	20.92
075	抚顺	32.52	110	沧州	20.88
076	连云港	32.32	111	烟台	20.72
077	湘潭	32.07	112	牡丹江	20.70
078	清远	31.36	113	济宁	20.59
079	松原	31.15	114	盐城	20.39
080	安阳	29.63	115	漳州	20.05
081	赤峰	28.87	116	齐齐哈尔	19.86
082	曲靖	28.01	117	临沂	19.74
083	马鞍山	27.46	118	承德	19.49
084	绵阳	27.43	119	惠州	19.47
085	舟山	26.82	120	黄石	19.32
086	绍兴	26.36	121	白银	19.02
087	本溪	26.33	122	淮北	18.88
088	芜湖	25.54	123	肇庆	18.82
089	大同	25.45	124	西宁	18.73
090	辽阳	24.95	125	衡水	18.54
091	江门	24.94	126	安庆	18.36
092	荆门	24.52	127	晋城	18.30
093	泰州	24.31	128	南平	17.92
094	廊坊	24.07	129	三亚	17.62
095	衡阳	23.43	130	韶关	17.57
096	九江	22.95	131	益阳	17.27
097	银川	22.93	132	威海	16.97
098	保定	22.75	133	营口	16.75
099	淮阴	22.65	134	呼和浩特	16.71
100	荆州	22.44	135	阜新	16.46
101	鄂州	22.34	136	潍坊	16.38
102	枣庄	22.31	137	潮州	16.37
103	常德	22.21	138	长治	16.22
104	株洲	21.84	139	鹤岗	16.06
105	邢台	21.74	140	十堰	15.86

续表 2 单位：亿元

序　号	城市名称	数　值	序　号	城市名称	数　值
141	德州	15.60	183	石嘴山	8.28
142	六盘水	15.51	184	梧州	8.14
143	泰安	15.48	185	商丘	7.90
144	漯河	15.14	186	滁州	7.77
145	莆田	15.10	187	鹤壁	7.65
146	新乡	15.04	188	遂宁	7.57
147	焦作	14.90	189	黄冈	7.43
148	锦州	14.75	190	许昌	7.32
149	桂林	14.60	191	内江	7.28
150	阳江	14.45	192	河源	7.03
151	泸州	14.37	193	景德镇	6.80
152	自贡	14.31	194	铜川	6.69
153	嘉峪关	14.12	195	双鸭山	6.55
154	七台河	13.96	196	宿迁	6.15
155	宜宾	13.57	197	遵义	6.14
156	蚌埠	13.21	198	玉林	6.10
157	莱芜	13.07	199	云浮	5.90
158	葫芦岛	12.81	200	朝阳	5.67
159	乐山	12.39	201	白山	5.58
160	铁岭	12.32	202	乌海	5.58
161	新余	11.65	203	辽源	5.55
162	郴州	11.42	204	汉中	5.17
163	衢州	11.10	205	通化	4.89
164	日照	11.03	206	渭南	4.74
165	铜陵	10.94	207	朔州	4.72
166	三明	10.92	208	黄山	4.65
167	北海	10.60	209	贵港	4.53
168	萍乡	10.43	210	怀化	4.44
169	德阳	10.23	211	四平	4.40
170	开封	10.15	212	白城	4.37
171	永州	9.99	213	金昌	4.25
172	鸡西	9.85	214	防城港	4.09
173	龙岩	9.82	215	阜阳	4.01
174	佳木斯	9.66	216	延安	3.85
175	揭阳	9.59	217	汕尾	3.60
176	三门峡	9.58	218	鹰潭	3.31
177	孝感	9.38	219	梅州	3.02
178	天水	8.51	220	张家界	2.01
179	邵阳	8.46	221	黑河	1.85
180	伊春	8.41	222	东川	1.61
181	钦州	8.35	223	广元	1.56
182	南充	8.34			

18. 社会消费品零售总额(不包括市辖县)

单位:亿元

序 号	城市名称	数 值	序 号	城市名称	数 值
001	上 海	1063.32	036	乌鲁木齐	87.47
002	北 京	850.89	037	徐 州	86.70
003	广 州	668.51	038	南 昌	82.05
004	天 津	449.59	039	唐 山	79.76
005	武 汉	424.89	040	抚 顺	77.52
006	沈 阳	400.27	041	中 山	77.11
007	深 圳	326.48	042	珠 海	76.72
008	大 连	283.44	043	苏 州	75.21
009	成 都	282.21	044	湛 江	74.75
010	南 京	278.70	045	贵 阳	73.24
011	重 庆	272.37	046	常 州	69.96
012	哈 尔 滨	241.57	047	烟 台	68.52
013	西 安	226.81	048	齐齐哈尔	62.78
014	济 南	184.05	049	临 沂	61.08
015	长 春	174.77	050	海 口	60.38
016	杭 州	174.38	051	佛 山	59.69
017	郑 州	164.19	052	包 头	58.39
018	长 沙	156.49	053	湖 州	58.15
019	温 州	147.35	054	保 定	55.61
020	昆 明	138.49	055	鞍 山	54.98
021	厦 门	132.90	056	台 州	54.78
022	汕 头	129.85	057	潍 坊	52.89
023	福 州	128.12	058	柳 州	51.94
024	无 锡	126.40	059	邯 郸	51.30
025	青 岛	121.44	060	岳 阳	51.09
026	淄 博	116.89	061	大 庆	50.58
027	宁 波	115.45	062	株 洲	47.34
028	兰 州	112.98	063	衡 阳	46.63
029	东 莞	110.21	064	张 家 口	46.43
030	石 家 庄	105.93	065	大 同	45.80
031	太 原	100.74	066	南 通	45.77
032	南 宁	100.42	067	呼和浩特	45.42
033	合 肥	94.77	068	南 阳	45.30
034	吉 林	91.07	069	泉 州	44.98
035	洛 阳	90.42	070	扬 州	44.92

续表 1　　　　单位：亿元

序　号	城市名称	数　值	序　号	城市名称	数　值
071	茂　　名	43.62	106	襄　　樊	29.46
072	开　　封	43.13	107	玉　　林	29.39
073	济　　宁	41.92	108	葫 芦 岛	29.37
074	嘉　　兴	41.71	109	佳 木 斯	29.27
075	锦　　州	41.20	110	银　　川	28.64
076	荆　　州	40.40	111	阜　　新	28.58
077	桂　　林	39.44	112	肇　　庆	28.52
078	宜　　昌	39.43	113	常　　德	28.50
079	泰　　安	38.96	114	漳　　州	28.23
080	连 云 港	37.31	115	安　　阳	27.95
081	秦 皇 岛	37.28	116	赤　　峰	27.81
082	枣　　庄	36.66	117	攀 枝 花	27.43
083	镇　　江	36.46	118	盘　　锦	27.42
084	舟　　山	35.21	119	莆　　田	27.33
085	西　　宁	34.95	120	泰　　州	27.28
086	郴　　州	34.67	121	平 顶 山	26.57
087	莱　　芜	34.66	122	鄂　　州	26.52
088	盐　　城	34.18	123	阜　　阳	26.16
089	东　　营	34.17	124	营　　口	26.03
090	蚌　　埠	33.94	125	萍　　乡	25.36
091	淮　　南	33.84	126	邢　　台	25.11
092	芜　　湖	33.44	127	安　　庆	25.10
093	商　　丘	33.23	128	日　　照	24.91
094	牡 丹 江	33.16	129	丹　　东	23.75
095	本　　溪	32.91	130	鸡　　西	23.43
096	韶　　关	32.77	131	十　　堰	23.40
097	荆　　门	32.72	132	九　　江	23.17
098	新　　乡	32.48	133	江　　门	23.06
099	威　　海	31.98	134	益　　阳	23.03
100	淮　　阴	31.59	135	泸　　州	23.01
101	绵　　阳	31.53	136	德　　州	22.95
102	湘　　潭	31.12	137	金　　华	22.81
103	黄　　石	30.66	138	南　　充	22.51
104	惠　　州	30.25	139	辽　　阳	22.08
105	绍　　兴	30.20	140	揭　　阳	21.81

续表 2　　单位:亿元

序号	城市名称	数值	序号	城市名称	数值
141	自贡	21.73	183	通化	12.84
142	宝鸡	21.71	184	南平	12.78
143	马鞍山	21.66	185	防城港	12.47
144	宜宾	21.62	186	双鸭山	11.91
145	阳江	21.39	187	廊坊	11.86
146	咸阳	21.27	188	龙岩	11.85
147	乐山	20.82	189	衡水	11.70
148	钦州	20.68	190	贵港	11.62
149	四平	20.54	191	景德镇	11.5
150	许昌	19.86	192	朝阳	11.29
151	永州	19.74	193	朔州	11.09
152	淮北	19.73	194	白银	11.06
153	焦作	19.54	195	七台河	11.06
154	梧州	18.98	196	克拉玛依	10.99
155	北海	18.70	197	汕尾	10.93
156	阳泉	18.47	198	怀化	10.18
157	沧州	18.41	199	三门峡	9.65
158	承德	18.28	200	鹤壁	9.24
159	晋城	16.91	201	乌海	9.18
160	伊春	16.54	202	濮阳	8.88
161	长治	16.35	203	黄山	8.83
162	白城	16.17	204	黄冈	8.74
163	铁岭	16.13	205	白山	8.70
164	鹤岗	15.82	206	广元	8.28
165	天水	15.77	207	石嘴山	8.16
166	铜陵	15.71	208	松原	8.04
167	新余	15.52	209	铜川	7.98
168	潮州	15.33	210	云浮	7.76
169	遂宁	14.70	211	渭南	7.09
170	邵阳	14.55	212	河源	6.89
171	遵义	14.55	213	三亚	6.56
172	六盘水	14.19	214	宿迁	6.55
173	汉中	14.16	215	张家界	6.54
174	辽源	14.11	216	鹰潭	4.41
175	曲靖	13.87	217	梅州	4.33
176	德阳	13.63	218	嘉峪关	4.07
177	内江	13.52	219	金昌	3.62
178	三明	13.43	220	黑河	3.45
179	衢州	13.38	221	延安	3.08
180	孝感	13.30	222	东川	2.34
181	滁州	13.15	223	清远	2.00
182	漯河	12.90			

19. 人均地方财政收入(不包括市辖县)

单位:元

序号	城市名称	数值	序号	城市名称	数值
001	深圳	13226	036	南通	1112
002	珠海	3878	037	长沙	1112
003	上海	3152	038	梧州	1096
004	厦门	2452	039	绍兴	1061
005	广州	2120	040	鞍山	1052
006	大连	2053	041	合肥	1017
007	佛山	2053	042	泰州	1000
008	宁波	2012	043	本溪	999
009	海口	2009	044	温州	991
010	新乡	1761	045	包头	984
011	福州	1697	046	保定	980
012	克拉玛依	1666	047	吉林	928
013	昆明	1553	048	石家庄	912
014	无锡	1541	049	郑州	901
015	汕头	1535	050	株洲	892
016	青岛	1529	051	濮阳	880
017	攀枝花	1473	052	桂林	878
018	南京	1464	053	济南	876
019	马鞍山	1424	054	怀化	873
020	秦皇岛	1406	055	沈阳	869
021	邢台	1403	056	铜陵	864
022	天津	1379	057	龙岩	864
023	乌鲁木齐	1378	058	惠州	864
024	大庆	1331	059	绵阳	860
025	常州	1329	060	晋城	858
026	抚顺	1267	061	南宁	857
027	苏州	1264	062	哈尔滨	855
028	嘉峪关	1234	063	连云港	853
029	漳州	1192	064	北海	851
030	江门	1167	065	金昌	844
031	杭州	1163	066	九江	841
032	盘锦	1137	067	东营	834
033	威海	1136	068	黄石	828
034	泉州	1127	069	辽阳	823
035	三明	1121	070	重庆	816

续表 1

单位:元

序号	城市名称	数值	序号	城市名称	数值
071	安庆	808	106	开封	617
072	许昌	800	107	焦作	613
073	潍坊	791	108	锦州	605
074	唐山	786	109	烟台	605
075	洛阳	779	110	张家口	600
076	东莞	775	111	南平	579
077	宜昌	771	112	盐城	577
078	三门峡	759	113	丹东	575
079	北京	751	114	邯郸	567
080	武汉	751	115	岳阳	565
081	沧州	739	116	韶关	563
082	中山	739	117	营口	562
083	银川	731	118	长治	561
084	长春	729	119	葫芦岛	558
085	铁岭	727	120	承德	546
086	兰州	727	121	曲靖	532
087	扬州	726	122	德州	528
088	淮阴	720	123	牡丹江	524
089	西安	718	124	玉林	520
090	镇江	713	125	郴州	517
091	南昌	702	126	阳泉	515
092	太原	693	127	滁州	510
093	贵阳	690	128	景德镇	507
094	平顶山	686	129	白山	504
095	莆田	667	130	大同	503
096	梅州	666	131	淮北	500
097	呼和浩特	664	132	衡水	499
098	柳州	648	133	三亚	498
099	漯河	646	134	十堰	497
100	潮州	645	135	淄博	488
101	茂名	643	136	朝阳	487
102	蚌埠	630	137	四平	476
103	徐州	628	138	芜湖	475
104	肇庆	622	139	济宁	468
105	安阳	619	140	鹰潭	466

续表2

单位:元

序号	城市名称	数值	序号	城市名称	数值
141	白银	462	183	日照	288
142	襄樊	460	184	张家界	284
143	松原	457	185	阳江	274
144	衡阳	448	186	佳木斯	265
145	西宁	447	187	临沂	255
146	德阳	445	188	宿迁	254
147	乌海	442	189	鄂州	253
148	湛江	433	190	湖州	251
149	成都	433	191	邵阳	246
150	防城港	432	192	辽源	245
151	黄山	428	193	汉中	240
152	黄冈	424	194	河源	233
153	湘潭	423	195	萍乡	232
154	石嘴山	421	196	鸡西	228
155	廊坊	417	197	莱芜	225
156	通化	412	198	永州	220
157	金华	412	199	南阳	212
158	台州	410	200	白城	209
159	淮南	394	201	七台河	205
160	朔州	393	202	广元	195
161	双鸭山	393	203	鹤岗	188
162	自贡	393	204	阜阳	180
163	咸阳	389	205	钦州	177
164	嘉兴	386	206	清远	172
165	鹤壁	386	207	内江	168
166	揭阳	383	208	延安	166
167	衢州	376	209	荆州	161
168	宝鸡	369	210	宜宾	156
169	黑河	360	211	伊春	153
170	新余	346	212	乐山	151
171	齐齐哈尔	343	213	益阳	150
172	泰安	338	214	天水	148
173	荆门	333	215	铜川	145
174	阜新	332	216	孝感	144
175	遵义	332	217	六盘水	137
176	云浮	325	218	遂宁	133
177	泸州	324	219	商丘	127
178	汕尾	323	220	东川	126
179	舟山	317	221	贵港	123
180	常德	312	222	渭南	74
181	枣庄	308	223	南充	73
182	赤峰	298			

20. 人均地方财政支出(不包括市辖县)

单位:元

序　号	城市名称	数　值	序　号	城市名称	数　值
001	深　圳	13037	036	泰　州	1280
002	珠　海	5213	037	泉　州	1271
003	上　海	3815	038	龙　岩	1257
004	佛　山	3044	039	漳　州	1242
005	广　州	2992	040	朝　阳	1241
006	宁　波	2973	041	乌鲁木齐	1241
007	厦　门	2824	042	宿　迁	1235
008	大　连	2461	043	韶　关	1232
009	昆　明	1928	044	梧　州	1231
010	天　津	1882	045	梅　州	1219
011	攀枝花	1796	046	南　通	1212
012	惠　州	1768	047	连云港	1188
013	青　岛	1730	048	晋　城	1180
014	江　门	1683	049	杭　州	1164
015	威　海	1667	050	重　庆	1157
016	秦皇岛	1662	051	黑　河	1156
017	盘　锦	1660	052	濮　阳	1148
018	克拉玛依	1638	053	保　定	1142
019	南　京	1632	054	常　州	1138
020	三　明	1619	055	本　溪	1136
021	辽　阳	1613	056	九　江	1133
022	福　州	1586	057	绵　阳	1127
023	海　口	1557	058	抚　顺	1124
024	新　乡	1532	059	绍　兴	1124
025	汕　头	1505	060	哈尔滨	1122
026	铁　岭	1468	061	肇　庆	1121
027	怀　化	1458	062	长　沙	1098
028	鞍　山	1412	063	株　洲	1089
029	大　庆	1411	064	扬　州	1083
030	三门峡	1386	065	东　营	1080
031	无　锡	1377	066	包　头	1079
032	金　昌	1343	067	沈　阳	1075
033	河　源	1342	068	鹰　潭	1044
034	邢　台	1309	069	承　德	1035
035	苏　州	1308	070	潮　州	1033

续表 1 单位:元

序号	城市名称	数值	序号	城市名称	数值
071	呼和浩特	1020	106	四平	863
072	北京	1018	107	德州	863
073	济南	1013	108	武汉	845
074	吉林	1009	109	营口	842
075	桂林	1002	110	牡丹江	840
076	宜昌	990	111	芜湖	833
077	安阳	986	112	贵阳	833
078	锦州	985	113	北海	825
079	湛江	981	114	淮阴	823
080	东莞	977	115	滁州	819
081	嘉峪关	976	116	盐城	814
082	许昌	972	117	洛阳	806
083	石家庄	967	118	银川	797
084	长春	962	119	南平	796
085	马鞍山	962	120	通化	795
086	衡水	953	121	岳阳	793
087	合肥	941	122	南宁	788
088	潍坊	938	123	十堰	784
089	漯河	938	124	玉林	775
090	唐山	934	125	莆田	771
091	张家口	933	126	兰州	765
092	云浮	929	127	济宁	764
093	郑州	909	128	景德镇	761
094	镇江	905	129	柳州	758
095	沧州	901	130	乌海	756
096	茂名	894	131	郴州	748
097	焦作	891	132	白山	745
098	平顶山	886	133	衢州	736
099	安庆	884	134	烟台	730
100	阜新	879	135	金华	728
101	葫芦岛	878	136	温州	727
102	中山	877	137	廊坊	709
103	铜陵	868	138	太原	702
104	德阳	867	139	鹤壁	702
105	长治	866	140	揭阳	698

续表 2　　　　单位:元

序号	城市名称	数值	序号	城市名称	数值
141	徐州	691	183	松原	468
142	衡阳	677	184	枣庄	464
143	西安	669	185	自贡	451
144	邯郸	664	186	临沂	450
145	黄冈	661	187	嘉兴	440
146	舟山	645	188	辽源	434
147	黄山	637	189	成都	421
148	开封	632	190	新余	419
149	丹东	630	191	鸡西	415
150	襄樊	630	192	鹤岗	409
151	汕尾	626	193	泸州	407
152	阳泉	625	194	七台河	404
153	防城港	619	195	永州	397
154	白银	614	196	淮南	385
155	南昌	608	197	日照	374
156	阳江	606	198	铜川	371
157	白城	592	199	莱芜	362
158	蚌埠	589	200	阜阳	348
159	大同	573	201	鄂州	347
160	淄博	562	202	荆州	342
161	台州	561	203	湖州	331
162	泰安	557	204	天水	330
163	湘潭	556	205	延安	322
164	三亚	556	206	六盘水	308
165	朔州	553	207	广元	305
166	齐齐哈尔	546	208	荆门	304
167	黄石	541	209	南阳	300
168	宝鸡	534	210	萍乡	297
169	曲靖	533	211	益阳	297
170	咸阳	532	212	汉中	293
171	西宁	528	213	内江	271
172	赤峰	525	214	钦州	265
173	石嘴山	521	215	孝感	250
174	东川	517	216	伊春	248
175	佳木斯	513	217	宜宾	235
176	邵阳	510	218	遂宁	199
177	淮北	507	219	乐山	191
178	清远	506	220	商丘	177
179	常德	505	221	贵港	154
180	张家界	503	222	南充	146
181	遵义	487	223	渭南	108
182	双鸭山	471			

21. 人均教育事业费支出(不包括市辖县)

单位:元

序　号	城市名称	数　值	序　号	城市名称	数　值
001	深　圳	1153	036	莆　田	160
002	上　海	562	037	杭　州	159
003	珠　海	498	038	石家庄	158
004	厦　门	360	039	东　莞	158
005	佛　山	328	040	十　堰	157
006	天　津	249	041	三　明	156
007	克拉玛依	246	042	惠　州	156
008	广　州	245	043	肇　庆	154
009	江　门	245	044	青　岛	153
010	中　山	237	045	辽　阳	151
011	北　京	233	046	龙　岩	148
012	黑　河	222	047	铁　岭	146
013	晋　城	221	048	邢　台	143
014	玉　林	219	049	金　华	143
015	汕　头	214	050	本　溪	141
016	无　锡	211	051	四　平	141
017	福　州	207	052	温　州	141
018	漳　州	203	053	连云港	138
019	安　阳	199	054	泰　州	138
020	怀　化	199	055	三门峡	138
021	呼和浩特	197	056	苏　州	137
022	泉　州	195	057	镇　江	136
023	宁　波	194	058	南　平	136
024	大　连	188	059	济　宁	135
025	绍　兴	181	060	常　州	134
026	承　德	180	061	三　亚	134
027	海　口	175	062	长　春	132
028	扬　州	172	063	漯　河	132
029	威　海	170	064	潍　坊	131
030	沈　阳	168	065	舟　山	130
031	梅　州	168	066	烟　台	129
032	南　通	166	067	吉　林	128
033	昆　明	165	068	抚　顺	127
034	秦皇岛	164	069	开　封	125
035	南　京	164	070	衡　水	124

续表1 单位:元

序　号	城市名称	数　值	序　号	城市名称	数　值
071	包　头	123	106	朝　阳	103
072	乌鲁木齐	122	107	淮　阴	103
073	张家口	121	108	白　城	102
074	德　州	121	109	武　汉	102
075	保　定	120	110	黄　山	101
076	哈尔滨	120	111	柳　州	101
077	长　沙	120	112	郑　州	100
078	北　海	120	113	濮　阳	99
079	新　乡	119	114	许　昌	99
080	济　南	118	115	齐齐哈尔	98
081	重　庆	117	116	阳　泉	97
082	鞍　山	116	117	茂　名	97
083	河　源	116	118	辽　源	96
084	蚌　埠	115	119	白　山	96
085	营　口	114	120	云　浮	96
086	郴　州	114	121	锦　州	95
087	韶　关	114	122	东　川	95
088	梧　州	114	123	西　宁	95
089	东　营	113	124	潮　州	93
090	通　化	112	125	攀枝花	93
091	鹰　潭	112	126	合　肥	92
092	曲　靖	111	127	赤　峰	91
093	朔　州	110	128	双鸭山	90
094	盐　城	110	129	牡丹江	90
095	九　江	110	130	防城港	90
096	平顶山	110	131	大　同	89
097	阜　新	109	132	泰　安	89
098	衢　州	109	133	唐　山	88
099	贵　阳	109	134	安　庆	88
100	宿　迁	106	135	焦　作	88
101	清　远	106	136	金　昌	88
102	桂　林	106	137	长　治	87
103	银　川	105	138	铜　陵	87
104	徐　州	104	139	宜　昌	87
105	台　州	104	140	淄　博	86

续表 2

单位:元

序号	城市名称	数值	序号	城市名称	数值
141	襄樊	86	183	汉中	66
142	滁州	85	184	日照	65
143	岳阳	85	185	绵阳	65
144	株洲	84	186	鸡西	64
145	松原	83	187	景德镇	64
146	芜湖	83	188	荆州	63
147	鹤壁	82	189	张家界	63
148	太原	80	190	黄石	62
149	洛阳	80	191	益阳	61
150	阳江	80	192	成都	61
151	南宁	80	193	遵义	61
152	兰州	80	194	乌海	60
153	廊坊	79	195	淮北	60
154	湖州	79	196	永州	57
155	新余	79	197	广元	57
156	黄冈	79	198	萍乡	56
157	湘潭	79	199	临沂	55
158	马鞍山	78	200	六盘水	55
159	湛江	78	201	咸阳	55
160	西安	78	202	乐山	54
161	邯郸	77	203	淮南	52
162	沧州	77	204	南阳	51
163	嘉兴	77	205	七台河	50
164	南昌	77	206	鄂州	50
165	莱芜	76	207	石嘴山	50
166	佳木斯	75	208	阜阳	49
167	枣庄	75	209	钦州	49
168	汕尾	75	210	自贡	48
169	德阳	75	211	伊春	44
170	鹤岗	74	212	宜宾	43
171	揭阳	74	213	泸州	42
172	衡阳	73	214	南充	42
173	延安	72	215	宝鸡	42
174	丹东	70	216	嘉峪关	42
175	荆门	70	217	孝感	41
176	葫芦岛	69	218	贵港	41
177	白银	69	219	商丘	40
178	天水	69	220	内江	38
179	邵阳	68	221	渭南	38
180	常德	67	222	遂宁	34
181	盘锦	66	223	铜川	31
182	大庆	66			

22. 人均储蓄年末余额(不包括市辖县)

单位:元

序号	城市名称	数值	序号	城市名称	数值
001	深圳	64651	036	常州	11968
002	佛山	38082	037	十堰	11813
003	广州	31303	038	长沙	11794
004	东莞	28944	039	青岛	11654
005	珠海	26384	040	温州	11622
006	上海	25102	041	郑州	11507
007	海口	23022	042	柳州	11472
008	中山	21935	043	南昌	11405
009	惠州	21706	044	长春	11288
010	江门	21664	045	东营	11255
011	杭州	19419	046	苏州	11228
012	福州	18630	047	潮州	11219
013	大连	17873	048	烟台	11142
014	大庆	17471	049	保定	11135
015	北京	16235	050	锦州	11102
016	克拉玛依	15616	051	南宁	11003
017	汕头	15298	052	濮阳	10933
018	秦皇岛	15245	053	泉州	10883
019	无锡	14794	054	衡水	10847
020	绍兴	14510	055	邢台	10672
021	厦门	14305	056	沧州	10641
022	石家庄	14028	057	天津	10622
023	宁波	13758	058	兰州	10609
024	南京	13491	059	牡丹江	10557
025	沈阳	13446	060	衡阳	10402
026	乌鲁木齐	12935	061	三明	10343
027	肇庆	12916	062	成都	10220
028	桂林	12575	063	承德	10187
029	南通	12543	064	莆田	10176
030	威海	12431	065	晋城	10107
031	盘锦	12329	066	西安	10012
032	哈尔滨	12316	067	吉林	9973
033	太原	12152	068	河源	9926
034	韶关	12139	069	漯河	9840
035	昆明	12115	070	湛江	9734

续表 1

单位:元

序号	城市名称	数值	序号	城市名称	数值
071	济南	9703	106	马鞍山	7867
072	扬州	9683	107	嘉兴	7847
073	梧州	9660	108	西宁	7844
074	襄樊	9624	109	营口	7788
075	嘉峪关	9545	110	鹰潭	7729
076	鞍山	9393	111	连云港	7609
077	抚顺	9293	112	清远	7578
078	怀化	9241	113	湘潭	7570
079	四平	9226	114	漳州	7536
080	株洲	9169	115	攀枝花	7361
081	宜昌	9078	116	葫芦岛	7325
082	佳木斯	9063	117	武汉	7196
083	呼和浩特	9061	118	镇江	7134
084	银川	9059	119	朝阳	7097
085	茂名	9033	120	通化	7065
086	大同	8999	121	许昌	7051
087	金昌	8955	122	齐齐哈尔	6979
088	新乡	8941	123	云浮	6967
089	丹东	8870	124	阳江	6951
090	北海	8815	125	包头	6908
091	本溪	8758	126	贵阳	6800
092	洛阳	8714	127	淄博	6709
093	九江	8669	128	蚌埠	6627
094	安阳	8657	129	黄石	6614
095	合肥	8655	130	潍坊	6576
096	德州	8635	131	开封	6530
097	金华	8568	132	景德镇	6529
098	宝鸡	8560	133	徐州	6502
099	三门峡	8398	134	舟山	6446
100	衢州	8393	135	芜湖	6407
101	唐山	8348	136	平顶山	6399
102	长治	8197	137	廊坊	6378
103	黑河	8136	138	阜新	6376
104	张家口	8038	139	遵义	6342
105	白山	7940	140	邯郸	6319

续表 2

单位:元

序号	城市名称	数值	序号	城市名称	数值
141	白银	6271	183	梅州	3942
142	三亚	6224	184	白城	3914
143	石嘴山	6220	185	临沂	3871
144	焦作	6161	186	滁州	3712
145	伊春	6147	187	黄冈	3641
146	阳泉	6122	188	宜宾	3570
147	鹤壁	6073	189	汕尾	3522
148	辽阳	5747	190	莱芜	3503
149	鸡西	5695	191	鄂州	3366
150	铁岭	5665	192	孝感	3304
151	七台河	5555	193	朔州	3279
152	龙岩	5522	194	泰安	3269
153	铜陵	5500	195	日照	3101
154	咸阳	5431	196	泸州	3091
155	安庆	5364	197	曲靖	3072
156	宿迁	5321	198	荆门	3066
157	济宁	5318	199	常德	3018
158	淮阴	5290	200	乐山	3012
159	南平	5290	201	南阳	2956
160	辽源	5244	202	自贡	2742
161	盐城	5196	203	玉林	2661
162	鹤岗	5158	204	天水	2647
163	湖州	5134	205	枣庄	2554
164	揭阳	5011	206	商丘	2518
165	延安	4880	207	萍乡	2513
166	乌海	4812	208	双鸭山	2496
167	邵阳	4794	209	赤峰	2315
168	泰州	4762	210	阜阳	2252
169	黄山	4710	211	南充	2124
170	重庆	4636	212	益阳	2079
171	淮北	4606	213	内江	2072
172	郴州	4563	214	钦州	1916
173	新余	4533	215	永州	1821
174	淮南	4415	216	东川	1738
175	荆州	4349	217	松原	1703
176	岳阳	4324	218	遂宁	1563
177	汉中	4286	219	贵港	1441
178	绵阳	4247	220	渭南	1410
179	防城港	4206	221	张家界	1162
180	台州	4118	222	广元	1080
181	德阳	4059	223	六盘水	953
182	铜川	4016			

23. 职工平均工资(不包括市辖县)

单位:元

序　号	城市名称	数　值	序　号	城市名称	数　值
001	深　圳	16457	036	昆　明	8148
002	克拉玛依	14184	037	肇　庆	8105
003	广　州	13710	038	惠　州	7992
004	珠　海	13114	039	马鞍山	7946
005	厦　门	11822	040	嘉　兴	7944
006	佛　山	11765	041	南　通	7942
007	上　海	11691	042	濮　阳	7935
008	郴　州	11306	043	攀枝花	7917
009	北　京	11291	044	青　岛	7885
010	大　庆	11100	045	福　州	7878
011	中　山	11037	046	衢　州	7846
012	东　营	10953	047	湖　州	7835
013	宁　波	10874	048	扬　州	7814
014	东　莞	10693	049	乌鲁木齐	7775
015	杭　州	10039	050	湛　江	7772
016	茂　名	9493	051	十　堰	7770
017	江　门	9360	052	韶　关	7707
018	南　京	9326	053	金　华	7609
019	盘　锦	9310	054	龙　岩	7592
020	绍　兴	9234	055	长　春	7577
021	金　昌	9201	056	秦皇岛	7572
022	常　州	9056	057	德　阳	7555
023	无　锡	9026	058	清　远	7546
024	苏　州	8893	059	徐　州	7533
025	舟　山	8812	060	镇　江	7515
026	大　连	8798	061	南　平	7514
027	嘉峪关	8701	062	成　都	7487
028	三　明	8678	063	三　亚	7384
029	海　口	8557	064	阳　江	7357
030	台　州	8473	065	平顶山	7297
031	汕　头	8447	066	白　银	7246
032	济　南	8428	067	郑　州	7241
033	天　津	8354	068	石家庄	7164
034	温　州	8281	069	泉　州	7124
035	松　原	8243	070	曲　靖	7110

续表1 单位:元

序号	城市名称	数值	序号	城市名称	数值
071	石嘴山	7096	106	淮阴	6266
072	莆田	7089	107	新乡	6239
073	晋城	7037	108	重庆	6235
074	云浮	7009	109	廊坊	6222
075	吉林	6936	110	泰州	6204
076	盐城	6909	111	铜陵	6201
077	唐山	6896	112	淮南	6182
078	洛阳	6862	113	绵阳	6178
079	潮州	6823	114	朔州	6162
080	南宁	6771	115	六盘水	6162
081	滁州	6746	116	阳泉	6138
082	柳州	6744	117	贵阳	6110
083	宜昌	6687	118	枣庄	6109
084	漳州	6657	119	鞍山	6108
085	太原	6613	120	安阳	6102
086	兰州	6597	121	防城港	6059
087	武汉	6572	122	邢台	6019
088	淮北	6569	123	西安	5990
089	长沙	6566	124	银川	5985
090	保定	6563	125	沈阳	5978
091	淄博	6552	126	株洲	5969
092	合肥	6537	127	大同	5927
093	长治	6528	128	荆门	5924
094	宝鸡	6514	129	包头	5898
095	烟台	6502	130	邯郸	5884
096	莱芜	6459	131	铁岭	5848
097	西宁	6413	132	承德	5841
098	汕尾	6395	133	东川	5826
099	威海	6388	134	南昌	5786
100	连云港	6371	135	黄山	5729
101	泸州	6361	136	济宁	5706
102	芜湖	6353	137	黑河	5703
103	北海	6312	138	沧州	5702
104	桂林	6300	139	安庆	5690
105	潍坊	6299	140	德州	5649

续表 2

单位:元

序号	城市名称	数值	序号	城市名称	数值
141	咸阳	5635	183	荆州	4878
142	泰安	5632	184	乌海	4854
143	湘潭	5613	185	丹东	4820
144	临沂	5609	186	天水	4787
145	焦作	5553	187	新余	4784
146	张家界	5514	188	乐山	4779
147	辽阳	5491	189	玉林	4750
148	哈尔滨	5474	190	牡丹江	4736
149	日照	5436	191	白山	4695
150	九江	5419	192	齐齐哈尔	4659
151	阜阳	5392	193	内江	4659
152	呼和浩特	5380	194	许昌	4651
153	襄樊	5361	195	开封	4592
154	赤峰	5356	196	遂宁	4571
155	常德	5354	197	黄冈	4568
156	萍乡	5331	198	铜川	4558
157	揭阳	5330	199	辽源	4542
158	张家口	5328	200	永州	4528
159	宜宾	5300	201	佳木斯	4511
160	梧州	5296	202	贵港	4467
161	黄石	5294	203	汉中	4465
162	鹤壁	5289	204	鹰潭	4450
163	蚌埠	5287	205	鹤岗	4423
164	朝阳	5280	206	孝感	4377
165	本溪	5232	207	南充	4351
166	三门峡	5224	208	白城	4329
167	南阳	5217	209	渭南	4286
168	怀化	5175	210	鸡西	4277
169	抚顺	5157	211	邵阳	4227
170	遵义	5140	212	河源	4113
171	七台河	5133	213	延安	4109
172	自贡	5128	214	漯河	4087
173	四平	5103	215	广元	4043
174	通化	5062	216	梅州	4004
175	鄂州	5044	217	阜新	3952
176	营口	4994	218	益阳	3844
177	衡水	4986	219	商丘	3747
178	葫芦岛	4983	220	景德镇	3628
179	钦州	4979	221	双鸭山	3589
180	锦州	4950	222	伊春	2842
181	宿迁	4934	223	岳阳	675
182	衡阳	4896			

24. 每万人拥有高等学校在校学生数(不包括市辖县)

单位:人

序　号	城市名称	数　值	序　号	城市名称	数　值
001	长　沙	441	036	锦　州	172
002	南　京	439	037	承　德	164
003	扬　州	417	038	开　封	162
004	杭　州	372	039	梅　州	160
005	桂　林	349	040	贵　阳	157
006	金　华	344	041	常　州	155
007	郑　州	335	042	上　海	151
008	合　肥	320	043	厦　门	151
009	西　安	318	044	银　川	150
010	武　汉	316	045	衡　阳	147
011	石家庄	314	046	南　通	146
012	保　定	313	047	盐　城	145
013	南　昌	305	048	南　平	145
014	湘　潭	304	049	连云港	139
015	长　春	275	050	淮　阴	137
016	镇　江	269	051	佛　山	136
017	昆　明	265	052	徐　州	135
018	呼和浩特	257	053	重　庆	133
019	广　州	256	054	襄　樊	131
020	南　宁	254	055	肇　庆	131
021	哈尔滨	248	056	九　江	129
022	福　州	247	057	江　门	129
023	兰　州	247	058	湛　江	128
024	秦皇岛	243	059	怀　化	126
025	济　南	243	060	天　津	124
026	芜　湖	242	061	衡　水	122
027	成　都	239	062	青　岛	121
028	苏　州	238	063	黄　冈	121
029	乌鲁木齐	212	064	吉　林	117
030	太　原	211	065	延　安	116
031	大　连	210	066	邢　台	115
032	新　乡	203	067	韶　关	114
033	北　京	202	068	惠　州	111
034	沈　阳	192	069	佳木斯	110
035	咸　阳	192	070	西　宁	110

续表 1

单位：人

序　号	城市名称	数　值	序　号	城市名称	数　值
071	四　平	108	106	唐　山	70
072	东　营	108	107	深　圳	69
073	丹　东	107	108	邯　郸	68
074	蚌　埠	107	109	柳　州	68
075	张家口	105	110	渭　南	68
076	马鞍山	105	111	济　宁	67
077	潮　州	104	112	许　昌	66
078	泰　安	100	113	漳　州	62
079	德　州	98	114	莆　田	57
080	洛　阳	98	115	鞍　山	56
081	沧　州	97	116	温　州	56
082	无　锡	97	117	潍　坊	56
083	三　明	96	118	汕　头	56
084	株　洲	96	119	齐齐哈尔	55
085	绵　阳	95	120	抚　顺	54
086	十　堰	93	121	宝　鸡	54
087	海　口	92	122	长　治	53
088	宁　波	89	123	淮　南	52
089	景德镇	89	124	郴　州	50
090	玉　林	88	125	鸡　西	49
091	烟　台	87	126	安　阳	49
092	焦　作	87	127	安　庆	48
093	邵　阳	83	128	龙　岩	47
094	汉　中	82	129	白　城	46
095	廊　坊	81	130	衢　州	46
096	宜　昌	81	131	通　化	45
097	阜　新	77	132	泉　州	45
098	威　海	76	133	岳　阳	45
099	自　贡	75	134	包　头	44
100	绍　兴	74	135	本　溪	43
101	黄　石	74	136	淮　北	42
102	南　充	73	137	铜　陵	42
103	遵　义	73	138	大　同	40
104	牡丹江	72	139	嘉　兴	40
105	荆　州	72	140	朝　阳	39

续表 2　　　　单位:人

序号	城市名称	数值	序号	城市名称	数值
141	黑河	39	183	萍乡	10
142	黄山	37	184	日照	9
143	益阳	37	185	枣庄	8
144	滁州	36	186	六盘水	5
145	常德	36	187	晋城	0
146	铁岭	35	188	朔州	0
147	梧州	33	189	乌海	0
148	泸州	33	190	盘锦	0
149	营口	32	191	葫芦岛	0
150	南阳	31	192	辽源	0
151	孝感	29	193	白山	0
152	淄博	28	194	松原	0
153	攀枝花	27	195	鹤岗	0
154	宜宾	27	196	双鸭山	0
155	临沂	26	197	七台河	0
156	辽阳	25	198	泰州	0
157	舟山	25	199	宿迁	0
158	鹰潭	24	200	台州	0
159	平顶山	24	201	莱芜	0
160	张家界	24	202	鹤壁	0
161	金昌	24	203	漯河	0
162	天水	24	204	三门峡	0
163	永州	23	205	珠海	0
164	乐山	21	206	河源	0
165	汕尾	20	207	阳江	0
166	茂名	18	208	清远	0
167	曲靖	18	209	揭阳	0
168	鄂州	17	210	云浮	0
169	内江	17	211	北海	0
170	钦州	16	212	贵港	0
171	阳泉	15	213	防城港	0
172	新余	15	214	三亚	0
173	濮阳	15	215	德阳	0
174	阜阳	14	216	广元	0
175	商丘	14	217	遂宁	0
176	荆门	14	218	东川	0
177	中山	14	219	铜川	0
178	东莞	14	220	嘉峪关	0
179	湖州	13	221	白银	0
180	赤峰	12	222	石嘴山	0
181	伊春	12	223	克拉玛依	0
182	大庆	11			

25. 每百万人拥有影剧院数(不包括市辖县)

单位:个

序 号	城市名称	数 值	序 号	城市名称	数 值
001	北 京	99	036	泰 州	21
002	东 莞	88	037	江 门	21
003	深 圳	86	038	玉 林	21
004	河 源	83	039	西 宁	21
005	连云港	62	040	宁 波	20
006	舟 山	62	041	焦 作	20
007	衢 州	51	042	淮 南	19
008	海 口	51	043	鄂 州	19
009	银 川	49	044	金 华	18
010	三门峡	48	045	合 肥	18
011	南 充	45	046	鹰 潭	18
012	中 山	44	047	珠 海	18
013	淮 北	40	048	铜 川	18
014	盘 锦	38	049	承 德	17
015	桂 林	38	050	四 平	17
016	唐 山	37	051	镇 江	17
017	怀 化	37	052	黄 山	17
018	东 川	34	053	吉 林	16
019	福 州	33	054	芜 湖	16
020	盐 城	31	055	石嘴山	16
021	汕 尾	31	056	衡 水	15
022	马鞍山	30	057	厦 门	15
023	扬 州	28	058	许 昌	15
024	台 州	28	059	保 定	14
025	常 州	27	060	本 溪	14
026	龙 岩	27	061	泉 州	14
027	无 锡	26	062	德 州	14
028	莆 田	26	063	郑 州	14
029	鹤 壁	26	064	贵 港	14
030	武 汉	24	065	天 津	13
031	湖 州	23	066	邯 郸	13
032	嘉峪关	23	067	晋 城	13
033	金 昌	22	068	南 京	13
034	邢 台	21	069	苏 州	13
035	葫芦岛	21	070	温 州	13

续表 1　　单位:个

序　号	城市名称	数　值	序　号	城市名称	数　值
071	绍　兴	13	106	贵　阳	9
072	景德镇	13	107	张家口	8
073	枣　庄	13	108	包　头	8
074	新　乡	13	109	大　连	8
075	黄　石	13	110	南　通	8
076	宝　鸡	13	111	淮　阴	8
077	沧　州	12	112	三　明	8
078	太　原	12	113	南　平	8
079	莱　芜	12	114	九　江	8
080	平顶山	12	115	安　阳	8
081	湛　江	12	116	株　洲	8
082	北　海	12	117	韶　关	8
083	重　庆	12	118	清　远	8
084	遂　宁	12	119	广　元	8
085	延　安	12	120	兰　州	8
086	乌鲁木齐	12	121	长　治	7
087	朔　州	11	122	丹　东	7
088	抚　顺	11	123	辽　阳	7
089	徐　州	11	124	朝　阳	7
090	济　宁	11	125	辽　源	7
091	绵　阳	11	126	蚌　埠	7
092	沈　阳	10	127	济　南	7
093	青　岛	10	128	泰　安	7
094	衡　阳	10	129	开　封	7
095	汉　中	10	130	邵　阳	7
096	白　城	9	131	肇　庆	7
097	杭　州	9	132	南　宁	7
098	铜　陵	9	133	防城港	7
099	南　昌	9	134	渭　南	7
100	潍　坊	9	135	阜　新	6
101	洛　阳	9	136	伊　春	6
102	张家界	9	137	黑　河	6
103	佛　山	9	138	嘉　兴	6
104	惠　州	9	139	临　沂	6
105	柳　州	9	140	漯　河	6

续表 2　　　　单位：个

序　号	城市名称	数　值	序　号	城市名称	数　值
141	南　阳	6	183	赤　峰	3
142	黄　冈	6	184	长　春	3
143	湘　潭	6	185	白　山	3
144	阳　江	6	186	哈尔滨	3
145	攀枝花	6	187	新　余	3
146	昆　明	6	188	日　照	3
147	天　水	6	189	襄　樊	3
148	乌　海	5	190	益　阳	3
149	营　口	5	191	郴　州	3
150	铁　岭	5	192	茂　名	3
151	通　化	5	193	潮　州	3
152	齐齐哈尔	5	194	梅　州	3
153	佳木斯	5	195	揭　阳	3
154	安　庆	5	196	成　都	3
155	淄　博	5	197	自　贡	3
156	宜　昌	5	198	宜　宾	3
157	长　沙	5	199	咸　阳	3
158	常　德	5	200	秦皇岛	2
159	汕　头	5	201	阳　泉	2
160	三　亚	5	202	呼和浩特	2
161	曲　靖	5	203	松　原	2
162	西　安	5	204	七台河	2
163	大　同	4	205	阜　阳	2
164	鞍　山	4	206	荆　州	2
165	锦　州	4	207	荆　门	2
166	鹤　岗	4	208	泸　州	2
167	双鸭山	4	209	德　阳	2
168	牡丹江	4	210	内　江	2
169	上　海	4	211	遵　义	2
170	宿　迁	4	212	白　银	2
171	滁　州	4	213	廊　坊	1
172	漳　州	4	214	鸡　西	1
173	东　营	4	215	大　庆	1
174	烟　台	4	216	萍　乡	1
175	濮　阳	4	217	孝　感	1
176	商　丘	4	218	钦　州	1
177	十　堰	4	219	六盘水	1
178	岳　阳	4	220	威　海	–
179	永　州	4	221	云　浮	–
180	广　州	4	222	梧　州	–
181	克拉玛依	4	223	乐　山	–
182	石家庄	3			

26. 每百人公共图书馆藏书(不包括市辖县)

单位:册

序号	城市名称	数值	序号	城市名称	数值
001	杭州	526	036	苏州	120
002	上海	454	037	太原	118
003	南京	313	038	大连	113
004	北京	286	039	黄石	110
005	桂林	285	040	保定	108
006	银川	275	041	金华	107
007	长沙	266	042	无锡	106
008	南昌	230	043	重庆	105
009	西宁	215	044	新乡	103
010	济南	203	045	镇江	102
011	合肥	202	046	宝鸡	102
012	成都	198	047	吉林	99
013	呼和浩特	195	048	天津	97
014	福州	190	049	景德镇	96
015	九江	177	050	宜昌	93
016	昆明	171	051	锦州	91
017	广州	169	052	遵义	90
018	扬州	164	053	辽阳	89
019	南宁	157	054	承德	87
020	长春	156	055	鞍山	86
021	三明	155	056	盐城	86
022	贵阳	155	057	厦门	86
023	南通	154	058	江门	86
024	深圳	153	059	营口	82
025	哈尔滨	152	060	石嘴山	81
026	郑州	146	061	齐齐哈尔	79
027	佛山	135	062	通化	77
028	沈阳	130	063	三门峡	77
029	武汉	129	064	连云港	76
030	兰州	126	065	张家口	75
031	丹东	125	066	本溪	75
032	梧州	125	067	襄樊	75
033	常州	124	068	乌鲁木齐	75
034	十堰	123	069	衡阳	73
035	石家庄	122	070	泰州	71

续表 1 单位:册

序号	城市名称	数值	序号	城市名称	数值
071	西安	71	106	海口	52
072	宁波	70	107	朝阳	51
073	湘潭	70	108	鹤壁	51
074	铜陵	69	109	铜川	50
075	鹰潭	68	110	淮阴	48
076	开封	68	111	漳州	48
077	四平	67	112	安阳	48
078	绵阳	66	113	韶关	48
079	铁岭	65	114	攀枝花	48
080	潮州	65	115	东川	48
081	青岛	64	116	大庆	47
082	温州	63	117	莆田	47
083	泉州	63	118	荆州	47
084	惠州	62	119	怀化	47
085	克拉玛依	62	120	牡丹江	46
086	黄冈	61	121	龙岩	46
087	抚顺	60	122	唐山	44
088	徐州	60	123	佳木斯	44
089	邵阳	60	124	黑河	44
090	芜湖	59	125	延安	44
091	泸州	59	126	宿迁	43
092	柳州	58	127	烟台	43
093	长治	57	128	马鞍山	42
094	嘉兴	57	129	许昌	41
095	东莞	57	130	漯河	40
096	宜宾	57	131	湛江	39
097	秦皇岛	56	132	包头	38
098	嘉峪关	56	133	乌海	38
099	阳泉	55	134	德州	38
100	辽源	55	135	洛阳	38
101	株洲	55	136	玉林	38
102	曲靖	53	137	沧州	37
103	绍兴	52	138	阜新	37
104	衢州	52	139	淄博	37
105	珠海	52	140	濮阳	37

续表 2

单位:册

序号	城市名称	数值	序号	城市名称	数值
141	白山	36	183	淮北	19
142	蚌埠	36	184	新余	19
143	安庆	36	185	钦州	19
144	汕头	36	186	自贡	19
145	济宁	35	187	盘锦	18
146	威海	35	188	葫芦岛	18
147	北海	35	189	商丘	18
148	白银	35	190	内江	18
149	伊春	33	191	大同	17
150	舟山	33	192	松原	17
151	焦作	33	193	鹤岗	17
152	白城	32	194	淮南	17
153	双鸭山	32	195	金昌	17
154	肇庆	32	196	衡水	16
155	邢台	31	197	朔州	16
156	潍坊	31	198	滁州	16
157	邯郸	30	199	清远	16
158	黄山	29	200	永州	15
159	南平	29	201	梅州	15
160	萍乡	29	202	防城港	15
161	阳江	29	203	三亚	15
162	湖州	28	204	台州	14
163	岳阳	28	205	赤峰	13
164	常德	28	206	乐山	13
165	茂名	28	207	德阳	12
166	揭阳	28	208	遂宁	12
167	咸阳	28	209	张家界	11
168	天水	28	210	莱芜	9
169	晋城	27	211	日照	9
170	南阳	27	212	荆门	9
171	鄂州	27	213	贵港	7
172	河源	26	214	六盘水	7
173	南充	26	215	阜阳	6
174	渭南	26	216	枣庄	6
175	中山	25	217	广元	5
176	益阳	24	218	七台河	4
177	郴州	24	219	汉中	4
178	廊坊	23	220	东营	—
179	平顶山	23	221	临沂	—
180	孝感	23	222	汕尾	—
181	泰安	20	223	云浮	—
182	鸡西	19			

27. 每万人拥有医院床位数(不包括市辖县)

单位:张

序　号	城市名称	数　值	序　号	城市名称	数　值
001	保　定	1479	036	长　沙	735
002	晋　城	1194	037	深　圳	727
003	昆　明	1160	038	合　肥	724
004	邢　台	1116	039	濮　阳	719
005	梧　州	1041	040	南　通	712
006	西　宁	976	041	南　昌	708
007	邯　郸	954	042	铜　陵	703
008	铁　岭	936	043	宝　鸡	703
009	锦　州	920	044	兰　州	701
010	海　口	914	045	许　昌	700
011	杭　州	891	046	鞍　山	697
012	汉　中	891	047	抚　顺	696
013	株　洲	890	048	沈　阳	688
014	三　明	888	049	南　宁	680
015	长　治	867	050	大　连	679
016	哈尔滨	852	051	白　山	679
017	开　封	840	052	白　银	679
018	丹　东	838	053	洛　阳	676
019	衡　阳	831	054	通　化	669
020	太　原	828	055	黄　石	669
021	十　堰	828	056	济　南	667
022	九　江	822	057	襄　樊	667
023	乌鲁木齐	820	058	蚌　埠	664
024	四　平	812	059	郑　州	662
025	新　乡	808	060	唐　山	661
026	福　州	806	061	朝　阳	661
027	柳　州	804	062	扬　州	661
028	辽　阳	800	063	湘　潭	658
029	桂　林	791	064	牡丹江	657
030	佛　山	785	065	佳木斯	655
031	阳　泉	756	066	张家口	654
032	遵　义	753	067	阜　新	652
033	本　溪	746	068	宜　昌	652
034	吉　林	744	069	芜　湖	649
035	承　德	736	070	营　口	643

续表 1 单位:张

序号	城市名称	数值	序号	城市名称	数值
071	贵阳	640	106	泉州	547
072	盘锦	638	107	石嘴山	547
073	长春	638	108	鹰潭	543
074	淮北	636	109	徐州	538
075	西安	629	110	辽源	536
076	焦作	627	111	景德镇	535
077	呼和浩特	624	112	苏州	532
078	大同	622	113	铜川	531
079	黑河	619	114	乌海	523
080	广州	616	115	韶关	519
081	石家庄	612	116	东营	515
082	齐齐哈尔	612	117	安庆	514
083	大庆	610	118	淮阴	512
084	克拉玛依	607	119	三门峡	509
085	南京	593	120	黄冈	506
086	平顶山	588	121	金昌	503
087	天津	583	122	双鸭山	502
088	沧州	583	123	马鞍山	500
089	无锡	583	124	邵阳	492
090	银川	582	125	惠州	491
091	金华	580	126	武汉	490
092	济宁	580	127	葫芦岛	487
093	镇江	577	128	青岛	487
094	攀枝花	577	129	安阳	485
095	北京	575	130	肇庆	476
096	梅州	573	131	漳州	473
097	常州	569	132	珠海	473
098	嘉峪关	568	133	连云港	465
099	龙岩	562	134	南平	465
100	淮南	555	135	江门	465
101	包头	552	136	鹤岗	463
102	绍兴	552	137	东川	463
103	成都	550	138	鹤壁	450
104	宁波	548	139	自贡	450
105	上海	547	140	淄博	448

续表 2　　　　单位：张

序　号	城市名称	数　值	序　号	城市名称	数　值
141	秦皇岛	440	183	河　源	309
142	衢　州	435	184	枣　庄	307
143	德　州	433	185	泰　安	305
144	绵　阳	433	186	玉　林	304
145	潍　坊	431	187	朔　州	293
146	漯　河	430	188	新　余	291
147	温　州	429	189	张家界	288
148	咸　阳	428	190	南　阳	287
149	白　城	423	191	潮　州	287
150	鸡　西	423	192	常　德	284
151	汕　头	422	193	天　水	282
152	重　庆	419	194	临　沂	278
153	衡　水	418	195	中　山	278
154	怀　化	416	196	荆　门	273
155	赤　峰	413	197	威　海	269
156	广　元	410	198	鄂　州	263
157	三　亚	409	199	莱　芜	260
158	伊　春	408	200	永　州	257
159	荆　州	404	201	内　江	255
160	宜　宾	401	202	萍　乡	251
161	莆　田	389	203	泸　州	249
162	德　阳	375	204	遂　宁	247
163	黄　山	374	205	盐　城	236
164	东　莞	374	206	南　充	227
165	岳　阳	373	207	六盘水	224
166	乐　山	373	208	商　丘	221
167	郴　州	372	209	云　浮	220
168	烟　台	365	210	松　原	218
169	滁　州	364	211	渭　南	216
170	湛　江	359	212	阜　阳	212
171	延　安	349	213	清　远	208
172	曲　靖	347	214	孝　感	198
173	厦　门	345	215	益　阳	192
174	七台河	341	216	防城港	185
175	北　海	341	217	揭　阳	167
176	湖　州	336	218	钦　州	164
177	泰　州	332	219	宿　迁	162
178	阳　江	332	220	日　照	145
179	舟　山	331	221	汕　尾	145
180	廊　坊	320	222	台　州	130
181	嘉　兴	314	223	贵　港	118
182	茂　名	311			

28. 每万人拥有医生数(不包括市辖县)

单位:人

序号	城市名称	数值	序号	城市名称	数值
001	怀化	1261	036	大庆	465
002	晋城	951	037	天津	462
003	遵义	949	038	济南	456
004	黑河	837	039	镇江	451
005	昆明	756	040	银川	451
006	保定	740	041	宝鸡	450
007	辽阳	718	042	青岛	449
008	鹰潭	682	043	哈尔滨	448
009	深圳	676	044	石家庄	447
010	邢台	657	045	濮阳	447
011	梧州	610	046	锦州	438
012	杭州	585	047	常州	437
013	新乡	565	048	佛山	436
014	伊春	560	049	济宁	432
015	十堰	558	050	上海	430
016	南宁	557	051	安阳	429
017	太原	544	052	邯郸	427
018	柳州	532	053	长春	427
019	成都	522	054	许昌	427
020	合肥	517	055	汉中	424
021	福州	515	056	克拉玛依	423
022	北京	493	057	无锡	422
023	承德	491	058	吉林	419
024	扬州	490	059	苏州	419
025	海口	490	060	呼和浩特	409
026	南通	486	061	焦作	406
027	南京	485	062	宁波	404
028	兰州	484	063	株洲	404
029	广州	481	064	连云港	402
030	南昌	480	065	攀枝花	402
031	宜昌	474	066	武汉	401
032	郑州	473	067	大连	394
033	桂林	471	068	西宁	392
034	开封	469	069	黄石	387
035	长沙	466	070	徐州	386

续表 1

单位:人

序　号	城市名称	数　值	序　号	城市名称	数　值
071	唐山	385	106	石嘴山	334
072	四平	384	107	白银	333
073	包头	383	108	安庆	330
074	洛阳	381	109	铜陵	329
075	平顶山	379	110	绍兴	328
076	盘锦	377	111	金昌	328
077	鞍山	376	112	长治	327
078	沈阳	375	113	通化	326
079	南平	372	114	衡阳	322
080	丹东	365	115	西安	319
081	铜川	365	116	白城	314
082	珠海	364	117	九江	306
083	白山	363	118	潍坊	301
084	韶关	363	119	湘潭	301
085	铁岭	362	120	朔州	300
086	咸阳	360	121	牡丹江	296
087	乌鲁木齐	358	122	淮南	294
088	阳泉	356	123	淮北	293
089	嘉峪关	352	124	重庆	293
090	三门峡	350	125	赤峰	292
091	广元	349	126	阜新	291
092	淮阴	347	127	张家口	289
093	景德镇	347	128	沧州	289
094	大同	346	129	三明	288
095	襄樊	345	130	烟台	287
096	齐齐哈尔	343	131	潮州	282
097	佳木斯	343	132	汕头	280
098	芜湖	343	133	营口	276
099	朝阳	342	134	肇庆	276
100	乌海	340	135	金华	270
101	惠州	340	136	鹤壁	269
102	马鞍山	339	137	抚顺	266
103	秦皇岛	338	138	泰州	266
104	江门	335	139	淄博	265
105	蚌埠	334	140	威海	263

续表 2 单位:人

序号	城市名称	数值	序号	城市名称	数值
141	漯河	263	183	中山	184
142	北海	258	184	廊坊	183
143	邵阳	253	185	延安	181
144	贵阳	251	186	东莞	177
145	鹤岗	250	187	温州	176
146	自贡	250	188	泸州	176
147	厦门	246	189	益阳	175
148	辽源	243	190	东营	174
149	河源	243	191	荆门	173
150	衡水	241	192	莆田	172
151	黄冈	241	193	张家界	170
152	双鸭山	240	194	南充	170
153	嘉兴	240	195	曲靖	167
154	湛江	240	196	萍乡	166
155	本溪	238	197	阳江	166
156	衢州	237	198	荆州	164
157	绵阳	237	199	孝感	160
158	宜宾	235	200	莱芜	156
159	黄山	234	201	鄂州	156
160	鸡西	221	202	滁州	154
161	宿迁	217	203	舟山	150
162	泉州	217	204	新余	149
163	梅州	212	205	内江	146
164	商丘	211	206	天水	146
165	德阳	209	207	常德	136
166	枣庄	208	208	湖州	134
167	三亚	206	209	郴州	134
168	乐山	206	210	云浮	134
169	东川	205	211	汕尾	133
170	永州	204	212	揭阳	124
171	漳州	200	213	防城港	118
172	茂名	198	214	遂宁	115
173	七台河	192	215	渭南	113
174	葫芦岛	190	216	清远	109
175	玉林	188	217	台州	108
176	盐城	187	218	阜阳	101
177	龙岩	187	219	日照	99
178	泰安	186	220	松原	94
179	岳阳	186	221	钦州	80
180	德州	185	222	临沂	74
181	六盘水	185	223	贵港	51
182	南阳	184			

29. 客运总量(不包括市辖县)

单位:万人

序号	城市名称	数值	序号	城市名称	数值
001	重庆	18785	036	自贡	3474
002	成都	15664	037	永州	3398
003	广州	14575	038	泸州	3355
004	贵阳	12594	039	南通	3290
005	南京	11697	040	常州	3228
006	东莞	11300	041	湖州	3090
007	宁波	9822	042	镇江	3054
008	青岛	9041	043	盐城	3047
009	大连	8895	044	辽阳	3036
010	茂名	8641	045	本溪	2968
011	深圳	8514	046	九江	2944
012	武汉	8391	047	莆田	2906
013	沈阳	7795	048	克拉玛依	2874
014	郴州	7416	049	滁州	2836
015	长沙	7381	050	鞍山	2832
016	西安	7378	051	连云港	2769
017	无锡	7202	052	邯郸	2764
018	苏州	6901	053	福州	2751
019	中山	6467	054	南昌	2734
020	邵阳	6258	055	天津	2640
021	郑州	6235	056	哈尔滨	2600
022	六盘水	6230	057	柳州	2572
023	舟山	5764	058	株洲	2569
024	岳阳	5499	059	益阳	2540
025	上海	5232	060	昆明	2536
026	温州	4911	061	南阳	2529
027	徐州	4887	062	萍乡	2508
028	台州	4424	063	扬州	2486
029	南宁	4407	064	阳江	2461
030	北京	4361	065	枣庄	2427
031	海口	4302	066	内江	2391
032	洛阳	3860	067	乐山	2373
033	长春	3828	068	珠海	2335
034	济南	3789	069	唐山	2332
035	常德	3752	070	开封	2286

续表 1　　　　单位:万人

序号	城市名称	数值	序号	城市名称	数值
071	湘潭	2195	106	杭州	1495
072	商丘	2170	107	佛山	1494
073	湛江	2163	108	长治	1484
074	厦门	2145	109	濮阳	1452
075	衡阳	2092	110	太原	1446
076	怀化	2072	111	嘉兴	1408
077	宝鸡	2023	112	汉中	1405
078	阜新	1991	113	齐齐哈尔	1392
079	烟台	1981	114	汕头	1366
080	平顶山	1958	115	遵义	1357
081	阳泉	1949	116	襄樊	1338
082	肇庆	1893	117	遂宁	1332
083	南充	1885	118	呼和浩特	1313
084	新乡	1856	119	蚌埠	1292
085	曲靖	1801	120	泰安	1278
086	漯河	1797	121	黄石	1275
087	孝感	1789	122	衡水	1274
088	绵阳	1776	123	十堰	1248
089	许昌	1742	124	绍兴	1242
090	石家庄	1725	125	三亚	1207
091	银川	1698	126	汕尾	1186
092	桂林	1691	127	淄博	1150
093	乌鲁木齐	1670	128	营口	1148
094	淮南	1629	129	云浮	1144
095	丹东	1608	130	威海	1143
096	清远	1606	131	荆门	1125
097	鄂州	1601	132	大同	1112
098	玉林	1599	133	朝阳	1091
099	德阳	1570	134	葫芦岛	1080
100	宜宾	1570	135	安阳	1070
101	北海	1556	136	邢台	1066
102	三门峡	1555	137	铁岭	1059
103	铜陵	1515	138	赤峰	1058
104	漳州	1514	139	张家口	1056
105	荆州	1506	140	金华	1048

续表 2

单位:万人

序号	城市名称	数值	序号	城市名称	数值
141	焦作	1041	183	黄山	584
142	潍坊	1025	184	莱芜	569
143	渭南	998	185	钦州	564
144	合肥	991	186	河源	561
145	三明	981	187	新余	560
146	包头	975	188	张家界	558
147	衢州	969	189	晋城	537
148	日照	965	190	四平	537
149	韶关	964	191	伊春	536
150	淮北	960	192	白山	524
151	咸阳	955	193	南平	521
152	抚顺	951	194	佳木斯	502
153	淮阴	915	195	芜湖	493
154	辽源	913	196	朔州	482
155	鸡西	912	197	德州	448
156	牡丹江	908	198	揭阳	439
157	天水	906	199	沧州	438
158	攀枝花	893	200	龙岩	436
159	鹰潭	873	201	保定	411
160	通化	870	202	泰州	360
161	惠州	843	203	马鞍山	338
162	石嘴山	841	204	宿迁	312
163	承德	826	205	梅州	299
164	吉林	811	206	广元	297
165	宜昌	803	207	阜阳	287
166	秦皇岛	790	208	延安	283
167	大庆	778	209	廊坊	275
168	防城港	778	210	东营	266
169	锦州	770	211	白城	239
170	鹤壁	763	212	黄冈	239
171	贵港	758	213	白银	221
172	梧州	701	214	乌海	207
173	临沂	685	215	金昌	203
174	双鸭山	681	216	七台河	140
175	兰州	669	217	东川	126
176	景德镇	660	218	松原	123
177	铜川	649	219	鹤岗	122
178	盘锦	642	220	嘉峪关	115
179	江门	628	221	黑河	107
180	济宁	601	222	潮州	23
181	安庆	594			
182	西宁	590			

30. 货运总量(不包括市辖县)

单位:万吨

序号	城市名称	数值	序号	城市名称	数值
001	上海	40641	036	朔州	3411
002	广州	19779	037	阜新	3360
003	天津	18764	038	济宁	3252
004	大连	18105	039	抚顺	3162
005	沈阳	14413	040	黄石	3098
006	重庆	12374	041	呼和浩特	3056
007	武汉	11775	042	兰州	2965
008	南京	11557	043	北京	2903
009	大同	10732	044	鸡西	2868
010	济南	9600	045	无锡	2842
011	昆明	9546	046	中山	2837
012	太原	9363	047	烟台	2737
013	青岛	8860	048	攀枝花	2719
014	西安	7699	049	郑州	2648
015	长春	7209	050	南宁	2646
016	成都	7009	051	枣庄	2632
017	包头	6940	052	六盘水	2572
018	阳泉	6620	053	七台河	2566
019	乌鲁木齐	6532	054	柳州	2563
020	唐山	5461	055	佛山	2533
021	郴州	5241	056	株洲	2507
022	鹤岗	5004	057	白山	2494
023	哈尔滨	5002	058	牡丹江	2484
024	宁波	4908	059	晋城	2459
025	东莞	4644	060	珠海	2459
026	长沙	4452	061	鄂州	2384
027	淄博	4416	062	葫芦岛	2319
028	鞍山	4369	063	淮南	2297
029	福州	4274	064	连云港	2272
030	本溪	3972	065	淮北	2228
031	邯郸	3884	066	海口	2209
032	茂名	3865	067	岳阳	2152
033	深圳	3859	068	盘锦	2139
034	长治	3826	069	大庆	2123
035	平顶山	3538	070	吉林	2115

续表 1

单位:万吨

序号	城市名称	数值	序号	城市名称	数值
071	湖州	2077	106	衡阳	1336
072	益阳	2075	107	温州	1332
073	辽阳	2073	108	自贡	1319
074	南昌	2039	109	张家口	1295
075	厦门	2031	110	乐山	1289
076	洛阳	1995	111	石家庄	1280
077	镇江	1971	112	通化	1279
078	舟山	1875	113	云浮	1258
079	南通	1840	114	盐城	1255
080	阳江	1807	115	克拉玛依	1202
081	焦作	1762	116	肇庆	1200
082	萍乡	1756	117	泰安	1192
083	湘潭	1741	118	邢台	1181
084	台州	1735	119	渭南	1166
085	苏州	1724	120	芜湖	1149
086	淮阴	1723	121	铜陵	1129
087	韶关	1699	122	营口	1123
088	清远	1664	123	威海	1123
089	锦州	1656	124	开封	1112
090	常州	1642	125	咸阳	1101
091	防城港	1598	126	秦皇岛	1091
092	贵阳	1584	127	襄樊	1081
093	齐齐哈尔	1568	128	曲靖	1079
094	徐州	1554	129	鹤壁	1078
095	乌海	1526	130	扬州	1071
096	潍坊	1497	131	贵港	1068
097	石嘴山	1482	132	嘉兴	1055
098	南阳	1475	133	佳木斯	1049
099	常德	1455	134	北海	1039
100	双鸭山	1437	135	许昌	1029
101	荆州	1432	136	玉林	1018
102	西宁	1376	137	濮阳	1013
103	安庆	1373	138	杭州	1010
104	漳州	1360	139	银川	1008
105	荆门	1360	140	丹东	996

续表 2

单位:万吨

序号	城市名称	数值	序号	城市名称	数值
141	潮州	996	183	景德镇	589
142	汕头	963	184	铁岭	585
143	三明	957	185	新乡	563
144	承德	951	186	金华	560
145	泸州	939	187	内江	560
146	十堰	930	188	南平	555
147	九江	902	189	商丘	546
148	莱芜	901	190	朝阳	508
149	新余	873	191	广元	488
150	伊春	835	192	怀化	477
151	滁州	829	193	绍兴	471
152	衡水	822	194	宿迁	447
153	湛江	820	195	南充	431
154	泰州	805	196	揭阳	429
155	铜川	795	197	孝感	424
156	德阳	792	198	汕尾	386
157	钦州	791	199	鹰潭	383
158	宜昌	783	200	梧州	371
159	绵阳	781	201	松原	365
160	漯河	775	202	遵义	352
161	沧州	750	203	延安	330
162	东营	740	204	保定	326
163	赤峰	737	205	宜宾	303
164	宝鸡	723	206	白城	277
165	日照	706	207	东川	271
166	嘉峪关	705	208	金昌	271
167	桂林	704	209	遂宁	268
168	廊坊	701	210	张家界	266
169	邵阳	697	211	天水	254
170	四平	696	212	蚌埠	251
171	衢州	692	213	黄山	233
172	惠州	688	214	德州	231
173	龙岩	684	215	江门	219
174	三门峡	674	216	安阳	191
175	马鞍山	656	217	莆田	170
176	白银	632	218	黑河	145
177	阜阳	629	219	梅州	137
178	合肥	627	220	汉中	118
179	辽源	606	221	黄冈	103
180	临沂	604	222	河源	51
181	永州	601			
182	三亚	592			

31. 人均邮电业务总量(不包括市辖县)

单位:元

序号	城市名称	数值	序号	城市名称	数值
001	深圳	5574	036	三明	610
002	东莞	1960	037	郑州	592
003	佛山	1755	038	哈尔滨	591
004	绍兴	1748	039	保定	585
005	海口	1716	040	石家庄	581
006	珠海	1541	041	金华	551
007	莆田	1502	042	南通	542
008	广州	1457	043	镇江	536
009	惠州	1306	044	合肥	530
010	厦门	1289	045	梅州	527
011	汕头	1168	046	天津	526
012	福州	1143	047	乌鲁木齐	510
013	苏州	1041	048	济南	498
014	漳州	1038	049	韶关	482
015	泉州	1026	050	桂林	476
016	常州	1016	051	梧州	469
017	中山	1007	052	成都	465
018	无锡	1006	053	大庆	458
019	上海	981	054	武汉	457
020	杭州	962	055	衢州	449
021	江门	957	056	秦皇岛	448
022	宁波	907	057	柳州	445
023	潮州	834	058	长春	436
024	北京	764	059	河源	431
025	肇庆	749	060	北海	423
026	扬州	733	061	银川	420
027	温州	724	062	湛江	418
028	昆明	702	063	茂名	417
029	长沙	693	064	盐城	400
030	汕尾	675	065	龙岩	398
031	南京	659	066	揭阳	393
032	大连	651	067	兰州	392
033	南宁	630	068	怀化	391
034	威海	627	069	云浮	391
035	青岛	618	070	宜昌	381

续表 1　　单位:元

序号	城市名称	数值	序号	城市名称	数值
071	株洲	380	106	南平	294
072	太原	374	107	新乡	293
073	晋城	373	108	蚌埠	291
074	牡丹江	373	109	四平	287
075	衡阳	369	110	台州	285
076	西安	350	111	十堰	285
077	丹东	349	112	东营	278
078	芜湖	348	113	安庆	274
079	嘉兴	344	114	西宁	274
080	阳江	343	115	湘潭	272
081	嘉峪关	343	116	安阳	265
082	佳木斯	339	117	重庆	262
083	吉林	336	118	南昌	261
084	沧州	335	119	黄石	260
085	沈阳	334	120	承德	259
086	烟台	333	121	宝鸡	255
087	连云港	332	122	克拉玛依	253
088	许昌	332	123	九江	252
089	岳阳	324	124	金昌	249
090	鹰潭	323	125	齐齐哈尔	247
091	三门峡	320	126	湖州	246
092	三亚	320	127	遵义	244
093	襄樊	316	128	廊坊	237
094	清远	316	129	通化	236
095	贵阳	316	130	开封	236
096	黑河	313	131	鞍山	235
097	马鞍山	311	132	潍坊	232
098	徐州	309	133	景德镇	229
099	邢台	308	134	黄冈	229
100	呼和浩特	303	135	宿迁	227
101	铜陵	303	136	邯郸	221
102	漯河	301	137	铁岭	220
103	洛阳	298	138	濮阳	220
104	淮阴	294	139	德阳	219
105	舟山	294	140	衡水	218

续表 2

单位:元

序号	城市名称	数值	序号	城市名称	数值
141	咸阳	216	183	张家口	139
142	唐山	215	184	鹤岗	135
143	包头	214	185	淮北	127
144	辽阳	213	186	朝阳	125
145	白山	213	187	宜宾	125
146	大同	212	188	张家界	124
147	德州	212	189	延安	124
148	营口	211	190	白银	123
149	黄山	211	191	南阳	120
150	盘锦	208	192	新余	117
151	松原	208	193	乐山	116
152	邵阳	207	194	自贡	115
153	淄博	206	195	葫芦岛	114
154	平顶山	206	196	临沂	114
155	攀枝花	202	197	泰安	110
156	郴州	201	198	日照	108
157	泰州	196	199	阜新	104
158	锦州	188	200	鄂州	104
159	焦作	184	201	永州	102
160	长治	179	202	莱芜	97
161	济宁	179	203	孝感	96
162	七台河	178	204	枣庄	94
163	石嘴山	178	205	荆门	93
164	辽源	177	206	朔州	92
165	绵阳	177	207	阜阳	89
166	本溪	175	208	商丘	89
167	滁州	175	209	曲靖	88
168	玉林	174	210	钦州	85
169	防城港	174	211	益阳	83
170	抚顺	168	212	泸州	81
171	白城	168	213	铜川	78
172	鸡西	165	214	内江	75
173	常德	155	215	天水	74
174	伊春	154	216	萍乡	73
175	荆州	154	217	广元	71
176	鹤壁	151	218	渭南	63
177	双鸭山	147	219	东川	62
178	阳泉	143	220	贵港	50
179	赤峰	143	221	遂宁	44
180	淮南	142	222	六盘水	27
181	汉中	142	223	南充	18
182	乌海	140			

32. 每百人拥有电话机数(不包括市辖县)

单位:部

序号	城市名称	数值	序号	城市名称	数值
001	深圳	131	036	江门	28
002	绍兴	79	037	天津	27
003	常州	63	038	哈尔滨	27
004	无锡	53	039	中山	27
005	保定	51	040	十堰	26
006	上海	50	041	长沙	26
007	广州	48	042	南宁	26
008	海口	47	043	乌鲁木齐	26
009	扬州	46	044	三明	25
010	镇江	46	045	韶关	25
011	苏州	45	046	梅州	25
012	温州	45	047	金华	24
013	南京	43	048	合肥	24
014	汕头	43	049	芜湖	24
015	佛山	43	050	漳州	24
016	宁波	40	051	青岛	24
017	杭州	38	052	濮阳	24
018	珠海	37	053	河源	24
019	大庆	36	054	桂林	24
020	威海	36	055	晋城	23
021	福州	34	056	衢州	23
022	惠州	34	057	莆田	23
023	克拉玛依	33	058	石家庄	22
024	厦门	32	059	沈阳	22
025	郑州	32	060	吉林	22
026	东莞	32	061	徐州	22
027	大连	31	062	淮阴	22
028	南通	31	063	南昌	22
029	银川	31	064	安阳	22
030	潮州	30	065	怀化	22
031	昆明	29	066	茂名	22
032	秦皇岛	28	067	梧州	22
033	鞍山	28	068	兰州	22
034	盘锦	28	069	嘉峪关	22
035	武汉	28	070	长春	21

续表 1　　　　单位:部

序号	城市名称	数值	序号	城市名称	数值
071	济南	21	106	龙岩	17
072	烟台	21	107	许昌	17
073	成都	21	108	漯河	17
074	北京	20	109	襄樊	17
075	邯郸	20	110	北海	17
076	盐城	20	111	锦州	16
077	嘉兴	20	112	营口	16
078	铜陵	20	113	辽阳	16
079	泉州	20	114	四平	16
080	洛阳	20	115	牡丹江	16
081	三门峡	20	116	开封	16
082	金昌	20	117	新乡	16
083	邢台	19	118	湘潭	16
084	松原	19	119	柳州	16
085	泰州	19	120	沧州	15
086	蚌埠	19	121	抚顺	15
087	马鞍山	19	122	本溪	15
088	黄石	19	123	铁岭	15
089	宜昌	19	124	齐齐哈尔	15
090	石嘴山	19	125	黑河	15
091	承德	18	126	湖州	15
092	太原	18	127	安庆	15
093	丹东	18	128	九江	15
094	连云港	18	129	东营	15
095	鹰潭	18	130	平顶山	15
096	株洲	18	131	西宁	15
097	肇庆	18	132	唐山	14
098	云浮	18	133	景德镇	14
099	西安	18	134	湛江	14
100	呼和浩特	17	135	阳江	14
101	包头	17	136	揭阳	14
102	通化	17	137	大同	13
103	佳木斯	17	138	阜新	13
104	宿迁	17	139	朝阳	13
105	台州	17	140	白山	13

续表 2 单位:部

序号	城市名称	数值	序号	城市名称	数值
141	舟山	13	183	淮北	8
142	德州	13	184	鹤壁	8
143	焦作	13	185	南阳	8
144	重庆	13	186	鹤岗	7
145	宝鸡	13	187	泰安	7
146	长治	12	188	日照	7
147	乌海	12	189	鄂州	7
148	白城	12	190	常德	7
149	黄山	12	191	自贡	7
150	淄博	12	192	绵阳	7
151	潍坊	12	193	宜宾	7
152	衡阳	12	194	延安	7
153	邵阳	12	195	渭南	7
154	清远	12	196	新余	6
155	张家口	11	197	临沂	6
156	廊坊	11	198	莱芜	6
157	衡水	11	199	荆门	6
158	阳泉	11	200	玉林	6
159	辽源	11	201	防城港	6
160	南平	11	202	铜川	6
161	岳阳	11	203	朔州	5
162	郴州	11	204	枣庄	5
163	汕尾	11	205	孝感	5
164	三亚	11	206	益阳	5
165	德阳	11	207	张家界	5
166	遵义	11	208	乐山	5
167	赤峰	10	209	天水	5
168	伊春	10	210	阜阳	4
169	淮南	10	211	萍乡	4
170	滁州	10	212	商丘	4
171	荆州	10	213	永州	4
172	黄冈	10	214	钦州	4
173	贵阳	10	215	泸州	4
174	咸阳	10	216	广元	4
175	汉中	10	217	东川	4
176	白银	10	218	曲靖	4
177	葫芦岛	9	219	内江	3
178	鸡西	9	220	南充	3
179	双鸭山	9	221	贵港	2
180	济宁	9	222	遂宁	2
181	攀枝花	9	223	六盘水	2
182	七台河	8			

五、城市统计分组及主要统计指标解释

城市统计分组及主要统计指标解释

一、城市统计分组

1.按城市市区非农业人口规模分组:

(1) 超大城市:200 万人口以上;

(2) 特大城市:100 至 200 万人口;

(3) 大城市:50 至 100 万人口;

(4) 中等城市:20 至 50 万人口;

(5) 小城市:20 万以下人口。

2.按城市地理位置分组:

(1) 东部地区:北京、天津、河北、辽宁、上海、江苏、浙江、福建、山东、广东、广西、海南 12 个省、自治区的城市和直辖市;(2) 中部地区:山西、内蒙古、吉林、黑龙江、安徽、江西、河南、湖北、湖南 9 个省和自治区的城市;(3) 西部地区:四川、贵州、云南、西藏、陕西、甘肃、宁夏、青海、新疆 9 个省和自治区的城市。

3.沿海开放城市:大连、秦皇岛、天津、青岛、烟台、威海、连云港、南通、上海、宁波、温州、福州、广州、湛江、北海、防城港。

4.经济特区城市:深圳、珠海、汕头、厦门。

注:本年鉴中有关上述分组合计数的统计范围均为全部地级及地级以上城市,不包括县级市。

二、主要指标解释

1.年末总人口:是指本市本年 12 月 31 日 24 时的人口总数。

2.非农业人口:是指从事农业以外的职业维持生活的人口以及由他们抚养的人口,本年报采用按农业、非农业户口分类的户籍统计口径。

3.从业人员:是指从事一定社会劳动并取得劳动报酬或经营收入的全部劳动力。从业人员按其就业身份分组包括:

(1)职工;

(2)再就业的离退休人员;

(3)私营业主;

(4)个体户主;

(5)私营企业和个体从业人员;

(6)乡镇企业从业人员;

(7)农村从业人员;

(8)其他从业人员。

各单位的从业人员是指在各级国家机关、政党机关、社会团体及企业、事业单位中工作,并取得劳动报酬的全部人员。包括职工、再就业的离退休人员、民办教师以及在各单位中工作的外方工作人员和港、澳、台人员。

4. 土地面积: 是指在该行政区划内的全部土地面积(包括水面面积)。计算土地面积是以行政区划为准。

5. 建成区土地面积: 是指城市建筑基本连片、公用设施达到的地区,区域内的水域面积(包括河流、湖泊)亦计算在内。

6. 城镇失业人数: 指在劳动年龄内,有劳动能力,在调查期内无工作并以某种方式正在寻找工作的人员。

7. 国内生产总值: 是指一个国家(地区)领土范围内所有常住单位在一定时期内所生产和提供最终使用的产品和劳务的价值。国内生产总值包括三次产业,我国三次产业划分如下:

第一产业: 包括农业、林业、牧业和渔业。

第二产业: 工业(包括采掘业、制造业以及自来水、电力、蒸汽、热水、煤气生产和供应业)和建筑业(包括建筑安装企业和自营施工单位)。

第三产业: 除上述第一、二产业以外的其他各业。

8. 农林牧渔业总产值: 是以货币表现的农林牧渔业全部产品价值总量。计算范围指在日历年度内,行政辖区内各种经济类型及经营方式所生产的农林牧渔产品总量。包括农民和集体、机关、团体、学校及国营农林牧渔场生产的产品总量。还包括农民家庭兼营的商品性工业。但不包括农业科研试验单位作为试验用的农产品和军事部门的军马生产,也不包括村及村以下工业总产值和乡村从事农业生产以外的其它部门的产值或收入(如建筑业和交通运输、服务等所获得的收入)。它反映农业生产的总规模和总成果。

9. 蔬菜包括菜用瓜、茭白、生姜在内。

10. 猪、牛、羊肉产量: 是指当年出栏并已屠宰的猪、牛、羊的肉产量。即屠宰后去头、蹄、下水的带骨肉量,也叫胴体重。此项指标可通过典型调查、抽样调查和收购部门报的资料进行推算。

11. 牛、羊奶产量: 是指全社会产量,包括出售给国家部分,农贸市场交易部分和农牧民自食部分。不包括牛犊和乳羊直接吮食部分。

12. 水产品产量: 是指本年度内捕捞的水产品(包括人工养殖并捕获的水产品和捕捞天然生长的水产品)产量。

13. 年末实有耕地面积: 是指年末实有能够种植农作物,经常进行耕锄的田地。包括熟地、当年新开荒地、连续撩荒未满三年的耕地和当年的休闲地(轮歇地)。以种植农作物为主并附带种植桑树、茶树、果树和其他林木的土地以及沿海、沿湖地区已围垦利用的"海涂"、"湖田"等也包括在内。但不包括专业性的桑园、茶园、果园、果木苗圃、林地、芦苇地、天然草原等。

14. 工业企业单位数: 包括独立核算法人工业企业和附营工业生产单位。独立核算法人工业企业是指从事生产经营活动的单位。它同时具备以下条件: ① 依法成立,有自己的名称、组织机构和场所,能够独立承担民事责任; ② 独立拥有和使用资产,承担负债,有权与其他单位签订合同; ③ 会计上独立核算,能够编制资产负债表。

工业活动单位是指在一个场所从事一种或主要从事一种工业生产活动的经济单位。工业活动单位应同时具备以下三个条件：① 具有一个场所，从事一种或主要从事一种工业活动；② 单独组织工业生产、经营或业务活动；③ 单独核算收入和支出。

15.工业总产值：是指货币表现的工业企业在报告期内生产的工业产品总量，它反映工业生产的总规模和总成果。包括范围：(1)成品价值；(2)工业性作业价值；(3)自制半成品、在制品期末期初差额价值。

16.工业增加值：是工业企业在报告时期内以货币表现的工业生产活动的最终成果。工业增加值有两种计算方法：一是生产法，二是收入法。工业综合报表制度中工业增加值的计算采用生产法，即工业总产出减去中间投入。

17.流动资产年平均余额：指工业企业在年度内全部流动资产的平均余额。计算公式为：流动资产年平均余额等于 1 至 12 月各月月初、月末流动资产余额之和除以 24。

18.固定资产原价：是指企业建造、购置、安装、改建、扩建、技术改造各种固定资产所支出全部货币总额。本项根据“资产负债表”中“固定资产原价”项的年末数填列。

19.固定资产净值年平均余额：指工业企业在报告期内全部固定资产净值年平均余额。计算公式为：固定资产净值年平均余额等于 1 至 12 月月初、月末固定资产净值之和除以 24。

20.产品销售收入：指企业销售产品的销售收入和提供劳务等主要经营业务取得的业务收入总额。本项根据“损益表”中“产品销售收入”项的本年累计数填列。

21.税金总额：指企业在报告期内应上交给国家的各种税金之和。税金总额 = 产品销售税金及附加(城市维护建设税、消费税、资源税 + 和教育费附加) + 本年应交增值税。

22.利润总额：是指企业在一定时期内实现的盈亏总额。亏损以“－”表示。反映企业最终的财务成果。计算公式为：利润总额 = 营业利润(产品销售利润 + 其他业务利润 － 管理费用 － 财务费用) + 投资收益 + 补贴收入 + 营业外收入 － 营业外支出。本项根据会计“损益表”中“利润总额”项的本年累计数填列。

23.实现税利总额 = 税金总额 + 利润总额。

24.资金利税率 = 实现税利总额 ÷ 全部资金总额(固定资产净值平均余额 + 流动资金平均余额)。

25.货运量：指年内以重量单位(吨)计算的由各种运输工具实际完成运输过程的货物数量。包括铁路货运量、公路货运量、水运货运量(其中包括内河、沿海、远洋货运量)、民航货邮运量和管道运输量。本制度按铁路、公路、水运和民航分列。

26.民用航空货邮运量：指航空站在一年内从航站发运的行李、邮件、货物的重量总和。包括始发运量和联运量。发运量是根据进出港舱单、载重表等原始记录计算的。

27.客运量：指分别按各类运输方式实际运送的旅客人数。

铁路客运量：指发送旅客人数。即由铁路发站购票上车或未购票而后补票乘车的旅客人数，由国外铁路接运的旅客人数也包括在内。一般根据客票单据中记载的人数计算。往返票按二人计算，月票按往返 25 人计算。

公路客运量：指公路运输企业及由其组织的其他单位在一定时期内实际运送的旅客人数。计算时，以客票为依据，用“人”为计算单位，不论乘车路程远近和票价的多少。不足购票年龄的免票儿童不计算客运量。

水路客运量：指水运企业及由其组织的其他单位在一定时期内实际运送的旅客人数。

民用航空客运量：指由空运企业各航空港购票乘机运送的人数及由国外班机接运的人数。按实有机场运送客运量统计。包括民航、联航两部分数据。

28.沿海港口货物吞吐量：是指城市辖区内所有沿海港口船舶装卸的货物重量，包括经过港口装卸，以及进出港区范围的陆转水、水转陆和水转水的全部货物重量。

29.民用车辆拥有量：指年末用于公路运输的民用机动车辆的数量。民用机动车辆指公路管理部门、公安部门和农机监理部门的机动车管理机构掌握的有牌照的所有交通部门、非交通部门及私人拥有的民用汽车、运输用拖拉机、其它机动车和载货挂车等。

30.年末邮电局（所）数：是指对外营业、直接为用户办理邮电业务的服务机构。一个邮电局所，必须同时具备以下三个条件：

(1) 有固定的局所地址；

(2) 领有上级发给的日戳或戳记；

(3) 至少办理出售邮票和收寄挂号信两种邮政业务或办理一种电信业务。

邮电局所包括邮电局、机要通信局、长途通信局、市内电话局、电信局、邮电支局及邮电所、临时性局所、代办所。不包括报刊门市部（零售亭）、邮票代售处、社会报刊发行站、公用电话点等。省、自治区、直辖市邮电管理局、不兼现业的地区邮电局、省长途线务总局及所属线务站（分局）、微波总站及其所属微波站、邮运总站及其所属分站等，因不对外营业，均不作邮电局所统计。

31.邮电业务总量：是以货币表现的邮电部门为社会提供邮电通信服务的总量。

32.年末电话机数：是指市内电话话机和农村电话话机两部分之和。市内电话话机是指接入邮电局交换机的话机和接入用户交换机的话机。

农村电话话机包括：

(1) 接入邮电局交换机上的话机；

(2) 接入乡（镇）村经营、各种联营、私营和其他经营交换机上的话机；

(3) 接入国营农场、厂矿、企业等农话用户交换机上的话机。

33.全年用电量：按用户的用电性质分为："农村用电"、工业用电"、"交通运输用电"和"城乡居民生活用电"等，各类用电中均包括电力企业售给本市用户的电量、自备电厂自发自用电量（包括余热发电量）和自备电厂售给附近用户的电量以及趸售电量。

34.批发零售贸易业销售总额：指对批发零售贸易业以外的单位和个人出售（包括对国（境）外出口及售给本单位消费用的商品额）的商品总额。本指标由对生产经营单位批发额、对批发零售贸易业批发额、出口额和对居民和社会集团的商品零售额组成。包括：(1)售给城乡居民和社会集团消费用的商品；(2)售给工业、农业、建筑业、交通运输邮电业、批发零售贸易业、餐饮业、服务业等作为生产、经营使用的商品；(3)售给批发零售贸易业作为转卖或加工后转卖的商品；(4)对国（境）外直接出口的商品；不包括：(1)出售本单位自用的废旧包装用品和其他废旧物资；(2)未通过买卖行为付出的商品，如随机构移交而交给其他单位的商品，借出的商品，交付代其他单位保管的商品，加工原料付出和赠送给其他单位的样品等；(3)经本单位介绍，由买卖双方直接结算，本单位只收取手续费的业务；(4)购货退出的商品；(5)商品损耗和损失。商品销售是指商品已经售出、商品所有权已经转移给买方后，收到货款或取得收取货款的证据时的商品行为。包括① 采取直接收款方式的，在实际收到货款或取得货款的凭证时，作为商品销售；② 采取托收承付和委托银行收款结算方式的，在发出商品并办妥托收手续时，作为商品销售；③ 采取分期收款方式的，应按合同约定的收款日期，作为商品销售；④ 采取预收货款方式的，在商品发出时作为商品销售；⑤ 委托其他单位代销商品，以收到代销单位的代销清单时，作为商品销售；⑥ 在交款提货的情况下，如货款已经收到，只要帐单和提货单已经交给买方，不论商品是否发出，都应作为商品销售；⑦ 出口商品，陆路以取得承运货物收据或铁路联运运单，海运以取得出口装船提单，空运以取得运单，并向银行办理交单后作为商品销售；⑧ 预收货款不通过银行交单的，取得以上提单、运单后，作为商品销售；⑨ 出口的商品，一律以离岸价(FOB)为商品销售，如按到岸(CIF)对外成交的，在商品离境后所发生的应由我方负担的以外汇支付的国外运费、保险费、佣金和银行财务费等，冲减商品销售。不包括不易按商品认定的累计佣金收支，出口商品发生的对外理赔，冲减商品销售；⑩ 自营进口商品，如企业与国内用户签订合同实行货到结算的，在货到达我国港口取得外运公司的船舶到港通知向订货单位开出结算凭证时，作为商品销售；⑪ 合同规定对国内实行单到结算的，凭国外帐单向订货单位开出结算凭证时作为商品销售；⑫ 库存进口商品凭出库单向用户开出结算凭证后作为商品销售。

35.社会消费品零售总额：是指各种经济类型的批发零售贸易业、餐饮业、制造业和其他行业对城乡居民和社会集团的消费品零售额和农民对非农业居民的零售额的总和。

36.外国和港澳台地区在华直接投资：

(1)年末实有企业单位数：指本期末在工商行政管理局注册登记的独资、合资合作企业和事业单位个数。不包括根据合同建成后，经营一定年限，企业现已归还我方所有的原独资、合资、合作企业。

(2)年末从业人员数：指在所有的三资企业中工作、并取得劳动报酬或经营收入的全部人员。

(3)新签协议合同数：是指本年内经有关部门批准、签有正式协议合同书的我国企业事业单位与外商、侨商、港澳商签订的投资协议合同个数。不包括意向性的项目，分对外借款、直接投资和其他三种类型。

(4)协议合同投资金额：是指本年内经有关部门批准、签有正式协议合同书的我国企业事业单位与外商、侨商、港澳商签订的协议合同的投资，分对外借款、直接投资和其他三种类型。

(5)客商实际投资：是客商根据投资协议合同实际执行的投资额，分对外借款、直接投资和其他三种类型。

37.固定资产投资额：也称固定资产投资完成额，是以货币表现的在一定时期内建造、购置固定资产的工作量以及与此有关的费用总称。它是反映固定资产投资规模、结构和发展速度的综合性指标。又是观察工程进度和考核投资效果的重要依据。包括国有单位的基本建设投资、更新改造措施投资、其它固定资产投资，城镇集体单位固定资产投资以及城镇个人固定资产投资。

38.新增固定资产：又称交付使用的固定资产。是指通过投资活动所形成的新的固定资产价值。包括已经建成投产或交付使用的工程投资和达到固定资产标准的设备、工具、器具的投资及有关的应摊入的费用。它是以价值形态表示投资成果的综合性指标。

39.商品房屋销售额：是指房地产开发单位在报告期内售出的商品房屋的实际收入。包括正式交付的商品房在建设前期预收的定金、预收的款项及计算尾款。不包括未交付的商品房所预收的款项。收取的外汇折算在其中。如果商品房是跨年完成的,应包括以前年度完成价值。

40.高等学校:是指按国家规定的标准和审批程序批准举办,通过全国统一招生考试、招收高级中等学校毕业和同等学历者,实施高等教育,培养高等专门人才的学校,包括大学、专业学院和职业大学等。

41.专任教师:指主要从事教学工作的人员。包括临时(一年以内)调去帮助做其他工作的教学人员。高等学校函授部、夜大学的专任教师和承担科研任务,未担任教学工作仍属教师编制的人员,应计入专任教师中。不包括调离教学岗位,担任行政领导工作或其他工作的原教学人员。

42.在校学生数:是指具有学籍的注册学生总数。

43.从事科技活动人员:指报告期内调查单位中从事科技活动的人员。具体指调查单位直接从事科技活动和为科技活动提供直接服务累计时间占全年工作时间10%以上的人员。包括科技管理人员、课题活动人员、科技服务人员。

44.剧场、影剧院:是指独立核算的专用剧场和属文化部门主管的能演出戏剧的影剧院、兼映电影的剧场,以及附属在剧院、团公开营业的非独立核算的剧场、排演场。

45.公共图书馆:指文化系统所属的面向社会服务独立的公共图书馆。不包括文化馆的图书室,也不包括文化系统以外的公共图书馆。图书馆的发展规模,通常用图书馆数目或藏书册数的多少加以反映,以体现一个城市文化事业的重视程度、群众对图书馆的需求程度以及二者的适应程度等。

46.公共图书馆总藏量:指图书馆已编目的古籍、图书、期刊和报纸的合订本、小册子、手稿、以及缩微制品、录像带、录音带、光盘等听视文献资料数量总和。

47.医院、卫生院数:是指卫生部门、工业及其他部门(如农业、铁道、邮电、公安、文教、民政、社团、等)、集体所有制单位、私人、各种合作方式(全民与集体或个体合办集体与个体合办、中外合资)等举办的医院和卫生院数(包括县及县以上医院数、城市街道卫生院、农村卫生院及其他医院数)。

48.医院、卫生院床位数:指各级各类医院本年10月底的固定实有床位(非编制床位)。包括正规床、简易床、监护床和正在消毒、修理的床位及因扩建或大修理而停用的床位(按扩建或大修理前的床位计算),但不包括产科的新生儿床、库存床、临时增设的床位、病人家属的陪待床、接产室的待产床等。

49.医生数:所有西医师、中医师、西医士、中医士及其他中医之总数。

50.铺装道路:是指除土路以外,路面经过铺筑的路面宽度在3.5米以上(含3.5米)的道路。包括高级、次高级道路和普通道路,不包括土路和街道内部路面宽度不足3.5米的胡同、里弄。

道路面积只包括路面面积和与道路相通的广场、桥梁、停车场面积。不包括街心花坛、侧石、人行道和路肩的面积。

51.下水道总长度:下水道是指汇集和排放污水、废水和雨水的管渠及其附属设施所组成的系统。包括干管、支管以及通往处理厂的管道,无论修建在街道上或其它任何地方,只要是起排水作用的管道,都应作下水道统计。下水道按其排水性质分为污水管、雨水管、合流管三项。

52.年末自来水厂生产能力:是指城建部门系统自来水公司所属自来水厂及各单位自备水源取水、净化、送水、出厂输水干管等环节的综合生产能力,以四个环节的薄弱环节为主,超负荷运行增加的能力不应计算。

53.全年供水总量:是指自来水厂供出厂外的全部水量,包括有效供水量及损失水量。

54.生活用水量:是指居民日常生活与行政、事业单位、部队营区、商业及服务待行业的用水量。包括饮食店、旅馆、理发店、浴室、洗衣店、游泳池、商店、学校、机关、部队等单位,以及生产单位和基建单位装有专用水表计量的生活用水量(不能分开者,可计入生产用水量中)。街道、里弄的生产组织的生产用水,如不易分开计算,亦可包括在生活用水量内。

55.煤气(人工煤气、天然气)供气总量:是指城市煤气企业向城市生产用户、家庭用户和其他用户供应的全部煤气量,包括外购及损失量。

56.公共汽(电)车运营车辆数:是指城市公共交通企业可参加营运的全部车辆数。包括技术完好的、在修的、待修的、长期停驶的,以及拟报废尚未经上级主管部门批准报废的运营车辆数。不包括公交企业的油罐车、货车和其他专用车等非运营车,也不包括借入、租入的客运车辆。

标准运营车辆数:指不同类型的运营车辆数,按统一标准折合成的营运车辆数。

$$标准运营车辆数 = \sum(各种类型车辆数 \times 相应换算系数)$$

各类客车换算系数标准

级别	车长范围	换算系数
1	≥3.5	0.3
2	>3.5－5	0.5
3	>5－6	0.7
4	>6－7	0.7
5	>7－10	1.0
6	>10－12	1.3
7	>13－16	1.7
8	>16－18	2.0
9	>20－23	2.5
10	双层>10－12	1.9

注:无轨电车按相应车长级别换算。

57.客运总量:指运送乘客的总人数。包括普通票乘客人次,月票乘客人次和包车乘客人次。普通票乘客人次按上车付现金购票,一张票计算一个人次;月票日乘车次按5个人次计算;团体包车,一个乘客按一个人次计算,往返按二个人次计算。

58.出租汽车拥有量:指经有关部门批准的专门从事出租业务的一切营业车辆。包括轿车、面包车、大客车。

59.园林绿地面积:指用作园林和绿化的各种绿地面积。包括公共绿地、单位附属绿地、居住区绿地、生产绿地、防护绿地和风景林地的总面积。

人均园林绿地面积=(公共绿地+单位附属绿地+居住区绿地+生产防护绿地+风景林地)÷城市人口

60.建成区绿化覆盖面积：指城市建成区内各单位管理的一切用于绿化的乔灌木和多年生草本植物的垂直投影面积。包括园林绿地以外的道路绿化覆盖面积（即道路的隔车带、中心绿岛和林荫道及行道树的覆盖面积）和单株树木的覆盖面积。行道和单株树覆盖面积，可按各种树的平均垂直投影面积垂乘以各种树木的总株数求得。乔木树冠下重叠的灌木和草本植物不再重复计算。

61.公共绿地面积：指开放的各级各类公园和街头绿地。

62.工业废水排放量：是指经过工业企业厂区所有排放口排放到企业外部的全部废水总量。包括外排的生产废水和厂区生活污水，也包括外排的直接冷却水和矿区的超过排放标准的有毒有害的矿井地下水；不包括外排的间接冷却水。有些企业间接冷却水和直接冷却水混合排放分不开的，可以合并统计在内。

63.工业废水排放达标量：是指全面达到国家、地方排放标准的外排废水，包括经过处理和未经过处理的，但不包括经过处理仍未达到国家排放标准的。

工业废水排放达标率：指全部达到国家、地方排放标准的外排工业废水量与工业废水排放总量的比率。

$$\text{工业废水排放达标率} = \frac{\text{工业废水排放达标量}}{\text{工业废水排放总量}} \times 100\%$$

64.工业二氧化硫排放量：指工业企业在厂区内的生产工艺过程和燃料燃烧过程中排入大气的二氧化硫总量。

65.建成噪声达标区总数及面积：指在建成区内建成并达到国家规定标准要求的环境噪声达标区总数及面积。环境噪声达标区，指在国家《城市区域环境噪声标准》适用区域划分的基础上，对工业噪声、交通噪声、施工噪声、社会生活噪声进行强化管理，综合整治，达到规定要求的城市区域。

66.财政预算收入：包括中央财政和地方财政两部分。是指按国家预算科目规定，包括(1)工商税收类：指增值税、营业税、消费税、专项调节税、个人所得税、证券交易税、遗产税、土地增值税、外商投资企业和外国企业所得税、城市维护建设税、车船税、房产税、屠宰税、资源税、土地使用税、印花税、固定资产投资方向调节税、工商税收及税款滞商纳金、罚款收入等；(2)关税类：指海关征收的关税；(3)农牧业税和耕地占用税类；(4)企业所得税类；(5)国有企业调上缴利润类；(6)国有企业计划亏损补贴类；(7)国家能源交通重点建设基金收入类；(8)债务收入类；(9)专项收入类；(10)基本建设贷款归还类；(11)其他收入类；(12)国家预算调节基金类；(13)国有企业承包收入退库类；(14)预算调拨收入类；(15)社会保险基金收入类等。

67.财政预算内支出：包括：(1)基本建设支出；(2)企业挖潜改造资金；(3)简易建筑费；(4)地质勘探费；(5)科技三项费用；(6)流动资金；(7)支援农村生产支出；(8)农林水利气象等部门的事业费；(9)工业交通等部门的事业费；(10)商业部门事业费；(11)城市维护费；(12)文教卫生事业费；(13)科学事业费；(14)其他部门事业费；(15)忧恤和社会福利救济费；(16)国防支出；(17)行政管理费；(18)武装警察部队支出；(19)公检法支出；(20)价格补贴支出；(21)债务支出；(22)对外援助支出；(23)支援不发达地区支出；(24)其他支出以及社会保险基金支出等等。

68.文教科学卫生费支出：是指除基本建设支出、挖潜改造资金、流动资金以外的各项文教科学卫生事业费。包括科技三项费用和文化、出版、文物、教育、卫生、体育、档案、广播电视、计划生育等15项事业费以及国家财政预算拨款的农业、工业等各部门事业费中的中等专业学校经费等教育经费，科学事业费包括各级科委归口管理的科学事业费和中国社会科学院系统的国家预算拨款的科学事业费及科技三项费用。

69.教育事业费支出：包括教育部门举办和各部门举办由国家拨款的高等学校、中等专业学校、职业教育、中学、小学、幼儿教育、成人高等教育、普通业余教育、教师进修及民办教师补助费、特殊教育费、广播电视教育经费及其他教育事业费。

70.金融机构：金融机构是经营货币、信用业务，从事资金融通的部门。统计金融机构数以一个独立核算金融机构为准。资料从中国人民银行取得。

我国目前的金融机构有：

(1)中国人民银行及其派出机构省(自治区、直辖市)、地(市)、县分支机构。中国人民银行是中华人民共和国的中央银行，它是国务院领导下的国家金融行政管理机构，它是我国唯一的发行货币的机构，是银行的银行。它的职责主要是制定和实施货币政策，对金融业实施监督管理，以维护金融的合法稳健运行，保持货币币值的稳定。

(2)国家外汇管理局及省、自治区、直辖市一级局、沿海经济发达地区和国内各中等城市(含地市级)二级分局、部分经济发达的县市支局；1994年上海建立的中国外汇交易中心；

(3)商业银行是指依照《中华人民共和国商业银行法》《和中华人民共和国公司法》的，吸收公众存款、发放贷款，办理结算业务的企业法人。组织形式有四种：

① 国有独资的商业银行。主要有中国工商银行、中国农业银行、中国银行、中国人民建设银行及附属的中国投资银行。

② 以公有制为主体的股份制的商业银行。主要有交通银行、中信实业银行、中国光大银行、华夏银行、招商银行、广东发展银行、福建兴业银行、深圳发展银行、上海浦东发展银行、海南发展银行，以及烟台、蚌埠储蓄银行等。

③ 民营股份制的商业银行。是由私人企业集股组建为主的银行，有中国民生银行。

④ 有厦门国际银行和青岛国际银行、中国国际金融有限公司。

(4)政策性银行：是直属国务院领导的政策性金融机构。有国家开发银行、中国农业发展银行、中国进出口银行。

(5)非银行金融机构：城市信用合作社、农村信用合作社、信托投资公司、财务公司、金融租赁公司、证券公司、证券交易所、中国人民保险公司及其他金融机构(如投资基金组织、典当行、中国经济技术投资担保公司等)。

71.城乡居民储蓄年末余额：包括城镇居民储蓄、农民个人储蓄两部分的年末余额。不包括工矿企业、部队、机关团体等集团存款。

城镇居民储蓄年末余额是指金融机构的城镇居民储蓄，农民个人储蓄年末余额是指信用社社员储蓄。

72.年末金融机构各项贷款余额：贷款又称“放贷”，是指金融机构按一定的利率和期限向企业等单位提供货币资金的信用活动。

73.承保额：即保险金额，被保险人对保险标的实际投保金额。是指保险人对被保险人负担损失补偿或支付内定给付的最多金额。

74. 保费：是指保险合同订后，被保险人必须向保险人付出一定的费用才能取得保险人根据合同内容承担赔偿责任。这种费用叫"保费"。

75. 已决赔款：是指保险人在年内实际支付给被保险人遭到损失时的赔款。无论哪年承保业务和发生的损失，凡在本年内支付赔款、结案均计在本年内。

76. 住宅建筑面积：指座落在市区范围内，含私有房屋在内的供居住的房屋建筑面积。包括厂矿、企业、医院、机关、学校的集体宿舍和家属宿舍。但不包括托儿所、病房、疗养院、旅馆等具有专门用途的房屋。

77. 住宅使用面积：指全部住宅中以户为单位的分户门内全部可供使用的净面积。包括日常生活起居使用的卧室、起居室和客厅（堂屋）、亭子间、厨房、厕所、室内走道、楼梯、壁厨、阳台、地下室、假层、附层（夹层）、阁楼（暗楼）等面积。使用面积按房屋的内墙线计算。

78. 居住人口：指与房屋使用积统计范围一致的居住在城市的人口。

79. 职工人数：是指在国有经济、城镇集体经济和其他各种经济类型单位及附属机构生产或工作，并由单位支付工资的人员人数（包括在乡镇一级管理机构中工作、由国家支付工资的干部），不包括已退休的职工、在农村乡镇企、事业单位中参加劳动并取得收入的劳动者和城乡个体劳动者。职工平均人数等于 12 个月月未人数之和除以 12 或 4 个季度的季未人数之和除以 4 求得。

80. 职工工资总额：指各单位在一定时期内直接支付给本单位全部职工的劳动报酬总额。包括：计时工资、计件工资、奖金、津贴和补贴、加班加点工资和其他工资。

附录:

如何使用城市统计资料?

《中国城市统计年鉴》主要是以城市作为统计对象,向政府等其他用户提供反映中国城市在人口、就业、经济、市政公用事业、资源和环境保护、以及社会环境等方面统计资料的官方出版物。

本年鉴提供的统计资料,以国家统计局《城市基本情况年报》为基本数据源,经系统整理后编辑出版,是一套从多方面反映城市基本特征的重要参考资料。因为并非所有的用户都是统计学家或统计人员,对如何正确使用本年鉴提供的资料,编者提供如下几个方面的说明:

1.城市,是指经中华人民共和国民政部批准的建制城市。《中国城市统计年鉴——1998》收录了1997年所有的建制统计。因此该资料对城市的定义,属行政范畴。主要是基于城市统计的可操作性。为了便于各种不同的用户使用,现行的城市统计,设定了两个统计范围:一是市区(包括城区和郊区);另一个是地区(包括市区和下辖的县和县级市)。因此,城市统计资料分别以"地区"和"市区"两栏格式提供。

2.对所有地级及地级以上的城市,"地区"栏则反映了整个市行政区域内的情况,"市区"栏则仅反映该城市包括城区和郊区在内即市区的情况。对县级市,则分两种类型,其一是由地级城市下辖的,"地区"栏资料未列,因为已被其上一级地级城市的地区一栏所包括;"市区"栏则反映该县的整个面貌。其二是部分省直辖的县级城市,为便于资料汇总,则在地区和市区一栏中,同时罗列。有关各县级市的被辖情况,请查阅本年鉴第一部分表3"全国城市辖市情况一览表"。

3.城市统计提供"市区"资料,一是因为辖县的功能不是城市功能的主体,城市的各项功能又主要集中体现在市区。市区的基本情况,基本上反映了(狭义上的)城市各个主要方面。另一方面,该资料便于剔除非城市的因素,比较正确地反映城市的作用和发展特点;二是为了便于比较分析。由于地级市所管辖县(市)的数量不等,且不时发生变动,或有县级市从上一级地级市中分离,升格为地级市等,而"市区"则相对稳定,便于城市自身的历史资料对比和国内外城市间的横向对比。

4.城市统计提供"地区"资料,是适应1983年以来,不少市实行市带县的管理体制,将市周围的县划给市领导,以加强城乡经济联系,利用城市优势,带动周围农村地区,达到城乡经济全面发展,共同繁荣的目的。该资料有利于用户全面地了解本市所辖的整个行政区划之内的基本情况。